100가지 물건으로
다시 쓰는
여성 세계사

100가지 물건으로
다시 쓰는
여성 세계사

매기 앤드루스 · 재니스 로마스 지음

홍승원 옮김

웅진 지식하우스

차례

머리말　10

I 몸과 모성, 섹슈얼리티 _ 여성의 경험을 미리 결정지어온 것들

II 아내와 가정주부 _ 사회의 기대와 변화의 순간들

III 과학과 기술 _ 가사의 기쁨과 슬픔, 그리고 해방

VI 노동과 고용 _ 정체성의 발견

머리말

    여성의 역사와 경험은 다채로우며 또한 끝없이 계속되기 때문에, 이를 100가지 사물과 몇 장의 텍스트로 요약하기에는 너무나 광범위하다. 그러므로 이 책에서 다룬 물건들은 이러한 여성의 과거를 탐구하고 토론하기 위한 출발점 정도일 것이다. 이들은 여성이 남긴 풍부한 유산에 대한 인식을 제공하고, 여성이 어떻게 해서 여성성에 순응하도록 조장되었는지, 그리고 초창기 페미니스트들이 그러한 압박감에 어떻게 맞서 왔는지에 대한 이야기를 들려준다. 이 물건들은 또한 여성이 받은 억압, 여성의 영웅주의, 여성의 독창성, 여성의 기술과 전문성을 나타낸다.

    100가지 물건을 선택하는 과정에서 처음 물망에 올랐다가 다른 물건들에 순위가 밀려난 것들도 많다. 우리가 고른 물건들은 다른 사람들이 선택할 만한 물건들과 겹치지 않을 것이고, 그래서도 안 된다. 역사학자들은 중립적이거나 공정하지 않다. 그들은 자기 자신의 현 위치, 자신의 경험과 지식, 가치관, 흥미, 관심사, 정치적 견해를 출발점으로 삼기 때문이다. 우리는 19세기와 20세기 사회·문화·역사학자들의 우선순위를 가지고 쓰인 역사의 틀에 갇히지 않고, 시공간을 초월하는 여성들의 경험 속에서 연대감을 발견해보고자 했다.

이 책은 영국이 일부 여성들에게 참정권을 부여한 지 100주년이 되는 시점에 쓰여졌다. 가정에 국한되어 있던 여성의 관심이 점차 공적 영역의 참여로 확산되는 과정이 없었더라면, 그 의미는 그리 커 보이지 않았을 것이다. 물론 이 책은 여성사의 일부를 이야기할 뿐, 전부를 대변하지 않는다. 다만 우리는 여성의 역사에 대해, 그리고 여성의 삶을 무엇이 어떻게 어째서 바꾸고, 형성하고, 재정립해왔는지에 대해 토론하고 논의하며, 어떤 것들에 대해서는 반론을 제기해볼 수 있는 출발점을 제시하고자 했다.

여성의 역사는 과거와 현재의 수많은 제약과 통제, 한계에 의해 기록되어올 수밖에 없었을 것이다. 하지만 여성은 수동적이지 않으며 그저 피해자에 불과한 것도 아니다. 그들은 작용주체(agency)를 가지고 있으며 자신들의 삶의 조건이 이상과 거리가 멀다 할지라도 주도권을 잡을 방법을 찾아낸다. 1852년 마르크스는 이렇게 주장했다. "인간은 자신의 역사를 직접 쓰지만 자신이 원하는 대로 쓰지는 않는다. 스스로 선택한 상황에서 역사를 만드는 것이 아니라 과거로부터 주어지고 전달되어 이미 존재하는 상황 속에서 만들어가는 것이다." 그의 분석은 여성사를 논하기에 매우 적절하다고 할 수 있을 것이다. 여성들 역시 너무나 자주 잊히는 현실 속에서도 통치자로서, 과학자로서, 창조적인 재주꾼들로서 자기 자신의 역사뿐 아니라 모두의 역사를 만들어왔으니 말이다. 이 책에 등장하는 물건들은 제약과 비판을 마주하는 여성들의 기술과 지략, 끈기, 창의력, 유머 감각과 자유를 찬양한다.

우리는 독자들이 주제를 좀 더 쉽게 찾아볼 수 있도록 하기 위해 물건들을 구분하여 주제별로 나눴다. 하지만 각 물건의 중요성은 어느 한 가지에 국한되지 않으며 또한 달리 구분될 수도 있다. 예를 들어 1914년 뉴저

지의 평범한 주부 플로렌스 파파트(Florence Parpart)가 발명한 전기냉장
고는 '아내와 가정주부'로 구분될 수도 있었다. 하지만 그것을 '과학과 기
술'로 구분한 이유는 가전 기술이 여성을 위해 발명된 것이 아니라 여성이
직접 발명의 주체가 되었다는 점을 상기시키기 위해서다.

　이 책의 저자는 우리만이 아니다. 너무나도 많은 사람들이 이 책에 실
릴 물건들에 대한 의견을 나누어주었고, 수없이 많은 전문가들이 관련 지
식에 대한 도움을 주었다. 특별히 폴라 바틀리, 디키 제임스, 샐리 맥나마
라, 레슬리 스피어스, 질 소른에게 감사를 전한다. 특정 연구 및 주제는 우
스터대학교 역사학과의 대학원생들과 학부생들이 썼다. 이 책이 더욱 풍
성하고 다채로워지는 데 도움을 준 헤일리 카터, 니콜라 코널리, 에이미
데일, 리사 데이비스, 리처드 딜론, 스캇 일스, 제이드 길크스, 엘스퍼스 킹,
로즈 밀러, 애나 머거리지, 린다 파이크, 샬럿 센달, 리아 수전스에게 감사
를 전한다. 이 책의 연구는 지난 50년간 폭발적으로 성장해온 여성의 역사
를 중심으로 하고 있다. 이를 다룬 역사학자들의 학문적 연구는 너무나 많
아서 일일이 언급하거나 참조하기엔 어려움이 있다. 그냥 책장에 꽂혀 있
으라고 쓴 책이 아니라, 여성의 역사가 얼마나 매혹적일 수 있는지 아직
깨닫지 못한 사람들을 위한 책이다.

　책을 읽은 여러분이 여성의 역사에 흥미를 갖게 되어 더 많은 도서와
영화, 각종 웹사이트 등을 찾아보았으면 한다. 1991년 창립 이래 여성의
역사 알기를 홍보하고 장려해온 WHN(Women's History Network)부터 시
작해보는 것도 좋겠다. 과거와 현재, 미래의 여성 역사학자들에게 이 책을
바친다.

WOMEN'S SUFFRAGE

MARCH and MASS-MEETING

SATURDAY
JUNE 13th
EMBANKMENT 3 o'clock
ALBERT HALL 4·30

Route: Northumberland Avenue, Cockspur Street,
Waterloo Place, Piccadilly, Knightsbridge,
Albert Hall.

Tickets for the Albert Hall Meeting, from 6d. to 5s. to
be obtained National Union of Women's Suffrage Societies,
25, Victoria Street, Westminster.

Printed by Weiners, Acton. Published by the Artists' Suffrage League.

I   몸과 모성, 섹슈얼리티

_ 여성의 경험을 미리 결정지어온 것들

어떤 사람들은 여성이 된다는 것을 신체적 특성으로 정의한다. 월경·임신·출산의 경험 유무를 중요하게 생각하는 관점이다. 이런 것들이 생물학적 경험을 통칭하는 것 같지만, 다양한 문화와 갖가지 역사적 순간 속에서 저마다 다른 의미를 지니기도 한다.

예를 들어 출산의 고통에 대한 인식은 계속해서 변화해오고 있다. 출산이 여성으로서 자신의 아이를 사랑하기 위해 반드시 경험해야 하는 고통이라는 인식은 이제는 다행히도 사라졌다. 루시 볼드윈(Lucy Baldwin)의 산과마취기구 같은 물건들 덕분이다. 최근의 젠더(gender)에 대한 논쟁은 남녀 간의 이항 대립에서 벗어나 젠더 간의 유동성과 사람들이 자신의 성 정체성을 형성하는 데 있어 영향력을 행사하는 정도를 강조하고 있으며, 젖병과 같은 물건들은 생물학적 특성이 '여성의 경험'을 미리 결정지어온 바로부터 우리를 해방시켰다.

그럼에도 불구하고 많은 종교들은 여성의 자연스러운 신체 기능을 터부시해왔다. 월경 기간에는 다양한 과업을 맡지 못하게 하거나 성스러운 장소에 들어가지 못하게 하고, 출산을 한 후에는 정화 의식을 치르도록 강요해왔다. 여성이 자신의 신체를 즐기고 자위를 통해서 얻는 쾌락 역시 반발을 살 수 있는 주제였다. 중세사 연구가들이 금속 정조대의 우스운 판타지적 정체를 폭로했지만, 여성의 섹슈얼리티에 가해져온 사회적이며 물리적인 위력은 실로 광범위하다. 여성 할례(FGM)는 여전히 횡행하며, 전 세계적으로 페미니즘 캠페인의 대상이 되고 있다.

섹슈얼리티에 대한 사회적 기대를 저버리는 여성들은 미쳤거나 질 나쁜 여자로 여겨지며 크나큰 대가를 치른다. 자신이 낳은 사생아들과 헤어져야 했던 어머니들이 남긴 증표는, 여성

이 어떤 방식으로 고통을 겪었는지에 대한 통찰을 제공한다. 그것들은 말하자면 '짐을 떠안은 흔적'이기 때문이다.

이 장에서 탐구한 물건들 중에는 긍정적인 이야기를 담고 있는 것들도 있다. 1984년에 등장하며 여성들에게 즐거움을 안겨준 듀얼 액션 바이브레이터, 래빗(Rabbit)도 그중 하나다. 1960년대 맥클라렌(Maclaren)의 유모차는 여성들에게 자유를 안겨줬다. 여성의 역사가 다음 세대에 전달되는 과정에 있어 할머니들이 하는 역할 역시 그러하다.

§

루시의 뼈

2015년 7월, 미국 오바마 대통령은 에티오피아 국립박물관에서 320만 년 전 호미닌(hominin)종 여성의 유골 약 40퍼센트에 해당하는 화석 수백 점을 관람했다. 바로 루시(Lucy)의 뼈였다.

루시는 1974년 11월 에티오피아 아파르 지역에서 도널드 요한슨(Donald Johanson)과 톰 그레이(Tom Gray)가 이끄는 고생물학팀에 의해 발굴되었다. 그들이 저녁식사를 하면서 역사적인 발굴을 자축할 때 오디오에서는 비틀스의 노래 '루시 인 더 스카이 위드 다이아몬즈(Lucy in the Sky with Diamonds)'가 흘러나왔고, 이를 들은 누군가가 화석의 이름을 루시라 짓자고 제안했다. 루시의 화석은 두개골 대부분이 없었지만 턱과 척추, 골반과 팔다리 일부가 보존되어 있었다. 오바마 대통령은 이날 하일레마리암 데살렌(Hailemariam Desalegn) 에티오피아 총리와의 만찬에서 수도 아디스아바바(Addis Ababa)에 있는 이 박물관을 방문한 일을 두고 이렇게 말했다.

"우리는 에티오피아가 인류의 탄생지라는 것을 인정합니다. 사실 저는 방금 우리 최초의 조상인 루시를 만나고 왔습니다. 에티오피아의 위대한 국민 시인이 쓴 그대로입니다. '여기는 무지개 속 최초의 조화가 탄생한 땅이다. (중략) 생명 기원의 뿌리가 여기에 있다. 인류의 가족이 여기에 심겨졌다.'"

오바마 대통령은 루시가 '전 세계 사람들이 동일한 인간 가족에 속한다는 사실을 일깨워준다'며, 루시를 '인류의 할머니'라 칭했다.

과학적 증거들이 시사하는 바에 의하면, 모든 사람의 공통된 신체적 특성들은 유인원 같은 조상으로부터 비롯되어 600만 년이 넘는 시간 동안 천천히 진화해왔다. 다양한 고고학적 발견들이, 이 진화 과정의 주요한 단계마다의 지표를 제공하고 있다. 루시는 인간과 유인원의 특성을 모두 가지고 있다. 어떻게 보면 두 종을 잇는 중간 다리인 셈이다. 무엇보다 루시의 무릎과 척추만곡을 연구하던 과학자들은 루시가 대부분의 시간을 두 다리로 걸으며 보냈다는 사실을 확인했다. 직립보행은 명백한 인간의 특성이다. 게다가 케냐에서 발견된 도구 제작의 흔적은 250만 년 전 것으로 추정된다. 600만 년에서 200만 년 전 사이에 살았던 초기 인류의 화석은 모두 아프리카에서 발견되었다. 아프리카에서 아시아로의 첫 번째 이주는 200만 년에서 180만 년 전 사이, 유럽으로의 이주는 150만 년 전에서 100만 년 전 사이에 일어난 것으로 여겨진다.

루시 이래 수백만 년에 걸쳐 여성의 역사는

과거의 단편들과 불완전한 흔적, 여성의 삶의 파편들에 흩어져 있다. 이 조각들을 이해하고 해석하기 위해 역사학자들은 고군분투하고 있다. 1970년대 페미니스트 실라 로보섬(Sheila Rowbotham)의 날카로운 지적과 같이 여성은 '역사에서 가려져' 있다. 그들의 역사는 주로 사적이고 가정적인 영역, 친밀한 관계, 생존을 위한 영웅적인 투쟁에 대한 것이다. 여성의 이야기가 글로 남고 기록될 만큼 중요하게 여겨지는 일은 거의 없다. 대신 여성의 역사는 주로 어머니가 딸에게 들려주는 이야기의 형태로 전해지며, 특히 할머니들에 의해 계속해서 되풀이되고 있다는 점이, 어쩌면 좀 더 중요할 수 있겠다. 코넬대학교 교수 앤절라 카벤더 윌슨(Angela Cavender Wilson)은 이와 같이 설명했다.

> "할머니의 고조할머니의 유언과 그리고 그에 대한 할머니의 해석을 들으면서, 나는 여성으로서 우리의 가장 중요한 역할은 다름아닌 아이들을 잘 보살펴 우리 다코타족(Dakota: 아메리카 인디언의 한 종족 — 옮긴이)의 미래를 보장하는 것이라 이해했다. 예나 지금이나 힘든 것은 매한가지지만, 이로써 우리 여성들의 행동에는 언제나 자부심과 위엄이 있다는 것도 분명해졌다."

역사와 전통은 할머니가 손자를 돌보는 많은 시간 동안에 전해지는 경우가 많다. 19세기부터 20세기 초 영국 랭커셔의 방직공장에서 일하던 여성들은 주로 할머니에게 자녀 양육을 맡겼다. 제2차 세계대전 당시 포츠머스 항만의 여성 근로자들도 마찬가지였다. 현대사회에서도 결혼 생활이 파경을 맞거나 일과 양육을 병행해야 하는 경우가 많다 보니, 할머니가 딸과 며느리에게 육체적이고 실제적이며 정서적인 도움을 제공하는 역할

여성의 역사는 주로
어머니가 딸에게 들려주는 이야기의 형태로 전해진다.

§

을 계속하고 있다. 2010년 55세 이상의 영국인 3,000명을 대상으로 진행한 한 연구에 따르면, 현재 영국에서 '샌드위치 세대'라고 불리고 있는 세대의 65퍼센트가 노부모와 자녀의 부양을 모두 책임지고 있다고 한다. 영국의 네 가구 중 한 가구는 조부모가 손주의 양육을 맡고 있으며 네덜란드에서는 그 수치가 두 가구 중 한 가구에 가깝다. 아프리카에서는 대부분의 지역사회에서 아이들이 에이즈로 부모를 잃고 할머니의 손에서 자라고 있다. 2006년, 토론토에서는 '할머니들이 할머니들에게(Grandmothers to Grandmothers)'라는 캠페인이 시작되었다. 목표는 '아프리카의 할머니들과, 할머니에게 양육되는 아이들을 돕는 지역사회기반 단체들에 대한 인식을 높이고 연대를 구축하며, 기금을 동원하는 것'이었다. 이처럼 현재까지 많은 여성들이 인류의 할머니로서 루시의 역할을 이어가고 있는 것으로 보인다. 실제로 조모설(Grandmother Theory) 지지자들은 할머니들이 자녀 양육에 결정적인 역할을 수행한 덕분에 인류가 장수하도록 진화했다고 주장한다. 인류학자 크리스틴 호크스(Kristen Hawkes)는 2015년 《데일리메일》과의 인터뷰에서 '우리를 인간으로 만드는 것은 바로 할머니들'이라고 말하기도 했다.

§

빌렌도르프의 비너스

빌렌도르프의 비너스(Venus of Willendorf)는 구석기시대 만들어진 것으로 추정되는 자그마한 여인상이다. 1908년에 오스트리아의 빌렌도르프 마을 근처에서 발굴 작업을 하던 고고학자 요제프 좀바티(Joseph Szombathy) 팀에 의해 발견되었다. 어란상 석회암으로 만들어진 이 조각상은 110밀리미터 크기에 붉은 황토로 칠해져 있다. 현재 빈 자연사박물관에 보관되어 있다.

러시아의 스텝 지대와 피레네산맥 사이에서 발견된 수백 개의 풍만한 여인의 석상들, 일명 비너스 조각상들 중 가장 유명한 것은 아마도 빌렌도르프의 비너스일 것이다. 비너스 신화가 탄생한 로마시대보다 수천 년 전에 만들어진 이 조각상들을, 굳이 비너스와 연관 지어 부르는 것이 약간 혼란스러울 수도 있겠다. 비너스는 사랑과 미, 풍요의 여신이었다. 그런 이름을 가진 덕분에, 우리는 이 조각상들 역시 여성들이 잉태를 기원했던 다산의 여신이었을 것이라 추측한다. 커다란 배와 가슴, 음부 등 출산과 관련된 신체부위가 강조되어 있어 확실히 여성의 상을 띤다. 얼굴 특징이 배제되어 있다는 점 역시 그의 역할이 생식이라는 점을 분명하게 나타내는 것으로 보인다. 붉은 황토 염료가 월경혈을 상징한다는 해석도 있다.

이 조각상들을 누가 만들었으며 어떤 용도로 사용했는지 판단하기란 쉽지 않다. 조각상들 자체도 작거니와 발 부분은 더욱 작다. 아마도 가지고 다니거나 눕혀서 전시하는 용도로 만들어진 것일 수 있다. 어쩌면 유목민 부족들이 식량을 찾으러 다닐 때 지닌 행운의 부적이었을지도 모른다. 식량 부족을 겪는 집단은 종종 이렇게 비만에 가까운 풍만함을 숭배하기도 한다. 남성에게 어필하는 과장된 특징들을 가진, 동굴판 포르노물이라는 이들도 있다. 위대한 어머니 여신의 사례들처럼, 여성들끼리 임신을 기원하며 주고받은 부적일 수도 있다. 어쩌면 모계 문화를 나타내는 것일지도 모른다. 겨우살이와 헤이즐넛, 석류, 연꽃 등 출산과 여신, 과일, 심지어는 왕성한 번식력을 가진 동물들의 상징은 다양한 문화권에서 찾아볼 수 있다. 실제로 힌두교 문화에서 연꽃은 더러운 흙탕물 속에서도 깨끗하게 자란다고 여겨지고 있다. 새끼를 많이 낳는 개구리와 토끼는 성적인 상징을 가지며 부활절 토끼는 재생과 생식을 상징한다. 자연, 특히 여성의 생식능력은 존경과 동시에 경외의 대상이 되어야 하는 강력하고 위력적인 상징이다.

1991년 《베니티페어》지는 여배우 데미 무어(Demi Moore)의 만삭 화보를 표지에 실으며 파장을 일으켰다. 어떤 곳은 해당 잡지 팔기를 아예 거부했고, 그 이미지가 외설적이라는 양 갈색 종이로 겉을 포장해서 파는 가판

대들도 있었다.

여성에게 '어머니라는 신성한 역할'은 양날의 검이 될 수 있다. 역사적으로 아이를 갖지 않거나 낳지 못하는 여성은 버려지거나 이혼당하기 쉬웠다. 불임의 '원인'이 여성에게 있는지 아닌지는 중요하지 않았다. 현대 사회에서 '완벽한 모성애'의 수많은 이미지는 다양한 미디어 플랫폼에서 순환된다. 임신을 하지 못하는 여성은 자연히 계속해서 무능함과 고립감을 느낄 수밖에 없다. 1978년 세계 최초의 시험관아기 루이즈 브라운(Louise Brown)의 탄생은 획기적인 사건이었다. 체외수정(IVF)은 아기를 갖기 위해 고군분투하는 수많은 여성들에게 희망을 주었다. 현재는 대리모, 난자 기증, 입양과 더불어 여성이 어머니가 될 수 있는 방법으로 쓰이고 있다. 사하라 이남 아프리카와 같은 개발도상국에서도 불임이 흔하지만, 보건 제도가 인구수 조절과 높은 출산율 억제에 맞춰져 있기 때문에 의료 지원을 받기 어렵다. IVF 요법을 받는 여성들은 사회적 및 신체적 어려움을 마주한다. 약이 독해서 극심한 두통과 감정 기복을 겪거나 눈에 반점이 생길 수 있기 때문이다. 하지만 가장 견디기 어려운 것은 롤러코스터를 타는 것만 같은 감정 변화일 것이다. 한 여성은 자신의 경험을 이와 같이 회상했다.

"아기를 갖기 위해 노력했던 그 세월은 제 인생에서 가장 힘든 시기였어요. 사람이 완전히 바뀐다니까요. 저는 점점 스스로도 좋아할 수조차 없는 사람이 되었어요. 아기에 집착한 미친 사람 같았고, 매일 악몽 때문에 울면서 잠에서 깼죠. 페이스북에서 신생아 사진을 볼 때마다 우는 것은 물론이고, 전에는 〈슈렉〉을 보는데 피오나가 임신한 사실이 밝혀지는 장면에선 이성을 잃었다니까요!"

빌렌도르프의 비너스는 임신을 위한 부적일 수도 있고
위대한 다산의 어머니 여신일 수도 있다.

§

여성의 임신을 돕는 의료 및 사회적 개입은 분명 문제도 있고 가치판단
적이다. 최근에는 서구 부유층 여성들이 아프리카에서 아이를 입양하거나
인도에서 대리모를 쓰는 관행에 대해서 논란이 불거지고 있다. 사회학자
캐롤 조프(Carole Joffe)는 지적한다. "본질상 입양은 일반적으로 생모와 아
이, 양부모라는 '입양 삼각관계'에 관련된 모든 사람에게 기쁨과 평화만이
아니라 어느 정도의 고통과 상실도 함께 가져다준다." 바로 그래서 그렇
게나 많은 여성들이 생식능력으로 정체성이 규정되는 것에 의문을 품기
시작하며 아이를 낳아야 한다는 사회적 압박에 도전한 것이다. 그들은 여
성의 출산에 의료적으로 개입하는 사회를 주의 깊게 감시해야 한다고 주
장한다. 빌렌도르프의 비너스가 조각된 지 수천 년이 지났지만, 본인의 생
식 능력으로 자기 자신을 규정하는 여성들은 여전히 많다.

§

런던 고아원의 토큰

런던 고아원에는 미혼이거나 남성에게 버려
져 아기를 키울 수 없었던 어머니들이 남긴 토큰들이 있다. 18~19세기 영
국의 미혼모들이 겪어야 했던 가슴 아픈 고통을 상기시켜주는 물건이다.

시설에 입소한 아이들은 모두 세례와 함께 새로운 이름을 받기 때문에,
어머니들은 언젠가 다시 아기를 만나게 될 경우 아이를 알아볼 수 있도록
증표를 남겼다. 런던 고아원박물관에는 1만 8,000여 개의 이들 토큰이 남
아있다. 기록에 의하면 어머니와 재회한 아이는 안타깝게도 단 두 명에 불
과하다고 한다.

이 시설이 세워지기 전에는 주로 빈민구제기관이나 병원 정문, 공공장
소에 아이들이 버려졌다. 1700년대 초까지는 도시들마다 폭발적으로 인
구가 불어나고 있던 상황이라 더욱 심각했다. 1720년에 런던에 도착한
토머스 코람(Thomas Coram) 선장은 거리에 버려진 채 죽어가는 아기들
과 어린이들을 보고 충격에 휩싸였다. 그는 무려 19년이라는 시간을 들
여 미혼모를 향한 편견과 싸우고 조지 2세로부터 왕립 헌장을 받았다. 결

국 1741년 런던 고아원이 문을 열었다. 이곳이 아기를 받아들이는 조건은 엄격했다. 여성은 그의 품위를 의심하는 남성들로 구성된 심사원단 앞에 직접 서야 했다. 자신이 진정으로 참회하고 있으며, 고의로 '죄'를 지은 게 아니라 피해를 당한 것이라는 사실을 '증명한' 어머니만이 아기를 남기고 떠날 수 있었다.

버려진 아이들과 미혼모들에 대한 구제는 수 세기 동안 사회의 골칫거리였다. 이탈리아에서는 절박한 여성들이 아기를 테베레강(River Tiber)에 던져버리는 일이 잦아 1198년 교황이 아기를 고아원 입구에 남기고 갈 수 있도록 하는 칙령을 발표했다. 이 관행은 점차 이탈리아 전역과 시칠리아를 비롯해 다른 여러 가톨릭 국가들에까지 퍼졌다. 파리에서는 신원을 드러내지 않고 아기를 맡기고 싶어 하는 어머니들을 위해 1638년에 기아회전판(foundling wheels)이 도입되었다. 회전식 문을 설치해서 아기를 판 위에 올려놓으면, 문이 돌아가서 아기가 안에 들어가게 되는 방식이었다. 아기가 건물 안으로 들어가면 어머니는 종을 울린 뒤 자리를 떴다. 1863년 이 시스템이 중단될 때까지, 프랑스에는 251개의 회전판이 있었다. 아일랜드도 1730년부터 더블린 고아원이 비슷한 제도를 운영하다가 1825년에 높은 유아사망률을 이유로 문을 닫았다. 영아 살해와 아동 유기를 막아보고자 하는 국가들은 1950년대부터 기아회전판을 다시 도입했다.

미국에서는 1850년대에 아동구호협회(Children's Aid Society)가 설립되기 전까지, 유기된 영유아들은 사실상 비공식적인 방식으로밖에 도움을 받을 수 없었다. 1854년부터 1929년까지 뉴욕 등 대도시의 거리에서 발견된 영유아들은 약 20만 명에 달한다. 아이들은 좀 더 건강하고 유익한 삶을 위해 소위 '고아 열차(orphan train)'에 실려 도시를 벗어나 농장들이 있는 서부로 옮겨졌다. 영국 역시 1970년대까지 고아들, 즉 보육원이나 구빈원(workhouse: 17세기 영국과 웨일스에 스스로를 부양할 수 없는 사람들에게 거처와 일자리를 제공하기 위해 설치된 시설 ─ 옮긴이)에서 온 아이들을 호주와 캐나다로 보내는 등 비슷한 제도를 운영했다. 이러한 제도를 만든 사람들의 의도는 좋았을지 모른다. 하지만 많은 아이들이 무임금으로 노동을 하게 되었고 지역사회에서 강도나 잠재적인 도둑이라는 오명을 썼다. 잠시 돌볼 수 없었을 뿐인 자식이 멀리 외국에 보내졌다는 사실을 알게 된 어머니들의 고통은 어떠했을까. 아동이주신탁(Child Migrant Trust)의 아시위니 위레라트니는 이렇게 설명했다.

> "그들은 거짓말에 속은 겁니다. 많은 부모들은 화목한 가정에서 자기 아이를 입양했다고, 아이들 역시 자신의 부모가 죽었다고 듣는 경우가 많았습니다. 오랜 세월 동안 자신의 기록을 찾다가 자기 부모도 사실은 자신을 되찾으려고 했었다는 사실을 발견한 이들도 있고요. 어떤 양어머니는 호주로 가버린 자신의 수양딸을 되찾기 위한 캠페인을 벌였습니다."

아동의 가정과 '방황하는' 소녀들, 미혼모들에 대한 제도 만들기에 적극적이었던 가톨릭과 개신교 교회들은 사생아를 낳는 것을 더 많은 사례를 막기 위한 처벌의 문제라고 보는 경향이 있었다. 그러한 시설들 중 가장 유명하고 가장 오래 지속된 것이 막달레나 세탁소(Magdalene laundries)다. 막달레나 세탁소는 여러 나라에 존재했지만 아일랜드에서 가장 널리 퍼져 있었다. 이 시설의 이름은 성경에 나오는 개심한 '창녀' 마리아 막달레나(Mary Magdalene)에서 따온 것이다. 나이 어린 여성이 사생아를 낳음으로써 수치를 당하고 각종 비용이 발생하는 일을 막고자 교구 사제들과 가족들이 주축이 되어 그들을 이런 세탁소에 보냈던 것이다. 정신이

온전하지 못하거나, 사소한 범죄를 저질렀거나, 성적으로 관습을 어긴 경우에도 이 세탁소행이라는 처벌을 받았다. 막달레나 세탁소에서 태어난 2,000명이 넘는 아기들은 기부금을 받는 대가로 미국의 부유한 가정들에 불법 입양되었다. 그동안 그 어머니들은 하루에 열두 시간 동안 침묵 속에 무보수로 고된 노동을 해야 했다. 의료 지원도 거의 받지 못했고 음식은 형편없었으며 시설을 떠날 방법도 없었다. 수많은 여성들이 세탁소에서 살다가 죽었고, 골웨이주 투암에서 발견된 영유아 유골 800구가 말해주듯 아동사망률 또한 높았다. 이 '수용소'들은 200년 이상 건재하다가 가정용 세탁기가 보급되면서 1996년에 마지막 시설이 문을 닫았다.

1950년대부터 영국의 '어머니와 아기의 집(mother and baby homes)'은 원치 않은 임신의 해결책으로 여겨졌다. 1968년에는 172곳이 있었고 대부분 교회가 운영했다. 이 집에서 출산한 어머니들 대부분이 할 수 있었던 유일한 선택은 단 6주 동안만 모유 수유를 하며 아기를 돌본 뒤 입양을 보내는 것이었다. 1968년에만 1만 6,164명의 아기들이 입양되었다. 그런 다음에는 아무 일도 없었던 것처럼 당연하게 예전의 삶으로 돌아가야 했다. 가족들은 그녀가 잠시 집을 떠나 있는 것을 설명하기 위해 그럴 듯한 이야기들을 꾸며내곤 했으며, 그 주제는 두 번 다시 언급되지 않았다. 아이를 잃은 상실감을 털어놓을 곳이 없었던 소녀들은 종종 평생의 후회와 고통에 시달렸다. 사생아들과 그 어머니들을 대하는 태도에서 수세기 동안 나타나는 공통점은, 계획에 없던 임신과 출산의 트라우마, 그리고 아이를 잃는 일을 겪는 어머니들에 대한 공감과 상담의 결핍이다.

04 | 수유와 분유

§

테라코타 젖병

4,000년 된 이 테라코타(terracotta: 양질의 점 토로 구워낸 토기류-옮긴이) 젖병은 비록 모유가 아기에게 이상적이긴 하지만 여성은 수천 년 동안 대체품을 원해 왔다는 사실을 보여준다.

아기는 언제나 보호자의 양육을 필요로 한다. 어머니가 아프거나, 세상을 떠났거나, 집안일을 하거나 출근을 할 때에도, 사회적 기대치를 충족해야 할 때에도, 농장을 일구거나 다른 가족 구성원을 챙기느라 바쁠 때에도 예외가 없다. 아기에게 밥을 먹이기 위해서는 유모 외에도 동물의 젖과 같은 대체품들이 사용되어 왔다. 기원전 15세기 이집트에서는 아기에게 우유와 삶은 밀 알갱이를 먹인 것으로 추정된다. 좀 더 이후에는 밀가루나 빵가루를 물에 끓이고 때로는 우유를 첨가해서 죽처럼 만드는 영아용 이유식 조리법을 알려주는 책자들이 나왔다. 1867년에는 최초로 공장에서 만들어진 분유가 등장하여 유럽과 미국에서 인기를 끌었다.

유모를 썼다는 증거는 기원전 18세기 바빌론과 고대 이집트, 그리스와 로마에서도 확인된다. 주로 왕족이나 부유층에서 유모를 고용했다. 충분히 예측할 수 있는 일이지만 이상적인 유모를 선정하는 과정은 많은 논쟁을 불러 일으킬 만하다. 모유의 품질과 공급만 문제가 아니었다. 고대 그리스는 갈색 머리에 차분한 성격, 임신이나 생리를 하고 있지 않은 유모가 이상적이라고 여겼다. 주로 아버지들이 유모를 선택했던 중세와 근세에는 기질이 여전히 중요한 부분이긴 했지만, 남자아이를 가져본 적 있는 사람을 선호했다. 유모는 포악하거나 방정맞지 않아야 했으며 좋은 성품을 지녀야 했다. 영국의 의사이자, 소아과에 관한 최초의 책을 쓴 토머스 페어(Thomas Phaire)는 1545년 이렇게 기술했다.

"냉철하고 정직하며 정숙해야 하고, 용모 단정하며 아기가 웃음소리에 익숙해질 수 있도록 밝고 쾌활한 성격이어야 한다. 술고래여서는 안 되며 포악하거나 방정맞지 않아야 한다. 이러한 성품은 아이의 성격에 악영향을 미치기 때문이다."

종교개혁 시기, 청교도 신학은 직접 모유 수유를 하지 않고 유모를 고용한 어머니에 대해 이기적이며 자기 아이와 신을 향한 사랑이 부족하다고 여겼다. 모유 수유는 종교적인 의무이다시피 했다. 그럼에도 불구하고 18세기와 19세기 미국의 노예제 사회에서는 흑인 여성 노예를 유모로 쓰는 관습이 보편화되었다. 유모의 역할을 맡는 여성은 대체로 자기 아이를 잃거나, 방치하거나, 심지어는 유기할 수밖에 없었다. 토실토실한 백인 아이를 안고 있는 흑인 '유모'의 이미지는 노예제를 감상적이고 부드럽게 비추지만 사실은 좀 더 복잡한 역사를 감추고 있다. 흑인 여성의 신체를 사용함으로써 백인 여성은 출산 후 회복기간을 지낸 후 이전의 생활양식으로 돌아갈 수 있었다.

19세기 말 모성애에 대한 과학적인 개념이 인기를 끌자, 여러 나라에서는 노예를 유모로 사용하는 것을 중단했다. 이 시기에는 모유 수유의 다른 대안들도 비난을 피할 수 없었다. 20세기 초 영국에서는 아이들이 5명 중 1명꼴로 다섯 살이 되기 전에 사망하자, 임산부 건강과 아기들의 복지에 관심이 쏠리기 시작했다. 모유를 먹고 자란 아기들의 영아사망률이 낮다는 사실이 밝혀지자 맞벌이를 하는 어머니들은 반발했다. 그들의 방임을 비난하는 부르주아 관찰자들은 노동자 계층 여성이 짊어져야 하는 가난의 부담과 양육의 압박을 이해하지 못했다. 노동자 계층에서 중 분유값을 감당할 수 있는 사람들은 소수에 불과했다. 집안일과 바깥일로 고생하는 많은 사람들이, 모유 대신 값싸고 영양가 없는 연유를 뜨거운 물에 타 아기에게 먹였다. 비양심적인 제조업체들은 염소젖이 모유의 가장 좋은 대용품이라는 믿음을 악용, 탈지유 제품을 근거도 없이 '고트(Goat)'라고 광고하기도 했다. 백랍이나 양철, 토기, 도자기 따위로 만들어진 젖병 소독에 대한 지식과 수단의 부재는 가난한 가족들에게 골칫거리였다. 어떤 젖병은 끝이 젖꼭지 모양으로 된 긴 튜브를 달아 아기들이 필요할 때마다 빨아서 거의 스스로 우유를 먹을 수 있는 방식이었다. 이런 튜브들은 세척하기가 까다로워 박테리아의 온상이 되었다. 그런 젖병들이 '살인자' 또는 '킬러'라는 별명으로 불리게 된 것은 놀랄 일이 아니다.

1974년, 자선단체인 '빈곤과의 투쟁(War on Want)'은 마이크 뮐러(Mike Muller)가 쓴 보고서 「아기 살인마(The Baby Killer)」를 발표했다. 뮐러는 전 세계적으로 모유 수유를 하지 않는 추세가 생기고 있는 것에는 이유식

중세의 유모들은 포악하거나 방정맞지 않아야 하며
좋은 성품을 지녀야 했다.

§

산업의 마케팅이 큰 영향을 끼쳤다고 주장했다. 가난한 사람들은 허름하
고 비위생적인 공간에서 깨끗한 물도 없이 살아간다. 그런 상황에서 젖병
수유는 감염과 설사를 일으키고 특히 초유 항체를 충분히 공급받지 못한
아기라면 죽을 수도 있다는 것이다. 이때 초유는 출산 후 며칠 동안 나오
는 우유 같은 물질을 말한다. 게다가 지나치게 희석한 분유는 영양실조를
유발할 수도 있다. 실제로 이와 같은 일이 개발도상국들에 가져온 결과는
다음과 같다.

"젖병 수유로 서양식 영아용 우유를 섭취하는 아기들이 죽어가고 있다.
살아남더라도 다수가 영양실조와 질병의 악순환에 빠져 평생 신체적·
지적 발달장애를 겪는다."

뮐러의 소논문은 「네슬레가 아기들을 죽인다((Nestlé Kills Babies)」라
는 제목과 함께 스웨덴어로 번역되었다. 네슬레사에 대한 안 좋은 여론
은 삽시간에 퍼지면서 불매운동으로까지 이어졌다. 전 세계적으로 해마다
700만 명의 5세 미만 아동이 예방 가능한 원인으로 사망한다. 그중 절반
가량이 신생아인데, 모유 수유를 했다면 생존 가능성을 획기적으로 높일
수 있었을 것이라고 한다. 최근 자선단체 세이브더칠드런(Save the Chil-
dren)은 아기 분유에도 담배처럼 건강 위해성 경고문을 부착해야 한다고

제안했다. 다른 운동가들은 그러한 조치가 모유를 먹이고 싶어도 그럴 수 없는 여성들에게 죄책감만 더해줄 뿐이라고 지적한다. 현재 세계보건기구(WHO)는 생후 6개월까지는 신생아에게 모유만 먹이도록 권장하고 있지만, 유급출산휴가 받을 권리를 법적으로 보장하지 않는 나라에서는 여성들이 그렇게 오래 일을 쉴 여유가 없다. 가정의 경제와 건강, 온전한 상태를 유지하고자 하는 많은 어머니들은 4,000년 된 테라코타 젖병의 오래된 전통을 여전히 이어가고 있다.

§

호텐토트의 비너스 엽서

'호텐토트의 비너스(Hottentot Venus)'라고
불리는 사르키 바트만(Saartje Baartman)은 남아프리카의 호텐토트라고도
하는 코이코이(Khoikhoi) 부족과 부시먼(Bushman)이라고도 하는 산(San)
부족 사이에서 태어났다. 사르키는 1810년에 납치되어 영국에 끌려와 처
음에는 피카딜리, 그다음엔 성 바돌로매 축제(Bartholomew Fair)와 헤이마
켓, 이윽고 런던과 아일랜드 전역에서 아프리카 구슬 장식과 타조 깃털로
꾸며져 반나체로 여흥거리로 전시되었다. 그 후 사르키는 프랑스의 한 동
물 조련사에게 팔려갔다가 1815년에 사망했다.

한 동정 어린 구경꾼은 이 특이한 볼거리에 대해 '인간이 아니라 마치
쇠사슬에 매인 곰처럼 앞뒤로 움직이고 우리에서 나왔다 들어가도록 명
령에 따라야 했다'고 언급했다. 사르키가 겪은 정복과 대상화는 인종차별
과 제국주의적 탄압을 정당화했다. 그의 타락은 당시와 그 이후까지도 흑
인 여성들이 종종 받은 대우를 상징한다. 사르키가 축제에 전시되든 부유
한 가정집에 전시되든 언론과 대중은 그의 엉덩이 크기에 집착했다. 사르

키의 몸은 만화와 대중가요, 보드빌(vaudeville: 노래와 춤, 촌극 등을 엮은 오락 연예 — 옮긴이)을 비롯한 수많은 일러스트에서 언급되고 재현되었으며 논평되고 관찰되었다. 그렇게 사르키는 성적 대상화되며 19세기 의학과 과학문학, 회화, 만화가 흑인 여성을 대하는 태도를 재현하고 강화했다. 남성들의 눈요깃거리로 사르키의 몸을 그린 엽서들이 제작되었다.

LOVE and BEAUTY -- SARTJEE the HOTTENTOT VENUS.

19세기 문화는 여러 면에서 억압되어 있었으며 섹슈얼리티에 대한 불안감을 가지고 있었다. 사르키와 같은 흑인 여성들은 에로틱하고 동물적이며 음탕하고 타락한 존재로 그려졌다. 그들의 인격은 무시된 채 두려움과 매혹의 원천인 것처럼 여겨졌다. 동·식물 연구가들과 민족학자들로 구성된 과학자 집단은 사르키의 생전과 사후에 그의 몸을 측정하고 그리고 면밀하게 관찰하며 연구한 논문들을 썼다. 1815년 파리에서 사르키를 검사한 세 명의 과학자는 그가 '검둥이(Negro)'보다는 오랑우탄과 더 비슷하다고 여겼으며 호텐토트는 '거의 인간이 아니라는' 결론을 내렸다. 호텐토트 여성들은 음순이 길다고 알려져 있었다. 사르키는 생전에 사람들이 자신의 성기를 검사하는 것을 허락하지 않았다. 하지만 그가 사망하자 나폴레옹의 장학관이자 프랑스 자연사박물관(Museum of Natural History) 동물비교해부학 의장이었던 조르주 퀴비에(Georges Cuvier)가 사르키의 시신을 조사했다. 연구되고 기록으로 남겨진 것도 모자라 그녀의 성기와 엉덩이 그림은 해부학 교과서에 실렸다. 그의 생식기를 담은 유리병과 뼈대, 박제는 1976년까지 파리 인류학박물관(Musée de l'Homme)에 전시되었다. 1994년에 남아프리카공화국의 대통령이 된 넬슨 만델라(Nelson Mandela)는 프랑수아 미테랑(François Mitterand) 프랑스 대통령에게 사르키 바트만의 유해를 돌려줄 것을 촉구했다. 이 요구는 수용되지 않다가, 마침내 2002년이 되어서야 사르키는 남아프리카 땅에 묻힐 수 있었다. 당시 저널리스트였던 크리스 맥그릴(Chris McGreal)은 이런 질문을 던졌다. "이 젊은 여성은 괴물 취급을 받았다. 그러나 여기에서 진정한 괴물은 누구인가?"

박물관에 보존되고 교과서에 실린 사르키의 모형과 그림은 그를 상징적으로 해체했고 조각조각 해부했다. 또한 그때부터 지금까지 포르노그래피가 명백하게 자행해오고 있는 것과 같이 그의 신체를 대상화하고 규제되지 않은 관음증을 허가했다. 성적 자극을 위한 그림과 물건들은 사르키가 영국에 오기 훨씬 전인 17세기에도 있었지만 19세기 중반까지만 해도 대량소비용으로는 너무 비쌌다. 19세기 말에 들어서야 포르노 엽서는 좀 더 저렴해졌고 20세기 후반에는 매끄러운 광택지로 된 포르노잡지가 등장했다. 1953년 미국에서 《플레이보이》가 섹슈얼리티와 검열에 대한 태도를 전환하고 새로운 출판 기법을 선보이며 출시되었다. 1965년에는 영국의 잡지 《메이페어》가 처음으로 발행되었다. 포르노그래피는 미디어 신기술이 계속해서 확장시키는 플랫폼을 통해 남성의 시선을 끄는 문제적인 여성의 이미지를 퍼뜨려왔다.

19세기 초에 사르키 바트만이 사람들의 흥미와 재미를 위해 전시된 것에 대한 반대의 목소리가 있었다. 좀 더 최근의 포르노그래피 역시 비슷한 비판을 듣고 있다. 그중 가장 거세게 항의한 것은 1970년대와 80년대의 급진적인 페미니스트들이었다. 미국의 페미니스트이자 활동가인 로빈 모건(Robin Morgan)은 '포르노는 이론이며 그것을 실천하는 것이 강간'이라고 주장했다. 포르노그래피가 여성을 비하할 뿐만 아니라 여성을 향한 폭력을 부추김을 암시한다는 것이다.

수많은 여성이 포르노 반대 운동을 벌였다. 1980년대에 미니애폴리스(Minneapolis)에서는 여성들이 일주일에 한 번씩 시위를 벌이며 성인용품점에 찾아갔다. 시위대는 상점을 찾은 사람들의 등 뒤에 섰는데, 한 참가자는 그 이유를 이렇게 설명했다. "그러면 사람들이 불편해하잖아요. 불편하라고 그러는 거예요." 1983년 12월 30일, 시의회는 포르노를 금지할 것을 표결에 부쳤으나 이후에 돈 프레이저(Don Fraser) 시장이 거부권을 행사하여 여성들의 반발을 샀다. 1988년에 미국에서 페미니스트 앤드리아 드워킨(Andrea Dworkin)과 캐서린 맥키넌(Catherine MacKinnon)이 반 포르노그래피 시민권법(civil rights anti-pornography legislation)을 도입하는 시도를 했지만, 이 역시 수포로 돌아갔다.

수많은 페미니스트들이 포르노가 여성을 표현하는 방식이 모순적이라고 지적했지만, 포르노가 여성에 대한 폭력과 관련이 있다는 결정적인 증거는 없었다. 그런가 하면 성적으로 수동적인 전통적인 여성 개념을 탈피하는 면이나 '판타지'를 환영하며 분석하려는 사람들도 있었다. 미국의 가수 마돈나의 인기에는 1990년에 발표한 팝 비디오 '저스티파이 마이 러브(Justify my love)'나 1992년에 출간한 삽화집 『섹스(Sex)』 등 포르노그래피의 도상학을 재창조하는 능력도 한몫했다. 좀 더 최근에는 2011년에 발간된 소설 『그레이의 50가지 그림자』가 세계적으로 베스트셀러 1위를 차지하며 '엄마들의 포르노(mummy porn)'라는 장르를 탄생시켰다. 사르키바트만의 사례와 마찬가지로 『그레이의 50가지 그림자』는 이 시대가 가지

이 여성은 괴물 취급을 받았다.
그러나 여기에서 진정한 괴물은 누구인가?

§

고 있는 수많은 우려와 선입견을 포함하고 있다. 속박과 지배, 복종에 대한 탐구는 자기 지배와 개인주의, 자기만족의 시대에서 섹슈얼리티와 관계성을 둘러싼 불확실성을 과장하고 분석한다. 그러나 호텐토트의 비너스 엽서를 팔아 돈을 벌어들인 사람들과 달리, 엄마들의 포르노를 만드는 과정에서는 여성들이 19세기에 사르키 바트만이 당한 것 같은 여성 비하를 겪지 않는다.

§

의료용 바이브레이터

20세기 초에 생산된 바이브레이터들은 본래
의료용으로 만들어졌다. 근육을 풀어주고 긴장을 완화시키는, 남녀 모두
의 건강에 유익한 물건이었다. 그러나 의료계가 바이브레이터에 큰 관심을
보이지 않자 이 제품은 재빨리 소비자 시장에 맞춰 이미지 변신을 꾀했다.

1905년부터 1920년까지 미국에서만 60개가 넘는 바이브레이터 특허
가 발행되었고 1909년에는 '유레카 바이브레이터(Eureka Vibrator Co.,)'를
비롯해 생산업체가 20군데를 넘어섰다. 그들 모두 신문을 통해 자사의 제
품이 건강과 미에 도움을 준다고 광고했다. 그 도움이라는 것은 주름을 제
거하고 신경성 두통을 완화한다는 것이었는데, 사람들은 이 자그마한 장
치의 또 다른 용도를 발견했고 광고주 역시 이를 '인식'했다. 대놓고 바이
브레이터를 자위용으로 쓰라고 하면 기소될 수도 있다는 각오를 해야겠
지만, 1902년에 나온 한 광고는 이 바이브레이터가 '젊은 날의 모든 즐거
움이 당신의 몸속에서 고동칠 것'을 보장한다고 제안했다.

이런 전기 바이브레이터 제품들에는 시초가 있다. 바로 1869년 미국의

의사 조지 테일러(George Taylor)가 발명한 증기 연소 조작기가 현대 바이브레이터의 원형으로 여겨진다. 역사학자 레이첼 메인스(Rachael Maines)에 의하면 조지 테일러의 설계는 '탁자에 하복부와 맞춘 절개구가 있으며 거기서 증기엔진으로 작동하는 진동구가 골반 부위를 마사지하는 방식'이었고 병원과 온천 시설을 대상으로 제작된 제품이었다. 최초의 전기기계식 바이브레이터는 1882년에 영국의 의사 J. 모티머 그랜빌(J. Mortimer Granville)이 발명했다. 그는 신경의 건강한 진동이 균형을 잃을 때 질병이 생긴다고 믿고 남녀 환자의 신경 문제를 치료하는 데 바이브레이터를 사용했다. 1898년 한 의사는 《메디컬 뉴스》의 편집자에게 다음과 같은 편지를 보내 그랜빌의 이론에 대한 신빙성에 의문을 제기했다.

"수차례 진동 요법을 시도해본 결과 저는 그 가치가 크게 과장되어 있으며 다른 어떤 것보다 연상 작용을 만들어내는 것에 더 의존하고 있다고 확신하고 있습니다. (중략) 이런 치료 형태가 건강 염려증 환자들에게 큰 인기를 끌면서 몇 년 전부터는 막대한 자본을 가지고 '가정용' 바이브레이터를 개발하는 기업이 세워졌을 정도입니다."

바이브레이터가 히스테리증을 앓는 여성들의 외음부를 마사지하는 용도로 발명되었다는 말도 있다. 빅토리아시대에는 성욕을 잃고 피로감과 불안감을 호소하며 가벼운 우울증을 앓는 여성들은 히스테리를 앓는 것이며 히스테리성 발작, 즉 오르가슴에 이를 때까지 골반 마사지를 해주면 증상을 치료할 수 있다는 믿음이 만연했다. 빅토리아시대 의사들의 이 치료 방식에 대해 뒷받침할 근거가 전혀 없음에도 불구하고, 이런 잘못된 믿음은 끈질기게 남아있었다. 2011년에 개봉한 영화 〈히스테리아〉는 히스

테리증을 앓는 수많은 여성들을 치료하던 한 의
사가 손목터널증후군 때문에 바이브레이터를
발명했다고 묘사하고 있다.

여성의 마스터베이션은 20세기 내내 완곡
한 언어와 수치심의 베일에 가려져 있었다. 그러
나 제2차 세계대전 이후부터 이러한 풍조를 바꾸고자
하는 과학자들의 노력이 시작되었다. 3,000명이 넘는 여성들의 설문조사
결과를 바탕으로 한 「하이트 보고서(The Hite Report, 1976)」는 이성애적
삽입식 섹스에 만족감을 느끼지 못하는 여성이 많다고 주장했다. 응답자
의 8퍼센트는 다른 여성과의 성행위, 53퍼센트는 자위를 선호했으며 17퍼
센트는 성행위 자체를 선호하지 않았다. 동시에 페미니스트 운동의 슬로
건인 '개인적인 것이 정치적인 것이다(The personal is political)'는 섹슈얼
리티와 오르가슴, 마스터베이션을 매우 정치적인 문제로 만들었다. 여성
단체와 잡지, 페미니즘 소설은 오르가슴을 느끼는 척해야 한다는 압박감
을 갖는 여성이 많다는 주제를 다뤘다. 앤 코트(Anne Koedt)가 1970년에
발표한 에세이 『질 오르가슴의 신화(The Myth of the Vaginal Orgasm)』는
커다란 파장을 일으켰다. 코트는 이렇게 주장했다. "여성은 남성을 기쁘게
하는 면에서 성적으로 정의되고 있으며 우리 자신의 생물학은 제대로 분
석되지 않고 있다."

베티 도슨(Betty Dodson)을 비롯한 일부 페미니스트들은 여성들에게 자
기 자신의 몸을 탐구하라고 독려했다. 도슨은 베스트셀러 『네 방에 아마
존을 키워라(1973)』와 여성 전용 마스터베이션 강의 '보디섹스(Bodysex)'
를 통해 섹스 친화적 페미니즘의 선도자로 자리매김했다. 도슨은 많은 여
성들에 대해 이렇게 말했다. "그들은 섹스가 논란이 너무 많은 주제이기

때문에 섹스를 두려워해요. 하지만 저는 그들이 개인적인 갈등을 너무 많이 겪어서 그런 거라고 생각합니다. 그들은 자위를 하기보다는 백마 탄 왕자님을 꿈꿉니다. 하지만 그건 월트 디즈니 아닌가요? 우웩." 그렇긴 하지만 20세기 말까지 미국을 필두로 한 대중문화는 여성의 자위행위를 수용했다. 팝 듀오 유리스믹스(The Eurythmics)가 1985년 발표한 페미니스트 찬가의 후렴구는 다음과 같다.

> "언니들이 직접 한다네(Sisters are doing it for themselves.)
> 두 발을 딛고 서서(Standing on their own two feet.)
> 자기 종을 직접 울리네(And ringing on their own bells.)
> 언니들이 직접 한다네(Sisters are doing it for themselves.)"

1984년, 듀얼 액션 바이브레이터 래빗이 등장하면서 바이브레이터와 여성의 마스터베이션이 수면 위로 떠올랐다. 래빗은 '적극적인 여성 섹슈얼리티를 가장 확실하게 보여주는 현대적 징후들 중 한 가지'로 일컬어지고 있다. 세계적으로 인기를 끌었던 드라마 〈섹스 앤 더 시티(1998)〉에서는 주인공 샬럿이 래빗의 쾌락에 중독되는 장면을 연기하기도 했다. 〈위기의 주부들(2004)〉의 스타 에바 롱고리아의 말에서도 변해가는 태도를 알 수 있다. "저는 친한 여자 친구들에게 래빗 바이브레이터를 선물해요. 포장을 풀면서 다들 비명을 지르죠. 제가 친구들에게 줄 수 있는 최고의 선물은 오르가슴이에요." 그러나 여성의 즐거움과 성적 표현은 여전히 경험과 법적 및 문화적 구속의 틀에 매여 있다. 여전히 많은 종교 단체들이 마스터베이션을 반대한다. 2008년까지만 해도 텍사스에서는 섹스 토이 판매가 법적으로 금지되어 있었다. 작가 맨디 반 데븐(Mandy Van Deven)

1970년 「하이트 보고서」에 의하면
53퍼센트의 여성이 자위행위를 선호한다.

§

은《비치 매거진》에서 이렇게 지적했다.

"페미니스트들이라면 모두 성적으로 자유롭고 아무 거리낌이 없을 거라고 기대하는 것 같다. 하지만 섹스는 복잡하다. 솔로일 때조차도. 그리고 자위행위가 모두에게, 특히 성적 학대의 희생자가 되어온 우리들 모두에게 직관적이지는 않다. 페미니즘과 마스터베이션에 대한 대화가 좀 더 광범위해져서 섹슈얼리티에 대한 복잡하고 불편한 진실에 대해서도 이야기를 나눌 기회들이 많아졌으면 좋겠다."

§

생리대

생리대의 발명은 수백만 여성들에게 있어 월경에서 비롯되는 어려움과 잠재적인 곤란함을 완전히 해결해 놓았다. 최초의 생리대는 1888년에 영국의 사우스올(Southall's)사가 생산했다. 미국에서는 1896년에 리스터(Lister's)사가 처음으로 일회용 생리대를 생산했다. 그러나 이 두 제품 모두 대부분의 여성들에게는 너무 비쌌다. 유럽과 미국의 여성들 대다수가 일상적으로 생리대를 사용할 수 있게 되기까지 수십 년이 걸릴 터였다. 개발도상국들 중에서는 여전히 생리대를 쓰고 있지 않은 지역들이 많다. 그곳의 여성들은 주기가 다가올 때마다 아직도 실제적인 어려움과 고민을 마주한다.

생리대가 있기 전, 처음에는 나뭇잎과 풀을 써야 했고 헝겊조각이든 뭐든 선택의 여지가 없었다. 이런 것들을 물에 끓여 세탁한 다음에 다시 사용하곤 했다. 무명천이나 면 헝겊의 바깥 면을 누빌 때 사용하는 충전재를 가지고 다회용 생리대를 직접 만들기도 했다. 시골에서는 종종 토끼털이나 양털을 길게 잘라 털 안쪽 방향을 바깥 면으로 해서 사용하기도 했다.

이런 것들에 동물 기름을 문지르면 방수기능이 보강되었다. 집에서 멀리 나갈 땐 수제 생리대나 면 헝겊을 여러 개 만들어서 가지고 다녀야 했다. 상업적으로 만들어진 생리대의 가장 큰 장점이 바로 편리한 휴대성이었다. 19세기 말 즈음 미국에서는 피가 새지 않도록 하기 위한 블루머(bloomer: 무릎 위나 밑

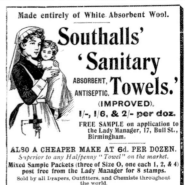

에 고무줄을 넣어 잡아매는 여성용 바지 — 옮긴이)도 살 수 있었다. 열두 벌에 약 15달러였던 블루머는 뒤집어 입을 수도 있으며 양쪽에 통풍구가 달려 있다는 점을 강조했다.

마침내 공장제 생리대가 도입되자 제조사들은 광고 문제에 직면했다. 공개적으로 언급하기엔 너무나 사적인 물건이었기 때문이다. 1894년 영국에서 공개된 이 광고는 이러한 상품들을 광고하고 판매하는 과정이 얼마나 조심스러웠는지 보여준다.

"사우스올 생리대는 제품을 발송할 때 내용물이 드러나지 않게 포장하고 개인 주소 라벨을 부착해서 사람들의 시선으로부터 자유롭습니다. '받는 사람: 여성 관리자(The lady Manager), 버밍엄 불스트리트 17번지'로 주문하세요. 이 부서는 여성 직원으로만 구성되어 있습니다."

어떤 상점은 여성 고객이 가게 주인에게 부탁하지 않고도 알아서 생리대 한 갑을 챙기고 정확한 금액을 놓고 갈 수 있도록 하는 돈통까지 구비

해 놓을 정도였다. 1908년 8월에 허버트 글래드스톤 영국 내무장관이 받은 편지에서도 이와 비슷한 신중함이 엿보인다. 편지를 쓴 사람은 한 서프러제트(suffragette: 20세기 초 영국에서 참정권 운동을 벌인 여성들을 지칭하는 용어 — 옮긴이)의 남편이었던 R. C. 와이엇이었다. 그는 교도소에 수감된 여성 운동가들이 생리대를 지급받지 못한 사실을 편지에 적었다. 와이엇은 전형적인 에드워디언(Edwardian: 영국의 왕 에드워드 7세 시대인 1901년부터 1910년 동안 영국의 미술 · 공예 · 건축의 경향 — 옮긴이) 어투로 문제를 대놓고 드러내지 않으면서도 불만을 분명하게 표출했다. 그는 '특정 시기에 필수적인 특정 의류가 제공되지 않는' 이유를 물으며 이것이 '품위와 건강을 무시하는 분개할 만한 행위'라고 표현했다. 와이엇은 내무장관에게 이 '추잡한 처벌'을 중단시킬 것을 요청했지만 답장을 받았는지는 알려지지 않았다. 사실 허버트 글래드스톤이 와이엇의 요지를 이해했는지조차도 불분명하다.

2011년 인도 정부가 실시한 조사에 따르면 생리대를 사용하는 여성은 12퍼센트에 불과했다. 또한 인도 아대륙에서는 대부분의 여성이 월경 중에 음식을 준비하거나 종교적인 축제에 참석하는 것이 여전히 금지되어 있었다. 네팔에서는 2005년부터 공식적으로 금지된 관행임에도 불구하고 시골지방에서는 생리 기간 동안 집에서 쫓겨나 숲이나 동굴, 조잡한 오두막 같은 곳에서 지내는 여성들이 여전히 존재한다. 생리를 하는 여성은 부정하며 집에 있다간 다른 사람들이 병에 걸리거나 집에 불이 난다는 생각 때문이다. 영화 〈캐리(1976)〉에서는 주인공이 샤워를 하다가 생리를 시작하자 피 흘리다 죽을 거라는 공포심에 기겁을 하는 장면이 나온다. 죽는 대신 악행을 재연하고 적에게 복수할 수 있는 초자연적인 힘을 얻지만 말이다. 이런 미신을 비롯하여 계속되는 금기와 민망함 때문에 셀 수 없이

영국 여성들이 평생 동안 생리대를 구입하는 비용은
약 2만 파운드에 달한다고 한다.

§

많은 여성들과 소녀들이 자연스러운 신체 기능을 가지고 남모를 비참함
과 수치심에 계속해서 시달리고 있다.

삽입식 생리대 사용에 관한 가장 이른 역사적 기록은 고대 이집트의 파
피루스 탐폰에 대한 것이다. 고대 그리스의 의사 히포크라테스는 여성들
이 작은 나뭇조각을 면직물로 말아 탐폰으로 썼다고 기록했다. 고대 로마
인들은 양털을 사용했으며, 나중에는 양털과 솜털뭉치, 스펀지도 수제 탐
폰의 역할을 했다. 1929년이 되어서야 마분지 어플리케이터가 있는 탐폰
이 발명되었고 1930년 중반에 탐팩스(Tampax)가 처음 출시되었다.

생리대와 탐폰의 역사는 여성의 삶에서 하나의 전환점을 상징한다. 생
리대 발명 이전에 여성들은 생리 기간 동안에 여행을 가거나 운동을 하는
것을 두려워하기 일쑤였다. 생리는 뭔가 부끄러워해야만 하는 것처럼 여
겨졌으며 입에 담는 법이 없었다. 종종 '저주'라는 단어로 표현되기도 했
다. 지금은 많은 나라에서 생리대와 탐폰을 공공연하게 광고하고 있으며
여성들은 생리현상을 일회용품으로 위생적이고 편리하게 처리할 수 있게
되었다. 여성이 삶의 모든 면에서 능동적인 역할을 하는 데 크나큰 장애물
이었던 것은 이제 사소한 불편함 정도로 바뀌어버렸다. 여성은 더 자유로
워졌다. 단순히 신체적으로만이 아니라 어색함과 수치심, 편견으로부터의
자유였다.

§

포윅 정신병원 환자 기록

포윅 정신병원의 환자 기록 제19권(Powick Asylum patients' notes, volume 19)에는 농부의 아내였던 26세 여성 엘렌 불럭(Ellen Bullock)에 관한 기록이 남아 있다. 엘렌은 1877년 8월 8일 의료비 개인 부담으로 포윅 정신병원에 입원했다. 슬하에 자녀가 없었던 그녀는 자살 위험군은 아니었지만, 음란한 언어를 사용하며 음식과 접시를 창문 밖으로 내던지곤 했다. 엘렌은 여러 가지 망상에 시달렸는데, 이는 자신의 결혼 상태에 대한 거부감에서 비롯된 것으로 보였다.

엘렌은 결혼반지를 빼버리고 다른 사람과 결혼해서 가정을 이루고 싶다고 했다. 그녀의 '비이성적'이고 괴팍한 행동은 정신병원에서 극적으로 호전되었다. 엘렌은 1879년 5월에 퇴원했지만 1882년 9월에 재입원하고 말았다. 그녀는 남편이 자신의 옷을 자르고 가위로 위협했다며 정신병원에 가야 할 사람은 자기가 아니라 남편이라고 주장했다. 엘렌의 남편은 1882년 12월에 결혼 생활이 끝났음을 선언하며 더 이상 병원비를 내지 않았는데, 그때부터 엘렌의 건강이 좋아졌다. 그녀는 병원을 떠났고 이번에는 다시 돌아오지 않았다. 엘렌 불럭의 정신 건강 문제는 폭풍이 휘몰아 치는 것 같았던 결혼과 자신의 상황들에 대한 반응이었던 것으로 보인다.

역사적으로 남성은 선천적으로 합리적이라고 하는 것에 반해, 여성은 히스테리컬하고 비이성적이며 '지나치게 감정적인 것으로 보이는' 정신 이상과 연관되어 왔다. 하지만 18세기 영국에서는 남성이 여성보다 더 많이 정신병원에 입원했다는 기록이 있다. 일부 남편과 의사들은 정신이상과 민간 의료기관을 수단 삼아 불편한 여성들을 소외시키고 그들의 행동과 목소리를 제한하려고 공모했다. 엘렌 불럭 역시 소위 여성다움과는 거리가 멀었던 것이다. 예를 들어 해나 맥켄지(Hannah Mackenzie)라는 여성의 남편은 그녀의 조카와 불륜 관계를 이어가고자 해나를 정신이상자로 몰고 갔고, 결국 해나는 1766년 정신병원에 입원했다.

또한 1860년에 미국인 엘리자베스 웨어 패커드(Elizabeth Ware Packard)는 적절한 여성 행동의 사회적 관례를 위반했다 하여 일리노이의 한 정신병원에 구금되었다. 엘리자베스는 급진적인 종교관을 표명했는데, 장관이었던 그의 남편은 이것이 자신의 커리어에 해롭다고 여겼다. 엘리자베스는 3년 후에 퇴원했지만 남편 때문에 집 안에서 벗어날 수 없었다. 이어진 법정 싸움 끝에 두 사람은 이혼했지만 엘리자베스는 빈털터리가 되었고 여섯 명의 자녀들에 대한 양육권을 잃었다. 엘리자베스는 자신의 경험을 바탕으로 회고록을 썼는데 이 책은 환자를 정신병원에 수용하는 과정을 바꾸는 캠페인에 한몫하기도 했다. 이런 캠페인들은 윌키 콜린스(Wilkie Collins)의 소설 『흰옷을 입은 여인』이 출판되면서 미국과 영국 모두에서 힘을 얻었다. 이 책은 아내의 재산을 가로채려는 비양심적인 남편에 의해 민간 정신병원에 감금된 두 여성에 대한 이야기다. 본래 1859년 11월부터 찰스 디킨스(Charles Dickens)의 잡지 《올더이어라운드(All the

Year Round)》에 연재되었던 이 소설은 연극으로도 제작되었으며 여러 언어로 번역되었다. 책이 선풍적인 인기를 끌면서 '흰옷을 입은 여인'이라는 이름을 단 향수와 보닛, 옷들도 나왔다.

예나 지금이나 마찬가지지만, 의료진이 진행하는 치료의 효과성 역시 논란의 대상이었다. 1860년대에 베이커 브라운(Baker Brown) 박사는 정신이상자로 간주되는 여성들의 음핵을 외과적으로 절제하는 수술로 악명 높았다. 베이커는 런던의학회(Medical Society) 회장을 역임했고 패딩턴의 성모병원(St Mary's Hospital) 설립을 도왔으나 그의 행동은 여성의 신체와 섹슈얼리티에 대해 그 시대가 가지고 있었던 두려움과 불안을 나타낸다. 그가 여성의 정신이상증세로 정의한 항목은 간질 · 자위 · 탐독 · 간호사가 되겠다는 열망의 표출 등 문제의 소지가 다분했다. 베이커는 여성의 퇴보가 자위행위에서부터 시작해서 간질, 정신이상을 거쳐 궁극적인 죽음에 이른다고 정의했으며 그 첫 번째 징후가 여성이 '차분하지 못하고 흥분하거나 우울해하거나 내성적이고, 무기력하며 사회적 영향과 가정생활에 무관심한 것'이라고 주장했다.

베이커 브라운은 1867년 산부인과학회에서 제명되었다. 하지만 20세기 초까지만 해도 사생아를 낳거나 혼전성관계를 가진 여성은 사회적으

로 도리를 벗어난 섹슈얼리티를 이유로 정신병원에 구금되는 일이 계속해서 자행되었다. 광기를 대하는 의료행위와 의학적 정의는 여성이 심리적으로 더 약하다거나 '정상적인' 여성의 행동을 정의하는 통념을 토대로 매우 성

런던의학회 회장을 역임한 베이커 브라운 박사는
정신이상자로 간주되는 여성들의 음핵을 절제하는 수술로 악명 높았다.

§

편향적인 태도를 취했다.

반면 정말로 정신질환의 고통을 겪는 여성들의 치료는 극적으로 변화를 맞았다. 엘렌 불럭이 20세기 중반에 포윅 정신병원에 입원했다면 전기충격치료(ECT)를 받았을지도 모른다. 하지만 1960년대와 70년대였다면 발리움(Valium) 같은 신경안정제를 복용했을 것이다. 당시 제약회사들은 발리움이 여성들로 하여금 아내와 어머니로서의 의무를 잘 받아들이게끔 돕는다고 홍보했다. 1987년 이후부터는 프로작(Prozac)과 같이 선택적 세로토닌재흡수억제제(SSRI)가 자주 사용되어 왔다. 엘렌이 21세기에 살았다면 고된 결혼 생활에서 벗어날 수 있는 다른 여러 대안이 있었을 것이다. 하지만 여전히 수많은 여성들이 변하지 않는 자신의 상황에서 비롯된 우울증과 정신질환에 시달리고 있다.

§

중국의 아기 포대기

중국 남서부 바이(Bai) 지역의 이 아름답게 수놓인 아기 포대기는, 어린 아기의 탄생을 축하하는 선물인 동시에 어머니가 일을 하면서도 아이를 안을 수 있는 전통적이고 편리한 수단이다.

고대 이집트의 예술작품에도 아이를 포대기에 싸서 데리고 다니는 모습이 묘사되어 있다. 그 이후로도 여성들은 아기를 안고 다니는 기발한 방법들을 계속해서 찾아냈다. 주로 1.5미터 길이의 천으로 어머니의 가슴팍이나 등, 옆구리에 아기를 고정하는 방법이 사용되었다. 이누이트들은 아마우티(Amauti)라는 특별한 코트로 어머니와 아기를 함께 에워싸 아기의 체온을 따뜻하게 유지했고, 페루에서는 밝은 색으로 짠 숄로 등에 업은 아기를 고정했다. 이런 식으로 아기를 데리고 다니는 것은 가사를 책임지면서도 아기를 업은 채 농사까지 지어야 하는 여성들에게는 매우 중요한 문제였다. 중국 바이족 여성들은 전통적으로 농장에서 살면서 차, 사탕수수, 담배, 밀 같은 농작물을 경작하고 논밭에서 일하는 경우가 많았다. 몇 년 전부터는 관광객을 대상으로 아기 포대기 같은 자수 수공예품을 만들어

팔기 시작했다.

자녀 양육에 대한 패션과 유행, 태도는 재정
적인 자원과 더불어 어머니가 아기를 데리고
다니는 방법을 결정하는 중대한 요소다. 18세
기부터 20세기 초까지 유럽과 미국의 부유한
여성들은 목욕이나 옷을 갈아입는 사적인 일까
지 하인이나 노예에게 맡겼다. 유모차는 부유
한 가정의 어머니들 대부분이 자기 아기와 직
접적인 신체 접촉을 잘 하지 않을 것이라는 가
정하에 고안되었다. 1722년, 데본셔 공작의 요

청을 받은 윌리엄 켄트(William Kent)는 가장 초기의 유모차 중 하나를 발
명했다. 작은 조랑말이나 염소가 아기를 태운 유모차를 끌고 공원과 저택
주변을 돌아다녔다. 19세기 들어 크고 값비싼 유모차들이 생겨났으며 하
녀나 유모가 주인집 아기를 유모차에 태워 산책시키곤 했다. 20세기 초가
되어서야 서구권의 어머니들이 유모차를 빌리거나 구입해서 아기를 태우
고 다니는 것이 일반적인 관습으로 자리매김했다. 유모차를 끄는 것은 특
히 여성이 하는 일이라고 여겨지는 경우가 많았다. 20세기 중반 영국에서
도 자랑스레 유모차에 아기를 태워 끌고 다니는 남성들이 가끔 있었지만,
많은 사람들은 그런 행동이 남자답지 못하다고 생각했다.

크고 무거운 유모차는 시골이나 런던의 공원들 안에서는 이상적일 수
있지만 대중교통에 타고 내릴 때와 아파트 엘리베이터가 고장 나 계단을
이용해야 할 때에는 상당히 불편했다. 게다가 제2차 세계대전 이후에 영
국과 유럽에 소형주택이 많이 지어졌는데, 그런 곳에서는 공간을 너무 많
이 차지했다. 그러다 스핏파이어(Spitfire: 제2차 세계대전 때 활약했던 영국

의 전투기 — 옮긴이) 제작에 참여했던 항공엔지니어 오웬 맥클라렌(Owen Maclaren)이 유모차를 가지고 여행을 다니는 게 어렵다는 딸의 불평을 듣고는 1965년에 '베이비 버기(baby buggy) 유모차'의 첫 번째 버전을 고안했다. 여성들의 반응은 열광적이었다. 이 새로운 경량 유모차는 접어서 커다란 우산처럼 들고 다닐 수 있었고 기차에 싣거나 자동차 트렁크에 넣기도 쉬웠다. 크기도 작고 다루기도 쉬워서 여성해방시대의 어머니들에게 그 윗세대들은 꿈도 꿀 수 없었던 이동성을 제공했다. 전 세계적으로 수백만 대의 버기 유모차가 팔렸고 이 상징적인 유모차는 뉴욕 현대미술관(Museum of Modern Art)과 런던 디자인센터(Design Centre)에 전시되었다.

20세기 말, 소비문화가 서구사회를 지배하면서 제조업자들은 다양한 고가품을 팔기 시작했고 부모들은 그런 제품을 사는 것으로 자녀에 대한 사랑을 표현했다. 시장의 '판도를 바꾼' 부가부(Bugaboo) 유모차는 현대 디자인과 안전의 전형으로서 하나의 생활양식이 되었다. 부가부를 끌고 다니는 이른바 '부가부 맘'들은 짐을 한가득 들고 상점을 전전하면서 유모차가 뒤로 쓰러질까 봐 걱정하는 어머니들과는 달랐다. 그들은 스타일리시하고 세련되었으며 자신감으로 넘쳤다. 맥클라렌 버기 유모차는 2009년 유모차를 접다가 아이들의 손가락이 잘렸다는 사실이 몇 차례 드러나면서 그 위상을 잃었다. 게다가 이 문제를 해결하기 위한 안전장치가 미국에만 제공되었다는 사실이 알려지자 세계의 어머니들과 할머니들은 격분했다. 맥클라렌 버기를 사용한 아이들의 할머니인 로즈메리 레이시(Rosemary Lacey)는 이렇게 질문했다. "왜 미국의 아이들만 중요한가요? 이건 그냥 위험한 제품인 거고 당연히 전량 회수되어야죠."

하지만 오래지 않아 부가부 역시 어머니들을 화나게 했다. 2017년 소셜미디어에 모델 이므레 스티케마(Ymre Stiekema)가 비키니 차림으로 딸을 태운 부가부 유모차를 끄는 홍보 사진을 올리면서 여론의 뭇매를 맞은 것이다. 어떤 이들은 부가부를 사는 데 1,000파운드씩 쓰느라 옷을 살 돈이 없었던 모양이라는 댓글을 달았다. 심리학자 크리스티나 미스키스(Christina Miskis)는 '완전히 말도 안 되는 사진이다. 엄마들 좀 내버려 둬!'라는 반응을 보였다. 《텔레그래프》의 한 저널리스트는 아이를 낳은 후 금방이라도 눈물을 쏟을 것 같은 절망 속에서 초콜릿 비스킷을 씹어 삼키던 시절을 회상하며 다음과 같은 헤드라인으로 응수했다. "비키니를 입고 유모차를 끈다고? 우리 엄마들은 오줌 지릴 정도로 바쁘다."

최근 심리학자들이 아기를 포대기에 싸서 안고 다니는 것이 엄마와 아기 사이에 더 친밀한 유대관계를 형성하는 것을 돕는다고 제안하면서 슬링(sling)이 새로운 유행으로 떠올랐다. 일부 아빠들도 이를 받아들여 슬링을 사용하고 있다. 마돈나, 니콜 키드먼 등 유명인들도 슬링 유행에 가세하면서 서구권에서는 디자이너들이 만든 값비싼 슬링이 '젊고 멋진 엄마들(yummy mummies)'의 필수품이 되었다. 그러면서 그들은 몸에 아기를 질끈 동여매고 일을 할 수밖에 없는 수백만 명의 여성들과 자신들을 동일시했다. 그러나 육아 전문가 페넬로페 리치(Penelope Leach)는 '개발도상국의 농촌에서 보내는 유아기를 미화하는 경향'에 주목했다. 그는 1997년에 이렇게 지적했다. "아기 침대나 유모차가 없다면 아기를 데리고 다닐 때 물리적인 안전이 보장되어야 하는데, 아기를 나무는 방식은 성인 보호자의 편의에 따라 크게 좌우된다."

§

루시 볼드윈 산과마취기구

산업용 가스를 주력으로 생산했던 영국 기업 브리티시옥시전(The British Oxygen Company)은 1950년대 말 루시 볼드윈(Lucy Baldwin) 산과마취기구를 만들었다. 출산하는 여성의 얼굴에 마스크를 씌워 산소와 아산화질소의 혼합물을 공급해 고통을 덜어주는 장비였다.

장치의 무게가 꽤 나가는 편이었지만, 바퀴가 달려있어 병원 안에서 이리저리 옮길 수도 있었다. 다만 가정 출산을 돕는 지역 조산사들에게는 다소 거추장스러웠다. 루시 볼드윈이라는 이름은 제1차와 제2차 세계대전 사이의 기간 동안 여성의 출산 경험을 개선시키고자 노력했던 한 여성을 기리기 위해 지어졌다. 루시는 1923년에 영국 총리가 된 보수당 정치인 스탠리 볼드윈(Stanley Baldwin)의 아내였다.

루시는 첫아이를 유산했지만 그 이후로 여섯 명의 건강한 아이들을 낳았고 1928년에 영국생일신탁펀드(National Birthday Trust Fund)의 부위원장이 되어 임산부 복지를 개선하고 사망률을 낮추기 위한 캠페인을 벌였다. 루시는 제1차 세계대전의 대학살의 참상을 환기하며 진통을 시작하는 어머니들이 직면하는 불확실성을 '남성들이 전쟁을 하러 가는 것'에 비유하며 이렇게 주장했다. "남성들이 참호에서 그러했듯 우리 여성들도 매일, 매 시간마다 목숨을 걸고 출산을 하며 돌격하고 있다." 루시의 주된 관심사는 어머니들의 고통을 줄이는 것이었다. 하지만 이것은 물질적인 여유가 되는 부유한 사람들에게만 가능한 선택이었다. 그는 1929년에 진통제 기금(Analgesics Appeal Fund) 조성을 돕고 대중 연설과 라디오방송을 통해 그 취지를 홍보했다. 이 단체는 지역 병원과 조산사들이 산모의 진통중에 사용할 수 있는 마취 기구를 구입하도록 돕는 기금 모금활동을 했다. 조산사들에게는 기구를 사용하는 방법을 가르쳐주기도 했다. 루시가 사망했을 때 신문들은 일제히 '무통분만제의 사용이 더욱 확대된 것에 대해 수많은 어머니들이 그에게 감사해야 한다'고 보도했다.

출산의 고통을 둘러싼 종교적 태도와 사회적 관습은 나라마다, 또한 역사적 시대마다 다양하다. 성경에 나오는 아담과 이브의 이야기에서 금지된 사과를 먹고 죄를 지은 이브는 '네가 수고하고 자식을 낳을 것'이라는 말을 듣는다. 일부 종교 단체들은 이브와 이브의 후손들을 대상으로 한 이 선언으로 여성의 출산의 고통을 정당화한다. 그럼에도 불구하고 많은 이들이 의약품과 약, 마사지, 주의를 돌리게 하는 시도, 심지어는 연상의 힘(power of suggestion)으로 여성의 고통을 경감하는 시도를 해왔다. 고대 이집트인들은 진통하는 여성 근처에서 테레빈유(turpentine: 소나무과 식물의 송진을 수증기로 증류한 기름 — 옮긴이)를 태우고 식초와 대리석 가루 섞은 것을 복부에 문질렀다. 초기 중국인들은 아편과 술로 통증을 완화시켰고, 중세에는 양귀비와 맨드레이크, 사리풀이나 대마를 섞은 약제를 사용했다. 그러나 여성의 진통을 완화시키기 위한 시도는 200년 전까지만 해도

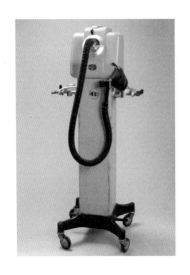

뚜렷한 성과를 보이지 못했다.

19세기 미국과 영국의 의사들과 화학자들은 통증 완화와 절단술, 치과진료를 위한 아산화질소 사용을 연구했다. 1847년에는 무통분만제로 에테르(ether)를 실험하기도 했다. 미국 시인 헨리 워즈워스 롱펠로(Henry Wadsworth Longfellow)의 아내는 에테르 실험에 참여한 경험에 대해 이런 글을 남겼다. "나는 모든 여성을 위해 그 일을 했다. 그 어떤 여성도 그런 고통을 겪어서는 안 되기 때문이다. 내가 에테르를 시도했다는 이유로 모두가 나를 무모하고 외설적인 양 취급하는 건 매우 유감스럽다."

1850년대에 빅토리아 여왕이 여덟 번째 아이를 출산하면서 클로로폼을 사용한 것은 물질적인 여유가 있다면 무통분만제를 사용하는 것이 사회적으로 좀 더 용인되는 계기가 되었다. 20세기 초, 독일의 의사인 베른하르트 크로니그(Bernhardt Kronig)와 칼 가우스(Karl Gauss)는 여성이 무의식중에 무통분만을 할 수 있는 약물을 실험했다. 모르핀과 스코폴라민으로 만들어 잠재적으로 유독할 수 있는 이 약물을 사용하면 자신이 출산을 했다는 사실조차 깨닫지 못했다. 대신 그들은 '반마취 상태(twilight sleep)'를 겪었다. 1914년에 《맥클루어 매거진》의 두 미국인 여성 저널리스트들이 이 관습에 대해 과장된 기사를 쓰면서 많은 페미니스트들을 포함하여 영향력 있는 여성들은 미국에서 반마취상태협회(The National Twilight Sleep Association)를 결성했다. 그들은 모든 여성이 무통분만을 할 권리를 가지고 있다는 캠페인을 벌였고, 캠페인은 어느 정도 성공적이었다.

1940년대 영국 여성 68퍼센트가 진통제 없이 출산했으나
이 수치는 10년 만에 절반으로 줄었다.

§

그러나 이런 강력한 약물이 위험하지 않은 것은 아니다. 부작용으로 정신
이상이 되어 소리를 지르고 자해하며 스스로를 통제할 수 없게 될 수도 있
었다. 약물이 아기의 호흡에 해롭고 때로는 치명적이기까지 한 영향을 미
칠 수도 있었다.

　진통제를 쓰는 데 비용이 많이 드는데다 부작용에 대한 우려 때문에 두
세계대전 사이 미국과 유럽의 여성 대부분은 진통제 없이 출산했다. 제
2차 세계대전의 여파로 영국 여성 68퍼센트가 진통제 없이 출산했지만
국민건강보험(National Health Service)이 도입되고 여성 단체들이 캠페인
을 벌이면서 이 수치는 10년 만에 절반으로 줄어들었다. 1970년대에 일부
페미니스트들은 출산을 자연스러운 과정으로 여겨야 하며 통증의 완화가
여성의 출산 경험과 산모가 아이가 유대를 형성하는 과정을 억압할 수 있
다고 주장했다. 좀 더 최근의 페미니스트들은 무통분만제를 사용할지 여
부는 여성이 직접 선택해야 한다고 주장해왔다. 그러나 전 세계적으로 여
전히 많은 여성들이 그러한 선택을 할 수 있는 여건을 갖추지 못하고 있
다.

§

쇼디치 시스터즈의 퀼트

2011년 여성협회(Women's Institute) 운동 쇼디치 시스터즈(the Shoreditch Sisters) 지부가 만든 외음부 퀼트(the Vulva Quilt)는 화려하게 꾸민 외음부 장식을 가로세로 20센티미터 크기의 알록달록한 정사각형에 뜨개질이나 자수, 코바늘 뜨개로 박아 넣은 뒤 기워 만든 거대한 퀼트이불이다.

여성의 신체에서 가장 은밀하게 숨겨진 부위를 강렬하게 드러낸 이 작품은 쇼디치 시스터즈 캠페인의 간부 태라 스캇(Tara Scott)의 아이디어였으며 여성 성기 절제(FGM, female genital mutilation)를 근절하기 위한 투쟁의 상징이 되었다. 태라는 이같이 설명했다. "우리는 여성 신체의 긍정적이고 아름다우며 강력한 특성들을 찬미함으로써 여성 할례의 참상에 대한 인식을 높이고 싶다."

세계보건기구는 비의료적인 이유로 여성 생식기의 일부 또는 전체를 제거하는 행위를 여성 성기 절제라고 정의한다. 음핵의 포피만 제거하는 것일 수도 있고, 클리토리스 전체나 외부 소음순 전체, 또는 대음순의 대부분을 제거한 다음 소변을 볼 수 있는 작은 구멍만 남기고 외음부를 꿰매는 것이다. 이렇게 꿰매는 행위를 종종 자수에 빗대기도 한다. 여성 성기 절제는 과다 출혈과 감염 등 합병증을 일으킬 위험을 안고 있다. 몸과 마음에 얻은 상처는 오랫동안 지워지지 않으며 불임과 출산 중 합병증의 가능성을 높이기도 한다. 여성의 성기를 절제하는 관습은 나라마다 다양하며 아프리카 지부티, 이집트, 말리, 소말리아, 수단에서 높은 발생률을 보인다. 어떠한 종교 단체와도 관련이 없으며 기독교, 이슬람, 유대교보다 오래된 역사를 가지고 있다. 일부 지역사회는 여성 성기 절제가 소녀의 정절을 보장하고 결혼에 대한 가망을 높인다는 믿음을 여전히 고수하고 있다.

소녀들은 신생아일 때부터 청소년기에 이를 때까지 언제든 성기 절제의 대상이 될 수 있다. 어떤 나라에서는 병원에서, 또 어떤 나라에서는 뒷방에서 행해지며 여성이 된 것을 '축하'하는 의미로 집단으로 시행된다. 소말리아 여성인 님코 알리(Nimko Ali)는 일곱 살에 지부티에서 휴가를 보내다가 성기 절제를 당했다. 그녀는 이 고통스러운 관습이 여성들에게 다음과 같은 메시지를 전한다고 지적한다.

"결국 두려움을 심어주는 거예요. 열망을 꺾고 소녀들이 목소리를 내어 현 상황에 맞서지 못하게 만드는 거죠. 여성 성기 절제는 단순한 절제술이 아니라 그와 관한 모든 것을 도려내버리는 거예요. 강제 결혼과 강간, 소위 '명예' 살인 등 그 모든 것들을 정당화해요. 여성의 역할과 여자아이에게 주어진 가치와 관련된 또 다른 형태의 폭력이죠."

전 세계적으로 1억 2500만 명의 여성이 성기 절제를 당했으며 지금도 3000만 명의 소녀들이 성기 절제를 당할 위기에 처해 있다고 여겨진다.

현재 여성 성기 절제는 여러 나라에서 불법이며 전반적으로는 감소하는 추세다. 인도네시아에서는 2006년에, 나이지리아에서는 2015년에 불법화되었다. 다만 이런 법들이 일관되게 시행되고 있지 못한 나라가 많기 때문에 세계보건기구와 여성 단체들은 계속해서 반대 캠페인을 벌이고 있다.

외음부 퀼트는 전통적으로 여성적인 공예품으로 정체적 이슈에 대응하는 '스텔스 페미니즘(stealth feminism)'의 한 예다. 미국 여성들은 노예제 폐지, 금주, 여성참정권 운동을 할 때 퀼트를 만들었다. 퀼트는 다양한 매체를 통해 여성의 사회적 우려를 표현하는 데 사용되고 있다. 정보통신혁신협회(The Association for Progressive Communications)의 여성 권리 프로그램은 '정보통신기술을 개척하는' 캠페인을 벌이고 여성인권 옹호자들과의 연대를 표현하기 위해 공동으로 디지털 퀼트를 제작했다. 한편 '세계여성행진(World March of Women)'은 6,000개의 풀뿌리 여성 단체로 구성된 국제 네트워크로, 2005년 연대 퀼트를 제작하여 서른한 가지 목표를 담은 세계 헌장을 홍보하고 전 세계에서 개최되는 64개의 행사에 이를 전파했다. 헌장과 행사에 대한 각 나라의 헌사는 퀼트의 패치에 기념으로 새겨졌다. 브라질 상파울루에서는 3만 명의 여성이 봉급인상과 농업개혁, 낙태 권리를 요구하며 행진했고, 이는 발과 꽃, 나비의 콜라주로 퀼트에 묘사되었다. 세계여성행진 국제사무국의 미리엄 노브레(Miriam Nobre)는 이렇게 설명했다. "각각의 사각형마다 숨겨진 의미를 담고 있습니다. 이 퀼트는 다양한 방식으로 표현된 인간성을 위한 우리의 세계 헌장입니다. 우리가 얻기 위해 투쟁하고 있는 다른 세계, 우리의 꿈이 구체화된 것입니다."

2013년 10월, 여성 단체인 '난민 여성을 위한 여성들의 모임(Women for Refugee Woman)'은 쇼디치 시스터즈에게 난민 여성들을 위한 공예 워크숍을 열어달라고 요청했다. 여성들은 격주로 토요일 아침마다 정기적으로 모여 뜨개질과 코바늘 기술을 공유했고, 네모 조각들을 만들어 자기만의 연대 퀼트에 꿰매 넣었다. 여성들이 협력하며 하나의 공동체로 발전하자, 쇼디치 시스터즈는 박해를 피하기 위해 모국을 떠나 영국에서 피난처를 찾는 난민 여성들의 고충을 점점 더 깨닫게 되었다. 분쟁과 폭력 때문에 집을 떠날 수밖에 없는 전 세계 수백만 명의 난민들 중 여성과 소녀들이 절반을 차지한다. 그

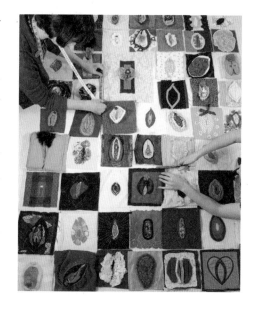

들 중에는 임신 중이거나 장애인이거나 노인들인 경우도 있다. 토요일 뜨개 모임에 참여하는 난민 여성들 중 다수가 얄스우드(Yarl's Wood) 난민수용소에 있었는데, 이후에는 이곳에 400개가 넘는 조각이 모인 퀼트 이불이 걸렸다. 이 퀼트 이불은 2014년 세계 여성의 날(International Women's Day)에 세계 여성 페스티벌(WOW Festival)로 옮겨졌고 회원들은 야를우드의 여성들을 위한 퀼트 조각과 응원메시지를 남길 수 있는 기회를 가졌다. 쇼디치 시스터즈 여성협회의 로렌 푸지(Lauren Fuzi)는 이렇게 설명했다. "우리는 계속해서 이 이불을 캠페인 도구로 사용하면서 난민 여성들이 겪는 경험에 대한 인식을 높이고 회원들이 여성 망명 신청자들의 억류에 반대하는 행동을 취하도록 독려하고자 합니다."

§

데이트 강간 경고 포스터

마시고 있는 음료수를 조심하라고 경고하는 이 포스터는 약물 사용으로 인해 여성이 성폭행에 특히 취약해질 수 있다고 강조한다. 로힙놀(Rohypnol)과 GHB는 강력한 '데이트 강간' 약물이다. 이것을 섞은 음료수를 마시면 어지럽고 나른해지면서 성폭행을 당해도 저항할 수 없게 된다.

피해자들은 사후에 사건을 또렷하게 기억하지 못하기 때문에, 이러한 약물은 법적인 영향을 받을 가능성을 줄여주는 새로운 강간 수단이 되고 있다. 조사에 따르면 약에 취해 강간을 당한 영국 여성 1,000명 중 기소에 성공한 사람은 네 명밖에 되지 않는다고 한다. 언제나 강간은 입증하기 어려운 범죄였다. 1686년 영국 중앙형사법원의 재판기록 중에는 다음과 같은 내용이 있다.

"한 사람이 지난 3월 2일에 젊은 여성을 강간한 혐의로 기소되었다. 양측 모두 많은 증거를 제시했다. 그 문제에 대한 완전한 심리가 이루어지자

검찰은 돈을 목적으로 한 계획이라는 결론을 내렸고 죄수는 무죄판결을
받았다."

1890년대의 한 영향력 있는 법의학 교과서는 노동자계급의 여성들은
성폭력에 취약하지 않다는 개념을 다음과 같이 제시했다.

"하층민 여성들은 동성 및 이성 모두와 거칠게 노는 것에 익숙하기 때문
에 장난삼은 폭력으로부터 자신을 방어하는 기술을 습득했다. 그들은 어
떤 강간범이라도 막을 수 있는 방어 능력을 가지고 있다."

영국 법무부의 2013년 통계에 의하면 매년 50만 명에 달하는 성인들
이 성폭행을 당하고 있으며 16세부터 59세 사이의 여성 5명 중 1명은 어
떤 형태로든 성폭력을 경험한다. 그들 중 경찰에 신고를 선택하는 여성은
15퍼센트에 불과하다. 미국의 수치 역시 비슷하다. 전체 여성들 중 18퍼센
트가 성폭행을 당했다고 응답했으나 그들 중 16퍼센트만이 경찰에 신고
했다. 영국에서 강간죄의 형량은 평균 8년 반이지만 유죄판결이 나는 비
율은 여전히 고집스럽게 낮다. 리즈 켈리(Liz Kelly) 교수는 '보고율'을 가
지고 산출해야 한다고 지적한다. "대부분의 사건들이 수사 단계에서부터
미궁에 빠집니다. 전체적인 과정을 보지 않으면 왜곡된 그림만 보게 될 뿐
입니다. (중략) 성폭행 사건들의 80퍼센트가 기소되지 않습니다."

피해자들에게 재판 과정의 부담을 줄여주려는 시도들도 있었다. 피고
측 변호인은 이제 여성에게 성적인 과거에 대한 질문을 할 수 없다. 심문
이 너무 잔인해지면 판사가 개입할 가능성이 높다. 하지만 피해자들은 여
전히 거짓말을 하거나 소설을 쓴다는 비난을 받고 있으며, 어떤 이들에게

는 재판 자체가 또 다른 폭력이 된다.

1970년대의 페미니스트 운동은 강간이 위력을 행사하고 여성의 신체를 개인적으로 침해하는 행위라고 주장했다. 때로는 개인이나 심지어는 국가에 복수하고 지배하는 느낌을 얻기 위함이라는 것이다. 역사적으로 여성들은 자주 '전리품' 취급을 받아 왔다. 제2차 세계대전이 끝날 무렵 소련군이 베를린에 도착했을 때 광범위한 강간이 벌어졌다는 기록도 있다. 연합군에 의한 강간은 그만큼 잘 알려져 있지는 않다. 1945년에 오키나와에서 한 영국인 해병은 다음과 같이 보고했다.

"남쪽으로 진격하던 해병대 4사단 군인들이 작은 원을 그리며 촘촘하게 모여 있는 열 명 정도의 미군들 옆을 지나쳤습니다. (중략) 그때 저는 그들이 한 동양인 여성을 차례로 강간하고 있는 것을 목격했습니다. 저는 화가 났지만 우리 팀은 마치 아무 일도 없는 것처럼 계속 행군했습니다."

심지어는 군대에서 복무하는 이들조차 안전하지 않다. 베트남전쟁 당시 미군에서 복무한 558명의 여성을 대상으로 한 설문조사에 의하면 그들 중 약 3분의 1이 강간을 당했다고 응답했다. 1977년 3월, 17세 소녀에게 강간을 시도한 한 방위군 병사가 3년 형을 선고받았다. 소녀는 심각한 내상과 갈비뼈 골절을 입고 전치 4개월 판정을 받았다. 그러나 그 군인은 항소심에서 집행유예 6개월을 선고받았다. 판사는 그에게 '지금 당신이 할 수 있는 최선은 부대로 돌아가 국가에 헌신하는 것'이라며 그가 감옥에 갇힌다면 군인으로서의 경력을 잃게 되고, 만약 '그 소녀가 강간에 응했더 라면 그렇게 심각한 부상은 입지 않았을 것'이라며 자신의 판결을 정당화 했다.

1991년부터 1995년까지 유고슬라비아 분쟁이 일어나는 동안 약 5만 명의 보스니아 여성들 및 소녀들이 강간당한 것으로 추산된다. 1994년 르완다 내전에서는 최고 50만 명의 여성들이 강간당했다고 알려져 있다. 국제연합(UN)의 특별보고관은 후에 '강간이 곧 법이었으며 예외는 없었다'고 보고했다. 2008년, 콩고민주공화국의 UN 평화유지군 사령관이었던 패트릭 캐머트(Patrick Cammaert) 소장은 '이제 전쟁에서는 군인이 되는 것보다 여성이 되는 것이 더 위험하다'고 선언했다.

다양한 역사적 순간들 속에서 다양한 문화권은 강간에 대해 매우 다른 시야를 가졌다. 혼인관계에서의 강간을 범죄로 규정하게 된 것은 비교적 최근으로, 미국에서는 1970년대 중반부터 1993년, 잉글랜드와 웨일스에서는 1991년이었다. 2017년 4월, 말레이시아의 한 하원의원은 강간범들이 피해자들과 서로 결혼하여 '새로운 시작'을 해야 한다고 제안하여 여성 단체들의 거센 항의를 불러일으켰다. 그는 이렇게 말했다.

"어쩌면 그들은 결혼을 통해 더 건강하고 더 나은 삶을 살게 될지도 모릅니다. 강간을 당한 사람의 미래가 반드시 어두운 것만은 아닙니다. 적어도 남편이 생길 테고, 이는 증가하는 사회문제에 대한 해결책이 될 수도 있을 것입니다."

Ⅱ 아내와 가정주부 _ 사회의 기대와 변화의 순간들

아내와 가정주부가 된다는 것의 의미는 시간이 지남에 따라 법적·경제적·정체적 제약에 의해 형성되고 바뀌며, 여성의 계급과 국적, 종교에 따라 다양하게 해석되었다. 제2장에서 소개하는 물건들은 21세기 결혼과 관계성에 대해 공존하는 각양각색의 개념으로 향하는 발판을 마련한 '기혼여성재산법(Married Women's Property Acts)' 등, 변화의 순간들의 지표를 탐구하는 출발점을 제시한다.

많은 여성들에게 있어 아내가 되는 것은 간절하게 원하던 직업이자 역할이었지만, 여성의 경제적 자립이 더욱 강력해지면서 이제는 관계성에서 더 많은 것들이 기대되었다. 신데렐라 같은 동화에서 명확하게 드러나는 낭만적인 사랑과 결혼의 이상은 어린아이들에게 소비되고 있으며, 타지마할(Taj Mahal)과 같은 건축물이나 수많은 영화와 소설에서 구현된다. 하지만 많은 여성들에게 낭만적인 사랑은 전혀 이상적이지 못했다. 셰익스피어는 '제대로 된 교수형을 많이 하면 불행한 결혼 생활을 예방할 수 있다'고 말한 것으로 유명하다. 일부 여성들에게는 팔려가거나 과부가 되거나 여성 피난처를 찾는 것이 신뢰 없는 관계 속에서 선택할 수 있는 유일한 전략이었다.

여성들은 지루한 가사일과 가족을 먹여 살리기 위한 노력 속에 로맨스와 이상이 바다으로 가라앉는 것을 발견할 수도 있다. 그들의 고투는 전쟁과 분쟁, 재정난, 긴축의 시기에는 더욱 첨예해져서 푸드뱅크(Food Bank: 식품을 기탁받아 소외계층에 지원하는 단체 — 옮긴이) 같은 도움이 필요한 때도 있었다. 아내, 딸, 자매, 하인으로서의 여성은 전통적으로 가사에 관련된 과제의 대부분을 떠맡아왔다. 이 장에서는 여성들이 가족을 먹여 살리기 위해 창의력과 지략을 어떻게 발휘했는지 주목하고 있다. 가정생활이 종종 여성의 전문성과 기술, 힘을 상징하고 오늘날 서구권에서는 현실도피적 쾌락이라는 새로운 방향성을 띠게 된 것은 놀랄 일이 아니다.

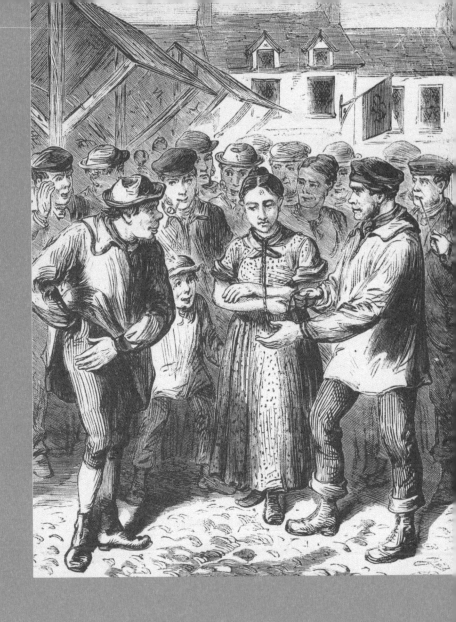

결혼은 개인적인 관계일 뿐만 아니라 가족 간의 동맹이며 국가 제도다. 결과적으로 결혼을
시작하고 끝맺는 길은 일직선이 아니며, 사회와 가족은 아내이자 가정주부인 여성에게 수많
은 기대를 건다. 여성들과 아내들은 엄청난 양의 충고와 질책, 비난을 받아 왔다. 목소리를
내면 굴레를 씌웠고, 술을 마신다고 해서 규탄받았다. 그럼에도 불구하고 여성들은 쾌락과
힘의 공간들을 찾아냈다. 예를 들면 맛있는 차 한잔이나 초콜릿 비스킷이 주는 즐거움처럼,
신용카드에 힘입은 소소한 지출 같은 것이었다.

§

빵 굽는 인형

그리스 중부의 보이오티아주에서 발견된 이 인형의 역사는 기원전 500년까지 거슬러 올라간다. 빵 한 덩이를 들고 화덕 앞에 앉아 있는 모양의 이 인형은 가족을 먹여 살리기 위해 가사일로 바쁜 여성을 보여준다.

다양한 문화의 역사적 순간들 속에서, 빵은 플랫 브레드(flatbread)부터 바게트(baguette)까지 각양각색의 스타일을 취하고 있다. 하지만 이 인형이 보여주는 것처럼 태고 이후의 거의 모든 문명에서 빵을 굽는 것은 여성들이 가장 흔하게 해온 집안일 중 하나이다. 실제로 최근의 연구는 사람들이 3만 년 전부터 빵을 먹었으며, 유목민들이 정착생활을 시작한 것도 빵을 만들기 위한 밀을 재배하면서부터라는 것을 시사한다. 사진에 보이는 것처럼 인형의 앞에 있는 화덕은 고대 그리스에서 처음 사용된 것으로 보인다. 불로 오븐을 데운 뒤 불을 빼도 열기가 남아 있어서 빵을 구울 수 있었다.

중세시대 유럽 국가들의 여성들은 불 위에 올린 커다란 솥에서 빵을 구왔다. 대부분의 가정이 여전히 제한적인 조리 수단을 가지고 있었지만, 1700년대 초 주철로 만든 오븐이 보급되기 시작했다. 19세기 초에 석탄으로 불을 피우는 오븐이 초창기 가스 난로와 함께 개발되었는데, 그중 가장 먼저 만들어진 제품은 1826년에 특허를 얻었다. 빵을 만드는 여성은 불을 피워 오븐을 정확한 온도로 데워야 했다. 빵이 덜 익거나 타기라도 한다면 궁핍한 형편에 끔찍한 낭비였다. 정치가 윌리엄 코빗(William Cobbett)은 저서 『시골집 경제(Cottage Economy, 1821)』에서 여성의 제빵 기술에 대한 우려를 다음과 같이 표명했다.

"빵을 만드는 행위를 책으로 가르쳐야 한다면 너무도 충격적일 것이다. 출신이 높든 낮든 모든 여성은 빵을 만들 줄 알아야 한다. 그걸 모르는 여성은 자신감을 가질 자격이 없다. 또한 지역사회에 단순한 짐이 될 뿐이다. 그러나 많은 여성들, 심지어 노동으로 생계를 꾸리는 사람들조차 제빵에 대해 아무것도 모른다는 것은 너무나 분명한 사실이다."

코빗의 우려에도 불구하고 세빵사들과 빵집들은 안정적으로 자리 잡았다. 제빵은 여성의 가사들 중 처음으로 집 밖에서 수행된 하나의 예다. 기원전 5세기 그리스에서는 빵집에서 빵을 살 수 있었다. 꿀을 넣어 달게 만들고 위에 견과류를 뿌린 케이크와 빵들도 있었다. 그리스의 제빵사들은 고대 로마에서도 빵과 케이크 가게를 운영했다. 19세기와 20세기 초에는 일요일 아침에 가정주부들이 고기를 빵집에 가져가면 저렴한 가격에 구

위주기도 했다.

그럼에도 불구하고 19세기 말 영국에서는 여전히 가정주부들이 집에서 빵을 직접 굽는 경우가 대다수였다. 빵은 하루에도 여러 번 식사를 하는 노동자 계층의 주식이었으며, 빵을 만드는 일은 대가족의 여성들에게는 특히나 부담스러운 일이었다.

1908년, 프레스턴 출신의 서프러제트였던 토울러 부인은 하이드 공원에서 열리는 집회에 참가하고 싶었다. 그러나 그에 앞서 그녀는 남편과 네 아들을 위한 양식을 남겨 놓아야 했다. 토울러 부인은 혹시라도 감옥에 가게 될 경우를 대비해 일주일 내내 요리를 하고 2주치 빵을 구워놓고 런던에 갔다. 1930년대에는 영국의 가정 대부분이 가게에서 파는 빵을 사먹었다. 덕분에 가정주부들은 시간소모적인 가사의 부담을 덜 수 있었다. 그러나 빵을 사먹는 것을 좋아하지 않는 사람들도 여전히 많았고, 빵을 사는 여성들을 게으르다고 여기는 시선도 있었다. 인기 라디오 방송인이자 그 시대 가사의 여신이었던 미세스 웹(Mrs. Webb)은 자신이 진행하던 라디오 방송 〈농장요리(Farmhouse Cookery, 1935)〉에서 홈베이킹을 콕 집어 칭찬했다. 그의 프로그램들은 다음과 같은 빵들을 구워낸 농부 아내의 전통적인 가정식 요리기술을 높이 샀다.

"일주일에 한 번 빵을 굽는데 별다른 재료를 넣지 않은 식빵, 양념을 넣은 빵, 건포도를 넣은 빵, 통밀빵, 요크셔식 티케이크(teacake: 말린 과일을 넣어 가볍고 달게 만든 효모 기반의 롤빵 ― 옮긴이), 파이, 치즈케이크, 커다란 과일케이크를 솜씨 좋고 효율적인 손놀림으로 마법처럼 만들어내죠."

이 농부의 아내는 장작불을 피워 요리했다. 온돌식 오븐인 아가 쿠커

여성들은 3만 년 이상
빵을 구워 왔다.

§

(AGA cooker)는 지금까지도 사회적으로 상향이동하는 중산층이 선호하는 고가품이다. 1922년에 도입된 이래 아직까지 고전적인 디자인을 고수하고 있다.

1928년에 미국에서 개발되어 여성의 일거리를 하나 더 덜어준, '빵을 썰고 포장하는 최초의 기계'는 1937년에 런던 토트넘의 원더로프(Wonderloaf) 공장에 설치되었다. '얇게 썬 빵 다음으로 제일 좋다'는 표현이 흔히 쓰이게 될 정도였다. 1961년에는 발효과정을 줄인 콜리우드식 빵 가공법(Chorleywood bread process)이 등장하여 빵 한 덩이가 만들어지는 시간을 3시간 반까지 단축, 상업적 제빵을 혁명적인 규모로 성장시켰다. 오늘날에도 영국의 빵 80퍼센트가 이 가공법으로 생산된다. 20세기 말에 이르러 제빵은 여러 서구권에서 하나의 취미로 자리매김했다. 수백 년간 거의 모든 여성이 감수해야 했던 집안일이 휴식거리이자 취미가 된 것이다. 오늘날의 홈베이킹 식도락 문화에서 천천히 발효시킨 사워도우(sourdough) 등 장인들이 전통적으로 만든 빵이나 홈베이킹 기계, TV 프로그램 등이 인기를 누리면서 홈베이킹은 점점 더 쉬워지고 더 많은 인기를 얻고 있다.

§

잔소리꾼 굴레

1546년 8월 13일, 메리언 레이(Marion Ray)
는 이웃을 간통죄로 고발했다가 다수의 비방 혐의로 스코틀랜드 스털링
의 법정에 서게 되었다. 메리언은 '문제적인 단어'를 사용했다는 이유로
고소인들의 용서를 구하라는 명령을 받았다. 그런 다음에는 24시간 동안
'일체의 휴식 없이' 입을 막는 굴레를 채우는 고문을 받아야 했다.

이 사건은 잔소리꾼 굴레(scold's bridle), 일명 '브랭크(brank: 말을 함부
로 하거나, 남을 험담하는 여자를 처벌하는 도구 — 옮긴이)'의 사용에 대한 가장
오래된 기록 중 하나다. 묵직한 쇠틀로 만들어진 이 장치는 피해자의 머리
위로 뒤집어 써 칼라처럼 목둘레에 걸치는 방식이었다. 정면에는 입속으
로 고정되는 돌출부가 있어 혀를 움직이지 못하게 해 물을 마실 수도, 음
식을 먹을 수도, 말을 할 수도 없었다.

이 장치는 '잔소리(scold)'에 대한 처벌이었다. 가부장적인 기대치를 벗
어나 불손하거나, 제멋대로 말하는 여성이나, 통상적인 여성의 관념에 도
전하는 여성은 잔소리꾼이라는 터무니없는 꼬리표가 붙었다. 이 장치는

SCOLD'S BRIDLE FROM ARMAGH JAIL,   WAG 3840

복잡한 사회적 기능을 가지고 있었다. 고통과 수치심을 줌으로써 여성의 목소리를 침묵시키고, 다루기 힘들거나 갈등을 야기한다고 여겨지는 표현의 행위를 억제했다. 피해자는 장치를 쓴 채 교구의 거리를 행진하고 장터의 교차로 같은 중심지에서 사람들의 구경거리가 되었다. 자신이 속한 지역사회로부터 조롱과 학대, 때로는 동정의 대상이 되며 의례적인 굴욕을 당했을 것이다. 이러한 공개적인 의식은 무질서가 어떤 결과를 초래하는지 보여줌으로써 남성의 권위를 다시금 공고히 하고, 사회적으로 용인된 젠더 구조를 재확인했다. 이 굴레는 그 응징의 효과만큼이나 경각과 교훈을 주는 도구였다.

이 굴레를 사용했다는 증거는 단편적이며 굴레가 공식적으로 허가된 법적 관행도 아니었다. 하지만 지금껏 남아있는 다양한 자료를 통해 적어도 1540년대부터 영국 전역에서 지역적으로 사용되어 18세기까지도 계속되었다는 것을 알 수 있다. 굴레는 초기 미국의 자료에도 등장한다. '신세계' 미국에까지 전파되었다가, 후에는 노예들에게 사용되었다. 이 범죄 행위가 1967년에야 영국 형법에서 제거되었다는 것은 주목할 만한 사실이다. 여성을 침묵시키는 오랜 역사의 단편인 이 굴레는 여성의 목소리를 억압하고 공공 영역에서 여성을 배제하려는 지속적인 운동을 대표한다. 또한 오늘날까지도 여성의 연설에 대해 훨씬 더 광범위하게 이뤄지고 있는 문화적 불안을 반영하기도 한다.

2013년 1월, 고전주의자인 메리 비어드(Mary Beard) 교수는 BBC 정치 토론 프로그램의 질의응답 시간에 출연했다가 외모에 대한 끔찍한 온라인 학대를 경험했다. 비어드 교수는 이런 일 때문에 공적으로 모습을 드러내지 못하는 여성들이 많다고 말했다. 같은 해, 저널리스트이자 운동가인 캐럴린 크리아도페레즈(Caroline Criado-Perez)는 영국 지폐에 여성 인

여성들은 거의 200년 동안이나
잔소리꾼 굴레로 침묵을 강요당했다.

§

물을 유지하는 운동을 성공적으로 마친 후에 전례 없는 폭력과 강간, 살해 위협을 받기도 했다. 그녀는 그 사건이 어떤 심리학적 효과를 미쳤는지, 그 학대가 사회에서 기능하고 상호작용하는 능력에 어떤 영향을 미쳤는지 증언했다. 실제로 소셜미디어에서 여성을 트롤링(trolling: 인터넷 공간에 공격적이고 불쾌한 내용을 올려 다른 사람의 화를 부추기는 등 공격적이고 반사회적인 반응을 유발하는 행위 ― 옮긴이)하는 것은 현대판 잔소리꾼 굴레와도 같다. 모욕적인 언어로 여성들을 침묵시키는 트롤링은 끊임없는 학대와 인신공격, 폭력과 성폭력, 심지어는 살해 협박까지 동원하며 여성의 목소리를 잠재우려 하고 있다.

굴레는 현대의 여성 혐오 표현들과도 이어진다. 본래 동물인 말을 통제하는 장치에서 파생된 굴레는 여성의 위상을 다루기 힘든 동물이나 소지품처럼 통제되고 길들여져야 하는 대상으로 전락시켰다. 여성을 겨냥한 학대 언어도 마찬가지다. 예를 들어 본래 암캐라는 뜻인 '개년(bitch)'은 여성을 대상으로 한 경멸적인 욕설이다. 이 단어와 그 의미는 전 세계 다양한 문화권에서 발견되고 있으며 수세기에 걸친 사료에서도 등장한다. '잔소리꾼'과 '개년'은 비슷한 의미를 함축하고 있다. 실제로 불쾌하거나 악의적인 뒷담화의 의미를 가진 '헐뜯다(to bitch)'라는 동사는 여성다움과 결부된 상투어로 진화했다.

잔소리꾼 굴레는 여성의 목소리를 우려하여 여성을 구속한 역사의 잔

존물이면서도, 남성들이 자신의 권위가 떨어질 것에 대한 위협을 느꼈음을 의도치 않게 보여주기도 한다. 과거에 얽매여 있는 이 장치는 오늘날과는 전혀 다른 세계에서 야만적인 고문이 자행되었음을 보여준다. 그러나 소셜미디어상의 트롤링과 성 편향적인 욕설은 목소리를 높이기를 두려워하지 않는 여성들에게 수치심과 굴욕감을 주고자 한다는 점에서 21세기 역시 잔소리꾼 굴레에서 크게 자유롭지 않다는 것을 보여준다. 그러나 이러한 공격들은 그러한 압박을 받는 여성의 목소리가 힘이 있다는 증거이기도 하다. 잔소리꾼 굴레가 보여주듯, 여성의 목소리는 사회의 근간을 뒤흔들 수 있는 힘을 가지고 있으며 그렇기 때문에 누군가에겐 크나큰 근심거리인 것이다.

§

타지마할

인도의 군주 샤 자한(Shah Jahan)은 지극히 사랑했던 아내 뭄타즈 마할(Mumtaz Mahal)을 기리기 위해 타지마할을 지었다. 샤 자한의 세 번째 아내였던 뭄타즈 마할은 그의 조언자이자 동반자였다. 뭄타즈는 열네 번째 아이를 낳다가 1631년에 사망했다. 샤 자한은 뭄타즈를 위해 영원한 기념물을 짓기로 결심하고 최고의 장인들을 고용했다. 그는 장인들에게 거액을 주고 타지마할의 아름다움에 필적할 만한 작품은 만들지 않겠다는 약속을 받았다.

아그라시에 지어진 뭄타즈 마할의 무덤은 화려하게 조각된 상아색 대리석으로 만들어졌으며 삼면이 정연한 정원으로 둘러싸여 있다. 거대 건축물의 정수라고 할 수 있는 이 건물은 2만 명의 장인들이 21년을 들여 완성했다. 타지마할은 세상에서 가장 아름답고 의미 있는 건축물로 손꼽힌다. 로맨틱한 사랑의 영원한 상징물을 보려고 찾아오는 사람들이 매년 700만 명이 넘는다. 그러나 최근 연구에 따르면 샤 자한은 사실 바람둥이로, 어쩌면 이 러브 스토리도 하나의 신화에 불과할지도 모른다는 설이 제기되었다.

로맨틱한 사랑, 고통스러운 이별, 어떤 어려움이라도 감내하고 심지어 목숨까지 거는 사랑, 불행한 연인들의 슬픈 러브스토리는 동화와 우화, 영화, 소설의 단골 주제다. 12세기의 켈트 신화 '트리스탄과 이졸데(Tristan and Iseult)'는 죽음으로도 헤어질 수 없었던 비극적인 연인들의 이야기로 인기를 끌었고 역시 12세기, 헨리 2세(Henry II)와 아키텐의 엘레오노르의 혼인은 두 왕국을 통합하고 영국 왕실에 궁정연애(courtly love) 문학과 음유시인, 시인이 전파되는 계기가 되었다. 『가웨인경과 녹색의 기사(Sir Gawain and the Green Knight)』에서 아서왕의 원탁 기사인 가웨인은 '남자가 용감한 행동을 하는 것은 사랑과 자신의 연인을 위해서'라고 설명한다. 기사도적 사랑은 고결한 여성을 남성의 욕망의 대상으로 받들어 모시는 게임처럼 보였다. 적어도 게임이 진행되는 동안에는 여성이 남성과 상황을 좌지우지하는 듯한 힘을 가지고 있었다. 하지만 일단 기사가 '레이디(lady)'를 얻고 나면 그녀는 그의 소유물이 되고 힘을 잃었다. 궁정연애의 이상은 점차 시들해지면서 1605년에는 인기 소설 『돈키호테』에서 풍자되기도 했다. 작가 미구엘 드 세르반테스(Miguel de Cervantes)는 용맹한 행위에 집착하며 약간 미쳐가는 늙은 기사의 모험을 통해 그런 이야기들 속 영웅들을 코믹하게 재창조했다.

샤 자한과 그의 아내처럼 오랫동안 지속되는 매력을 가진 여러 로맨스 이야기들은 더 비극적인 결말을 맞이한다. 16세기 후반에 쓰인 셰익스피어 비극 『로미오와 줄리엣』은 두 사람의 죽음과 함께 다음과 같은 명언으로 끝을 맺는다.

"왜냐하면 줄리엣과 그녀의 로미오의 이야기보다 더 비통한 이야기는 여

지껏 결코 없었기 때문이었다."

19세기에 『보바리 부인(1856)』, 『안나 카레니나(1877)』, 『더버빌가의 테스(1891)』 등 남성 작가들이 쓴 수많은 문학은 당시의 성 규범을 어기고 그로 인해 결국 때 이른 죽음을 맞이하고 마는 낭만적인 여자 주인공들을 그렸다. 『밀회(1945)』와 『러브 스토리(1970)』 등 수많은 영화들이 로맨틱한 사랑은 죽음이나 불행으로 끝을 맺으며 관습에 반항하는 시도는 안 좋은 결말을 맞이하는 양 묘사했다. 대신 21세기에 들어서부터는 조젯 헤이어

(Georgette Heyer), 캐서린 쿡슨(Catherine Cookson), 대니엘 스틸(Danielle Steel) 등 주로 여성작가들이 쓴 로맨스 소설이 인기를 얻기 시작했다. 그들은 궁정연애소설이나 19세기 소설들 속 여성들보다 더 적극적이고 자기주장이 강하며 역경을 이겨내는 여자 주인공들을 묘사했다. 미국과 캐나다에서 할리퀸 엔터프라이즈 출판사를 통해 판매된 '밀즈 앤 분(Mills and Boon)' 로맨스 등 대량으로 판매되는 소설들은 여성들에게 눈 깜짝할 새 지나가는 휴식과 즐거움을 제공했다. 로맨스 소설은 세계 출판계에서 가장 주목받는 장르로 떠올랐다. 이 브랜드는 매달 100권의 서적을 발행하고 2008년에는 전 세계적으로 2억 부의 판매고를 올렸다. 그럼에도 불구하고 폄하되는 이유는 어쩌면 주 독자층이 여성이기 때문일 것이다. 하지만 당시 할리퀸의 마케팅 디렉터였던 클레어 소머빌(Clare Somerville)은 2009년 이렇게 지적했다.

"우리 책은 모두를 보살피느라 지친 평범한 여성들에게 어필합니다. 영웅은 우리가 원하는 대로 할 수 있도록 해주는 양육자이지만, 그동안 누군가는 보이지 않는 곳에서 온갖 뒤치다꺼리를 하고 있죠. 저는 사람들이 우리가 여성을 폄하한다고 하면 너무 화가 나요. 저는 현존하는 출판사들 중 우리가 가장 페미니스트적이라고 생각하거든요. (중략) 우리가 개척을 하는 것은 아니지만 여성들에게 그들의 감정과 느낌, 꿈에 대해서 말하고 있는 것은 사실이에요. 우리는 여성들이 정말로 원하는 관계성이 무엇인지 말하는 거예요."

여성들이 원하는 로맨틱한 이상과 현실의 차이는 결혼 생활의 파탄을 일으키기도 한다. 1981년 7월, 다이애나 스펜서와 영국 황태자의 동화 같은 결혼식은 로맨틱한 사랑의 전형을 보여주는 듯했다. 11년 후, 다이애나는 세상에서 가장 로맨틱한 장소인 타지마할의 벤치에 홀로 외롭게 앉아 있는 모습으로 언론의 이목을 집중시켰다. 찰스 왕세자는 결혼하기 전에 바로 그 자리에서 사진을 찍으며 아내와 함께 다시 오고 싶다고 말한 적이 있었다. 이날 그는 인도의 한 건축 학교를 방문해 기업가들을 대상으로 연설을 했다. 특히 다이애나가 풀이 죽어 있었고 기자들에게 '우리 둘이 다 같이 왔더라면 더 좋았을 것'이라고 말한 점 때문에 두 사람의 결혼 생활에 대한 온갖 추측이 난무했다. 두 사람은 열 달 후에 결별했다. 순결한 신부와 해피엔딩을 단골 소재로 한 로맨스 소설을 다작한 바버라 카틀랜드(Barbara Cartland)는 다이애나 왕세자비의 새할머니였다. 그녀는 이렇게 말했다고 전해진다. "다이애나가 읽은 책이라곤 내 책들뿐인데 그게 그 애한테 별로 좋지는 않았어요."

§

호가스의 진 골목

　　윌리엄 호가스(William Hogarth)는 평범한 런
던 시민이 일주일에 소비하는 진의 양이 약 0.85리터에 달하자, 판화 〈진
골목(Gin Lane, 1751)〉을 그렸다. 당시 런던 가구의 약 25퍼센트가 진을 생
산하거나 팔았다.

　　그림 중앙에는 기괴한 모습의 매춘부가 옷을 헐벗다시피 한 채 앉아있
다. 술에 취한 게 분명해 보이는 그의 다리는 매독 흉터로 덮여 있다. 자신
의 아기가 치명적인 높이에서 머리부터 떨어지는 것을 전혀 의식하지 못
하고 있는 모습이다. 그림의 다른 부분들 역시 혼돈에 빠진 도시의 모습
이다. 왼쪽 아래에는 진 창고로 이어지는 아치형 입구가 보인다. 입구 위
에 적힌 글귀를 통해 당시 진이 얼마나 저렴했는지 알 수 있다. "한 푼에
취하고, 두 푼에 고주망태가 되세. 깨끗한 짚더미는 공짜라네(Drunk for a
penny, Dead drunk for two pence, Clean straw for nothing)." 사람들은 술
이 깰 때까지 짚더미에 누워 잠을 청했다. 진의 알코올 도수는 약 57퍼센
트로 굉장히 독했기 때문에 사람들이 걸핏하면 인사불성이 되곤 했다. 호

가스의 그림은 여성이 술, 특히 진을 마시는 것의 위험성을 전달했다.

호가스는 전염병처럼 런던 빈민가를 휩쓸던 진 음용을 막기 위한 캠페인의 일환으로 진 골목에 짝을 이루는 '맥주 거리(Beer Street)'를 그렸다. 호가스는 판화를 직접 제작해서 그림의 가격을 저렴하게 책정했고, 작품이 널리 퍼질 수 있도록 했다. 맥주 거리는 진 골목과는 달리 맥주를 마시는 것이 조용하고 질서 있는 도시 분위기를 만들어내는 것처럼 묘사했다. 진 골목에서 끔찍한 모습으로 묘사되었던 여성과 진을 살 돈을 마련하기 위해 물건을 저당 잡히던 목수 부부, 개와 뼈다귀를 나눠 씹던 남성, 아기가 꽂힌 꼬챙이를 들고 춤을 추는 미치광이, 절망감에 목을 매는 광경과 사뭇 대조적이다. 전체적으로 호가스의 진 골목은 무너진 폐허와 도시를 장악한 폭도들의 모습을 어지럽게 묘사했다. 어머니의 파멸이라는 뜻의 '마더스 루인(Mother's Ruin)'이라는 단어가 진을 일컫는 표현이 된 것도 호가스 판화 작품의 여파일 수 있다. 호가스의 그림 중앙에 있던 여인은 주디스 두포어(Judith Dufour)라는 여성을 모델로 한 것이라는 말이 있다. 1734년, 주디스 두포어는 진을 살 돈이 필요하자 구빈원에 있던 자신의 두 살배기 아기를 데려와 목 졸라 죽이고 아기가 입고 있던 옷을 벗겨 팔았다. 이 일로 그는 이후 교수형에 처해졌다. 당시 영국에서는 여성이 진을 마시면 임신과 출산에 문제가 생긴다는 우려가 있었다. 공장에서 일하거나 전쟁에서 싸우기 위한 인력이 필요한 상황에서 이것은 중요한 문제였다. 진을 과하게 음용하는 것이 분명 남성에게는 발기불능, 여성에게는 불임이라는 효과를 미쳤기 때문에, 런던의 출산율이 급격히 떨어진 것도 진 때문이라는 인식이 있었다.

진이 열풍을 일으키기 시작한 시기는 1700년에서 1751년 사이다. 시골에 살던 사람들이 런던과 같은 도시로 이주하기 시작하면서 사람들은 전례 없이 붐비고 가난에 찌든 환경에 처했다. '하층민'이 받는 임금으로는 기아를 면하기 어려웠고 생존을 위한 필사적인 투쟁이 일상이었다. 여성은 직업을 가져도 남성보다 훨씬 적은 보수를 받았고 일자리를 찾기도 더 어려웠다. 하인이나 공장 일도 얻지 못한 여성들은 매춘 외에 다른 선택지가 많지 않았다. 그런 그들에게 한때 약으로 여겨지기도 했던 진은 저렴한 가격에 비참한 삶을 잊을 수 있는 수단이 되었다. 진을 마시면 배고픔과 추위를 잠시나마 잊을 수 있었다. 가격도 매우 쌌고 거리 어디에서나 구할 수 있었다. 1730년에 런던에는 진을 파는 술집이 7,000여 곳에 달했고 그 외에도 불법으로 영업하는 술집은 셀 수도 없었다.

대중의 불안과 진 음주에 반대하는 캠페인의 결과로 1751년에 주류법

18세기에는 여성이 진을 마시면
임신과 출산에 문제가 생긴다고 여겨졌다.

§

(Tippling Act)이 도입되었다. 주류세가 높아지고 경제여건이 나아짐에 따라 진의 소비도 줄어들었다. 진은 1830년대 이후 빅토리아 시대에 '진 팰리스(gin palace: 19세기의 화려하게 꾸민 싸구려 술집 — 옮긴이)'가 확산되면서 다시 모습을 드러냈다. 맥주 가게와 경쟁하기 위해 만들어진 진 팰리스들은 대체로 크고 눈길을 끄는 모습으로 대부분의 런던 시민들이 남아있던 빈민가의 환영을 받았다. 1850년대까지 런던에는 5,000여 개의 진 팰리스가 있었는데 사회 개혁가 조지 심즈(George Sims)는 빈민가에서의 성황을 두고 '내일 먹을 음식이 어디서 오는지 잘 모르는 남녀들로부터 큰돈이 굴러들어온다'고 주장했다. 여성들에게는 진 음용과 도덕적으로 비난받을 만한 행동이 서로 얽혀 있다고 여겨졌다. 19세기에 런던에 살았던 일라이자 쿡(Eliza Cook)은 확실히 '욕설을 내뱉고 도둑질을 하고 진을 마시며 고양이 가죽을 벗기는 폭력적인 욕정을 지닌 여성'이었다.

시간이 지나면서 진은 시장에 자리 잡았고 다양한 방법으로 여성들과 연관되었다. 여성들은 비공식적으로 진을 소량씩 팔았고 진은 흔히 여자의 술로 여겨졌다. 진을 소량으로 구입할 수 있는 비공식적인 장소인 선술집(dram shop)은 주로 여성들이 가정집 거실에서 운영했다. 여성 음주자들에 대한 비판은 계속되었고 20세기 초에 버밍엄의 여성들은 찻주전자에 진을 담아 눈에 띄지 않게 마시기 시작했다. 1940년대와 50년대에는 진이 유산을 일으킨다고 여겨졌다. 결혼하지 않은 상태에서 원치 않은 임신을 했다는 오명을 피하고 싶은 수많은 절박한 소녀들이 진 한 파인트를 마시며 뜨거운 물에 목욕을 했다.

현재 진은 소규모 생산자들이 만든 다양한 맛의 '디자이너' 진으로 부활했다. 칵테일 바와 다양한 진을 전문으로 하는 술집들이 유행이다. 그들이 파는 제품은 18세기와 19세기에 너무나 많은 고통을 야기했던 술과는 완전히 다르지만, 현대 젊은 여성들의 음주를 바라보는 불안과 반감은 18세기 진 열풍에 대한 도덕적 공황과 닮아있다.

§

캐롤라인의 도자기 상자

이 마이센(Meissen) 도자기 스너프박스(snuff box: 코담배를 넣는 통 — 옮긴이)는 18세기 중반 헨리 폭스라는 남자가 자신의 장모인 리치먼드 공작부인에게 선물한 것이다. 뚜껑 안쪽에 그려진 초상화의 주인공은 4년 전에 부모 몰래 헨리 폭스와 결혼함으로써 부모의 권위를 무너뜨린 공작부인의 딸 캐롤라인이다.

리치먼드 공작 부부는 큰딸을 비슷한 사회적 지위에 있는 사람과 결혼시킬 작정이었다. 그런데 캐롤라인은 자기 나이의 두 배 가까운데다가 안 좋은 소문이 잔뜩 따라다니는 남자와 결혼해버렸다. 헨리 폭스는 무신론자에다가 도박꾼으로 유명했고 이미 혼외자식이 한 명 있었는데 또 한 명이 곧 태어날 예정이었다. 그의 형은 공개적인 동성애자였다가 헨리 폭스의 정부 중 한 명이 낳은 열세 살 소녀와 결혼했다. 공작은 자신의 딸이 직위도 없고 재산도 없이 야망만 있는 냉소적인 정치인과 결혼하는 것을 허락하지 않았다. 결국 캐롤라인은 1744년 5월 2일에 야반도주를 하며 부모와 연을 끊고 말았다. 그러나 헨리의 정치 경력이 꽃피면서 그를 향한 공작의 적대감도 누그러지기 시작했다. 당시 전쟁장관이었던 헨리를 두고 사람들은 미래의 수상이 될 것이라고 점쳤다. 결국 이 스너프박스 선물이 두 가정의 화해의 상징이 되었다.

리치먼드 공작 부부는 일단 결혼을 하고 나면 결혼을 하기 전에 없었던 애정이 싹튼다는 견해에 동의했다. 이것은 가족 간의 동맹과 부를 쌓기 위해 소녀들을 노리개처럼 이용하는 관습 때문에 생긴 관점이었다. 공작 부부 자신들의 결혼 역시 각자의 아버지끼리 도박 빚을 갚기 위해 주선한 것이었다. 당시 백작이었던 공작은 열여덟 살이었고 그의 신부는 고작 열세 살이었다. 결혼식을 치른 후 젊은 백작은 가정교사와 함께 3년 동안 이탈리아에 가서 지냈다. 영국으로 돌아오던 길에 그는 극장에서 본 한 젊은 레이디에게 홀딱 반하고 말았다. '마을의 자랑, 아름다운 아가씨'라는 찬사를 받는 여성이었다. 부모가 주선하는 결혼에는 대개 신부 가족이 지불하는 지참금이나 신랑이 여성의 노동력과 생식력에 대해 지불하는 신부 값이 수반된다. 부유한 유럽인들 사이에서는 부모들이 대개 계약상의 협상을 통해 결혼을 주선했다. 지참금의 일부는 신부가 과부가 되더라도 소비를 하며 살 수 있도록 보장하는 투자금이었다. 캐롤라인은 가출을 하는 바람에 이런 재정적인 지원을 받지 못했지만, 결혼과 동시에 헨리 폭스의 재산이 늘어났기 때문에 큰 문제가 되지 않았다.

왕실의 결혼은 국제 동맹을 맺고 제국을 건설하는 데 기여했다. 리치먼드 공작의 할아버지인 찰스 2세가 브라간사의 캐서린(Catherine of Braganza)과 결혼했을 때 그녀의 지참금은 봄베이와 탕헤르의 영토를 포함하고 있었다. 두 사람의 결혼은 포르투갈의 새로운 군주제를 공인하는 계기가 되기도 했다. 왕실 결혼을 위한 협상은 일찌감치 이뤄지는 경우가 많았다. 마리 앙투아네트도 어린아이였을 때 프랑스의 루이 16세와 대리결혼식을 치렀다. 그렇게 해서 뒤늦게 이뤄지는
만남은 쉽지만은 않았다. 메리 모데나(Mary
of Modena) 왕비는 열다섯 살에 영국에 도착
해서 남편이 될 제임스 2세를 만났을 때 눈물
을 펑펑 쏟았다고 알려진다. 찰스 2세의 동생
으로 전처를 사별한 제임스 2세는 메리보다
스물다섯 살이나 많았다. 두 사람의 관계는
시간이 지나면서 좋아졌으나 메리는 첫 몇 달을 울면서 보냈다. 1795년,
스물일곱 살의 독일 공주 브라운슈바이크의 캐롤라인(Caroline of Bruns-
wick)을 약혼자로 맞아들이는 영국 황태자는 누가 봐도 심드렁한 태도였
다. 그는 돌아서서 맘즈버리 영주에게 이렇게 말했다. "해리스, 몸이 좋지
않군. 브랜디 한잔 갖다 주게." 이런 상황들 속에서 대개 여성은 가족의 야
심을 채우기 위한 저당물에 불과했다.

19세기 말에는 미국의 상속녀들이 영국 귀족들과 결혼하는 풍조가 생
기면서 영국에 250억 달러의 경제효과를 선사했다. 이 젊은 여성들의 재
산은 대저택을 복구하고 도박빚을 갚거나 아니면 단순히 남편들의 생활
비를 충당하는 데 쓰였다. 피츠버그(Pittsburgh) 철도왕의 딸인 앨리스 소
우(Alice Thaw)는 결혼식 날에 신랑이 채무로 체포되는 바람에 교회에서
기다려야 했고 결국 그녀의 아버지와 약혼자는 지참금 조건을 재협상해
야 했다.

1895년, 미국 최고의 갑부인 밴더빌트 가문의 상속녀 콘수엘로(Con-
suelo Vanderbilt)는 미래의 제9대 말보로(Marlborough) 공작이자 블레넘
궁전에 사는 찰스 스펜서 처칠(Charles Spencer-Churchill)과 결혼했다. 콘
수엘로의 어머니는 자신의 딸을 공작부인으로 만들려는 욕심에 다른 남

자를 사랑하는 딸의 마음을 외면했다. 콘수엘로는 이렇게 회상했다.

"나는 마치 로봇이 된 것처럼 사랑스러운 레이스가 달린 속옷을 입고 하얀 실크 스타킹과 신발을 신었다. (중략) 나를 기다리고 있는 아버지와 들러리들을 만나러 내려가는 동안 나의 마음은 차가웠고 아무것도 느껴지지 않았다."

찰스 스펜서 처칠도 원해서 하는 결혼은 아니었지만 앨리스의 재산만큼은 두 팔 벌려 환영했다. 그는 그 돈으로 블레넘 궁을 재건했고 두 사람은 10년 후에 결별했다.

여러 문화권에서 여성은 결혼을 할 때 여전히 가족의 우선순위나 선택에 순응해야 하며 가족에게 수치가 될 만한 일은 피해야 한다는 압박을 받고 있다. 리치먼드 공작은 딸 캐롤라인의 야반도주로 인한 수치심 때문에 자신이 주최한 무도회도 취소하고 은퇴해서 런던을 떠나 웨스트서식스에 있는 시골 땅으로 내려갔다. 어떤 사람들은 수치를 훨씬 더 악한 것으로 여기기도 한다. '명예기반폭력인식네트워크(Honour Based Violence Awareness Network)'에 따르면 세계적으로 해마다 5,000건의 소위 '명예살인'이 여전히 벌어지고 있다. 주요 종교 지도자들이 명예살인을 비난하고 있고, 법으로도 금지되고 있음에도 불구하고 이러한 관행은 계속되고 있다. 예외도 있긴 하지만 가해자는 보통 남성들이다. 2017년 1월, 파키스탄 여성 파르빈 비비(Parveen Bibi)는 자신의 열여덟 살 딸 지낫 라피크(Zeenat Rafiq)가 부모의 허락 없이 결혼하여 가족에게 수치를 줬기 때문에 살해했다고 자백했다.

§

아내 판매 광고

결혼하는 사람들의 기대와 경험은 시대와 나라마다 다르다. 결혼은 친밀한 관계로도, 경제적 필요나 심지어는 가족 및 정치적 동맹의 기반으로도, 혹은 결혼하는 두 사람에게 재정적인 의무를 부과하는 법적 제도로도 이해될 수 있다.

복잡한 이혼 절차 때문에 기혼 여성에게 재산을 소유하고 계약을 체결할 법적 지위가 없었던 시절인 18세기와 19세기 영국에서는 대중적으로 아내를 파는 관행이 생겨났다. 아내 판매는 공공장소에서 이뤄지기도 했고 때로는 신문이나 포스터로 광고되거나 마을 안내원이 소식을 전했다. 18세기의 한 신문은 다음과 같은 공고를 냈다.

"제 아내 제인 허버드를 5실링에 팝니다. 체격이 건장하고 사지가 튼튼합니다. 씨를 뿌리고 수확하며 쟁기를 들고 팀을 꾸려 일합니다. 입이 걸걸하고 고집이 아주 세기 때문에 고삐를 바짝 쥔 그 어느 건장한 남자에게도 말대답을 할 수 있습니다."

아내가 거부권을 행사할 수도 있었지만, 판매가 성사되면 종종 변호사를 대동해서 교환과 권리 및 의무 이전을 기록한 영수증을 작성했다. 따라서 가난한 계층에게는 아내 판매가 일종의 이혼으로 여겨지게 되었다.

결혼과 섹슈얼리티에 대한 생각들과 결과적으로 두 사람이 모였다가 헤어지는 법적인 틀은 종교적인 믿음에 의해 형성되는 경우가 많다. 1215년에 교황 이노센트 3세가 결혼식을 성례로 격상시키면서 이혼은 가톨릭 신자들에게 매우 심각한 문제가 되었다. 반면 18세기 일본 북동부에 살았던 농민 계층에서는 이혼이 간편하고 흔했다. 이혼을 해도 오명을 쓰는 일이 없었고 재혼으로 이어지는 경우가 일반적이었다. 남편이 아내에게 짤막한 영장을 건네주면 이혼이 성사되었는데, 때로는 아내의 성화에 못 이겨 영장을 써주는 남편들도 있었다. 그러나 19세기 말부터 현대화를 위한

SELLING A WIFE BY AUCTION

새로운 민법이 도입되면서 이혼하기가 어려워졌다. 프랑스 혁명은 1792년에 이혼 개념을 도입했으나 나폴레옹에 의해 제한되다가 1816년에 전면 금지되었다. 그러다 1884년에 다시 도입되면서 간통이나 학대, 의무불이행 등 심각한 위법행위의 증거를 요구했다. 영국에서는 19세기 중반까지 이혼을 하려면 의회에 청원을 해야 했는데, 비용이 많이 들었기 때문에 사실상 부유층에게만 해당되는 이야기였다. 1700년부터

1857년까지 남편과의 이혼에 성공한 여성은 여덟 명뿐이었다. 첫 번째 사례의 주인공은 제인 캠벨로, 영국 상원은 그의 남편이 간통했다는 증거를 듣기 위해 특별 위원회를 열었다. 제인의 청원이 성공한 유일한 이유는 남편의 간통 대상이 제인의 여동생이어서 근친상간으로 여겨졌기 때문이었다. 간통한 두 남녀의 행적을 자세하고도 외설스럽게 묘사한 하인들의 증언은《영국상원저널(the House of Lords Journal)》에 실렸다.

1857년에 영국에는 이혼 법원이 설립되어 동거를 강요하는 부부동거권과 법적 별거의 배상을 담당했다. 많은 여성들이 이 방법을 선호했다. 법정이 이혼하는 여성을 향해 편견 있는 태도를 보였기 때문이었다. 1889년, 세실리아 에바 포크는 법원에 청원을 넣어 술에 취해 난폭해지며 아이들을 채찍으로 때리는 남편으로부터 재판상의 별거 판정을 받으며 11년의 결혼 생활의 종지부를 찍는 데 성공했다. 새로운 법원은 이혼에 들어가는 비용을 감축시켰다. 영국 상원을 통해 합의이혼을 하려면 약 700~800파운드가 들었지만 이제는 40~50파운드 정도의 적은 돈으로도 이혼소송을 할 수 있었다. 그러나 농민들은 일주일에 75펜스 남짓의 돈을 벌고 있는 상황이었기 때문에, 돈이 준비된 절박한 사람들만이 이혼 법원에 의지했다.

대부분의 사람들은 이혼을 선택할 수 없었다. 남편들은 때때로 자취를 감추었고 동거를 하는 남녀도 생겨났으며 법원 기록에 의하면 위험을 무릅쓰고 이중 결혼을 하는 사람들도 있었다. 1880년대에 사라 제인 스탬프는 포악한 술주정뱅이 남편을 떠났다. 그러자 그는 다른 여성과 함께 살며 두 아이를 낳았고, 사라는 8~9년 후에 윌리엄 조지 갤리어스와 결혼했다. 불행하게도 이 관계 역시 지속하기 힘들었던 사라는 남편이 '항상 내가 간음했다고 떠벌리는 습관'을 가지고 있기 때문에 함께 살 수가 없다고 주장

18세기와 19세기 가난한 계층에게
'아내 판매'는 일종의 이혼 방식이었다.

§

했다. 사라는 1893년에 중혼죄로 유죄판결을 받았으나 단 하루의 징역만
선고받았다.

1960년대 이후부터는 여러 나라에서 이혼 절차가 한결 간편해졌다.
1969년에 영국에 도입된 이혼법(Divorce Act)으로 2년 동안 별거한 부부
가 이혼에 합의하는 것이 가능해졌고, 1975년부터 프랑스에서도 같은 법
이 도입되었다. 반면 20세기 말에도 여전히 많은 나라들은 이혼을 제한하
고 있었다. 아일랜드는 1996년이 되어서야 국민투표에 따라 이혼을 금지
하는 헌법을 삭제했고 몰타에서는 2011년이 되어서야 이혼이 합법화되었
다. 필리핀은 혼인 무효는 허용하지만 이혼이나 재혼은 금하고 있으며 바
티칸은 여전히 이혼을 금지하고 있다. 20세기 후반에 좀 더 자유로운 이혼
법이 도입었으나, 이혼에 따른 재산과 소득의 분할은 종종 여성들에게 재
정적인 불이익을 준다. 호주에서 진행한 한 연구에 따르면 이혼을 한 여성
들의 생활수준은 일반적으로 73퍼센트 감소하지만 남성들은 일반적으로
42퍼센트 증가한다.

§

포셋 부인의 가방

1867년, 밀리센트 개릿 포셋(Millicent Garrett Fawcett)은 결혼한 지 얼마 되지 않아 쇼핑하러 나갔다가 가방에서 지갑을 소매치기당했다. 그는 결혼을 할 때 자신의 남편과 자신이 법적으로 동등하지 않다는 사실을 익히 알고 있었다. 그러나 법정에 선 도둑의 혐의가 '헨리 포셋(Henry Fawcett)의 재산 1파운드 18실링 6펜스가 든 밀리센트 포셋의 지갑을 훔친 것'이라는 데에는 충격을 받지 않을 수 없었다.

밀리센트 포셋은 여성이 일단 결혼을 하면 모든 소유물이 그 즉시 남편의 것이 된다는 사실을 깨달았으며 이후 '마치 내가 절도죄로 고소당한 느낌'이었다고 회상했다. 밀리센트에게 있어 이 사건은 수년간 캠페인을 벌이게 되는 자극이 되었다. 결국 그는 여성참정권협회국민동맹(National Union of Women's Suffrage Societies)의 리더가 되었다. 1905년까지 이 동맹에 속한 단체는 305개로, 총 회원 수는 5만 명에 육박했다.

19세기 전반 영국의 기혼 여성은 법적 권리가 없다시피 했으며 시민사회에서 적극적인 역할을 맡을 수 있는 길이 여러 면에서 막혀 있었다. 투표를 할 수도 없었고, 대학에 가거나 법조계나 의료계에 종사하거나 판사 혹은 지방의원이 되는 것도 불가능했다. 학교나 교도소, 구빈원을 운영하는 이사회에 소속될 수도 없었다. 결혼은 모든 여성의 목표로 여겨졌다. 미혼 여성은 결혼한 여성보다 더 많은 권리를 가졌음에도 불구하고 2등급시민 혹은 연민의 대상으로 여겨졌다. 여성은 결혼하여 유부녀의 신분이 되는 순간 모든 권리를 잃었다. 변호사 윌리엄 블랙스톤(William Blackstone)은 1765년 '남편과 아내는 법 아래 한 사람이며, 남편이 바로 그 한 사람'이라는 글을 쓰기도 했다.

기혼 여성은 유언장을 남길 수도 없었으며 임금을 조정하거나 재산을 사고 팔 수도, 계약을 할 수도 없었다. 비록 개인의 결혼 생활에서 개인적인 행동양식의 차이는 있었지만 법적으로는 아내가 결혼하면서 가져온 소지품이나 돈은 자동으로 남편의 소유가 되었다. 남편이 아내의 재산과 수입, 자녀를 통제했다. 빅토리아시대의 유명한 소설가 개스켈 부인(Mrs. Gaskell)은 수천 권의 책을 팔았어도 아무런 소득을 받지 못하고 약간의 용돈만 주는 남편에게 의존해야 했다. 미국에서는 일부 주에서 여성의 법

적 지위를 허용하기 시작했다. 예를 들어 코네티컷(Connecticut)은 1809년부터 여성이 유언장을 작성하는 것을 허용했다. 캐나다에서는 1859년부터 1884년 사이에 일련의 법률을 통과시키며 기혼 여성이 자신의 재산에 대한 일부 통제권을 갖도록 허용했다.

후에 보디콘(Bodichon)으로 불리게 되는 바버라 리 스미스(Barbara Leigh Smith) 역시 기혼 여성들의 법적 권리를 요구하는 운동의

주도적인 인물이었다. 그는 변화의 원동력이 되며 전국적인 캠페인 단체를 형성했다. 보디콘은 그 단체가 수집한 각 여성의 고통스러운 사례들을 종합하여 1854년 「아내들에 대한 가장 중요한 법률들을 몇 가지 관찰 사항과 함께 평이한 언어로 정리한 간단한 개요(A Brief Summary, in Plain Language, of the Most Important Laws Concerning Wives Together with a Few Observations)」라는 소논문을 썼다. 논문에는 결혼을 했다가 남편이 돈 한 푼 남기지 않고 종적을 감추는 바람에 모든 것을 잃은 수백 명의 여성들의 사례를 인용했다. 혼자 남았던 여성이 그 후에 돈을 벌거나 유산을 상속받으면 파렴치한 남편이 돌아와 아내가 가진 모든 것을 빼앗고 또다시 떠날 수도 있었다. 이 소논문은 널리 읽히며 영향력을 발휘했다. 2년후, 보디콘은 기혼 여성의 법적 지위를 조사하는 하원 위원회에 이 소논문을 증거로 제출했다. 1839년 영아 양육권법(Infant Custody Act)의 통과는 기혼 여성이 법적인 권한을 더 많이 갖게 되는 첫걸음이 되었고 이로 인해 어머니들은 7세 이하의 자녀에 대한 권리를 어느 정도 가질 수 있게 되었지만, 그 여성의 '인품이 흠잡을 데 없다'고 여겨져야 하는 등 여전히 많은 문제가 남아있었다.

1856년 3월, 보디콘은 시인인 엘리자베스 배럿 브라우닝(Elizabeth Barrett Browning)과 개스켈 부인을 포함한 2만 6,000여 명의 서명을 받은 청원 초안을 상원에 제출했다. 그녀는 기혼 여성에게도 남성과 미혼 여성이 누리는 것과 동일한 재산권을 부여할 것을 요구했다. 비록 이 청원은 거부되었지만 1년 후인 1857년에 이혼 법안(Divorce Bill)이라고도 하는 이혼법(Matrimonial Causes Act)이 마침내 통과되었다. 1860년대에는 이렇다 할 진전이 없었지만, 1870년에는 최초의 기혼여성재산법(Married Women's Property Act)이 통과되었다. 영국 의회에서는 아내가 상속받은

'남편과 아내는 법 아래 한 사람이며
남편이 바로 그 한 사람이다'

§

재산을 남편이 모조리 낭비한 채 미국으로 도망가서 구빈원에서 죽어간 여성들의 이야기와 술을 사기 위해 아이들의 옷을 전당포에 맡긴 남성들의 이야기가 나왔다. 그러나 이 법으로 인해 여성들은 마침내 직접 번 돈을 직접 관리하고 재산을 상속받을 수 있게 되었다. 하지만 이례적인 경우들이 여전히 남아있었고 수많은 결연한 개혁가들이 수년간 지속해온 시위가 절정에 달아 보다 광범위한 기혼 여성재산법이 마침내 통과되기까지는 12년이 걸렸다. 덕분에 기혼 여성들은 이제껏 가져보지 못했던 권리로 자신의 소득에 대한 권한을 가지고 재산을 소유하며 유언장을 작성하고 계약을 맺을 수 있게 되었다. 현재 전 세계 142개국이 여성의 재산권을 보호하는 법안을 마련했지만 이러한 법들의 운용이 시사하는 복잡한 이야기가 한 가지 있다. 여성들이 결혼 생활 중이나 혹은 결혼 생활이 끝날 때에 항상 자신의 재산에 대한 통제권을 원하는 만큼 가지지는 못한다는 것이다. 그럼에도 불구하고 밀리센트 포셋과 바버라 보디콘 등 운동가 여성들에게 있어 기혼 여성의 재산권은 여성들이 법적으로 완전히 평등해지고 더 나아가 투표권까지 얻게 되는 초석이 되었다.

§

비튼 부인의 살림 요령

『비튼의 살림 요령(Beeton's Book of House-
hold Management)』은 1861년에 영국에서 처음 출판되어 1868년까지
200만 부가 팔렸다. 이 책은 요리책을 넘어 교양 있는 사회에서 지켜져야
할 규칙들을 정함으로써 가정생활에 대한 개념들을 바꾼 전무후무한 대
작으로 남았다.

이후 이 책은 『비튼 부인의 살림 요령(Mrs. Beeton's Book of Household
Management)』이라는 제목으로 재판되면서, 저자가 모든 요리 지식을 섭
렵한 노련한 요리사라는 양 포장되었다. 그러나 사실 이사벨라 비튼(Isa-
bella Beeton)은 스물한 살에 불과했고, 뻔뻔스럽게도 일라이자 액튼(Eliza
Acton)의 책들을 주축으로 다른 책들의 내용을 가져다가 펴낸 것에 불과
하였다. 비튼이 스물여덟 살의 나이로 사망한 후에 그의 책은 내용이 바뀌
고 확장되며 계속해서 판매되었다. 비튼의 책에 독창적인 내용은 거의 없
었음에도 그는 유명인사의 입지에 올랐다. 굴 수프와 얼린 건포도, 1시간
반 동안 끓인 파스닙 등 그의 요리법 중 일부는 이제는 구식이 되었지만

비튼이라는 이름은 여전히 시장성 있는 상표로 남아있다. 1995년에 영국 콘월(Cornwall)의 진스터스(Ginsters)사는 그들의 파이 제품에 비튼이라는 이름을 사용하기 위해 100만 파운드를 지불했다.

20세기 라디오와 텔레비전 매체는 '가사의 여신들'이 스타의 반열에 오르는 새로운 물결을 일으켰다. 영국에서 배급제도가 없어지고 1950년대 들어 소비자 붐이 일어났을 때 패니 크래덕(Fanny Cradock)은 텔레비전에 출연하면서 인기를 얻었고 그가 쓴 100권도 넘는 요리책들도 불티나게 팔렸다. 패니의 책들은 그뤼에르치즈에 크림과 초록색 식용색소를 섞는 방법이라든지, 알록달록한 색으로 겹겹이 쌓은 젤리를 만드는 방법을 소개했다. 패니 크래덕의 이미지는 비튼 부인과는 대조적이었다. 패니는 육군소령 출신인 '남편' 조니와 함께 텔레비전에 출연했는데, 조니가 패니의 지시대로 조리도구를 건네거나 오븐에서 음식을 꺼내는 식이었다. 부엌의 여왕인 패니는 짙은 화장에 디자이너가 제작한 이브닝 드레스를 입고 반짝이는 보석이나 심지어는 티아라로 꾸민 채 요리했다. 누가 봐도 완벽한 부유층 여주인의 외양과 프랑스 요리에 정통한 실력으로 패니는 친밀하고 화목한 가정생활의 아이콘처럼 묘사되었다. 하지만 현실은 매우 달랐다. 그는 두 번이나 이중 결혼을 했으며 두 번 다 아이들을 버렸고 조니와도 실제로는 1970년대까지 부부 사이가 아니었다. 그러면서도 연예인처럼 TV 광고에 출연해서 비누와 세제, 냉동식품을 팔았다.

미국의 줄리아 차일드(Julia Child)는 1961년에 700페이지라는 방대한 분량의 책『프랑스 요리 예술 정복하기(Mastering the Art of French Cooking)』를 출간하면서 프랑스 요리를 미국 대중에게 소개했다는 공로를 인정받고 있다. 책을 출간한 지 2년 후부터 그는 미국의 텔레비전 방송에서 자신의 요리법을 시연하기 시작해서 1990년대까지 방송을 계속했다. 줄리아는 다소 독특한 목소리를 프랑스 요리에 대한 철저한 지식으로 보완했고 패니 크래덕과 마찬가지로 다양한 텔레비전 시리즈와 함께 여러 권의 책을 출간했다. 줄리아 차일드는 여전히 텔레비전의 전설로 남아있으며 그의 주방은 워싱턴 DC의 국립미국사박물관에 보존되어 있다.

현실적인 이미지로 유명세를 얻은 요리사 딜리아 스미스(Delia Smith)는 1970년대에 텔레비전 카메라를 자신의 집에 초대해 방송 촬영을 했다. 그러나 1990년대 말에 이상적인 가정생활과 섹스어필을 결합하여 '가사의 여신'에 등극한 것은 니겔라 로슨(Nigella Lawson)이었다. 니겔라는 종종 빨간 실크 가운을 입고 등장하거나 직접 요리한 음식으로 친구들이나 아이들을 즐겁게 해주고 난 다음, 늦은 밤에 주방에 나타나 냉장고에 남은 케이크를 손가락으로 찍어 먹는 모습을 보여줬다. 그의 주방처럼 보였던 것은 사실은 그의 집 주방을 본 따 런던에 만든 창고라는 것이 나중에 밝혀졌다. 이혼으로 마무리된 니겔라의 두 번째 결혼에 대한 비판적인 보도에도 불구하고 그의 책들과 상품들은 여전히 잘 팔리고 있다.

1990년대 미국의 마사 스튜어트(Martha Stewart) 역시 텔레비전에 출연하는 요리사의 이미지를 라이프스타일 전문가로 확대시킨 장본인이다. 마사의 세련된 이미지는 화목한 가족과 이상적인 가정생활을 영위하는 아름다운 시골집 여주인의 모습이었다. 마사는 완벽한 식사의 레시피뿐 아니라 여가와 공예, 정원 가꾸기, 꽃꽂이, 장식의 모든 측면에서 조언을 하며 손수 집에서 만드는 것을 핵심으로 하는 건강한 생활양식을 보여주었

요리책들은 단지 여성들에게
패배감만 주는 불가능한 이상을 제시할 뿐일까?

§

다. 그는 자신의 이름을 건 잡지와 다양한 가정용품을 성공적으로 출시했다. 마사가 2004년에 내부자 거래에 대해 조사를 받고 5개월 동안 감옥에 가면서 그의 브랜드 이미지가 실추될 것이라는 전망이 있었지만, 마사 스튜어트 브랜드의 제품군은 여전히 확대되고 있다.

비튼 부인을 필두로 한 스타 요리사들은 가정적이고 이상적인 완벽한 가정주부의 이미지를 홍보해왔다. 때로는 그들의 실제 삶이 이상과 거리가 멀다는 증거들이 나와도 그들의 브랜드는 계속해서 제품을 판매하며 많은 여성들이 모방하고 싶어 하는 이상적인 가정의 영향력을 보여준다. 이 여성 요리사들은 여성들에게 불가능한 기준을 제시하고 정갈한 부엌에서 요리하지 않거나 퇴근 후에 디너 파티를 열지 않으면 안 될 것 같은 기분을 안겨준다는 비난을 받고 있다. 그럼에도 그들의 책들과 텔레비전 방송들이 대중의 환상으로 남고 있다. 그것은 어쩌면 반복되는 가정생활의 현실에서 잠시나마 벗어날 수 있기 때문일 것이다.

§

전쟁미망인 연금신청서

제1차 세계대전이 끝나갈 즈음 영국에서 이 기록카드를 받는 군인의 미망인은 나라에서 정기적으로 연금을 받을 수 있었다. 전쟁미망인들에게 이 문서는 복잡한 감정을 불러일으켰을 것이다. 남편의 사망소식을 노골적으로 기정사실화하는 오른쪽 상단의 공식 인장을 본 클라라 버클리(Clara Buckley)의 슬픔과 걱정에는 안도감도 섞여 있었을 것이다. 홀로 양육해야 할 자녀가 다섯 명이나 되는데, 최소한 도움받을 만한 것이 아무데도 없지는 않다는 증명이었기 때문이다.

조지 버클리(George Buckley)는 이스트요크서 연대에서 복무하다가 1917년 7월 17일에 전사했다. 그가 죽었을 때 클라라는 서른두 살이었고 딸 넷, 아들 하나와 함께 살고 있었다. 조지가 죽었을 때 장녀인 플로렌스는 열세 살, 콘스탄스는 열두 살, 조지는 열 살, 위니프레드는 일곱 살, 막내 클라라는 겨우 세 살이었다. 1917년 8월 21일에 클라라는 자기 자신에 대해서는 5파운드, 각 아이 당 1파운드의 유족 수당을 받았다. 그 후로도 그는 전쟁미망인 연금 신청이 처리될 때까지 6개월 동안 남편이 마치 살아있는 것처럼 계속 별거 수당을 받았다.

1917년에 새로 구성된 연금부(Ministry of Pensions)가 도입한 이 제도는 전쟁이 발발하고 처음 몇 년 동안 연금이 정리될 때까지 자선단체에 의존해야 했던 전쟁미망인들의 생활고를 종식시켰다. 비록 별거수당보다는 적었지만 국가가 클라라의 가족에게 빚을 졌으며 조지가 자신의 의무를 성실히 수행했고 그렇기 때문에 클라라가 도움받을 자격이 있다는 사실을 정부로부터 인정받는 셈이었다. 만약 조지가 제1차 세계대전 당시 3,000명이 넘는 군인들이 그러했듯 정신적인 충격으로 탈영을 하거나 다른 심각한 범죄를 저질러 의무를 다하지 못했다면 클라라와 아이들은 그 어떤 재정적인 도움이나 전쟁 연금을 받지 못했을 것이다. 거트루드 파(Gertrude Farr)가 바로 그런 경우였는데, 그의 남편 해리는 전쟁신경증을 앓는 것이 분명한데도 불구하고 탈영을 했다는 이유로 불과 20분 동안 진행된 군사재판을 받고 총살형을 당한 306명의 영국 군인 중 한 명이었다.

다행히 클라라 버클리의 사정은 달랐다. 클라라는 1918년 1월 21일부터 일주일에 31실링 3펜스씩 받았다. 이 액수는 플로렌스가 열여섯 살이 되는 1919년 10월 10일부터 5실링으로 줄어들 것이었다. 연금은 막내 아이가 열여섯 살이 될 때까지 점차 줄어들다가, 그 시점이 오면 클라라가 재혼을 하거나 부적절한 행동을 하지 않는 한 남은 평생 매주 1파운드씩 받는 식이었다. 연금부는 이같이 서술했다. "과부와 자녀, 부양가족에 대한 연금은 권리로서가 아니라 봉사에 대한 대가로 지급되어야 하므로 자격이 없는 미망인에게는 연금을 지급할 수 없다."

전쟁미망인은 책임감 있고 존경받을 만한 행동을 해야 했다. 그렇지 않으면 연금을 받지 못하게 되고, 자녀를 제대로 돌보지 않으면 자녀들까지 빼앗길 수 있었다. 어떤 전쟁미망인들은 비록 작지만 안정적인 수입을 가지고 있다는 것을 이유로 다른 사람들의 시기를 받으며 질투심으로 인한 악의적인 고발에 노출되기도 했다. 만약 그들이 어떤 남성의 직장이나 술집에서 눈에 띄면 지역 전쟁연금위원회(War Pension Committee)에 신고서가 날아갈 수 있었다. 그럴 경우 위원회는 익명으로 작성된 신고라도 해당 전쟁미망인에 대한 불만사항을 조사했다. 클라라가 연금을 받은 1918년 3월까지 불과 7개월 동안 805명의 전쟁미망인이 위원회 조사를 받았고, 그중 177명이 자격미달로 연금을 잃었다. 이듬해에는 939명이 추가로 연금을 몰수당했다. 전쟁미망인이 조사를 받는 동안에는 경찰 신고 및 감시 내용으로 그의 적격성을 판단했다. 긴밀한 지역사회에서 이것은 그 미망인이 어떤 잘못을 저질렀다는 증거가 전혀 없어도 그의 평판이 돌이킬 수 없을 정도로 손상되었다는 뜻이었다. 전쟁미망인들에 대한 이 같은 '감시 활동'은 제2차 세계대전과 그 이후로도 수십 년간 이어졌다.

전쟁미망인들과 달리 상이군인연금을 받는 남성들은 여성에게 적용된 것과 같은 제한이 전혀 없이 소득세가 면제되는 연금을 받았다. 그러나 이런 불이익에도 불구하고 전쟁미망인 연금은 여성에게 이익이 되는 최초의 '성 편향적' 보조금이었으며 1925년에 미망인연금이 도입되는 것에 확실한 초석을 닦아준 제도였다. 그 무렵 상이군인이 부상으로 사망하고 나면 그의 아내는 궁핍한 생활에 방치되는 현상에 정부가 주목하기 시작한 것이다. 만약 상이군인이 부상을 당한 날로부터 7년 이상 살았으면 그가 죽어도 그 미망인은 연금을 신청할 수 없었다. 이 규칙은 정부가 죽은 영

전쟁미망인 연금은
여성에게 이익이 되는 최초의 혜택이었다.

§

웅들의 가족을 제대로 대우하지 않는다는 비판을 받을 여지를 남겼다. 제임스 호그(James Hogge) 하원의원은 1919년 2월 하원에서 연설할 때 중증 상이군인이 쓴 편지를 인용하며 이 규칙이 얼마나 비정한지 피력했다.

"저는 딜레마에 빠져 있습니다. 제가 이 병에 걸린 지 3년이 지났는데, 4년 안에 죽지 않으면 아내와 아이들은 연금을 빼앗길 겁니다. 최대한 잘 관리하면 몇 년은 더 살 수도 있다는 것을 알지만 그렇게 삶을 연장해서 아내와 아이들을 빈곤에 빠뜨린다고 생각하면 너무나 끔찍합니다."

비록 관대함과는 거리가 멀었고 이런저런 제약이 따르긴 했으나 전쟁미망인연금과 이후의 미망인연금은 여성에게 안전망을 제공하고 그들이 당연한 권리로 혜택을 받을 수 있게 하는 선례를 남겼다. 제1차 세계대전의 미망인들은 재혼을 할 경우에도 연금을 잃었는데, 이 조항은 전쟁 발발 후 100년이 지난 2014년이 되어서야 바뀌었다. 남성이 생계를 책임지고 여성은 재정적으로 의존하기만 한다는 기대가 사라지면서였다. 이제 군인과 경찰, 교사의 배우자들은 재혼 여부와 관계없이 누구나 평생 동안 동반자 연금을 받으며, 그들의 사생활과 '품위'는 더 이상 대중의 감시를 받지 않는다.

§

캐나다의 통조림 기계

1914년 8월 4일, 영국이 독일에 선전포고를 하면서 캐나다와 대영제국의 나머지 국가들 역시 자동으로 세계대전에 참여하게 되었다. 약 61만 9,000명의 캐나다군이 전쟁에 참가했지만 20세기의 전쟁은 단순히 전쟁터에서의 싸움만이 아니었다. 가정주부들 역시 공장과 농장, 가정에서 싸우며 국내 전선을 지켰다.

대규모 기계화로 치러지는 20세기와 21세기의 분쟁에 있어 음식은 일종의 무기였고, 음식을 현명하게 공급받고 보존하며 사용하는 것은 가정주부들의 몫이었다. 따라서 제1차 세계대전 당시 영국은 선전포스터를 통해 '승리의 열쇠'가 부엌에 있다고 광고했으며 캐나다는 영국의 주부들이 귀중한 과일과 야채를 조금도 낭비하지 않도록 하기 위해 통조림 기계를 보내주었다.

제1차 세계대전 동안 벌어진 해전 때문에 식량을 수출하고 수입하는 것에는 위험이 따랐다. 1917년 4월에만 86만 9,000톤의 연합국 선박이 침몰했다. 이 전쟁이 농업을 파괴하고 붕괴시키면서 수천 명의 피난민이 발생겼고 이는 곧 식량 위기로 이어졌다. 물가가 상승했고 유럽 국가들이 국민들과 군인들 모두를 먹여 살리기 위해 애쓰는 동안 주부들은 기본적인 식량을 구하기 위해 몇 시간이고 줄을 서야 했다. 그러나 많은 사람들에게 음식은 집과 미래에 대한 희망을 상징했다. 여성들은 군대에 있는 남성들이 집을 떠올릴 수 있도록 케이크와 크리스마스 푸딩을 보냈다. 캐나다는 자국민을 먹여 살리기 위해 노력할 뿐 아니라 전쟁으로 인한 사재기와 물가 상승, 식량 부족에 대한 불안을 겪던 영국에도 물자를 보냈다. 1916년에 감자 수확에 곤란을 겪던 우스터시는 캐나다로부터 온 선물 중 감자 800포대를 받고 다음과 같은 신문 보도로 기쁨을 표했다.

"각 포대마다 감자가 약 35~40킬로그램씩 들어 있었고, 이 감자들은 오늘 오후에 경찰서 뜰에서 수많은 가난한 사람들에게 배포되었다. 가방과 바구니와 배급표를 든 여성들의 행렬이 끝도 없이 이어졌다. 저마다 약 7킬로그램씩 받은 감자로 바구니를 잘 채우고는 한층 밝아진 표정으로 돌아갔다."

캐나다에서 온 이 감자들은 가족을 먹여 살리기 위해 고군분투하는 200명의 주부들에게 보탬이 되었다. 1917년 들어 해군의 항구 봉쇄로 식량난이 악화되자 우스터에서는 500명의 사람들이 마가린을 받기 위해 6시간을 기다렸다. 아이들을 학교에 보내지 않고 줄을 서게 하는 주부들도 있었다.

이즈음 영국 시골 지역의 주부들은 이미 캐나다의 또 다른 수출품인 여성협회(WI)운동으로부터 혜택을 받고 있었다. 이 단체는 아델레이드 후들스(Adelaide Hoodless)의 연설에서 영감을 얻고 온타리오(Ontario) 정부의

지원을 받아 농민협회(Farmer's Institute)의
한 갈래로 설립된 것이었다. 영국농업위
원회(The British Board of Agriculture)는
캐나다인인 와트 부인을 고용하여 영국
에 여성협회들을 설립, 마을 여성들이 식
량 경제에 관심을 갖고 마을 생활의 질을 향
상시키게끔 하였다. 제1차 세계대전이 발발하기
전 영국은 노동자 계층의 주식인 빵을 만드는 데 필요한 곡물의 3분의 2
이상을 미국으로부터 수입했다. 그러다 잠수함전으로 이것이 어려워지자
정부는 농부들에게 고기보다 밀을 생산하고 주부들에게는 각자의 정원이
나 시에서 대여하는 농장에서 채소 등 먹을거리를 재배하도록 장려했다.
캐나다에서 수입한 통조림 기계는 주로 마을회관에 설치되었고 여성협회
는 주부들이 여름에 수확한 귀한 음식을 통조림으로 보존할 수 있도록 안
내했다. 쓰레기 문제가 심각해지고 1917년에 불법화되면서 여성들에게는
음식을 준비하고 보존하는 방법에 대한 조언이 쏟아지다시피 했다. 그해
아서 예프 경(Sir Arthur Yapp)은 이렇게 말했다. "전 세계가 식량 부족을
겪고 있었습니다. 모든 음식을 절약하는 것이 가장 시급했습니다."

1917년 러시아 혁명을 촉발시킨 것도 식량폭동이었고 오스트리아와
독일에서도 식량 위기를 겪는 주부들이 폭동을 일으켰다. 영국 정부는
식량 공급과 분배의 통제권을 더욱 늘려갔다. 정부는 국립식당(National
Kitchens)을 운영하며 간단하고 저렴한 공동식사를 제공했고 1918년 1월
에 배급제가 도입되었다. 이 무렵 캐나다는 가뭄과 흉작, 숙련된 농부들
의 징병기간이 길어짐에 따른 여파로 식량생산에 타격을 받고 있었다. 정
부는 캐나다식량위원회(Canadian Food Board)를 설립하여 주민들이 좀

더 신경 써서 식량을 생산하고 보존하고 준비하도록 설득하며 식량 위기에 대응했다. 캐나다의 주부들은 요리책자나 포스터를 통해 다양한 조언을 받았다. 전쟁 동안 영국은 해상을 장악하여 독일과 그 동맹국들의 무역을 봉쇄했다. 굶주림은 여성과 아이들을 향한 무기였다. 이 무역 봉쇄는 1918년 11월에 휴전이 이뤄진 후에도 계속되다가 이듬해 베르사유조약(Treaty of Versailles)으로 마침내 종전이 선언되고서야 풀렸다. 영국 정부가 '봉쇄 해제'를 요구하는 시위에 침묵한 것은 독일 어린이들의 궁핍과 영양실조로 이어졌다. 두 자매 도로시 벅스톤(Dorothy Buxton)과 에글렌타인 젭(Eglantyne Jebb)은 이러한 고통이 다시는 되풀이되지 않도록 하기 위해 아동보호기금인 세이브더칠드런(Save the Children Fund)을 설립했다. 이 단체의 목표는 '전쟁과 경제적 고통의 결과로 전 세계에서 아동을 괴롭히는 방대한 문제들을 공격'하는 것이었다.

20년 만에 제2차 세계대전이 터지면서 또 다른 식량 위기가 발생했다. 여성협회는 캐나다에서 보내 온 통조림 기계들을 가지고 영국 전역의 마을에 통조림센터를 세웠다. 웨스트서식스의 한 여성은 첫째부터 넷째 아이를 학교에 데려다준 후에 일주일에 두 번씩 막내를 태운 유모차에 점심 도시락, 체, 나무숟가락과 프라이팬을 싣고 3킬로미터가 넘는 거리를 걸어 통조림센터 일을 도우러 갔다고 회상했다. 통조림 만들기는 살균하기, 등급 매기기, 포장하기, 시럽 만들기, 캔 밀봉하기, 라벨 붙이기, 검수하기 등 몇 가지의 과정으로 이루어져 있었다. 통조림을 만드는 사람들은 강좌를 듣고 적정 수준에 도달했음을 증명하는 수료증을 받아야 했다. 통조림 기계를 다루려면 상당한 수준의 기술과 정밀도가 필요했다. 그는 이같이 회상했다.

수많은 가정주부들의 노력에도 불구하고
제2차 세계대전 당시 2000만 명의 사람들이 아사했다.

§

"손잡이를 돌려야 했는데, 손잡이를 중립에 두어야 하는 것 때문에 여러
가지 문제가 생겼어요. 처음에는 완전히 중립에 두었다가 정확하게 스무
번을 돌려야 했죠. 저는 꽤 금방 익숙해졌지만, 다른 네 명은 계속 문제를
일으켰어요."

결함이 있는 통조림은 상당히 극적인 폭발을 일으킬 수도 있었기 때문
에 정확성이 중요했다. 주부들의 노력에도 불구하고 제2차 세계대전에서
가장 치명적인 무기는 기아였으며 이 때문에 적어도 2000만 명의 사망자
가 발생했다. 전사자들보다 많은 숫자였다. 민간인을 굶주리게 만드는 것
을 전투 방식으로 써먹는 행위는 이제 전쟁범죄로 인지되고 있음에도, 여
전히 발생하고 있다. 1976년부터 1980년 사이에 일어난 비아프라전쟁
(Biafra War) 동안에는 약 200만 명의 민간인이 아사했다. 1984년에 에티
오피아에서는 계속되는 내전으로 기근이 악화되면서 100만 명에 달하는
사람들이 죽었다. 최근 시리아 내전 역시 수십만 명의 여성들이 가족을 먹
여 살리기 위해 고군분투하는 결과를 낳았다.

§

위민스에이드 슬로건

여성구호단체 위민스에이드(Women's Aid)가 1976년에 만들어낸 슬로건 '여자를 때리면 안 된다(You Can't Beat a Woman)'는 수년 동안 티셔츠와 머그컵, 전단지, 지역 및 전국적인 캠페인 포스터에 사용되었다.

이 이미지와 슬로건은 가정 폭력 피해자들을 위한 쉼터에서 여성 연대를 바탕으로 한 운동을 묘사한다. 이런 보호시설들은 이미 끔찍한 삶을 겪었거나 집을 잃은 여성들 및 아이들로 잔뜩 붐볐다. 쉼터를 세운 여성들은 여성을 지지하는 여성의 힘을 믿었다. 그들은 가정 폭력의 부당함에 대항하여 자발적으로 일했고, 여성들이 서로를 끌어 모으고 서로를 지지하면 구타당하지 않을 것이라 생각했다. 그렇게 '여자를 때리면 안 된다(You can't beat a woman)'가 탄생했다.

위민스에이드는 1960년대 말부터 1970년대 초의 시대 변화에 힘입어 탄생한 여성해방운동(Women's liberation Movement)에 뒤이어 조직되었다. '개인적인 것은 정치적이다'라는 슬로건 아래 단결한 여성해방운동의 핵심은 집과 가정에서 이뤄지는 여성 억압에 대항하는 것이었다. 남편이나 동반자로부터 폭력을 당하고 사는 여성들은 종종 무력하고 의지할 곳이 없음에도 그런 상황을 자초했다는 비난을 받았다. 1965년 캐나다에서 최초의 '여성 보호소'가 문을 열었고 1970년대에는 미국에도 확산되었다. 현재는 전 세계 45개국에 보호소와 쉼터가 있다. 영국에서는 에린 피지 (Erin Pizzey)가 1972년에 처음으로 런던 치즈윅에 여성 보호소를 세웠다. 쉼터 운동은 놀랄 만큼 빠르게 성장하여 1974년에는 영국 전역에 40여 개의 보호시설이 세워졌다.

전국위민스에이드연맹(National Women's Aid Federation)은 캠페인 활동을 통해 회원들을 하나로 모으고 영국 전역에서 쉼터가 필요한 여성들과 아이들을 지원하기 위한 네트워크를 제공하기 위해 설립되었다. 초기의 쉼터들은 대체로 지역 풀뿌리 여성 단체들이 지방자치단체에게 가정집들을 쉼터로 사용해달라고 집요하게 로비를 하거나 빈 건물을 무단 점거해서 얻어낸 결과였다. 그들은 상당한 적개심을 마주해야 했다. 서구사회의 가장 뿌리 깊은 제도 중 하나인 가족에 대한 도전이었기 때문이다. 쉼터 운동은 가정 폭력으로 인해 집에서 벗어나야 하는 여성과 아동에게 안전한 숙박시설을 제공받을 권리가 있다는 믿음으로부터 시작되었다. 1978년에 두 아이와 함께 영국 중부지방의 한 보호시설로 피신한 샌드라는 다른 두 아이의 엄마와 함께 몇 달 동안 작은 방을 함께 쓰며 지냈던 시절을 이렇게 회상했다. "정말 힘들었지만 두려움 속에서 사는 것보단 훨씬 좋았어요. 드디어 안전해졌다는 사실을 알고 있었으니까요. 보호시설에 들어가게 되면서 제 삶은 완전히 변했어요." 샌드라는 이 운동에 동참하는 다른 많은 여성 생존자들과 마찬가지로 자원봉사자가 되어 25년 넘게 보호시설에서 일했다.

'여자를 때리면 안 된다'는 메아리는 쉼터 운동의 역사를 통해 계속해서 울려오고 있다. 위민스에이드와 그 회원들은 문화적 및 입법적 변화를 이루기 위해 근 50년 동안 끈질기게 로비와 캠페인을 벌여오고 있다. 1976년, 최초의 가정 폭력법안(Domestic Violence Bill)과 가정 폭력 및 결혼이행법(the Domestic Violence and Matrimonial Proceedings Act)이 통과되면서 가정 폭력의 위험에 처한 사람들이 시민보호명령을 통한 새로운 권리를 가질 수 있게 되었다. 그리고 1977년에는 노숙자들을 위한 주택법(The Housing Act)이 도입되면서 가정 폭력을 피해 도망 나온 여성과 아동이 노숙자로 인정되어 지자체의 지원과 임시 거처를 얻을 수 있게 되었다. 좀 더 최근인 2015년에는 가정 폭력이 일련의 독립된 사건들이라기보다는 권력과 통제의 패턴이며 강압 지배라는 새로운 범죄행위를 낳는다는 것을 입증하는 데 성공했다. 스태퍼드셔의 초기 쉼터들 중 한 곳을 세운 애나는 당시를 회상하며 이렇게 말했다. "우리는 여성과 아동에게 더 안전한 곳이 되도록 세상을 바꾸고 싶었습니다. 이것은 자매결연이었어요. 침묵하거나 학대당하지 않을 작정이었죠."

Living in Refuges

이 여성과 아동에게 더 안전한 세상이라는 이 비전은 어느 정도 달성되었다. 사람들은 더 이상 가정 폭력을 쉬쉬하지 않으며 대중의 토론을 유도한다. 예를 들어 1995년에 방영된 〈브룩사이드(Brookside)〉에는 자신을 학대하던 남편을 살해한 맨디 조다시(Mandy Jordache)에 대한 이야기가 등장했다. 위민스에이드 연맹은 오늘날 영국에서만 약 500개의 가정 폭력 프로젝트에 참여하고 있으며, 지역

미국에서는 하루 평균 세 명 이상의 여성이
남자친구나 남편에게 살해당한다.

§

사회 원조와 전문 지식을 갖추고 있다. 이러한 전문적인 서비스들은 여성 전용공간 확보와 가정 폭력을 성 편향적 현상으로 보는 관점에서 접근하는 치료모델을 지속해야 한다고 주장한다. 이 운동은 남성이 가정 폭력의 피해자가 될 수 있다는 것도 인정하지만 여성 피해자들이야말로 가장 위험에 처해 있으며 가정 폭력이 성 불평등의 원인이자 결과라고 주장한다.

오늘날 가정 폭력은 여전히 전 세계 모든 사회에서 여성과 아동의 삶을 망치고 있다. UN에 의하면 전 세계 여성의 35퍼센트가 신체적 또는 성적으로 친밀한 동반자로부터 폭력 또는 동반자가 아닌 사람으로부터 성폭력을 경험했다. 영국범죄조사(British Crime Survey)에 의하면 잉글랜드와 웨일스에서 매주 평균 두 명의 여성이 살해되며 그중 거의 절반이 동반자나 전 동반자에 의해 살해된다. 이 슬로건은 '여자를 때리면 안 된다'는 정신을 고수하는 것, 즉 여성과 아동이 자기 자신의 집에서 안전하다고 느낄 수 있고 가정 폭력이 더 이상 용납되지 않는 세상이 올 때까지 여성이 여성을 지원하는 변화의 힘을 상징하고 있다.

§

빈민법과 푸드뱅크

그림 같은 풍경을 자랑하는 영국의 작은 어촌 포스레번. 인구가 3,000명을 조금 넘어가는 이 마을에는 널찍한 공영주택부지가 있으며 이 마을 홈페이지에는 '엄마, 오늘 마실 차는 뭐예요?'라는 표제가 붙은 지역 푸드뱅크 광고가 있다.

전 세계적으로 여성들이 남성들보다 가난하게 살 가능성이 더 높다. 수백 년 동안 수많은 여성이 가족을 먹여 살리기 위한 매일의 투쟁에 직면해왔으며 재정 지원을 받기 위해 자선단체와 정부에 의지해야 했다. 이 모든 것에는 이를 못마땅하게 여기는 가혹한 비판의 목소리가 따르기 일쑤였다. 현재 400개 이상의 푸드뱅크 네트워크를 운영하는 트러셀트러스트(Trussel Trust)는 2016년 자선단체, 의사, 간호사, 성직자, 학교, 사회복지사들에게 푸드뱅크 쿠폰을 나눠주었고 이를 통해 118만 2,954명에게 사흘치 비상식량을 제공했다.

지역사회의 빈곤층을 지원하는 것은 정부에게 있어 늘 어려운 문제였다. 정말로 도움이 필요한 사람들을 위한 복지를 제공하는 것과 혜택을 받을 '자격이 없는' 사람들을 구분하는 것은 크게 나뉜다. 17세기부터 영국은 다양한 제도를 시도했다. 가난한 사람은 마땅히 자격이 있는 경우와 없는 경우로 나뉘었다. 자격이 없다는 것은 일할 수 있는데도 하지 않아서 가난한 경우였다. 빈민법(The Poor Law)은 이런 사람들을 두고 '자신의 잘못을 깨달을 때까지 대로에서 채찍으로 맞아야 한다'고 규정했다. 혜택을 받을 자격이 있는 사람들은 일을 하고 싶어도 할 수 없는 사람들이었다. 남편 없이 어린아이들을 부양하는 여성들, 계절에 따른 직업을 가지고 있어서 일이 없을 때 재정적 도움이 필요한 사람들, 질병을 가지고 있거나 정신적 혹은 신체적 장애로 일을 할 수 없는 사람들이 여기에 포함되었다. '자격이 있는 가난한' 사람들을 돕기 위해 부동산 소유주들에게는 빈민구제세금이 부과되었다. 이 세금을 징수하고 가난한 사람들에게 일자리를 주는 계획을 감독하는 감독관들도 생겼다. 너무 어리거나 너무 늙거나 일하기에 적합하지 않은 사람들은 구호소나 병원에 수용되었다. 일자리를 구하거나 결혼을 해서 교구를 떠난 사람이 지원을 받으려면 자신이 태어난 교구로 돌아와야 했다. 1834년, 정부는 빈민법의 비용을 줄이기 위해 빈민법 개정안을 도입했다. 사람들의 출입을 엄격하게 제한해서 '무책임한' 인원증가를 막기 위한 조치였다. 사람들이 받는 도움은 대체로 구빈원에 들어가는 것이었다. 그곳의 상황은 오히려 바깥 사정보다 더 열악했다. 이 법을 만든 주축인 에드윈 채드윅(Edwin Chadwick)은 구빈원이 '건전하게 통제되지만 가고 싶지 않은 곳'이어야 한다고 기술했다. 더 이상의 출산을

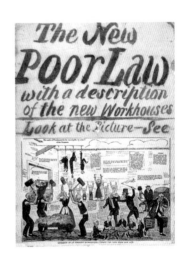

막기 위해 가족들을 떨어뜨려놓는 구빈원은 가난한 사람들에게 공포심을 가득 심어주는 공간이었다. 감상적인 보드빌 곡인 '마이 올드 더치(My Old Dutch)'는 종종 구빈원 입구를 배경으로 그린 무대에서 불러졌다. 관중은 가난에 못 이겨 구빈원에 들어가는 노부부가 곧 이별을 앞두고 있다는 사실을 알고 있었다. 가슴 아픈 합창은 다음과 같은 가사로 주인공들의 곤경을 더욱 애잔하게 만들었다.

"우린 40년을 함께 보냈네.
하루도 소중하지 않은 날이 없었어.
세상 그 어떤 여자를 준대도
우리 마누라와 바꾸지 않을 거야."

초기 미국에 정착한 사람들은 주로 영국의 빈민구호제도를 따랐고, 지원을 받을 자격이 있는 사람들에게는 야외구호 시설과 구빈원들이 드문드문 뒤섞인 안전망을 제공했다. 대공황은 미국과 영국 모두에서 이 제도의 결점을 드러내는 상황들을 만들어냈는데 가장 많은 고통을 겪은 미국에서 특히 심했다. 불황은 1929년 주식시장 붕괴에 이어 미국의 경제위기를 초래했다. 프랭클린 루스벨트(Franklin Roosevelt)가 대통령이 된 1933년까지 1,300만 명의 미국인이 일자리를 잃었다. 루스벨트는 경제회복을 위한 프로그램을 수립하여 공공지출과 연방정부의 지원을 통해 실업자들을 위한 일자리를 제공했다. 식권 지원 프로그램(Food Stamps programme)은 루스벨트의 '뉴딜(New Deal)'정책의 일환으로 1939년 미국에서 시작되었으며 남는 농식품을 도움이 필요한 사람들에게 전달하기 위해 고안되었다. 이 프로그램은 구호품을 받는 사람들이 주황색 식권을 사

2016년 국제구호단체 옥스팜(Oxfam)은 영국인 다섯 명 중 한 명이
식량난을 겪었으며 50만 명 이상이 푸드뱅크에 의존했다고 밝혔다.

§

서 식품을 살 수 있게 했다. 1달러 상당의 주황색 식권을 구입하면 50센트
상당의 파란색 식권이 따라왔다. 주황색 식권으로는 어떤 음식이든 살 수
있었고 파란색 식권으로는 농무부가 잉여분으로 정한 식품만 살 수 있었
다. 이 제도는 1943년까지 4년 가까이 진행되었는데 이 때 미국이 제2차
세계대전에 개입하면서 시장성 없는 식량과 광범위한 실업은 더 이상 문
제가 되지 않았다.

1961년, 존 F. 케네디가 첫 번째 행정명령으로 임시식권제도를 발표
했으며 1964년에 린든 존슨(Lyndon Johnson) 대통령이 이 제도를 영
구화했다. 그로부터 수십 년 동안 이 제도는 여러 행정부를 거치며 확
대와 축소를 거듭해왔다. 부정행위를 없애고 프로그램의 비용을 줄이
기 위해 자격요건 또한 자주 변경되었다. 2008년에 식권지원프로그램은
SNAP(Supplemental Nutrition Assistance Program: 영양보충지원프로그램)이
라는 새로운 이름으로 바뀌었다. 식권이나 쿠폰도 EBT(Electronic Benefits
Transfer: 전자복지카드)라는 직불카드 시스템으로 대체되었다. SNAP 혜택
은 2009년 경기 침체로 인해 일시적으로 증가했다가 2013년 종료되었다.
2016년에 4540만 명의 미국인이 SNAP 혜택을 받았으며 이 중 절반 가까
이가 어린이였다. 이를 지지하는 미국 성인은 대부분 불확실한 미래에 직
면한 한부모 가정 여성이다. 트럼프 대통령은 이 제도를 대대적으로 축소
하겠다는 의지를 밝혔다.

대부분의 개발도상국에서 가난한 사람들을 돕는 유일한 손길은 자선단체와 종교 단체뿐이다. 여성과 아이들은 사회의 가장 취약 계층이라는 사실은 변하지 않는다. 전 세계적으로 식량난은 수백만 여성들의 현실이며 빈부격차가 심해짐에 따라 더욱 극한으로 치닫고 있다. 2014년, 유엔의 존 헨드라(John Hendra)는 다음과 같이 언급했다.

"여성은 빈곤의 얼굴이다. 특히 농촌에서는 생산적인 자원과 자산, 능력, 적정 급여수준의 고용을 충분히 접할 수 없기 때문에 더욱 두드러진다. 집요하고 다중적인 경제적 및 사회적 불평등은 농촌 지역 빈곤의 여성화를 가중시키고 있다."

§

바클리 카드

영국의 바클리 은행은 1966년 6월 29일 바클리 카드(Barclaycard)를 출시했다. 평범한 사람들을 대상으로 한 이 새로운 형태의 신용카드는 100만 장 넘게 발급되었다. 이들의 타깃은 여성이었다.

한 광고는 근심 걱정 없어 보이는 젊은 여성이 바클리 카드를 자신의 수영복에 끼워 넣는 모습을 연출하며 '가볍게 여행하기'라는 문구를 내세웠다. 가정주부들 역시 빠지지 않았다. 또 다른 광고는 '아내라면 필요한 물건을 제때 살 수 있어야 한다. 옷이든, 가족과 집을 위한 물건이든, 그리고 선물이든'이라고 설명했다. 바클리 카드가 여성의 오랜 과업 중 하나인 가계 관리에 도움이 되는 새로운 도구를 제공했다는 뜻이었다.

그러나 여성들은 이전부터 채권자와 채무자의 역할을 감당했었다. 산업사회에서 가정생활은 무엇보다 신용에 대한 접근을 포함하여 주어진 것을 가지고 어떻게든 가계를 관리하는 여성들의 능력에 오랫동안 의존해 왔다. 그러나 여성의 지출과 잠재적인 과소비는 수년 동안 불안의 원인이 되어왔다. 19세기에 백화점이 등장했을 때는 여성들이 옷이나 생활용품을 사들이느라 빚더미에 들어앉을 거라며 경악을 금치 못하는 이들도 있었다. 영국에서는 여성의 법적 지위가 남편에 종속되어 있었기 때문에 만약 어떤 주부가 신용거래를 한다면 남편이 그 빚에 대해 법적 책임을 져야 한다는 것을 의미했다. 여성의 쇼핑은 남편들에게 위험한 사업으로 여겨지기 시작했다. 또한 아내가 신용거래로 구입한 사치품의 빚을 변제하기를 거부하는 남편들이 생기면서 일부 상점 주인들 역시 이를 위험한 사업으로 여겼다. 상점들은 여성이 현금으로만 물건을 구입해야 한다고 주장하는 것이 가장 덜 위험하다는 것을 깨달았다.

노동자 계층 가정주부들은 가족이 굶주리거나 노숙자가 되는 것을 막기 위해 신용에 의존하는 경우가 많았다. 임금을 지불하는 주말에 음식을 사는 것, 임대료를 징수하는 사람으로부터 숨어서 전당포를 이용하는 것은 불황 기간에 많은 주부들이 사용한 생존 전략이었다. 한 주부는 월요일이 전당포 날이었다며 이렇게 회상했다.

"많은 사람들의 형편이 어려웠어요. 아이들이 다섯, 여섯, 여덟, 열 명씩 되곤 했으니 말이죠. 다들 월요일마다 깨끗한 침대보를 꺼내서 이런저런 것들로 가득 채우곤 했습니다. 신발 같은 것들을 시트에 넣어서 커다란 보따리를 만들어 지고 전당포에 갔어요. 남편의 가장 좋은 양복이나 일요일에만 입는 셔츠, 구두 등을 전당 잡히곤 했습니다."

주급이 들어오면 주부들은 맡겼던 물건을 되찾아왔다. 그들이 지불하는 이자는 생활비의 일부였다. 제1차 세계대전과 제2차 세계대전 사이에 전당포는 종종 도시공동체의 중심지였다. 일주일에 6일씩, 토요일 오후

All a girl needs
when she goes out
shopping.

Dear BARCLAYCARD Centre,

I'm told that if I had a BARCLAYCARD I'd be able
to sign the bill in thousands of shops all over the coun-
try—and pay you at the end of the month. What's
more, they say the service wouldn't cost me anything,
and I don't even have to bank with Barclays or the
British Linen Bank. I find this hard to believe.
                                                    Please convince me.

Name _____

Address _____

                                                            C1/P
Post to: BARCLAYCARD, **OR** BARCLAYCARD,
         20 Moorgate,   38 St. Andrew Sq.,
         London, EC2   Edinburgh, 2

11시까지 문을 열었다. 전후에 사람들의 형편이 나아지면서 많은 전당포 업자들이 문을 닫았으나, 20세기 말 빈곤과 함께 재등장했다.

영국에 신용카드가 도입된 것은 미국으로부터 받은 영향이라고 평가 되었지만 바클리 카드의 혁신은 카드 사용자들이 매월 소비하는 높은 구 매 비용의 예산을 세울 수 있도록 월 1.5퍼센트의 이자율로 연장된 신용을 제공하는 것이었다. 그렇게 함으로써 그들은 케이스(Kays) 같은 카탈로그 들이 오랫동안 제공해 온 신용거래를 모방했다. 주부들은 카탈로그를 통 해 매주나 매달 정기적으로 돈을 지불하는 방식으로 아동용 신발부터 새 로운 주방까지, 무엇이든 살 수 있었다. 카탈로그와 할부 구매 제공업체 모두 주부들을 구슬려 쇼핑의 즐거움을 만끽하게 했다. 그들은 신용거래 를 하면 '돈 걱정' 없이 더 좋은 품질에 오래 가는 물건을 살 수 있다며 안 심시켰다. 대량 구매를 관리하는 또 다른 방법은 저축클럽(savings club)을 이용하는 것이었다. 여성들은 매주 또는 매달 정기적인 돈을 저축하고 지 역 상점에서 쓸 토큰이나 크리스마스 카탈로그에서 선택한 물건을 사는 것으로 저금을 상환했다. 프로비던트 저축클럽(Provident Saving Club)은 1937년까지 100만 명의 회원을 가지고 있었다.

미국과 영국 모두에서 신용, 담보, 신용카드 또는 마이너스통장 설정액 을 얻을 수 있는 능력은 1970년대 들어 중요한 페미니스트 이슈가 되었 다. 신용을 얻고자 하는 여성은 사생활, 결혼 생활, 자녀들에 대한 상세한 질문들에 직면했다. 은행들은 여성이 신용카드나 담보대출을 신청할 때 남성이나 아버지와 동행하도록 요구하는 경우가 많았다. 1974년에 미국 상원은 성별이나 인종, 종교, 국적별로 신용을 부여하는 것을 불법으로 규 정하는 신용기회균등법(Equal Credit Opportunity Act)을 통과시켰다. 이듬 해 페미니스트 은행가 주디 H. 멜로(Judy H. Mello)는 미국 최초로 '여성

1970년대까지 독신 여성이 신용이나 담보대출을 받으려면
아버지와 동행해야 했다.

§

에 의해, 여성을 위해 운영되는 은행'인 퍼스트위민스뱅크(First Women's
Bank)를 열었다.

많은 여성들에게 신용카드는 자유, 권한, 자립의 상징이다. 그렇기에
21세기에 많은 엽서와 포스터에 이런 인용구가 새겨진 것은 놀랄 일이 아
니다. "한 남자가 요정에게 그 어떤 여성도 그를 거부할 수 없게 해달라고
소원을 빌었다. 요정은 그를 신용카드로 만들었다."

§

찻잔 세트

함께 차를 마시는 행위는 상당히 여성적인 문화가 되었다. 1930년대에 미국의 영부인 엘리노어 루스벨트(Eleanor Roosevelt)는 여성을 차에 비유하면서 이렇게 말했다. "여자는 티백과 같다. 뜨거운 물에 담기 전에는 얼마나 강한지 모른다."

여성들이 모여 함께 차를 마셨다는 증거는 제인 오스틴의 글에서도 볼수 있다. 1999년도 영화 〈무솔리니와 차 한잔〉의 두드러지는 주제이기도하다. 영국과 미국 모두 서프러제트 선전을 돕기 위해 차 세트를 주문한 것만 봐도 여성에게 차 모임과 차 마시는 것이 얼마나 중요한지 알 수 있다.

차는 세계 어디서나 마시지만 영국인의 정체성에는 특히 필수적이다. '잉글리시 브렉퍼스트티(English breakfast tea)'라는 용어는 18세기 영국인들이 식민지에서 이 인기 있는 아침 음료를 마시는 문화를 묘사하느라 미국에서 등장한 것으로 보인다. 하지만 차 한잔이 처음부터 영국의 일상생활의 주요한 부분이었던 것은 아니다. 전설에 의하면 중국의 신농황제가 최초로 차를 만들어 마셨다고 한
다. 17세기 포르투갈 공주 캐서
린 브라간사가 찰스 2세와 결혼
하여 영국 왕실에 차를 소개하기
몇 세기 전부터 중국, 스리랑카,
케냐, 인도 등의 나라들은 찻잎을
재배하고 차 문화를 가지고 있었
다. 다도는 중국에서 유래되었는데, 중국에는 신부가 결혼식 당일 아침 부
모와 예비 시댁에 차를 대접하며 그들이 베푸는 사랑과 성원에 대한 고마
움을 상징하는 문화가 있다.

지금은 흔하지만, 차 한잔의 즐거움을 누리는 것은 원래 런던의 카페들
중 한 곳에서 차를 사거나 마실 수 있는 여유가 있는 사람들의 전유물이었
다. 차가 너무 비싸서 부자들은 사온 차를 하인들의 손이 닿지 않게 따로
보관했다. 차를 사랑했던 소설가 제인 오스틴은 어머니와 자매들과 함께
살았던 햄프셔의 집에서 차를 보관하는 찬장의 열쇠를 직접 가지고 있었
다. 그는 자신의 소설과 심지어는 여동생에게 보내는 편지에서까지 차를
언급했다. "우리는 3일 전부터 차이나티를 마시기 시작했는데 정말 좋아."

차는 너무 비싸서 자유롭게 마실 수 없었고 차를 마신 후에는 다른 사
람들에게 되팔 수 있도록 하인들을 시켜 차를 말리기도 했다. 19세기 초에
이르러 더 많은 사람들이 차를 소비하기 시작했는데, 제인 오스틴의 차에
대한 열정에 동의하지 않았던 윌리엄 코벳(William Cobbett)은 이렇게 불
평했다.

"차는 유익한 점이 없기로 악명 높다. 영양가가 전혀 없으며 장점은 하나

도 없으면서 단점까지 있는데, 차를 마시면 수면부족을 겪게 되고 차 때문에 신경이 동요되거나 약화되기 때문이다."

코벳의 비판에도 불구하고 20세기 무렵의 차는 위기의 시기에 편안함과 평범함을 경험할 수 있는 원천으로 여겨졌다. 조지 오웰(George Orwell)은 제2차 세계대전 당시 영국에 대해 이렇게 언급했다. "일반적으로 진정 토착적인 문화는 펍, 축구경기, 뒤뜰, 난롯가, '맛있는 차 한잔' 등과 같이 공동체적이지 않다 해도 공식적이지 않은 것들을 중심으로 한다."

제2차 세계대전 중에는 공동활동으로서 차 마시는 행위가 특히 중요했다. 비록 1940년 7월에는 차를 배급받아야 했지만 여성들은 계속해서 '맛있는 차 한잔'의 즐거움을 누렸다. 국방여성회(WVS, Women's Voluntary Service)는 휴대용 물통에 차를 담아 기차역에서 일하는 사람들과 공습을 당한 시민들에게 정기적으로 나누어 주었다. 레이첼 빙엄(Rachel Bingham)은 대피소에 있는 사람들과 공습경계경보(ARP, Air Raid Precause) 감시인들에게 차를 대접했던 일을 회상했다. "모든 다과를 원가에 팔았고 WVS는 국가의 사기를 진작시키기 위해 맡은 소명을 다 했습니다."

티백은 마침내 배급제에서 해방되는 1950년대까지 영국에서 소개되지 않았으나, 2007년에 이르러 티백은 영국 시장의 96퍼센트를 차지하게 된다. 영국에서는 이제 하루 평균 적어도 네 잔의 차를 마시지만, 여성들은 설거지에 들어가는 시간을 훨씬 절약할 수 있게 되었다.

차는 다양한 방식으로 여성의 삶을 변화시켰다. 현재 여성들은 차 생산에 중요한 역할을 하고 있으며 개발도상국에서의 공정거래와 공정보수를 위한 캠페인의 지원을 받고 있다. 차는 전 세계의 많은 여성들의 직장이나 일상생활에서 위안이 되는 순간들을 제공해 왔다. 또한 차 산업은 여성에

전 세계적으로 사람들이 1년에 마시는 차는
602억 잔에 달한다.

§

게 안정적인 삶과 더불어 차를 재배하는 수많은 여성 영세 농민들에게 힘을 실어줌으로써 그들이 가난에서 벗어날 수 있는 길을 제공한다.

Ⅲ   과학과 기술 _ 가사의 기쁨과 슬픔, 그리고 해방

수천 년 동안 과학과 기술은 여성의 일상을 바꾸었고 대체로 여성 책임이던 가사노동을 줄일 수 있는 엄청난 능력의 물건들을 만들어냈다. 집을 한번 훑어보기만 해도, 우리 증조할머니들은 꿈도 꾸지 못했던 일련의 가전기술들을 발견할 수 있다. 물 끓이는 전기주전자는 이제 너무 흔해져서 주부들은 더 이상 불을 때서 물을 데울 필요가 없다. 현대 기술은 대부분수백 년 전의 미미한 기술 개발에 그 기원을 가지고 있다. 예를 들어 빨래 방망이는 세탁기의발명을 향한 중요한 디딤돌이었다.

집에 온수와 냉수가 나오고 수세식 화장실이 완비되면서 여성들이 얼마나 많은 육체적 노동과 종종 불쾌한 일에서 해방되었는지는 아무리 과장해도 지나치지 않는다. 비록 이 모든 것들이 폼페이 같은 고대 도시에서 다른 형태로 존재했지만 말이다. 로마 공중화장실의 청결함은 현대의 기준을 충족시키지 못하였을지 모르지만 덕분에 여성들은 두엄을 관리하는 힘든 노동에서 자유로울 수 있었다. 영국에서는 20세기 때까지만 해도 집에 생활 쓰레기와 사람의 배설물을 모은 이 두엄 더미를 두었고, 이것을 관리할 책임도 가정주부에게 있었던 것이다. 로마의 수전은 언제, 어디서, 누구에 의해 기술에 대한 지출의 우선순위가 결정되는지에 관한 가장 중요한 질문을 제기한다. 예를 들어 1950년대 초에 영국은 원자폭탄을 만드는데 돈을 쓰고 있었지만 정작 영국의 시골집들 중 절반은 수도시설이 없었다.

마지막으로, 과학과 기술 및 의학적 진보에 여성이 맡은 중대한 역할이 종종 격하되거나 무시되었음을 인식하는 것 또한 중요하다. 그런 면에서 마리 퀴리(Marie Curie)는 과학에 기여한 바가 인정되어, 심지어 생전에 노벨상을 받은 드문 사례다. 따라서 그가 연구할 때 쓴 책상은 여성 과학자들의 역사에 있어 중요한 물건이리라. 그러나 이 유명한 과학자의 일기에서 알 수 있듯이 퀴리는 단지 폴로늄만 분리해냈을 뿐만 아니라 구스베리 잼도 만든 아내이

자 어머니였다. 여성 과학자들은 여전히 소수다. 만약 그들의 수가 더 많았다면 여성의 삶을 향상시킬 수 있는 능력을 가진 더 많은 의학 및 과학적인 발전이 있을지 생각해 보는 것도 흥미로울 것이다. 의학 분야에서도 중대한 물건들이 발명되었다. 겸자(forceps)는 산모 사망률을 낮추는 데 도움을 주었고 피임약은 성적 쾌락을 임신과 출산의 마냥 좋다고만 할 수 없는 기쁨과 구분할 수 있게 해주었다. 물론 모든 여성이 이러한 혁신의 혜택을 받고 있는 것은 아니며, 더 많은 발전을 위한 여지도 여전히 많이 남아 있다.

§

실 잣는 여성이 그려진 고대 그리스 화병

대영박물관의 이 고대 그리스 화병은 기원전 490년에 만들어진 것으로 한 여성이 가락으로 섬유를 꼬아 실을 잣는 모습이 그려져 있다. 원시적인 방적의 가장 이른 고고학적 증거는 적어도 2만 년 전의 것이다. 동물의 털과 식물의 섬유, 그 후 약 6,000년 전부터는 누에고치에서 나온 비단 모두 실을 만드는 데 사용되었다.

페루의 한 동굴에서 기원전 약 9,000년에서 1만 년 전의 것으로 추정되는 직물이 발견되었다. 이집트에서는 약 1,000년 된 면양말이 발견되었다. 남아있는 사례는 없지만 뜨개질이 그보다 훨씬 더 일찍부터 있었던 것으로 생각된다. 역사적으로 여성은 식물의 재배부터 시작해서 수확·세척·방적·염색·그리고 직조로 끝나는 직물생산과정의 대부분을 책임졌다. 게다가 여성 방적사들과 직조사들은 실용적인 직물을 생산하는 것에 그치지 않았다. 그들은 종종 직물을 색색으로 장식하고 염색했으며 수놓았다.

방적은 섬유가 실로 변환되는 과정의 시작이다. 그다음엔 직물을 짜거나 떠서 의복이나 낚시 그물, 음식물을 모아 보관하는 바구니, 텐트나 덮

개 같은 가정용품들을 만들 수 있다. 가장
초기의 방적은 모든 과정이 손으로 이루
어졌다. 털이나 섬유다발을 손으로 허벅
지에 말고 또 다른 다발을 함께 꼬아 만
드는 식이었다. 이후에는 돌을 사용해서
꼬는 과정을 더 쉽게 만들었고, 그다음에는
가락이, 그다음엔 가락의 회전을 돕는 바퀴가
발명되었다. 이 바퀴는 가락이 안정적으로 회전하도록 도왔다. 중세 전성
기(High Middle Ages, 서기 1000~1300년)에 물레가 발명될 때까지 수 세기
동안 이 방식이 사용되었다. 물레는 인도에서 처음으로 발명된 것으로 추
정되지만 중국에도 물레를 사용한 기록이 남아있다. 물레는 서기 1280년
즈음 유럽에 전파되었다.

중세시대 방적은 매우 중요하고도 매력적인 역할로 여겨져, 실 잣는 여
성을 일컫는 '스핀스터(spinster)'는 미혼녀라는 단어와 동의어처럼 쓰이기
도 했다. 1651년 작가 저베이스 마컴(Gervase Markham)이 썼듯이 방적은
또한 결혼을 앞둔 여성에게 필수적으로 요구되는 기술이었다.

물레는 느리고 고되며 대체로 가내 공정이었던 것을 기계화하는 첫 단
계였다. 산업화 이후 남성들이 점유한 방직공들이 작업하기에 충분한 양
의 실을 생산하기 위해 가족구성원 중 여성들은 모두 실 잣기에 힘썼다.
방직공 한 사람이 옷감을 만들 양털이나 면을 생산하려면, 방적공 다섯 명
이 달려들어 실을 자아야 했다. 산업혁명으로 섬유 생산은 가내수공업에
서 공장제조업으로 넘어가면서 방적에서 여성이 맡은 역할도 바뀌었다.
1779년 새뮤얼 크럼프턴(Samuel Crompton)이 발명한 뮬(mule) 방적기는
주로 남성들이 운영했다. 어쩌면 체력이 더 필요하기 때문이었을지 모르

지만 남성들이 여성 고용을 반대했던 것도 이유였을 것이다. 글래스고에서 뮬 방적기를 다루는 여성들은 남자동료들로부터 격렬하게 공격당했다. 대신 여성들은 남성 방적공을 돕는 직조나 저임금을 받는 역할을 맡았다. 그러나 손으로 직접 실을 잣고 짜는 것도 완전히 사라지지는 않았다. 19세기 후반의 스코틀랜드 여성들은 여전히 방적용 양털을 준비하는 일을 했다. 스코틀랜드 헤브리디스제도(Hebrides) 외곽의 섬들 해리스(Harris), 루이스(Lewis), 유이스트(Uist), 바라(Barra)에서는 해리스 트위드(Harris Tweed)가 여전히 성공적으로 생산되어 전 세계에서 판매되고 있다. 대부분이 여전히 수세기 동안 이어져온 방법으로 염색되고 방적되며 손수 장식한 양모로 농장주가 자신의 집에서 생산한다. 수제 방적과 직조 또한 세계 여러 곳에서 여전히 행해지고 있다. 페루의 어떤 공동체에서는 직조업이 생계형 농업과 함께 공동체의 주축을 이루고 있으며 수세기 동안 거의 변하지 않았다. 모자, 스카프, 가방, 양말, 스웨터는 모두 알파카, 비쿠냐(vicuna), 양털을 사용하여 직조된다. 각 지역사회나 지역이 민족의 공동체적 정체성을 형성하는 고유의 디자인과 염료 색상을 개발하여 서로를 구분하는 만큼, 이는 '언어'라고까지 표현된다.

21세기의 서구 국가들에서는 한때 여성의 필수 자질이었던 방적도 오늘날 세계 여러 곳에서 그러하듯이 취미거리가 되고 있다. 서구 곳곳에는 방적과 직조에 관한 강좌와 교재가 있다. 중세시대에는 '직조를 잘하는지 보면 좋은 아내감인지 알 수 있다'고 했지만 이제는 많은 여성들이 공예품 생산의 과정이 주는 만족을 그저 즐기고 있다.

§

로마시대 수전

　　　　　우물이나 개울에서 깨끗한 물을 공급받는 것은 수백 년 동안 전 세계 여성의 삶을 지배해 왔다. 물은 마시고 요리하고 씻기 위해 사용되며 보통 여성들이 길어오는 일을 맡았다.

　많은 문명사회에서 강과 샘으로부터 얻는 자연적인 물 공급은 여성들이 가정을 이루는 장소에 영향을 미쳤다. 자연적인 물 공급을 이용해야 하는 필요성이 집의 구조 자체를 형성하기도 했다. 로마의 집들은 종종 지붕이 경사져 있어서 비가 오면 지하의 수조나 웅덩이에 모이게 되어 물이 부족할 때를 대비할 수 있었다. 물의 중요성에 대한 로마인들의 인식은 기원전 27년 비트루비우스(Vitruvius: 카이사르와 아우구스투스 황제시대에 활동한 로마시대 건축가 — 옮긴이)가 쓴 글에서 잘 알 수 있다. "물이 없다면 동물도 음식도 아무 가치가 없다. 물 없이는 존재할 수도, 유지될 수도, 공급될 수도 없기 때문이다. 그러므로 인간의 건강을 위해 샘을 찾고 선택하는 데 엄청난 근면과 끈기가 투입되어야 한다."

　로마인들은 그들의 물과 하수 시스템, 수전, 그리고 물을 집과 거리, 목욕탕 등 공공시설로 운반하기 위해 설치한 파이프와 육교로 유명했다. 가난한 여성들과 하인들은 분수대에 가서 물통을 채워 집에 가져왔다.

여성이 물을 얻기 위해 가는 공공장소도 빨래 같은 과업이 함께 진행되면서 교제를 하거나 험담을 하거나 수다를 떠는 장소가 될 수 있다. 17세기 로마 여성들은 그들의 조상들이 수세기 전에 했던 것과 같이 공공분수에서 함께 빨래를 했다. 여성의 물 접근은 여전히 다양하고 거침없으며 배수와 하수는 내부 수세식 화장실이 없는 사회에서는 훨씬 더 문제가 되고 있다. 특히 발진티푸스와 관련된 공중 보건 우려는 19세기 중반부터 많은 도시들이 상수 및 폐수 시스템을 개발하도록 이끌었다. 그러나 전 세계적으로 시골 여성들은 여전히 편리한 상수도 부족으로 고통받고 있으며 매일 요리와 설거지, 빨래를 할 물을 길어오느라 시간을 보내야 한다. 목욕탕과 세탁소는 일부 지역에 마련되어 있었다. 그게 없으면 일주일에 한 번씩 여성이 불을 피우고 물을 데우면 온 가족이 불가에서 목욕을 했다. 목욕을 마친 물은 도랑이나 배수구에 비웠다. 1936년에 스태퍼드셔의 한 주부는 자신에게 상수도가 얼마나 중요한지 이렇게 설명했다.

"이 오두막에서 6년 넘게 살았는데 처음 4년 반 동안에는 이 지역에 상수도가 없었기 때문에 65미터 떨어진 오두막에 있는 10미터 깊이의 우물에서 물을 길어 가져와야 했어요. 하루에 세 번씩 물을 길러 가는데 갈 때마다 30분 정도씩 걸렸습니다. 이제는 부엌 싱크대에서 물이 나오는데, 그

전 세계적으로 여성과 아이들은
물을 구하는 데 매일 총 2억 시간을 보낸다.

§

게 우리에게 얼마나 축복인지 아시겠죠?"

1950년대에 영국 시골집들의 절반은 여전히 집안까지 물 공급을 받지
못했다. 1960년대 초, 아일랜드 시골여성협회(Countrywomen's Associa-
tion)는 대저택에서 '수도꼭지 틀기' 전시회와 안그리아난(An Grianan)에
서 전원지역 상수도에 대한 컨퍼런스를 조직하여 모든 사람들을 위한 물
공급 캠페인을 시작했다. 많은 시골 여성들의 도시와 마을, 정착지에 적절
한 물 공급을 보장한 것은 20세기의 주요 여권 운동이었다. 영국의 여성협
회와 세계시골여성연합(Associated Country Women of the World)과 같은
단체들이 이 운동에 참여했다. 한때 물을 얻기 위한 전국적 혹은 지역적
싸움이었던 것이 21세기 들어서는 여성의 삶의 질을 향상시키기 위한 국
제적인 캠페인이 되었다. 유엔은 1981년부터 1990년까지를 국제 식수 공
급 및 위생 10개년 계획(International Drinking Water Supply and Sanitation
Decade) 기간으로 지정했다. 2005년부터 2015년에도 여성 단체의 참여
와 여성에 대한 물의 중요성을 의제로 내세우며 다시금 국제 10개년 행동
'생명의 물'(International Decade for Action 'Water for life')을 발표했다. 그
럼에도 불구하고 사하라 이남 아프리카 인구의 3분의 2 이상이 여전히 물
을 모으기 위해 집을 떠나야 하고, 이에 대한 책임은 주로 여성에게 있다.
평생 동안 물을 운반하는 것은 여성의 신체에 역효과를 가져올 수 있으며

피로, 근골격계 손상, 퇴행성 뼈와 조직 손상, 척추통증과 관절염을 일으킬 수 있다. 유엔식량농업기구(FAO, Food and Agriculture Organization)는 이렇게 지적했다. "여성들은 농작물을 재배할 뿐만 아니라 가정용수를 수집하고 사용하며 관리한다. 여성과 아이들은 농촌의 가정에 쓰이는 거의 모든 물을 공급한다."

전 세계적으로 여성과 아이들은 매일 2억 시간을 물을 구하며 보내는데, 이 시간은 다른 많은 데에 사용될 수 있다. 어머니들은 일을 할 수 있고 가족을 위해 음식을 제공할 수 있다. 인도 여성들은 매년 1억 5000만 일 동안 물을 긷고 운반하느라 100억 루피의 국민 소득을 잃는 것으로 추산된다. 상수도 없이 사는 어린 소녀들은 교육받는 데 어려움을 겪는다. 물을 길어오느라 피곤해하거나 학교에 지각하기 때문이다. 21세기에 물 공급을 위한 캠페인이 많은 나라의 농촌 여성 단체들에게 중요한 문제로 남아 있는 것은 놀랄 일이 아니다. 2,000년 전 로마에서 쓴 수전 같은 것으로 시골 여성의 삶이 극적으로 개선될 수 있는 것이다.

§

산과겸자

16세기까지 출산은 여성의 일로 여겨졌다. 남성은 가급적 분만 현장에 참석하지 않았고 의사들 역시 별 관심을 두지 않았다. 출산에 관한 금기는 뿌리 깊었다. 난산일 경우 산파가 냄비에서 숟가락을 가져다가 분만을 도왔다. 산모의 생명을 구하기 위해 태아의 주검을 꺼내야 할 때만 마지막 수단으로 남성 이발사(barber surgeon)를 부를 수 있었다. 당시 이발사는 의사보다 신분이 낮았지만 이발과 의료를 겸하고 있었다.

1588년경 이발사인 피터 챔벌린(Peter Chamberlen)은 산모와 아기의 생명을 모두 구하는 혁신적인 장치인 겸자를 발명했다. 구멍 난 커다란 숟가락같이 생긴 이 겸자로 태아의 머리를 감싸고 고정시키면 두개골을 보호할 수 있었다. 이 혁신은 매우 성공적이어서 챔벌린과 그의 형제는 영국 궁정의 여성들의 분만에 참여했고 유럽 전역으로 활동 반경을 넓혀 엄청난 대가를 받았다. 이윤에 이끌린 그들은 극적인 상황을 연출하며 삼대째 겸자의 비밀을 지켰다. 그들은 산모에게 눈가리개를 하고 수행원을 내쫓은 뒤 금속 장치 소리를 가리기 위해 막대기를 두드리고 종을 울렸다.

겸자의 발명은 의사들이 출산을 통제할 수 있는 길을 닦은 중요한 요소였다. 1721년 벨기에의 이발사인 장 팔핀(Jean Palfyne)은 직접 개발한 겸자를 파리의 과학학술원에 제시하면서 산도에 맞는 곡선을 추가하여 개량할 수 있다고 언급했다. 영국의 외과의사 윌리엄 스멜리(William Smellie)와 프랑스의 앙드레 르베(Andre Levet)를 포함한 의사들이 이 디자인을 다듬었다. 부유한 가정이 이발사나 의사를 고용하는 것이 유행하게 되었고 결국 남자가 출산에 참여하는 것이 허용되었다. 18세기 동안 유럽에 겸자가 널리 보급되었을 때에는 남성들만이 합법적으로 이 '수술'을 진행할 수 있었다. 수술은 높은 수수료를 요구했고, 의사들은 산파들이 더럽고 무능하다고 비난했다. 이러한 남성 우월적 분위기 속에서 분만실의 여성이 자신의 주된 역할을 유지하는 것은 어려웠다.

일부 산파들은 이익을 추구하기 위해 겸자를 너무 쉽게 사용한다고 불평하며 맞섰다. 엘리자베스 니헬(Elizabeth Nihell)은 「산파술에 대한 논문(Treatise on the Art of Midwifery, 1760)」에서 윌리엄 스멜리와 그의 동료들이 자신들의 편의나 실험 목적을 위해 정상적인 분만을 줄이고자 아직때가 되지 않았는데도 분만을 강요하고 있다고 비난했다. 니헬은 산파들의 전통적인 인내력과 실제적인 접근이 더 효과적임을 알기 때문에 불법으로 겸자를 사용하는 산파는 드문 경우를 제외하고는 거의 없다고 말했다.

의사들이 출산에 점점 더 관여하게 되면서 여성 신체의 자연적인 기능이 결함이 있는 양 여겨지기 시작했다. 겸자의 사용은 점점 늘어갔다. 겸자 날이 길어지면서 골반 안쪽 더 깊이 들어가 표면적으로는 분만시간을 줄이고 산모의 고통을 덜 수 있게 되었지만, 사실 아기의 뇌손상과 산모의 외상 위험은 증가했다.

영국의 외과의사 존 리크(John leake)는 1773년 겸자 사용에 관한 지침에서 '환자의 안전은 의술이나 수술의 종류보다는 집도인의 기술에 더 즉각적으로 달려있다'고 언급했다. 리크와 프랑스의 줄리앙 클레멍(Julien Clement)은 절석술(lithotomy)을 확립했다. 절석술을 할 때는 산모가 등을 대고 누워서 발걸이에 발을 올려놓아 분만에 적합한 자세를 취했다. 이 자세는 의사가 기구를 사용하기 더 안전하고 쉬웠지만 등을 대고 눕는 자세가 수동적이라고 표현된다. 1966년에 마흔 두 명의 남성과 한 명의 여성이 쓴 한 교과서는 절석술의 자세가 '무균 관리를 더 용이하게 하고 산부인과 의사의 편의에 크게 기여한다'며 '이러한 장점들은 다소 비생리적인 자세와 그 자세 자체의 불편함을 보상하는 것 이상'이라 주장했다.

산업 혁명 동안에는 구루병이 널리 퍼지면서 출산이 더 어려워졌다. 그러나 20세기 초에 이르러 미국에서는 겸자를 사용하는 경우가 전체 분만의 약 절반을 차지했다. 의사들은 겸자 사용에 대한 다른 이유를 제시했다. 1920년에 조셉 딜리(Joseph Delee)는 '예방적 겸자(prophylactic forceps)'를 홍보했다. 아기가 나오는 외음부를 절개해서 아기를 꺼냄으로써 표면상으로 아기의 고통과 트라우마를 근절하는 것이었다. 1923년까지 그는 부를 축적했고 당대의 가장 위대한 미국인 산부인과 의사로 불렸다. 그의 견해는 수십 년 동안 겸자를 대중화시켰다.

영국에 새로 수립된 국립보건원(National Health Service)의 의사들은 일상적으로 겸자를 사용했다. 윌리엄 닉슨(William Nixon)과 에릭 힉슨(Eric Hickson)은 『일반적인 관행의 산부인과 안내서(Guide to Obstetrics in Gen-

현재 영국에서 그 어떤 의학적인 개입 없이
출산하는 비율은 절반에 채 미치지 못한다.

§

eral Practice, 1953)』에서 가정 분만을 위한 '왕진 가방 내용물'을 열거하면
서 '가져가는 겸자의 종류는 개인의 선택이며 의사는 익숙한 도구를 쓸 때
최상의 실력을 발휘할 것'이라고 조언한다. 겸자는 가장 어려운 상황에서
매우 신중하게 사용할 도구가 아니라 손쉬운 분만 해결책이 되었다. 여성
의 몸은 일반적으로 출산을 위해 잘 설계되어 있지만, 출산에 어려움이 있
을 시 산모와 아기의 생명을 구할 수 있는 겸자의 발명은 의심할 여지없이
출산에 혁명을 일으켰다. 또한 사회 변화의 촉매가 되어 궁극적으로 남성
이 주를 이루는 의사가 여성이 주를 이루는 산파로부터 출산의 관리를 넘
겨받게 했다. 과학과 기술은 직관과 인내보다 더 가치 있게 되었으며, 소
수자를 치료하기 위해 개발된 전략이 점점 더 다수에게 적용되고 있다. 오
늘날 산부인과와 산파술은 상당히 별개의 학문이 되었다.

§

재봉틀

최초의 재봉틀은 1790년 영국의 토머스 세인트(Thomas Saint)가 발명한 이래 50년 동안 개량되고 개선되었다. 상업용으로 처음 고안된 재봉틀은 의류제조업에 혁명을 일으키며 기성복을 탄생시켰다. 1850년대에 미국과 서유럽에서 가정용 재봉틀이 도입되자 여성의 가내 바느질 형태 역시 변화를 맞이했다.

미국의 발명가 헬렌 블랜차드(Helen Blanchard)는 1870년대와 1880년대에 재봉틀을 여러모로 개량하며 특허를 얻었다. 지그재그형으로 바느질을 하고 단춧구멍을 만들 수 있는 최초의 재봉틀과 편직물을 바느질하는 동시에 다듬을 수 있는 오버시밍(over-seaming) 재봉틀이 그것이다. 최초의 전기 재봉틀은 1889년에 싱어(Singer)사가 만들었다. 가정용 재봉틀의 효율성이 향상되면서 영국의 한 잡지는 '세계 역사에서 재봉틀은 지금까지 어떤 발명품보다 여성을 육체노동의 고단함에서 가장 많이 해방시켜 주었다'고 단언했다. 간단한 드레스 한 벌 만드는 데 10시간이 걸렸다면 이제 한 시간 만에 만들 수 있었고, 남성용 셔츠를 만드는 시간은 14시간에서 1시간 15분으로 줄어들었다.

영국의 재봉틀 가격은 6파운드에서 15파운드까지 다양하여 처음에는 형편이 되는 대로 구입했다가 더 좋은 제품으로 바꿔갔지만 이내 할부 조건이 생기면서 많은 가정의 필수품이 될 수 있었다. 1860년대부터 미국의 싱어사는 고객들에게 간편한 조건으로 재봉틀을 사도록 시연하고 계약을 따는 영업망을 개발했다. 이 영업방식은 매우 성공적이었고 빠르게 다른 나라로 전파되었다. 여성들은 남편이나 아버지의 동의로 기계에 계약금을 지불하고 그들이 만든 옷을 팔아서 매주 지불하는 돈을 회수하고자 했다. 재봉틀을 소유함으로써 돈을 벌며 가족을 위해 더 나은 옷을 만들게 되니, 할부거래라도 전혀 망설일 이유가 없었다.

재봉틀을 가지면 적은 노력으로 더 많은 일을 할 수 있었다. 제2차 세계대전 중 영국이 의류 배급을 시작하고 '수선해서 오래 입기'에 관심이 집중되며 그 필요성은 한층 높아졌다. 제한된 쿠폰 수당에서 재료를 사서 직접 옷을 만들거나 더 나은 삶을 위해 재봉사를 고용함으로써 더 나은 가치를 얻을 수 있었다. 많은 여성들은 전쟁 때문에 바느질을 배웠다고 생각했다. 어떤 주부는 자신의 일감이 이전에는 단추, 어깨 끈, 그리고 다른 일상적인 수리 정도였다고 회상했다. 당시 재봉틀 공장이 전쟁물자를 생산하게 되면서 중고 제품에는 웃돈이 붙어 거래되었다. 그녀의 남편이 그녀에게 재봉틀을 구해준 후 그녀는 수선에 대한 책을 샀는데 그것은 그녀의 바느질 기술에 있어서 완전한 혁명을 의미했다. "정말 보물이었어요. 그걸로 커튼, 아이들 코트, 심지어 탑코트와 내 드레스까지 만들었죠."

재봉틀은 또한 여성들이 집 밖에서 일할 수 있는 기회를 제공했다. 의류 공장은 남성보다 적은 급여를 받으면서도 더 손이 빠르다 하여 여성 직원을 많이 고용했다. 재봉틀은 야외노동자들이 낮은 급여로 빠르게 옷을 만들어야 하는 노동력 착취의 현장에서 사용되었다. 일부 고용주들은 완성된 의복에 대해 단지 품삯 정도의 돈을 지불했을 뿐이며 자신의 기준에 맞지 않는 의복을 거부하기도 했다. 1906년 영국에서 노동력 착취현장에서 일했던 재봉사 베아트리스 스케그(Beatrice Skegg)는 직물산업의 상황을 조사하던 램지 맥도널드 MP(Ramsey MacDonald MP)에게 쓴 편지에서 이렇게 지적했다.

"제가 언제 집에 갈지 모르는 사업에 종사하고 있을 때 아침 7시부터 밤 10시까지, 토요일에도 4시까지 일을 하면서 푼돈의 주급을 받는 건 사람을 정말 비참하게 만드는 일이었습니다. 회사 사장들은 모든 것을 자기 마음대로 하는 것 같았습니다. 제가 아는 어떤 곳은 1분만 늦어도 집으로 돌려보내 일을 못하게 했습니다. 그러나 야근을 시켜야 할 때는 아무런 야근수당이나 차 한잔도 주지 않으면서 얼마나 오래 밤을 지새우는지 전혀 상관하지 않았습니다."

보호 법령과 최저임금은 서구 세계에서 가장 최악의 착취를 근절시켰지만 여전히 중국, 인도, 스리랑카, 방글라데시, 베트남 등 세계 많은 지역에서 노동력 착취를 찾아볼 수 있다. 그들은 푼돈을 받으며 만드는 옷은 유럽과 미국에서 팔리며 엄청난 이윤을 남긴다. 그러나 반대로 몇몇 여성들에게 재봉틀은 순전한 노력과 결단력을 통해 기업가적 성공을 열어준

재봉틀은 여성들이 집 밖에서 일할 수 있는 기회를 제공했으나
또한 현장에서 노동력 착취의 수단으로도 사용되었다.

§

길이었다.

뭄바이의 디자이너 아니타 동그레(Anita Dongre)의 시작은 자기 방에서
옷을 디자인하고 만드는 두 개의 재봉틀이었다. 그녀는 현재 2,500명의 직
원을 고용하고 있으며 뉴욕과 로스앤젤레스의 단독 상점을 포함한 700개
이상의 상점에 제품을 판매하고 있다. 케임브리지 공작부인(Duchess of
Cambridge)이 2016년에 인디아를 방문하면서 동그레의 드레스를 입어 그
녀의 유명세는 더욱 높아졌다. 동그레와 함께 패션 디자인과를 졸업한 서
른 두 명의 여성 중 디자인 분야에서 경력을 쌓고 있는 경우는 그뿐이다.
그녀는 이렇게 말하며 유감스러워했다. "다른 친구들은 가정주부가 되었
어요. 얼마나 사랑스러운 재능들이 낭비되었는지 몰라요."

최근 몇 년 동안 여성이 정교한 최신 재봉틀로 직접 디자인을 하고 자
신의 옷과 가구를 여성이 만드는 D.I.Y가 다시 유행을 타고 있다. 재봉틀
은 이처럼 여성이 창의력과 예술적 재능을 꽃피우게도 한다.

§

마리 퀴리의 책상

마리 퀴리는 1867년 폴란드 바르샤바에서 다섯 아이들 중 막내로 태어났다. 그는 대학교육을 받을 돈이 없어서 가정 교사 일을 하며 여가시간에 공부를 했다. 그러다 1891년 언니가 거주하고 있는 파리에 건너가 살게 되었다.

그는 소르본대학교에서 수학과 물리학을 공부했고 과학자 피에르 퀴리 (Pierre Curie)와 결혼하여 1895년에 그와 함께 일하기 시작했다. 파리 물리학교(School of Physics in Paris) 지하의 축축한 창고에서 연구하던 두 사람은 1898년에 두 가지의 새로운 물질을 발견했다. 열악한 조건에도 불구하고 그들은 두 원소 중 가장 안정적이고 방사능적이며 유용한 폴로늄과 라듐을 모두 분리했다. 마리는 책상에 앉아 과학적 업적을 일기에 기록했는데, 구스베리 잼을 만들고 있다는 것과 딸아이의 첫마디와 첫 걸음마에 대한 기록도 함께 적어 넣었다.

일부 과학자들은 처음에는 라듐의 존재에 대한 퀴리 부부의 믿음을 공유하지 않았다. 1902년, 마리와 피에르는 4년간의 극도로 힘든 노력 끝에

0.1그램의 순수한 라듐을 추출하여 225로 원자량을 결정했다. 이제 라듐이 실제로 존재한다는 것을 의심할 사람은 아무도 없었다. 피에르는 실험 중 그의 팔을 라듐에 타면서 라듐이 조직을 파괴할 수 있다는 것을 알게 되었는데, 조직은 천천히 재생될 것이었다. 그는 라듐을 암 종양에 사용할 수 있다는 것을 깨달았다. 1903년에 퀴리 부부는 우라늄의 방사능을 처음 관찰한 앙리 베커릴(Henri Becqueril)과 함께 노벨 물리학상을 공동 수상했다. 1906년 4월, 피에르는 파리의 한 도로를 건너다가 비극적인 죽음을 맞았다. 마리는 망연자실했지만 남편의 교수직을 제안받았고, 이로써 교수로 임명된 최초의 여성이 되었다. 그는 연구를 계속하면서 라듐이 만들어 내는 방사선으로 소량의 라듐을 측정하는 방법을 찾아내어 암 치료를 위한 정량을 계산할 수 있게 되었다. 이 성과로 마리는 노벨 화학상을 받았다. 마리 퀴리는 노벨상을 받은 최초의 여성이었으며 두 가지 과학 분야로 두 개의 노벨상을 받은 유일한 여성이다.

제1차 세계대전 당시 마리는 차에 실어 필요한 곳에 가져갈 수 있는 이동식 엑스선 장치를 개발했다. 그는 또한 야전병원에서 부상당한 병사들을 치료하기 위해 200개의 엑스선실을 설치했다. 총 100만 명의 부상자

들이 엑스레이로 치료를 받았다. 그는 노벨상으로 받은 상금을 전부 프랑스 전쟁에 기여하는 데 썼다. 1934년에 그는 방사능 후유증으로 사위와 딸 이렌느(Irene)가 공동으로 노벨 화학상을 받기 1년 전에 죽었다. 그들은 마리의 업적을 토대로 인공 방사

능 물질을 개발했다. 1939년, 우라늄을 분리하는 그들의 작업은 직접적으로 원자력 발전소의 건설과 불행하게도 핵폭탄의 개발로 이어졌다.

마리 퀴리 이전에도 과학 연구에 종사한 여성들이 있었다. 로라 마리아 카테리나 바시(Laura Maria Caterina Bassi, 1711~1778)는 두 번째로 박사 학위를 받은 여성이었으며 1732년에는 볼로냐대학교의 물리학 교수로 임명된 최초의 여성이었다. 그러나 거의 300년이 지난 지금 미국과 유럽의 과학 교수들 중 여성은 4분의 1이 채 안 되며 수많은 뛰어난 여성 과학자들은 그들의 업적에 대해 인정을 받지 못하고 역사로부터 숨겨져 있다. 로잘린드 프랭클린(Rosalind Franklin)은 의심할 여지없이 DNA 구조의 발견에 기여했다. 런던 킹스칼리지에서 일하는 동안 그는 그와 사이가 좋지 않았던 동료 모리스 윌킨스(Maurice Wilkins)로부터 프로젝트 책임자가 아닌 조교 대우를 받았다. 윌킨스는 케임브리지대학교에서 DNA를 연구하고 있던 제임스 왓슨(James Watson)과 프란시스 크릭(Francis Crick)과 연계하여 로잘린드 프랭클린의 동의 없이 그들에게 DNA의 엑스선 이미지를 보여주었는데 이것이 그들에게 필요한 돌파구를 제공했다. 불행하게도 로잘린드 프랭클린은 왓슨, 크릭, 윌킨스가 노벨상을 받기 4년 전에 난소암으로 37세의 나이로 사망했다. 노벨상은 사후 수여를 하지 않기 때문에 로잘린드가 노벨상을 받을 자격이 되지 않았을 것이다. 확실한 것은 로잘린드의 연구는 그 구조를 해독하는 열쇠였고 그럼에도 불구하고 최근까지도 잊히거나 무시되고 있다.

조슬린 벨 버넬(Jocelyn Bell Burnell)은 북아일랜드의 천체물리학자로 박사과정을 밟는 동안 안토니 휴이시(Antony Hewish)와 함께 최초로 전파 펄서(radio pulsars: 일정 주기로 큰 무늬의 파형을 빠르게 방사하는 천체 ― 옮긴이)를 관찰하고 분석했다. 안토니는 1974년에 천문학자 마틴 라일(Martin

마리 퀴리는 1906년 4월 남편의 비극적인 죽음 후
남편의 교수직을 제의받았다.

§

Ryle)과 노벨 물리학상을 공동 수상했다. 안토니가 펄서 발견에서 '결정적
인 역할'을 했다고 선정되는 동안 조슬린은 제외되었다. 프레드 호일 경
(Sir Fred Hoyle)을 포함한 수많은 저명한 천문학자들이 조슬린을 수상자
에서 배제한 것을 규탄했다. 이후에 조슬린은 노벨상을 놓친 것에 대해 이
렇게 말했다. "저는 화나지 않았어요. 어쨌든 저는 좋은 동료들과 있으니
까요!"

조슬린의 업적은 이제 20세기의 가장 위대한 천문학적 발견 중 하나로
인정받고 있다. 그는 2007년에 기사 작위에 해당하는 데임(dame) 훈장을
받았고 2015년에는 올해의 평생 공로상을 수상했다.

특이하게도 마리 퀴리는 물리학 교수가 되었고 공로를 인정받았다. 의
사들은 1910년대부터 암 종양을 치료하기 위해 방사성 물질을 사용하기
시작했으며 100년이 지난 지금 많은 암 환자들은 마리 퀴리의 발견 덕분
에 위험한 외과적 개입을 피할 수 있게 되었다.

§

플레시오사우루스 화석

플레시오사우루스(Plesiosaurus)는 메리 애닝(Mary Anning)이 화석 발굴가로 오랫동안 활동하면서 발견한 수백 개의 화석 중 하나에 불과하다. 1799년에 라임 레지스(Lyme Regis)에서 태어난 메리는 어렸을 때부터 아버지 리처드(Richard)의 지도를 받으며 주변 절벽에서 화석을 찾는 안목을 개발했다.

메리는 학교 교육을 거의 받지 않았지만 지질학, 고생물학, 해부학을 독학했다. 유명한 과학자들이 메리의 작은 오두막을 방문하거나 그와 서신을 주고받았고, 그에게서 화석을 사서 그의 발견물을 기록했다. 메리의 아버지가 살아있을 때엔 화석 판매로 생계를 꾸렸지만 그의 예상치 못한 죽음 이후 메리의 어머니와 오빠는 무일푼이었고 살아남기 위해 교구 구제에 의존했다. 메리는 본격적으로 화석 발굴을 시작했다. 그의 오빠 조셉도 화석을 수집했고 1810년에 메리가 처음으로 발견한 중대한 화석 이크티오사우루스(Ichthyosaurus)의 발굴에 동참했다. 절벽 면에서 화석을 발굴한 메리는 고작 열두 살이었다. 그 후 조셉은 화석 발굴에 거의 참여하지

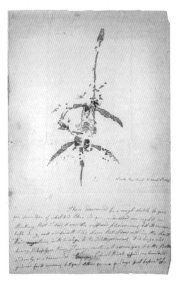

않고 대신 훨씬 더 안정적인 가구 덮개 교체 일을 했다.

19세기 초에 몇몇 프랑스인 학자들은 식물과 동물의 화석을 연구하기 시작했다. 영국에서 화석 연구는 소수의 신사들, 대부분 성공회 성직자들의 전유물이었다. 지질학과 고생물학 관련 학문도 초기 단계였고 생물들이 멸종했다는 개념은 논쟁의 여지가 있는데다가 신성 모독이기까지 했다. 조지 버그(George Bugg)라는 이름의 성공회 성직자는 화석이 더 이상 지구상에 존재하지 않는 생물체라는 생각에

경악하는 많은 사람들 중 한 명이었다. 그는 이렇게 주장했다. "하나님의 말씀이 유아적이고 조숙한 과학의 발치에 그렇게 개탄스러울 정도로 굴복한 적이 있었는가!"

가족의 가난 때문에 메리는 라임 레지스 주변 절벽에서 발견한 비행파충류와 해양파충류의 특이한 화석들을 자주 팔았다. 메리의 연구 결과는 그에게서 산 발견물로 논문을 발표해서 인정받은 과학계의 수많은 사람들의 경력에 도움이 되었다. 그러나 메리는 과학 논문을 읽고 이해하며 독학했고 47세의 나이에 사망할 때까지 경력을 이어가며 더 많은 이크티오사우루스, 또 다른 플레시오사우루스, 익룡, 스쿠알로라야, 그리고 다른 많은 화석을 수집했는데 이 모든 것들은 영국에서 한 번도 보지 못한 종들의 화석이었다. 당시 메리의 발견은 너무나 놀라웠기 때문에 동물학자이자 해부학자였던 조르주 퀴비에는 처음에는 플레시오사우루스가 가짜임에 틀림없다고 믿었다. 그는 나중에 자신의 의심이 틀렸다는 것을 인정했

고 그것이 중대한 발견이라고 선언했지만 그건 메리의 화석 수집가 친구이자 란다프(Llandaf)의 주임 사제인 윌리엄 코니베어(William Conybeare)가 그린 그림을 보고 나서였다. 많은 사람들은 아무런 과학적 훈련과 교육을 받지 않은 여성이 그렇게 독특한 화석 표본을 발견하고 발굴하며 정돈하고 조립할 수 있었다는 것을 믿을 수 없었다. 다만 퀴비에의 지지 후에 메리의 업적은 일반적으로 받아들여졌다. 메리는 또한 그가 생물의 해골 안에서 발견한 화석화된 돌인 분석(coprolites)이 소화되지 않은 음식이라는 것을 알아냈고, 이는 동물들이 무엇을 먹었는지 알아내는 데 도움을 주었다. 1824년 해리엇 실베스터(Harriet Silvester) 부인이 메리 애닝을 방문했을 때 그는 일기에 다음과 같이 기록했다.

"이 젊은 여성은 어찌나 특별한지, 어떤 뼈든 발견하는 즉시 그 뼈가 속한 집단을 알았다. 그는 읽기와 응용을 통해 그렇게 깊은 지식 수준에 도달했으며 교수들 및 다른 똑똑한 남자들과 그 주제에 대해 글을 쓰고 대화를 나누는 습관을 가졌는데, 모두들 그가 이 왕국의 그 누구보다 과학에 대해 더 많이 이해하고 있다는 것을 인정한다."

메리의 화석 발견은 지구 과거의 과학적 재건에 중요한 발전이었으며, 1859년 찰스 다윈(Charles Darwin)이 『종의 기원』에서 제시한 진화론의 기초를 제공했다. 메리는 결코 부유하지 않았고 여성이었기 때문에 어떤 종류의 과학자로도 받아들여지지 않았다. 20세기 초까지도 메리는 자신에 대해 만들어진, 혀 꼬이는 동요로 기억되었다.

"그가 바닷가에서 조개를 파네, 그가 파는 조개는 바다조개일 거야, 그래

가장 영향력 있는 화석 발굴가 중 한 명인 메리 애닝은
찰스 다윈의 『종의 기원(1859)』을 위한 기초를 제공했다.

§

서 만약 그가 바닷가에서 조개를 팔면, 나는 그가 바다조개를 팔 거라고
확신한다네(She sells seashells by the seashore, The shells she sells are sea-
shells, I'm sure. So if she sells seashells on the seashore, Then I'm sure she
sells seashore shells)."

하지만 메리는 조개를 파는 사람 이상이었고, 최근에서야 마침내 그의
업적은 마땅한 인정을 받고 있다. 런던 자연사 박물관은 메리의 화석을 해
양파충류 갤러리의 주요 작품으로 전시해두고 있다. 현재 라임 레지스에
는 메리 애닝에게 헌정된 박물관이 그녀의 오두막과 화석 가게가 있던 장
소에 위치해 있다.

§

빨래 방망이

전 세계와 역사를 통틀어 주부들은 바닥을 쓸고, 청소기를 밀고, 매주 빨래를 하는 고된 일을 함으로써 일상의 너저분한 것들을 집에서 제거하기 위한 끊임없는 싸움을 해왔다.

세탁은 아마도 기술에 의해 가장 많이 변화된 가사일 것이다. 여성들은 옷가지와 침대보를 물에 담가 적시고, 때리고, 문지르고, 그 속에 묻은 흙을 씻어내는 과정을 수천 년 동안 손으로 해왔다. 현대 세탁기는 여러 가지 기술 개발의 정점으로서 여성에게 고된 빨래 작업을 좀 더 쉽게 해주려고 노력해왔다. 그 전신이 바로 이 빨래 방망이다.

수도가 없으면 빨래는 종종 지역 하천이나 강 등 야외에서 행해지거나 또는 빨래를 넣고 빨고 헹굴 수 있는 개인 및 공동 물통에 넣어졌다. 이 빨래 방망이는 18세기 말에 처음 사용되었는데 약 1미터 길이의 나무로 만들어졌고 윗부분에는 손잡이가 있고 아랫부분에는 여러 개의 다리가 펼쳐져 있었다. 방망이를 회전시키고 위아래로 들어 올리는 움직임을 통해 여성들은 물통에 잠긴 빨래를 흔들면서 빨래할 수 있었다. 방망이는 손으로 문지르는 것보다 더 효율적이고 허리를 구부릴 필요도 덜했다. 아지즈 부인은 2014년 레딩박물관 빨래날 기념 프로젝트를 위해 파키스탄 지역 사회에서 20세기 초에 빨래를 어떻게 했는지 회고했다. 그는 여성들이 모 닥불에 끓인 물에 넣은 옷을 넣고 빨래 방망이로 두드린 과정을 설명했다.

태양열은 파키스탄에서 옷을 말리는 데 사용되었지만 건조는 많은 여 성들에게 있어 빨래하는 날의 가장 큰 어려움 중 하나이다. 19세기 중엽 물 짜는 기계(mangle)가 도입되면서 많은 여성들을 도왔다. 이 기계는 거 추장스러웠지만 여성들이 손잡이를 돌리면 두 개의 무거운 롤러 사이에 옷과 시트가 들어가면서 물을 짜낼 수 있었기 때문에 많은 가정에서 인기 있는 물건이었다. 메리 화이트라는 한 여성은 2016년의 인터뷰에서 여덟 살 소녀 시절 할머니의 빨래를 도왔던 경험을 회상했다.

"크리스마스만 아니라면 월요일마 다 빨래를 했어요. 건조를 할 때는 바깥이 건조해지기를 바랐지만 날 씨가 습하면 부엌과 거실의 난롯가 에서 빨래를 말렸어요. 이것은 며 칠이 걸릴 수도 있었고, 그동안 집 에서는 젖은 세탁 냄새가 났어요."

가정주부들은 가능하면 아이 들로부터 도움을 요청해서 건조 기를 돌리고 방망이질을 하고 부 엌 한 쪽에 불을 피워 물을 데웠다. 20세기 초 영국에서는 여자아이들이 빨래하는 날 엄마를 돕거나 동생들을 돌보기 위해 학교에 가지 않는 것이 일상적이었다. 도시에서는 주간 세탁을 할 공간이 없는 집이 많아서 공동으로 쓸 수 있는 야외 싱크대가 미국의 몇몇 시골 마을에 설치되었다. 맥팔렌 부인 역시 같은 프로젝트에서 1930년대에 스코틀랜드의 글래스고 공동주택에서 공동 세탁한 경험을 회상했다.

"뚜껑 달린 큰 벽돌 보일러가 있는 블록 안에서 함께 빨래를 했습니다. 보일러 맞은편에는 큰 싱크대 두 개와 커다란 나무 조각이 있었어요. 한 싱크대에 있던 시트를 다른 싱크대에 넣어 헹군 다음 다시 꺼내서 탈수기에 넣었습니다. 그리고 화창한 날에 풀밭에 가지고 나가 말렸습니다. 모두가 함께 쓰는 뒷마당에서요."

여유가 있는 사람들은 매주 세탁을 돕는 세탁부를 고용하거나, 특히 시트와 같은 큰 물건들을 세탁소에 보냈다. 1909년 시카고에는 직원이 6,500명이 넘는 세탁소가 226곳 있었다. 대부분 뜨거운 다리미나 끓는 물통에 의한 사고가 있는 환경에서 오랜 시간 일하는 여성들이었다. 이웃의 세탁을 받는 주부들 또한 용돈을 벌 수 있는 전통적인 방법이었다.

자동세탁기가 처음 만들어진 것은 1930년대에 미국에서였다. 처음에는 빨래방에서만 볼 수 있었던 벤딕스(Bendix) 세탁기는 1937년에부터 가정용으로 팔리기 시작했다. 21세기에 세탁기는 서구 국가들에 널리 퍼져 있었다. 2011년에 영국 가정 97퍼센트가 세탁기를 가지고 있었으며 일주일에 평균 4번 세탁기를 사용했다. 경제학자 장하준에 따르면 세탁기의 발명은 인터넷보다 더 중요한데, 이것은 여성들이 더 생산적인 일을 하고 더

경제학자 장하준은 세탁기가 없었다면 여성의 역할 변화가
그토록 극적이지는 않았을 것이라 말했다.

§

많은 수의 노동력에 참여하도록 하기 위해서 출시되었기 때문이다. 그는
2010년 '세탁기가 없었다면 사회와 가족 역학에서 여성의 역할 변화 규모
가 그 정도로 극적이지 않았을 것이다'라고 말했다.

세탁기는 매주 세탁하는 데 필요한 시간을 줄인 유일한 개발품이다. 새
로운 합성섬유, 효소 세제, 그리고 전기다리미가 모두 역할을 했다. 그러나
청결함과 개인위생에 대한 기대는 그에 상응하여 상승했다. 일주일에 한
번 이상 갈아입지 않았을 속옷, 셔츠, 치마, 바지는 이제 매일 세탁 바구니
에 던져놓기만 하면 기계가 '알아서' 세탁해준다. 여성이 남성보다 더 평
범하고 단조로운 집안일을 계속하는 가운데 세탁은 여전히 그들의 삶에
강한 특색을 띤다. 예를 들어, 호주에서 정규직으로 일하는 여성들은 일주
일에 25시간을 더 집안일에 쓴다.

§

카메라

1826년 프랑스의 루이 다게르(Louis Da-
guerre)와 영국의 헨리 폭스 탤벗(Henry Fox Talbot)이 최초의 사진 이미지
를 만든 이후, 여성들은 촬영의 모델이 되어 왔다. 사진을 찍는 여성도 물
론 있지만 사진 속 여성의 이미지는 포스터와 포르노 등의 형태로 다양한
공간과 장소에 전시되어 대체로 남성들에 의해 검토되고, 분류되며 판단
되어 왔다.

카메라는 사람들이 이미지를 제작할 수 있게 해주고, 또 그 이미지를
조작하고 편집하며 수정하고 공유할 수 있게 해준다. 이제는 인스타그램
과 같은 소셜미디어 사이트에서 사진을 통해 의미를 창조하고 전달할 수
있는 새로운 기회가 열렸다. 최초의 상업용 카메라는 1839년 프랑스에
서 제작되었지만 노출시간이 길게 필요해서 때로는 몇 시간이나 걸렸다.
셀룰로이드를 사용한 최초의 사진필름은 1889년 미국의 조지 이스트먼
(George Eastman)이 개발했고 1888년에 최초의 코닥(Kodak) 카메라가 미
국 시장에 출시되었다. 이 제품에는 100장 분량의 필름이 탑재되어 있었

는데 다 쓰고 나면 필름 현상을 하기 위해 공장에 돌려보내야 했다. 세기가 바뀌면서 필름 카메라도 발전하여 처음에는 영화, 나중에는 텔레비전 시대를 열었다. 디지털 카메라는 1975년에 개발되었고, 현재 고해상도 스마트폰으로 서구사회의 거의 모든 사람들이 어디서든 사진을 찍을 수 있게 해줌으로써 이미지를 포착하는 지배적인 방법이 되었다.

사진에서 여성을 묘사하는 방식은 일상생활에서 드러나는 모습과는 다소 다를 때가 많다. 그들은 이상화되거나 에로틱해지거나, 선전이나 상업적인 목적으로 이미지가 조작된다. 서프러제트였던 에블린 마네스타(Evelyn Manesta)는 맨체스터 미술관에서 그림을 훼손한 혐의로 체포된 후 사진 촬영을 당했다. 1870년대부터 감옥에 도착하는 모든 죄수의 사진을 찍는 것이 일반적인 관행이었지만, 서프러제트들은 고분고분하게 사진 찍히지 않았다. 그들은 몸부림을 치고 혀를 삐쭉 내밀거나 우스꽝스러운 표정을 지어 경찰 사진사들의 계획을 허사로 만들었다. 그래서 1913년부터는 감시카메라가 감옥 운동장에 있는 여성들을 몰래 촬영했다. 당국은 에블린이 공공건물과 미술품들에 가하는 위험에 대해 경찰관들에게 경고하기 위해 더 선명한 사진을 원했다. 에블린이 지시를 따르지 않고 버둥거리자 교도관은 한쪽 팔로 에블린의 머리를 둘러 옆구리에 끼고 죄었고 다른 손으로 에블린의 팔을 움켜잡았다. 그러나 공개된 사진에서는 경찰의 잔혹성에 대해 증명할, 이런 거친 장면은 보이지 않았다. 교도관의 손가락과 팔은 지워지고 스카프로 교체되었다.

많은 여성들은 사진을 통해 자신의 삶에 대한 기록을 가지고 가족을 만들고 유지하고 남길 수 있게 되었다. 가정에서의 일상과 관계를 기록한 가족 앨범은 소중한 가보들이다. 카메라를 접할 수 있을 정도로 부유한 여성들 또한 19세기에 사진술이 예술 형태로 발달하는 과정의 최전선에 있었다. 1863년에 가족과 친구들, 유명인들의 사진을 찍기 시작한 줄리아 마거릿 캐머런(Julia Margaret Cameron)은 이 시대의 가장 중요한 사진작가로 인정받고 있다. 1940년대 초에 전쟁으로 폐허가 된 유럽을 찍은 리 밀러(Lee Miller)의 사진들 역시 잘 알려져 있다.

여성과 소녀들은 이미지 자체를 직접 조작하는 것에 대한 거부감이 없었다. 1920년에 사촌지간인 아홉 살 프랜시스 그리피스(Francis Griffiths)와 열여섯 살 엘시 라이트(Elsie Wright)가 찍은 사진은 요정의 존재에 대한 증거로 환영받았다. 쿼터플레이트 카메오 카메라(Quarter-Plate Cameo Camera)로 찍은 이 사진들은 책에서 잘라낸 요정 형상을 판지에 붙여 정원에 있는 개울가에 세워놓고 포즈를 취해 찍었다. 그들의 사진 다섯 장은 세계적으로 센세이션을 일으켰다. 〈셜록 홈즈〉를 탄생시킨 아서 코난 도일 경(Sir Arthur Conan Doyle)을 포함한 많은 사람들이 속아 넘어갔다. 그는 이 사진들이 심령현상의 명백한 증거라고 생각했다. 60년이 지난 1980년대가 되어서야 프랜시스와 엘시는 처음엔 장난으로 조작했으나 사진들이 신문에 실리자 너무 무서워서 사실을 인정할 수 없었다고 고백했다.

사진은 이제 디지털 방식으로 조작되어 여성의 사진은 이상적인 여성의 모습으로 수정될 수 있다. 이 때문에 소녀들과 여성들은 극단적인 다이어트와 성형수술 모두를 통해 이상적인 여성스러움을 모방해야 한다는 압박감을 느끼곤 한다. 최근 스마트폰으로 찍은 셀피(selfie: 자기 모습을 스스로 찍은 사진을 일컫는 인터넷 속어 — 옮긴이)를 소셜미디어에 올리는 것을

1911년 영국에는 1만 1,899명의 남성 사진작가와
5,016명의 여성 사진작가가 있었다.

§

어디서나 볼 수 있게 되었다. 이것은 여성과 소녀들이 이미지와 외모, 허영심, 나르시시즘에 점점 더 집착하게 되는 것과도 관련이 있다. 여러 여성 연예인들과 스타들은 언론이 그들의 사진을 조작하는 것과 그로 인해 만들어지는 여성에 대한 환상을 비판해왔다. 있는 그대로의 몸이 가장 아름답다고 말한 배우 케이트 윈즐릿은 다리 굵기를 줄이는 것에 반대하며 '나는 내가 누구인가에 대해 신체적으로 완전히 편안하다'라고 말했다. 2013년에 《글래머》지에서 상을 받은 레이디 가가(Lady Gaga)는 수상소감에서 표지를 장식한 자신의 보정된 사진을 비판하며 이렇게 말했다. "제 피부는 너무 완벽해 보였고 머리카락은 너무 부드러워 보였어요. 아침에 일어났을 때 제 모습은 그렇지 않거든요."

§

냉장고

1914년에 현대식 전기냉장고를 발명한 사람은 뉴저지의 주부 플로렌스 파파트(Florence Parpart)로 알려져 있다. 그는 도로청소장치도 발명했다. 여성이 발명한 일상용품은 매우 다양하다.

1846년 낸시 존슨(Nancy Johnson)은 아이스크림 제조기의 특허를 냈다. 반복적으로 손잡이를 돌려 아이스크림을 얼리는 방식이었다. 조세핀 코크란(Josephine Cochrane)은 1886년에 최초의 식기세척기를 발명했다. 그의 기계는 높은 수압과 바퀴, 보일러, 그리고 철제 선반으로 구성되어 있었다. 조세핀 본인은 그 기계를 쓸 일이 한 번도 없었지만, 덕분에 그의 하인들의 삶은 조금 더 쉬워졌다. 많은 가정에 중앙난방을 설치하는 데 꼭 필요한 가스연소난로는 20세기 초에 대학을 졸업한 소수의 아프리카계 미국인 여성 중 한 명인 앨리스 파커(Alice Parker)가 고안했다.

플로렌스 파파트가 냉장고를 발명하기 전에는 음식을 보존하기 위해 소금과 건조, 병, 통조림, 얼음 등 다양한 혁신적인 방법들이 사용되었다. 감자는 건초에, 당근은 지하 저장고의 촉촉한 모래에 묻어 저장했다. 고대 이집트인들은 추운 밤에 물을 담은 토기 항아리를 밖에 놓아 얼음을 만들었다. 18세기 영국의 시골에서는 하인들이 겨울에 얼음을 수집하여 여름에 사용하기 위해 지하에 특별히 만들어진 얼음 창고에 저장했다. 많은 주부들과 하인들에게 냉장고는 음식을 보존할 수 있는 매우 반가운 도구였다. 냉장고는 우유와 버터를 차갑게 하고, 고기나 약을 더 안전하게 보관할 수 있게 해주었다. 매일 장을 볼 필요도 없어졌다. 재료를 대량으로 구입하여 조리할 수도 있게 되었고 남은 음식을 보관하고 재사용할 수 있어 낭비를 방지할 수 있다. 탄자니아의 경우, 최근 냉장고 사용이 증가함에 따라 음식 오염을 줄이고, 이전에는 곡물과 야채가 지배적이었던 식단에 고단백 식품을 첨가할 수 있게 됨으로써 국민 건강이 증진된 것으로 알려져 있다.

플로렌스 파파트는 자기 발명품의 빈틈없는 마케터였고 프로모터였으며 여유 있는 주부들에게 냉장고가 갖고 싶은 물건이 되도록 홍보했다. 제

너럴 일렉트릭(General Electric)사의 '모니터탑(Monitor-Top)' 냉장고는 1927년에 500달러 이상에 팔렸기 때문에 대부분의 주부들에게 냉장고는 그림의 떡이었고 1950년대까지도 가전제품으로 보편화되지 않았다. 영국에서는 이 새로운 가전 기술의 보편화가 훨씬 더 느렸다. 1948년에 단 2퍼센트의 가정만이 냉장고를 가지고 있었다. 가정주부 넬라 라스트(Nella Last)는 이듬해에 냉장고를 구입했는데 그는 일기장에 냉장고에 대한 기록을 자주 남겼다. 넬라는 10월 1일에 다음과 같이 회상했다.

> "남편이 신이 나서 달려와 '생일에 냉장고를 받으면 어떨 것 같아?' 하고 묻더니 한 가게에 냉장고 네 대가 들어와 있는데 친한 전기기사인 주인이 한 대 주기로 약속했다고 말했다."

넬라가 그 소식을 유례없는 열정으로 환영한 것 같지는 않다. 그는 다가오는 생일과 크리스마스 선물에 대해 '좀 멍하고 그냥 그렇다'고 썼다. 그러나 이어 '우리 둘 다 아이스크림을 좋아하고 잘 익은 음식, 딱딱한 버터, 마가린, 바삭바삭한 샐러드를 보관할 수 있으니 여름에 정말 좋겠다'라고 언급했다. 냉장고가 도착한 후 이웃들이 구경을 왔다. 냉장고를 얻는 것은 모든 가족에게 신나는 행사였다. 아이스크림을 보관할 수 있다는 점은 냉장고를 아이의 생일선물로 가장해서 구입할 때 특히 중요했다. 그럼에도 불구하고 1959년 영국 가정의 13퍼센트만이 냉장고를 가지고 있었다. 미국 가정의 96퍼센트라는 수치와 극명한 차이다. 냉장고를 살 돈도 문제였지만 전 세계 대다수의 시골 지역에서는 전기 공급도 원활하지 못했다. 2015년에도 전 세계 가구의 4분의 3만이 냉장고를 가지고 있었으며 인도에서는 24퍼센트, 페루에서는 45퍼센트의 비율이었다. 인도에서는 냉장고가 장만하고 싶은 가족 물건 목록에 휴대전화와 텔레비전 다음으로 많았다.

식기세척기, 진공청소기, 전자레인지, 전기믹서, 제빵기 등 이후 이어진 전기냉장고와 그 밖의 가전은 여성의 삶을 변화시키고 노동력을 절약하며 여성을 고된 가사에서 해방시킨 공로를 인정받고 있다. 그러나 최근 몇 년 동안 이에 대한 의문이 제기되어 왔다. 여성은 여전히 상당한 시간을 가사노동에 들이고 있으며 '노동을 절약하는' 가전이 보급되면서 점점 더 높아지는 청결 기준과 음식 준비에 대한 기대치를 충족하기 위해 애쓰고 있다. 냉장고의 역할은 소설과 영화에서 종종 불길하게 묘사되기도 한다. 만화 〈그린 랜턴(Green Lantern, 1994년)〉에서 주인공은 어느 날 집에 돌아와 여자친구가 살해되어 냉장고에서 처박혀 있는 모습을 발견한다. 이것은 어쩌면 가전이 잠재적으로 여성들을 억압하고, 다른 것에 집중할 수 있었던 그들을 주방에 옭아매는 방식에 대한 비유일 수 있다. 2016년 인도의 수슈마 스와라지(Sushma Swaraj) 외교부 장관이 어느 삼성 냉장고 사용자의 불만스러운 트윗에 다음과 같이 남긴 댓글이 퍼지며 많은 호응을 얻은 일에서도 이런 정서가 잘 드러난다. "형제여, 냉장고 문제에 있어서는 도와드릴 수 없습니다. 저는 곤경에 처한 사람들을 돕느라 매우 바쁘기 때문입니다."

§

에코 SH25 라디오

라디오의 도입은 1920년대에서 1930년대에 걸쳐 수백만 여성들의 가정생활에 혁명적인 변화를 가져왔다. 이러한 기술적 혁신은 집에서 매일같이 일상적인 과업을 수행하는 여성들에게 음악과 동지애, 교육, 정치적 견해를 제공했다.

영국 잡지 《라디오 타임스》는 여성들에게 다음과 같이 설명했다.

"난롯가에 앉아 멋진 음악, 열광적인 노래, 온갖 주제에 대한 이야기를 들어보세요. 오로지 청각적인 체험에만 어필하여 만들어진 연극, 좋아하는 코미디언과 댄스 밴드를 즐길 수 있습니다. 난롯가에 앉아 라디오를 들으며 얻는 즐거움은 값을 매길 수 없는 것입니다." (1935년 11월)

스코틀랜드의 야생에 둘러싸여 살았던 맥케이 부인이 이렇게 외친 것도 무리가 아니다. "여기서 라디오가 우리에게 얼마나 중요한지 아무도 모를 거예요." 마찬가지로 최초의 여성 장관인 마거릿 본드필드(Margaret

Bondfield)는 라디오에 열광하며 이렇게 말했다. "음향 회사는 수많은 가정주부들을 고립시킨 작은 부엌과 거실로 세상의 문제들을 전달했다."

양 대전 사이에 새롭게 선거권을 얻은 여성 청취자들은 정치인들과 오피니언 리더(opinion leader: 어떤 집단 내에서 타인의 사고방식이나 행동에 강한 영향을 주는 사람 ─ 옮긴이)들의 말을 경청할 수 있었고, 벽난로를 떠나지 않고도 세상을 마주하게 되었다. 라디오는 인터넷이 생기기 훨씬 전부터 여성이 사회의 대중적이고 정치적인 문화에 접근할 수 있게 해주었다.

무선통신에 대한 최초의 실험은 19세기 말 무전기로 선박과 항구 간에 메시지를 전달하면서부터였다. 타이타닉호는 선체가 빙산에 부딪혔을 때 라디오로 도움을 요청했다. 무선통신이 대중소통의 수단이 된 것은 제1차 세계대전이 끝나고 나서였다. 아르헨티나, 캐나다, 미국은 모두 1922년에 영국의 마르코니(Marconi)가 제작한 것보다 이전부터 정규 라디오 방송을 했다고 주장하고 있다. 그해 말에 영국방송공사(BBC)가 설립되있을 때 시청자들 대부분은 헤드폰을 쓰고 직접 만든 크리스털세트로 독방 청취를 하는 기술력 있는 남성들이었다. 이런 '노브 회전' 방식의 초기 모델 종결판은 1930년대에 베이클라이트(Bakelite)를 가지고 공장에서 대량생산되어 유통된 '에코 SH25' 같은 라디오였다. 《라디오 픽토리얼》의 한 기사는 '눈물 없이 주파수를 맞출 수 있다'고 환영하며 여성 청취자들에게 그것이 '얼마나 쉬운지'를 보라고 격려했다. 라디오에 이어 곧 텔레비전이 등장했다. BBC의 첫 정규 텔레비전 서비스가 1936년 11월 2일에 북런던에 있는 알렉산드라 궁에서 송출되기 시작했다. 포드(Ford)의 모델 T 자동차의 가격이 150파운드였던 시기, 텔레비전의 가격은 35파운드에서 150파운드 사이였다. 결과적으로 텔레비전은 소수의 부유한 사람들의 거실에서만 볼 수 있었고 심지어 신호를 받으려면 송신기 가까이 살아야 했다. 1920년대에 라디오는 여성들에게 집을 시간 보내기 바람직한 장소로 만들어주었으며 펍과 클럽에서 남편을 빼내오는 데 유용한 도구로 기능했다. 또한 버튼 하나만 누르면 친구들과 대체 가족을 제공해주니, 독신 여성들의 외로움을 여가로 바꿔주었다. 어머니들이 저녁식사를 준비하는 오후에 BBC의 라디오 이모들과 삼촌들은 어린이 방송으로 아이들을 맡아주었다. 1950년대에 거의 모든 가정의 중심이 된 텔레비전 역시 오후에는 아동방송을 하며 어머니들의 고생을 덜어주었다. 그동안 라디오는 여성들이 가정생활의 지루함을 이겨내는 데 도움을 주었고 아이들이나 나이든 친척들을 돌보는 일에 동참했다. 오늘날의 라디오는 음악방송에 상당한 양을 할애하고 있으며, 다정하고 능글맞은 수많은 라디오 DJ들이 80년 넘게 여성의 사기를 북돋아준다. 1937년에 한 여성 청취자는 《라디오 타임스》에서 '가벼운 음악은 점점 더 자주 우리의 일상에 스며드는 즐거움 가운데 하나'라고 설명했다. 수백만 명의 사람들이 동시에 하나의 라디오 프로그램을 청취하고 있다는 인식은 공유된 청취 경험, 즉 라디오 청취자들만의 커뮤니티를 만들어낸다.

라디오가 누군가에게는 가정의 평화를 안겨주는 음악적 파노라마였다면 방송 때문에 불협화음이 일어나는 경우도 있었다. 채널을 선택할 권한, 이후에는 리모컨의 통제권은 거실에 미묘하거나 상당히 적나라한 긴장을 자아내는 무기였다. 방송매체에 여성의 관여가 제한적이라는 것에 대한 논란도 일었다. 초기 라디오 방송 중에는 여성이 토크쇼의 프로듀서나 진행자 역할을 많이 맡았으나 여성의 목소리가 방송에 적합하지 않

라디오를 통해 집에 있는 여성들은
더 넓은 지역사회와 연결될 수 있었다.

§

다는 관념이 있었다. 인기 있는 라디오 프로그램 중 하나인 〈여성의 시간
(Woman's Hour)〉 진행자 제인 가비(Jane Garvey)는 프로그램의 장수 비결
을 이렇게 설명했다.

> "한마디로 다른 어디에서도 이런 걸 찾아볼 수 없어요. 진행 순서는 사람
> 들이 관심 있는 것, 더 알고 싶은 것, 또는 어머니, 딸 또는 친구에게 말하
> 고 싶은 것들을 근사하게 비무린 거예요. 그래서 통한 거죠."

라디오와 텔레비전에 나오는 여성들의 대표성은 종종 고정관념을 강
화하는 것처럼 보이기 때문에 많은 비판을 받아왔다. 예를 들어 1930년대
미국의 라디오는 코미디언, 감상적인 어머니, 카우걸(cowgirl)이라는 전형
적인 캐릭터만 사용했다. 전쟁과 분쟁이 있을 때 라디오는 집에서 여성들
과 직접 대화하는 데 사용될 수 있다. 아돌프 히틀러의 독일 파시스트 정
권은 라디오를 통해 주부들이 나치 정책을 지지하도록 북돋았다. 그러나
또한, 라틴 아메리카와 아프리카의 지역사회 라디오 방송국은 최근 몇 년
동안 소외된 여성들이 공공 영역에서 목소리를 내는 수단이 되어 주기도
했다.

§

피임약

최초의 경구피임약인 에노비드(Enovid)는 1960년 미국 식품의약국(FDA)의 승인을 받아 이듬해부터 구입할 수 있게 되었다.

피임, 콘돔, 캡, 정맥제, 안전한 생리주기 등 기계적인 수단에 고전해 온 사람들에게 피임약은 20세기의 가장 위대한 과학적 발명품이다. 단순히 약(the Pill)이라고 불리게 된 이 새로운 화학 피임약 덕분에 여성은 자신의 임신을 조절하고 더 나아가 직업과 교육, 가족을 계획할 수 있게 되었다. 소설가 마거릿 드래블(Margaret Drabble)은 이렇게 회상했다.

"이 약을 사용할 수 있게 되었을 때 저는 이미 세 아이의 엄마였어요. 제가 약을 복용하기 시작하지 않았다면 일 년에 한 번 꼴로 아이를 낳았을 거예요. 그러니까, 피임약은 한 사람의 삶에 상당한 변화를 주었어요. 이젠 선택을 할 수도 있고, 자기 자신을 돌볼 수 있게 된 거죠. 저도 그렇게 할 수 있다는 사실이 기뻤어요."

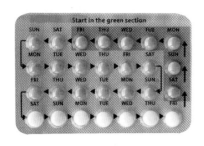

피임은 20세기만의 현상이 아니었다. 비록 신뢰도는 좀 떨어지지만, 고대에도 피임을 했다는 증거가 있다. 기원전 1825년에 쓰인 카훈 부인과학 파피루스(Kahun gynaecological papyrus)는 질 속에 악어 똥을 넣거나 꿀로 만든 혼합물을 바르는 것을 제안했다. 성경에서도 언급된 체외사정은 임신을 예방하는 가장 흔한 방법이었고 20세기 중반 영국에서도 널리 행해진다. 그러나 이 방법이 남성의 협력에 의존하는 것은 사실이다.

초기 피임약은 호르몬의 조합이었다. 프로게스테론과 소량의 에스트로겐을 섞어 난소에서 매달 난자세포가 배란되는 것을 막아 임신을 방지했다. 피임약의 아버지로 불리는 화학자 칼 제라시(Carl Djerassi)가 1950년대에 멕시코산 얌(yam)으로부터 호르몬을 합성하는 과정을 개발했을 때만 해도 미국에서는 30개 가 넘는 주에서 여전히 법으로 피임의 촉진을 막았다. 결국 논쟁의 여지가 있는 첫 번째 대규모 임상 실험은 푸에르토리코와 아이티에서 실시되었다. 피임약은 매우 효과적으로 착상을 예방하면서도 두통과 메스꺼움, 어지러움, 복부팽만, 심지어 구강 칸디다증을 포함한 여러 가지 부작용이 확연하게 줄어들었다. 5년 만에 650만 명의 미국인 여성이 피임약을 주기적으로 복용하기 시작했다. 1964년, 에노비드 제조사인 G.D.설앤컴퍼니는 경구피임이라는 혁신적인 형태의 제품으로 2400만 달러의 순이익을 올렸다. 부작용에 대한 논쟁은 계속되었다. 바버라 시먼(Barbara Seaman)은 1969년에 『의사가 피임약에 반대하는 이유(The Doctors' Case Against the Pill)』를 발간해 혈액응고와 심장마비, 뇌졸중, 우울증, 체중 증가, 성욕 감퇴 등의 위험성에 주목했다. 1980년대에 이르러서는 신뢰성이 약간 떨어지기는 하지만 프로게스테론 단일제제 피임약이 개발되었다. 그 후 몇 년 동안 피임약은 서구사회에서 가장 흔하면서도 논란이 많은 피임법이 되었다.

많은 종교 단체들은 성과 생식을 분리하는 도덕성에 의문을 제기했고, 피임약이 문란한 결과를 낳을 것을 우려했다. 1968년에 교황 바오로 6세는 전 세계 수백만 가톨릭 신자들에게 보내는 서신인 '인간 생명(Humanae Vitae)'을 발표했는데, 이것은 다음과 같은 전제로부터 시작된다.

"인간의 생명을 전달하는 것은 결혼한 사람들이 창조주 하느님과 자유롭고 책임감 있게 협력하는 가장 중대한 역할입니다. 여기에는 때때로 많은 어려움과 고난이 따르지만, 사람들에게 늘 크나큰 기쁨의 원천이었습니다."

'인간 생명'은 순결과 자기 수양을 장려했고, 가톨릭교도들은 바오로 교황의 후계자들이 50년 가까이 유지해온 입장대로 피임약을 포함한 일체의 인위적인 피임을 해서는 안 된다고 결론지었다. 억만장자이자 자선가 빌 게이츠의 아내인 멜린다 게이츠(Melinda Gates)는 피임이 개발도상국의 빈곤 퇴치에 필수적인 사회정의의 문제라고 주장하며 비난의 목소리를 높였다. "전 세계적으로 매년 약 35만 8,000명의 여성과 300만 명의 신생아가 임신과 출산으로 사망한다. 그런데도 가톨릭 신자들은 아프리카와 아시아에 피임약을 제공하는 서양의 구호단체들을 '피임 제국주의(Contraceptive imperialism)'라고 비난한다."

1969년 영국에서 피임약을 복용하는 수백만 명의 여성들 중 가장 높은 비율을 차지한 것은 기혼 여성들이었다. 이 새로운 약은 그들의 삶을 바뀌놓았다. 가족계획을 돕는 진료소들은 1974년까지만 해도 미혼 여성에게 피임약을 처방할 수 없었고, 처음에는 모든 환자들을 '부인'이라고 불렀다. 패션 디자이너 메리 퀀트(Mary Quant)는 젊은 여성이 피임약을 보는 관점을 다음과 같이 회상했다.

"처음에는 구하기가 끔찍하게 어려웠죠. 결혼한 척하고 의사를 찾아가는 경우가 많았어요. 사소한 단점은 약을 먹으면 살이 1킬로그램 정도 찌는 거였어요. 하지만 그게 대순가요? 다른 피임법들은 너무나도 지옥 같은 걸요."

젊은 미혼 여성들은 서로 결혼반지를 빌려주거나 의사들에게 월경 장애가 있다고 거짓말해서 약을 처방받았다. 1980년대에는 약을 복용하기 적절한 나이 역시 논쟁의 주제였다. 증가하는 청소년 임신율에 맞서기 위해 의사들은 10대들에게 피임약을 처방하기 시작했다. 10명의 아이를 둔 가톨릭 운동가 빅토리아 길릭(Victoria Gillick)이 부모의 동의 없이 16세 미만 청소년에게 피임약을 처방하는 것을 막는 캠페인을 벌였으나 결과는 만족스럽지 못했다.

기혼이건 미혼이건 간에 수많은 여성들은 피임약 덕분에 임신 걱정 없이 성관계를 할 수 있었고 많은 사람들이 해방감을 느꼈다. 피임약은 여성이 남성과 같은 조건으로, 또한 꼭 장기적인 관계성이 아니어도 쾌락을 위한 성관계를 선택할 수 있게 해주었다. 그러나 저메인 그리어(Germaine Greer) 등 일부 페미니스트는 피임약이 여성에게 자신의 섹슈얼리티에 대한 선택권과 통제력을 가져다준 것이 아니라고 주장했다. 그는 피임약이 모든 여성에게 성적으로 적극적이어야 한다는 기대와 압박을 주고 여

기원전 1825년에 제안된 피임법 중 한 가지는
질에 악어 똥을 채워 넣는 것이었다.

§

성이 언제든 성관계를 할 수 있다는 개념을 심어 주어, 오히려 남성을 더 자유롭게 해 줄 것이라는 의견을 제시했다. 분명 피임약은 남성에게보다는 여성에게 피임의 책임을 강하게 떠넘긴다. 게다가 피임약이 도입된 지 50년이 넘도록 낙태는 계속 필요하다. 이제 많은 여성이 피임약을 사용하고 있음에도 계획에 없거나 원치 않은 임신은 계속 발생하고 있는 한편, 전 세계 2억 명 이상의 여성들은 여전히 피임약을 접할 수 없다.

IV 패션과 의상 _ 여성이 스스로를 표현하는 방식

패션은 아마도 여성에게 즐거움과 더불어 압박감에 시달리게 하는 영역일 것이다. 옷은 몸을 따뜻하게 하고 특정한 일을 할 때 긁히거나 다치지 않도록 하는 기능적 역할을 한다. 또한 특정 신체부위를 낯선 사람이나 집이나 침실 같은 사적인 공간 밖에 있는 사람들이 볼 수 없도록 가릴 수도 있다. 패션은 코르셋처럼 몸매를 형성하기도 한다. 화장처럼 가리기도 하고 가장하기도 한다. 하이힐처럼 몸의 특정 부분에 주의를 끌어서 성적 매력을 부여하기도 한다. 그런가 하면 성형수술은 여성이 자신의 몸을 더 영구적으로 형성하는 것을 보여준다. 옷은 상징이다. 메시지와 의미를 전달하고 정체성을 제안한다. 심지어 자신은 패션에 관심이 없다고 생각하는 사람들조차도 그렇게 함으로써 패션에 관여하고 있다. 여성은 자신의 창의성을 표현하고 특정한 옷이나 신발을 신음으로써 자신을 드러내지만 제약의 범위를 벗어나지 못한다. 재정적 한계로 입고 싶은 옷을 마음대로 못 입을 수도 있지만 그보다 중요한 것은 사회적 기대치다. 사회적 기대치는 때와 장소에 맞는 옷을 입어야 한다는 기준을 정의한다. 앞으로 소개할 물건들이 보여주듯 기대치는 여성 자신이나 남편의 사회적 위치에 의해 영향을 받을 수도 있다.

여성에게 '적절한' 옷으로 여겨지는 것은 특정한 역사적 순간에 나이와 결혼 여부, 계급 및 민족 정체성에 따라 구조화된다. 지금 여성들이 입고 있는 청바지를 빅토리아시대 여성들이 본다면 그들은 큰 충격을 받을 것이다. 남장을 했던 공연의 스타 베스타 틸리(Vesta Tilley)가 1912년 런던 로열버라이어티쇼(Royal Variety Show)에서 공연을 했을 때도, 여왕은 바지를 입은 여자의 다리를 보라는 말에 진저리치며 시선을 피했다. 빅토리아의 드레스도 여느 많은 옷과 마찬가지로 정치적 의미를 담았다. 색상과 디자이너, 레이스 제작자의 선택이 모두 대영제국의 여왕으로서 빅토리아의 역할에 대한 메시지를 전달했던 것이다. 2017년 이란에서 하얀 수요일(White Wednesday)에 흰색 베일이나 흰옷을 입은 것이나, 1970년대 메리 윈터(Mary Winter)의 레즈비언 해방 배지를 착용한 것 역시 명백하게 정치적이었지만 평범한 사

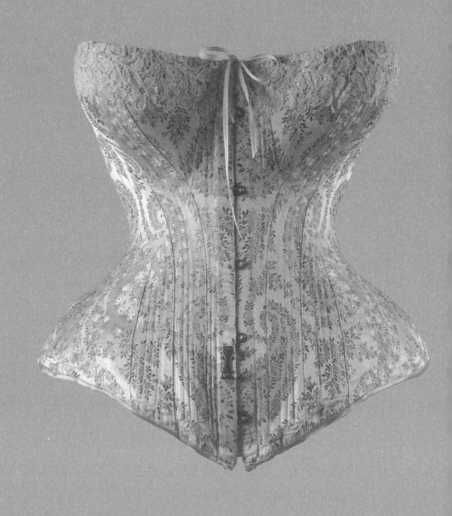

람들에게는 이러한 정치적 시위의 결과가 심각할 수 있다. 여성에게 옷은 힘과 재미, 자율, 소통을 상징한다. 그것은 아마도 데본셔 공작부인의 생애를 그린 2008년의 영화 〈공작부인: 세기의 스캔들〉에서도 요약되어 드러난다. 결혼식 첫날밤, 남편은 말 그대로 그녀의 옷을 잘라내면서 이렇게 말한다. "여자 옷이 왜 이렇게 복잡해야 하는지 정말 알 수가 없군." 그러자 공작부인은 대답한다. "이건 그저 우리가 스스로를 표현하는 방식일 뿐인 것 같네요. 당신도 여러 가지 방법으로 당신을 표현하는 것처럼 우리도 모자와 드레스로 우리를 표현한답니다."

§

청동기시대 화장품 상자

여성의 화장품 사용에 대한 증거는 수천 년 전으로 거슬러 올라간다. 고대 이집트의 화장품 상자는 대영박물관에 소장되어 있고, 헥트박물관에 있는 하마 엄니로 만든 화장품 상자는 청동기시대부터 전해온 것이다.

기원전 1350년의 콜(kohl: 동양 일부 국가에서 여성들이 화장용으로 눈가에 바르는 검은 가루 ― 옮긴이), 황토, 밀랍, 향유 등의 흔적이 발굴되었다. 이집트인들은 붉은 황토로 입술과 뺨을 물들였고 아몬드를 태워 눈썹을 검게 칠했으며 헤나를 이용해 손톱을 노란색과 주황색으로 물들였다. 콜은 주로 중동과 북아프리카, 남부아시아의 여성들이 눈 주위에 사용했다. 콜은 파리를 쫓고 감염을 방지하며 눈부신 햇빛을 비껴가게 할 뿐 아니라 '사시(evil eye: 사람이나 물체에 재앙을 가져오는 초자연적인 힘을 가진 눈 및 그 힘의 행사나 작용 ― 옮긴이)'의 저주도 막아준다는 믿음이 있었다. 얼굴과 몸에 색을 칠하는 것은 호주와 아즈텍 원주민 등 세계 어디서나 보편적이었다. 10만 년에서 12만 5,000년 전 그려진 남아프리카의 동굴벽화는 많은

사람들이 치유와 마법의 원료로
여긴 붉은색과 노란색의 황토를
사용했다. 사람들은 화장품을 직
접 혼합해서 썼는데 그중에는 독
성이 있는 것들도 있었다. 콜에는
납이 포함되어 있고 진사가루로
만드는 주홍색의 주성분은 황화

수은이다. 화장품과 여성의 관계는 이렇듯 아주 오래 전으로 거슬러 올라
간다.

화장품의 사용은 아름다움과 지위에 대한 상이한 문화적 이상과 얽혀
있다. 치아를 검게 물들이는 관습은 한때 여성의 성년을 의미하는 것으로
여겨지며 일본과 중국, 동남아시아에서 인기를 끌었다가 점차 사라졌다.
중국과 한국에서 여성미의 극치라고 믿는 창백한 피부는 뺨과 입술에 붉
은색을 칠했던 르네상스 시대 등 여러 문화에서 숭배되어 왔다. 18~19세
기의 부유층은 납을 원료로 한 피부 미백 제품을 사용했다. 가난한 사람들
은 병아리콩과 아몬드, 우유와 같이 덜 해로운 재료들로 화장품을 직접 만
들어 썼다. 피부 미백 또한 복잡하고 모순되는 정치적 관점을 가지고 있는
데, 특히 때때로 백인을 모방하거나 백인으로 보이기를 원한다는 비난을
받는 아프리카계 미국인들이 사용할 경우 더욱 그러했다. 그럼에도 불구
하고 1920년대에 인기 연예인 조세핀 베이커(Josephine Baker)가 피부 미
백 제품을 홍보했고, 베이커와 같은 광채를 원하는 백인 여성들이 호두 기
름을 얼굴과 팔다리에 문질렀다.

19세기와 20세기에는 화장품이 대량생산되며 성분 규제가 시작되었
고, 피부 미백용으로 활석분필과 마그네시아(magnesia) 가루처럼 좀 더 안

전한 제품들이 소개되었다. 잡지와 사진, 나중에는 할리우드 영화배우까지 가세해서 홍보하는 제품들은 상점과 동네 약국에서 팔리며 모든 계층이 더 널리 이용할 수 있게 되었다. 뷰티는 세계적인 사업이 되었다. 20세기 초에는 아프리카계 미국인 여성들이 아프리카계 미국인 여성을 타깃으로 화장품을 출시한 마담 C. J. 워커(Madam C. J. Walker)와 애니 턴보 말론(Annie Turnbo Malone) 등 여성 사업가들이 등장했다. 라이벌인 엘리자베스 아덴(Elizabeth Arden)과 헬레나 루빈스타인(Helena Rubinstein)은 부유한 백인 여성들을 대상으로 화장품을 팔았다. 광고는 화장품 성분의 과학적 요소를 강조했다.

20세기에는 변화하는 여성의 삶에 발맞추어 화장품 상자의 휴대가 더욱 간편해졌다. 회전식 금속 립스틱 케이스, 컴팩트 파우더, '침을 뱉어서 쓰는' 블록형 마스카라, 나중에는 펜 모양의 어플리케이터까지 도입되었는데, 이들은 모두 청동기시대 화장품 상자보다 훨씬 간편하게 핸드백에 넣어 다닐 수 있었다.

화장품을 사용하는 것에 있어서 은닉이나 속임수의 요소를 염려하는 도덕적인 차원에서 화장품을 비판했던 역사도 있다. 빅토리아 여왕은 법정에서 화장을 금지했다. '헤픈 여자(slapper)'는 표현은 과장되게 화장을 '쓱쓱 바르는(slapping on)' 것에서 유래되었다. 20세기 정체성정치학의 측면은 1960년대와 1970년대 곱슬머리를 화학적으로 펴는 '콩크(conking)' 관행으로 이어졌다. 미국의 급진적인 흑인운동단체 흑표당(Black Panthers)은 아프리카계 흑인 유산은 곱슬머리로 대표된다며 이 관습을 맹렬히 비난했는데, 이로부터 다시 아프로(Afro) 헤어스타일이 대중화되었다. 1970년대 제2물결 페미니즘(Second wave feminism)은 여성의 미에 대한 고정관념과 '미의 신화(beauty myth)'를 비판했다. 그들은 이 두 가지로 인해 여성들이 화장을 하게 되었으며 화장은 가부장적 억압과 여성의 속박과 연관되어 있다고 주장했다. 페미니즘과 메이크업을 둘러싼 불안과 긴장은 계속되고 있다. 멜리사 파벨로(Melissa Fabello)는 자신의 블로그를 통해 '메이크업은 본질적으로 안티페미니스트가 아니지만 당신의 신체 감시(body policing)는 안티페미니스트가 맞다'며 이렇게 주장했다.

"내가 화장을 하고 싶은지 결정할 수 있는 권한은 내게 있지만 그것이 '올바른' 선택이라는 생각을 심어주는 시스템 안에서 나는 그만큼 무기력해진다. 그리고 내가 화장을 안 했을 때 집 밖에 나가는 것을 거부하는 것은 확실히 내면화된 여성 혐오의 결과물이다. 그것을 내게 가르쳐준 것이 페미니즘이다."

화장품의 의미와 용법, 화장품을 대하는 태도는 상황에 따라 변한다. '붉은 립스틱'은 사기를 북돋우기 위한 목적으로 사용되지만 저항의 상징이 되기도 한다. 1912년 엘리자베스 아덴도 참석한 뉴욕 참정권 시위에서 여성들은 붉은 립스틱으로 입술을 칠했다. 제2차 세계대전 당시의 포스터는 여성들에게 '국내 전선의 탄약(Home Front Ammunition)'이라는 자부심을 가지고 화장을 할 것을 촉구했다. 1990년대 인도주의자인 자이납 살비(Zainab Salbi)가 내전 중이던 보스니아의 수도 사라예보에 들어갔을 때, 여성들은 그에게 립스틱을 가져다 달라며 이렇게 말했다. "저격수가 나를 쏘기 전에 그가 아름다운 여성을 죽이고 있다는 사실을 알려주고 싶어요." 이제는 유명인들이 홍보하는 글로벌 화장품 브랜드들이 시장을 장악하고 있다. 얼굴과 몸의 모든 부분에 쓰는 제품을 다양한 피부톤 별로 갖추고 있다. 맥스팩터(Max Factor)사가 할리우드를 대상으로 처음 개발한

'헤픈 여자'라는 표현은
화장을 '쓱쓱 바르는' 것에서 유래되었다.

§

다양한 색조는 서구에서 지배적인 미의 이상에 맞춰 만들어졌기 때문에
유색인종 여성들에게는 적합하지 않았다. 모델이자 사업가인 이만(Iman)
은 1994년 직접 화장품 브랜드를 출시했으며, 여러 다국적기업들도 점점
커져가는 구매력을 가진 아시아 여성들의 피부톤을 고려한 제품군을 확
대하고 있다. 이제는 화장품 개발 과정에서 동물실험을 하고 첨가제를 사
용하는 것에 대한 윤리적 문제가 제기되면서 '천연' 제품을 강조하는 추세
다. 과거에 아즈텍과 마야, 잉카의 부족들이 사용했던 아보카도 오일은 오
늘날 모발과 피부 미용 제품에 사용되고 있다.

 화장품이 마법 같은 효과를 가지고 있으며 유혹적이고 정체성을 바꾸
거나 아름다움을 창조하거나 나이를 숨길 수 있다는 믿음은 계속되고 있
다. 고대 이집트인들은 왁스와 올리브오일, 향, 우유, 향나무 잎, 악어 똥으
로 주름 방지 크림을 만들었는데 오늘날 해양 성분을 담은 세럼 역시 동일
한 효과를 주장한다. 성형수술 역시 증가세다. 주름을 제거하고 근육을 일
시적으로 마비시키는 독극물인 보톡스(Botox) 또한 노화를 부정하기 위
해 사용된다. 그러나 화장품은 여전히 여성이 가장 자주 접하는 미용의 수
단이다. 알려진 것 중 가장 오래된 콜드크림은 2세기 그리스의 의사 갈레
노스(Galen)가 지방과 물로 만든 화장수다. 이제는 모든 연령과 피부 타입,
피부색을 위한 다양한 제형의 제품들이 나와 온몸 구석구석에 사용되고
있다.

§

베일과 히잡

머리나 얼굴에 베일이나 두건을 두르는 것
은 다양한 역사적 순간들마다 여러 가지 의미를 가지고 있다. 이란의 여성
들은 2017년부터 수요일마다 흰색 두건을 두르고 흰옷을 입기 시작했다.
1979년 3월 8일에 도입된 히잡(hijab) 법과 모든 여성이 공공장소에서 머
리를 가려야 한다고 규정한 엄격한 복장 규정에 항의하기 위해서다.

이 운동은 '나의 은밀한 자유(My Stealthy Freedom)'라는 온라인 운동
을 창시한 마시 알리네자드(Masih Alinejad)로부터 영감을 받았다. 이들은
머리를 가리지 않은 여성들의 사진을 게재하며 의무복장규정에 반대하
는 캠페인을 벌이고 있다. 소셜미디어에서 사용하는 해시태그인 #white-
wednesdays는 여성들이 안전하게 시위를 할 수 있는 공공 플랫폼을 제
공한다. 한 여성 참여자는 이렇게 설명했다. "이 캠페인에 참여하게 되어
서 정말 흥분돼요. 전 일곱 살 때부터 히잡을 쓰도록 강요받았지만, 그런
의무를 따르고 싶다는 생각이 든 적은 단 한 번도 없었고 앞으로도 없을
거예요."

2016년에 도널드 트럼프가 미국 대통령으로 당선되자 메릴랜드대학교에서 심리학을 공부하는 사미하 아마다(Sameeha Ahmada) 등 수많은 무슬림 여성들이 이슬람 혐오에 대한 저항의 상징이 된 히잡을 착용했다. 사미하는 이렇게 설명했다. "저는 히잡이 페미니즘을 지지한다고 믿어요. 자기 자신의 종교 안에서 한 걸음 더 나아가는 발걸음이죠. 아무도 제게 이렇게 입으라고 강요한 적 없어요." 슬마 셸바야(Slma Shelbayah)는 이렇게 지적한다. "저는 다양성을 지지하기 위해 두건을 씁니다. 트럼프가 당선되고 나서부터는 두건을 쓰는 게 안전하지 않다는 생각이 들지만요."

영국에서는 무슬림 여성들이 제1차 및 2차 세계대전에 참전한 무슬림 병사들을 기념하기 위해 양귀비 무늬의 두건을 썼다가 많은 비판을 받았다. 소피아 아흐메드(Sofia Ahmed)는 이 두건을 쓰는 의미를 이렇게 지적한다. "결국 시리아에 달려가 피투성이 위장복을 입은 IS 왕자님의 '지하디 신부'가 되고 싶다는 증명일 뿐이에요."

어떤 여성들은 자부심을 가지고 베일을 쓰지만 수치심과 공포심을 가지고 쓰는 여성들도 있다. 9.11 테러 이후 현대사회의 베일에는 모순되고

복잡한 여러 가지 의미가 생겼고 베일을 쓰느냐 안 쓰느냐의 문제는 강렬한 정치색을 띠는 것으로 간주되기 시작했다. 오늘날 많은 젊은이들에게는 히잡을 강요하는 것만큼이나 히잡을 금지하는 것도 불쾌한 일이다. 그럼에도 여성이 이 두 가지 제한을 모두 받는 대상이 되는 사례는 역사 곳곳에 산재해 있다.

유대교와 기독교, 이슬람교 모두 수백 년간 여성이 베일을 쓰는 전통을 지켜 왔지만 그 기원은 종교들이 생기기 전부터 있었다. 여성들은 자신의 삶과 몸의 일부분, 특히 여성에게 더 없는 영광이라고 여겨지곤 했던 머리카락을 사적인 세계를 위해 남겨두곤 했다. 최근의 연구에 따르면 고대 메소포타미아와 페르시아, 그리스에서는 베일이 품위와 지위를 상징했다. 고대 그리스의 여성들은 공공장소에 갈 때 일상적으로 베일을 썼다. 그렇지 않으면 무방비 상태에 놓였기 때문에 달갑지 않은 성적 관심을 받지 않지 않고자 했다. 중세 유럽에서는 많은 여성이 머리카락은 물론 턱까지 덮는 베일을 썼다가 튜더(Tudor)시대부터 후드를 입는 것으로 대체되었다. 14세기 말에 바바리아의 이자보 왕비(Queen Isabeau of Bavaria)도 프랑스의 여왕으로서 베일을 썼다. 기독교의 수녀들 역시 단정함과 경건함을 나타내기 위해 베일을 썼으나, 그것은 항상 유지되지는 않는 환상이었다. 여러 나라에서는 결혼식을 치르는 신부가 자신의 처녀성과 단정함을 상징하기 위해 베일을 쓴다.

중세 말기의 수녀원들은 일반적으로 지역사회의 필요를 치우는 것에 초점을 맞췄다. 20세기 중반에는 수녀들이 베일을 쓴 채 사회복지 활동을 하거나 소녀들을 교육했다. 1960년대 런던에서 9년간 가톨릭 수녀로 생활한 캐런 암스트롱(Karen Armstrong)은 당시를 이렇게 회상했다.

"어린 시절의 7년을 무거운 베일을 쓴 채 보냈습니다. 풍성한 검은 예복에 커다란 묵주와 십자가를 걸치고 정교한 머리장식을 했습니다. 정면에서는 얼굴이 보였지만 옆에서 보면 얼굴이 아예 안 보였어요. 60년대 중반에 그런 차림으로 화려한 축제가 열리는 런던 거리를 천천히 걸어 다녔으니 정말 이상하게 보였을 겁니다. 하지만 우리에게 좀 더 평범하게 입으라고 하는 사람은 아무도 없었어요. 저는 그런 의복이 얼마나 저를 자유롭게 해주는지 깨달았습니다. 7년 동안 옷이나 화장, 머리에 신경을 쓸 필요가 전혀 없었어요. 여성들의 마음을 어지럽히는 온갖 잡다한 것들 말입니다."

미국에서 사회과학을 공부하는 스무 살 파티마 칸(Fatima Khan) 역시 베일이 자유를 준다는 것에 동의한다. "내 몸을 가림으로써 누군가가 나를 대상화하는 정도를 제한할 수 있으며 그저 외모가 아닌 지성과 능력, 성격으로 판단될 수 있는 힘을 가질 수 있어요."

20세기와 21세기 여러 나라의 여성들은 캐런 암스트롱과 달리 히잡 대신 다른 의복을 갖춰야 한다는 압박을 받고 있다. 터키는 1978년 공공서비스 종사자들이 히잡이나 두건을 쓰는 것을 금지했다. 이 제도는 1982년 교육기관 종사자들에까지 범위가 확대된 후 1984년에 번복되었다가 1987년 재도입되어 2013년까지 유지되었다. 여학생들이 맨머리로 학교에 가도록 요구하는 나라에서는 무슬림 여학생이 학교에서 쫓겨나 교육을 받지 못하는 결과가 생길 수 있다. 카메룬에서 정부 지원을 받는 학교들에서는 헌법에 의해 몇몇 여학생들이 학교에 갈 때 히잡을 벗거나 사우디아라비아 비정부기구(NGO)들의 자금으로 세워진 사립 이슬람학교에 다니는 결과를 낳았다.

무슬림 페미니스트들은
가부장제와 이슬람 혐오에 저항하기 위해 히잡을 쓴다.

§

여성의 머리쓰개에 대한 강박관념은 21세기 정치문화의 혼란한 풍토에서 수그러들 기미가 보이지 않는다. 달리아 모가헤드(Dalia Mogahed) 워싱턴 D.C 사회정책연구소장은 이렇게 주장한다. "히잡을 쓴 여성은 그저 몸과 머리카락을 가리고 있을 뿐입니다. 목소리와 지성까지 가리고 있는 것이 아니라고요. 히잡이 여성을 억압한다고 말하는 것은 결국 여성 힘의 원천이 여성의 정신이 아닌 여성의 신체라는 것과 같은 말입니다." 이란의 하얀 수요일(White Wednesday) 시위와 미국 트럼프 대통령에 대한 반발로 히잡을 쓰는 행동은 여성이 머리쓰개에 대한 사회의 집착을 흥미로운 정치적 방법으로 이용할 수 있다는 것을 보여주는 한 예다.

§

구두와 전족

영국의 구두 디자이너 조앤 스토커(Joanne Stoker)는 이렇게 설명한다. "저는 구두를 만드는 게 정말 좋아요. 모든 구성요소가 하나로 모이는 걸 지켜보고, 정도를 벗어나 충격과 즐거움을 주는 아름답고 개념적인 창조의 작업이기 때문이죠."

조앤은 런던패션대학에서 구두 디자인을 공부하며 석사 학위를 받고 한 패션어워드에서 대상을 수상했다. 조앤의 멘토는 한 켤레에 1,000파운드나 하는 고급 구두를 만드는 패션 디자이너 지미 추(Jimmy Choo)였다. 조앤은 2010년 런던에서 수제화를 만드는 자신만의 브랜드를 만들었으며 현재 고급 백화점인 셀프리지에 납품하고 있다.

신발은 기능적이면서도 상징적이며 신는 이의 정체성과 지위를 드러낸다. 특히 구두에는 여성의 섹슈얼리티를 표현하는 여성의 욕망의 대상인 예술과 소비주의가 어우러져 있다. 필리핀에서는 많은 사람들이 비참한 가난 속에 살던 1980년대에 대통령의 부인인 이멜다 마르코스(Imelda Marcos)가 1,000켤레가 넘는 구두를 소유하고 있었다는 사실이 밝혀지면서 구두를 향한 여성의 소유욕이 비난의 대상이 되었다. 그러나 약 10년 후에 나온 텔레비전 시리즈 〈섹스 앤 더 시티(1998-2004)〉에서 캐리가 디자이너 구두에 집착하는 모습은 페미니즘과 여성성이 동반될 수 있으며 여성이 그 둘 모두를 가질 수 있음을 선언함으로써 호평받았다.

역사적으로 신발을 갈망하는 여성들을 허구적으로 묘사한 사례들은 썩 호의적이지 않은 태도를 보이고 있다. 안데르센의 동화 『빨간 구두(1848)』는 여느 동화와 마찬가지로 책임과 의무, 종교를 버리고 춤을 추게 만드는 빨간 구두를 탐한 소녀가 벌을 받는 내용이다. 이 동화는 케이트 부시(Kate Bush)의 앨범 〈레드 슈즈(1992)〉 등 다른 여러 예술작품에 영감을 주었다. 이 앨범에서 빨간 구두는 여성 예술가들이 한때 통제되었던 상황을 되찾을 수 있는 체제 전복적인 공간을 제공했다. 빨간 구두가 그런 급진적인 잠재력을 가지고 있는 경우는 거의 없다. 영화 〈오즈의 마법사(1939)〉에서 도로시의 반짝이는 빨간 구두는 도로시를 집으로 되돌려주는 마법의 힘을 지녔다. 영화 〈분홍신(1948)〉에서는 모이라 시어러(Moira Shearer)가 예술과 사랑 사이에서 갈등하는 젊은 발레리나 비키 페이지(Vicky Page)를 연기했다. 결혼을 하기 위해 발레를 포기한 비키는 다시 춤을 추기 위해 빨간 신발을 신고 발레로 돌아간다. 자신의 창의성을 우선시한 비키의 시도는 기차에 치이는 비극으로 끝난다. 그 죽음이 자살인지 아니면 빨간 신발에 홀린 것인지는 불분명하다. 붉은 무용화는 여성의 관습에 대한 도전, 열정, 움직임, 가정생활의 거부, 혹은 여성적인 의존과 여성이 성적인 아이콘으로 간주됨으로써 받는 제한

을 상징할 수 있다.

중국의 전설에 따르면 11세기 기형적인 발을 가지고 태어난 황후 타키(Taki)의 아버지는 작은 발만이 진정 여성스럽고 바람직하다 했다고 한다. 그 발언은 어린 소녀들의 발을 단단히 묶어 극심한 고통을 유발하며 발의 성장과 기능을 막는 전족의 관습으로 굳어졌다. 전족을 한 여성은 일을 할 수가 없을 지경이었다. 그들은 그저 남편이나 가족의 지위를 상징하는 노리개였다. 19세기에는 중국 여성의 40~50퍼센트 가량이 전족을 한 것으로 추정된다. 다만 만주족 여성들 사이에서는 전족이 금지되어 있었고, 대신 그들은 전족의 모습을 흉내 낸 밑창 끝이 뾰족한 통굽 신발을 신었다.

다른 나라들 역시 작은 발을 선호했다. 신데렐라는 유리 구두에 맞는 작은 발을 지녔다 하여 왕자의 신붓감이라는 것을 인정받았다. 18세기 페루를 여행한 유럽인들도 여성들의 작은 발이 가진 관능적인 매력에 주목했다. 여성스러움과 패션의 정점으로 숭배되는 현대 하이힐 역시 보행과 노동을 어렵게 만든다는 점에서 비슷한 시각으로 볼 수 있다. 연구에 따르면 하이힐은 건막류와 골관절염, 힘줄 부상과 같은 여러 가지 질병을 초래할 수 있다. 하이힐을 19세기 여성들이 입었던 구속적인 코르셋과 비교하는 사람들이 있는 것도 그럴 만하다. 그러나 항공사 승무원이나 안내원 등 수많은 여성들은 하이힐을 신고 근무하라는 기대에 부응해야 한다.

2015년에 런던의 한 회계 사무소에서 임시 안내원으로 일하게 된 니콜라 소프(Nicola Thorp)는 세련되고 깔끔한 검은색 플랫슈즈를 신고 출근했다. 그의 상사는 굽 높이가 5센티미터에서 10센티미터 사이인 구두로 바꾸라고 요구했다. 니콜라는 그 회사에 근무하는 다른 남성들은 그런 복장 규정을 따를 필요가 없다는 점을 지적하며 거절했다. 결국 그는 임금을 받지 못한 채 집으로 돌아가야 했다. 니콜라는 BBC 라디오 방송에서 이렇게

신데렐라는 유리 구두에 맞는 작은 발을 지녀
왕자의 신붓감이라는 것을 인정받았다.

§

설명했다. "아홉 시간 동안 선 채로 근무하며 고객들을 회의실로 안내하는 일을 해야 하는데, '하이힐을 신고는 도저히 할 수가 없다'고 말했죠."

수십 명의 전문직 여성들이 니콜라를 지지하기 위해 플랫슈즈를 신고 출근하는 사진을 올렸고 니콜라 소프는 직장에서의 하이힐 강요를 불법화하자는 청원을 시작했다. 이 청원은 15만 건이 넘는 서명을 받아 의회 토론으로 이어졌다. 한 조사에서는 고용주들로부터 머리카락을 금발로 염색하거나 노출 있는 의상을 입거나 화장을 고치라는 요구를 끊임없이 받은 여성들의 사례 수백 건을 수집했다. 모두 니콜라 소프의 이 말을 뒷받침하는 자료였다. "목소리를 내는 것이 약간 두렵기는 했습니다. 부정적인 반발을 받을까 봐서요. 하지만 사실은 그것이 더 큰 문제이기에, 목소리를 내야만 한다는 것을 깨달았지요."

§

코르셋

코르셋의 모습을 기록한 가장 오래된 기록
은 크레타섬 크노소스 궁전에서 발견된 것으로, 무려 기원전 2,000년까
지 그 역사가 거슬러 올라간다. 크레타의 뱀 여신이 코르셋과 크리놀린
(crinoline: 치마를 부풀리기 위해 버팀살을 넣은 스커트 — 옮긴이)을 겉옷처럼
입고 있는 모양새이나, 그 실제 기능에 대해서는 알려진 바가 없다.

이렇게 악의 없어 보이는 시작에서부터 이어진 긴 역사 동안 코르셋은
많은 논란을 불러 일으켰다. 누군가에게는 그것이 자발적이든 강제적이든
여성의 억압과 고문, 페티시즘을 상징하며 또한 질병마저 유발하는 존재
이기 때문이다. 또 어떤 사람들에게 코르셋은 여성의 섹슈얼리티의 독립
과 소유권을 강력하게 표현하는 수단이다. 코르셋의 발달은 여성성을 비
롯해 계급과 기술의 진보 등에서의 이상적인 여성상에 대해 시대별로 변
화해온 개념의 상호 연관된 역사를 이어준다.

15세기까지만 해도 코르셋은 속옷이 아니었다. 프랑스의 앙리 2세의 아
내 카트린 드 메디시스(Catherine de Medici, 1519~1589)가 처음 착용한 철

제 코르셋은 정형외과적 용도였을 수 있다. 빅토리아시대와 에드워드시대의 코르셋은 신체를 감싼다는 측면에서 기품을 상징했다. 코르셋은 너무 뻣뻣했기 때문에 이를 입은 상태에서는 일을 할 수가 없었다. 따라서 중산층과 상류층 여성만이 코르셋을 착용했으며 노동자계급의 여성들은 좀 더 느슨해서 움직임이 자유로운 점프(jump)를 입고 일했다. 빅토리아시대에는 코르셋의 끈을 꽉 졸라매어 입었는데, 이 관습은 건강을 해친다는 이유로 의사들의 비난을 받았으며 작가와 만화가들에 의해 풍자되기도 했다. 여기서 산업혁명이 흥미로운 역할을 했는데, 1823년 금속으로 된 아일릿(eyelet: 금속으로 틀을 장식하여 끈을 고정시키는 구멍 — 옮긴이)이 발명되면서 코르셋 원단이나 끈이 찢어지는 일 없이 끈을 단단하게 졸라맬 수 있게 되었다. 1839년 프랑스의 장 웨를리(Jean Werly)가 기계로 제작한 직물 코르셋의 특허를 내면서 코르셋은 더 널리 보급되기 시작했다.

극도로 졸라맨 코르셋은 예나 지금이나 특정 물건을 통해 성적 쾌감을 얻는 페티시(fetish) 복장의 초기 사례로 여겨진다. 당시 코르셋 중에는 허리둘레가 약 40센티미터밖에 되지 않는 것들도 있었다. 하지만 꽉 졸라매는 유행에도 불구하고, 그렇게까지 극단적으로 코르셋을 입는 여성은 많지 않았다.

1850년대부터 1890년대까지 영국과 미국의 합리적 복장협회(Rational Dress Society) 같은 의복 개혁주의자들은 졸라매는 코르셋의 위험성을 강조하며 여성 속옷 개혁운동을 벌였다. 1870년대부터 발생한 라파엘전파(Pre-Raphaelite) 예술운동 역시 자유롭고 제한 없는 옷을 선호했다. 그럼에도 불구하고 에멀린 팽크허스트(Emmeline Pankhurst)는 여성해방을 위해 싸울 때 코르셋을 착용함으로써 부여되는 품위를 이용하고 옹호했다. 꼿꼿하게 침착한 자세가 전투적인 서프러제트들에게 적절하게 어울렸으며 보수적인 사고를 가진 대중에게 그들이 품위 있다는 사실을 암시했기 때문이다.

비록 빅토리아시대와 에드워드시대의 이상화된 여성성을 대표하긴 하지만 코르셋은 시대 양식만 넘나든 것이 아니었다. 인도와 아프리카 등 대영제국의 식민지에서도 여성들이 코르셋을 입었다. 다만 비유럽 국가 여성들은 코르셋을 거부했다. 1880년대 일본의 잡지들은 코르셋을 희화화하기도 했다. 코르셋의 인기에 한몫한 것은 패션과 여성의 몸매에 대한 이상의 변화, 또한 정치와 자유사상이다. 그러나 프랑스혁명 이후 좀 더 헐겁고 유연한 드레스 스타일이 유행하면서 코르셋도 자취를 감췄다. 모래시계형 코르셋은 발전을 거듭, 1900년에 '등이 곧은' 형태나 S라인 형태의 코르셋으로 대체되었다. 제1차 세계대전이 끝나고 여성의 삶이 변화하면서 코르셋의 인기도 시들해졌다. 스포츠와 체조에 참가하는 여성이 늘어나면서 여성의 신체에 대한 태도도 바뀌기 시작했다. 19세기에는 고래뼈가 좀 더 가벼운 뼈대와 철제 소재로 대체되었는데, 1907년경부터 그보다도 더 가벼운 고무 거들이 유행하기 시작했다. 고무 거들은 디자이너 폴 푸아레(Paul Poiret)의 네오클래식(neo-classic) 디자인의 영향을 받았다. 1920년대로 접어들면서부터는 중성적인 여성형태가 패션을 선도했다.

제2차 세계대전 이후 크리스티앙 디오르(Christian Dior)의 뉴룩(New Look) 덕분에 가느다란 허리와 하이버스트(high bust)를 강조한 모래시계 형태가 부활하면서 코르셋에 대한 관심도 되살아났다. 그 후 1950년대에는 메릴린 먼로(Marilyn Monroe)가 좀 더 풍만한 몸매의 대명사로 등장했다. 그러나 그 패션은 오래 가지 못했다. 라이크라(lycra)와 고무 망사, 올려 입는 하의와 팬티처럼 좀 더 가벼운 소재를 사용한 속옷이 젊은 여성들에게 어필한 것이다. 그런가 하면 1980년대에 비비안 웨스트우드(Vivienne Westwood)에 의해 대중화된 경량 플라스틱 코르셋은 다시금 젊은 세대에게 인기를 끌었다. 당시 코르셋은 다양한 의미와 더불어 페티시즘과 연관되어 모순적인 인식을 가지고 사용되었다.

코르셋은 코르셋, 바스크(basque), 뷔스티에(bustier), 와스피(waspie), 코르슬렛(corselette) 등 종류만큼이나 다양한 용도와 의미를 지닌 역설적인 옷이다. 코르셋은 몸매를 받치거나 관리하기 위해, 웨딩드레스의 일부나 속옷으로, 에로틱하거나 성적인 목적으로, 혹은 페티시 아이템으로 착용할 수 있다. 마돈나가 1990년 입은 장 폴 고티에(Jean-Paul Gaultier)의 뾰족가슴 코르셋은 포스트모던의 아이러니와 여성 섹슈얼리티에 대한 표현으로 코르셋을 재탄생시켰다. 최근 몇 년 동안 패션 디자이너들은 새롭게 재해석한 코르셋과 크리놀린을 패션쇼에 올리고 있다. 허리를 꽉 조이는 '웨이스트 트레이너(waist trainer)'도 있는데 이것은 리얼리티 텔레비전 스타들이 사용했다고 하는 다이어트용품이다. 또한 코르셋 스타일의 벨트를 패션 아이템으로 착용하기도 한다. 이런 패션 아이템이 여성이 자신의 섹슈얼리티를 주도함을 보여주는 상징인지 아니면 단순히 가부장적 문화 속에서 잠깐 유행하는 것뿐인지를 놓고 논쟁은 계속되고 있다.

§

빅토리아 여왕의 흰색 웨딩드레스

빅토리아 여왕은 1840년 2월 10일 세인트 제임스 궁전의 왕실예배당에서 앨버트 왕자와 결혼식을 올렸다. 빅토리아는 하얀 웨딩드레스를 입었지만, 그것이 최초의 흰색 웨딩드레스는 아니었다. 이전에도, 또한 이후에도 전 세계의 웨딩드레스는 다양한 스타일과 색상으로 만들어져왔다. 여성이 미혼에서 기혼자의 신분으로 바뀔 때 입어야 하는 옷감과 스타일, 색상은 전통에 따라 고유하게 형성된다. 때때로 웨딩드레스는 신부뿐 아니라 신부 가족의 정체성마저 전달한다.

여성이 자신의 결혼식에 입는 옷과 장식품은 그가 속한 사회 문화의 특징과 더불어 그 자신의 개인적인 선택을 나타낸다. 세계 어디에서나 결혼이라는 법적인 행사는 점점 더 로맨틱해지고 있기 때문에, 결혼의 형식은 끊임없이 변화를 거듭하고 있다. 그러나 빅토리아가 전형을 세운 흰 웨딩드레스는 한결같은 인기를 누리고 있다. 빅토리아의 웨딩드레스는 19세기 크게 유행했는데, 여왕이 결혼식 이후에도 다양한 사교행사에서 그 드레스를 입었기 때문이다. 그는 결혼식 후에도 몇 년 동안이나 이 드레스를 입고 사진이나 초상화에 등장했으며, 종종 앨버트 왕자도 함께였다. 언제부턴가 흰색이 신부의 순결함을 나타내는 상징처럼 비춰지게 되었으나, 빅토리아가 결혼했을 당시나 그 이전까지만 하더라도 그렇지 않았다. 하얀 천은 그보다 오랫동안 부와 사회적 지위를 상징했다. 세탁기와 생물학적 세제가 없다면 하인들의 노동에 의존해야만 흰 색상을 유지할 수 있었기 때문이다. 차기 여왕이 될 것으로 예상되었던 빅토리아의 사촌 샬럿 공주(Princess Charlotte) 역시 결혼식을 올릴 때 금실이 달린 흰색 웨딩드레스를 입었다. 그러나 그녀는 1817년 출산 중 비극적으로 사망했다.

결혼식에 흰색 실크를 사용하는 것과 '복종하겠다'는 서약을 포함한 것 모두 빅토리아 본인의 선택이었다. 이것은 그가 로맨틱한 결혼 생활에 돌

입하는 한 사람의 여성이라는 점에서는 그의 신하들과 다를 것이 없다는 것을 암시했다. 물론 한 나라의 수장이라는 그의 정체성 역시 드레스의 바탕에 깔려 있었다. 드레스를 제작한 사람은 영국인 여성 메리 베탕스(Mary Bettans)로, 런던 스피탈필즈에서 방적된 실크가 사용되었으며 디자인은 왕립예술학교의 전신인 정부디자인학교의 교장 윌리엄 다이스(William Dyce)가 담당했다. 산업화로 인해 영국의 레이스산업이 무너지고 가난과 실업이 만연했던 때, 빅토리아는 호니턴 레이스(Honiton lace)로 덮인 드레스를 착용함으로써 영국 레이스산업에 대한 애국적인 지지를 전달하며 강력한 홍보 효과를 일으켰다. 중산층이 증가하면서 많은 사람들이 흰색 웨딩드레스를 따라 입었고 전형적인 부르주아 가정으로서의 빅토리아와 앨버트의 대외적 이미지를 모방했다. 재력이 그렇게 대단하지 않은 여성들은 결혼식 후에 흰색 웨딩드레스를 좀 더 실용적인 색으로 염색해서 일상에서 착용하기도 했다. 미국에서는 19세기 영국 왕실의 흰색 웨딩드레스에 대해 그다지 열정적인 반응을 보이지 않다가, 시간이 흐르고 20세기 중반이 되면서부터 순백의 웨딩이 유행했다. 사실 흰색 웨딩드레스는 제2차 세계대전 이후 몇 년 동안 중산층 아프리카계 미국인들 사이에서 크게 인기를 끌었다. 남북전쟁 전까지만 해도 법적으로 결혼이 금지되어 있었던 아프리카계 미국인들에게 결혼식은 아픈 역사를 상기시켰다. 이제 그들에게 결혼식은 결혼할 수 있는 권리와 개인적인 삶에서 자신의 선택을 행사할 수 있는 능력을 축하함과 더불어 그들의 국가적인 시민권과 입지를 보장하는 공동체를 기념하는 행사였다. 더 나아가 순백의 웨딩을 위한 뚜렷한 소비 행태는 아메리칸 드림에 대한 지역사회의 헌신을 확인하는 한 가지 방법이 되었다.

빅토리아 여왕은 자신의 결혼식에 대해 남긴 일기에 이렇게 회상했다.

여성이 결혼식에 입는 옷은 그가 속한 사회의 특징과 더불어
그 자신의 개인적인 선택을 나타낸다.

§

"세인트제임스 궁전에 도착해서 분장실에 들어가 보니, 옷자락 받드는 아가씨들 열두 명 모두 백장미로 꾸민 흰색 드레스를 입고 있었다. 여기서 나는 사랑하는 앨버트의 행렬이 예배당 안에 들어갈 때까지 잠시 기다린 다음, 아가씨들과 귀부인들을 거느리고 알현실로 들어갔다."

모로코의 전통 결혼식에서는 예식 전날 밤 여성들이 신부를 둘러싸고 앉아 신부를 보호한다. 아테네에서는 신부의 여성 친척들이 결혼식을 위해 특별히 제작한 수제 침대보를 침대에 씌우는 것이 전통이다. 전 세계적으로 여성들은 신부가 웨딩드레스를 준비하거나 선택하거나 만드는 것을 돕는다. 들러리들은 결혼식 전 신부의 머리 모양과 화장을 돕고 손톱을 칠하거나 손에 헤나를 그려준다. 이렇게 여성이 신부를 돕고 보살피는 것은 전 세계 문화권에서 흔히 볼 수 있는 모습이다.

이제 결혼식은 현대 서구문화에서 매우 보편화된 행사로 자리 잡았다. 사진작가와 플로리스트, 전문 출장 연회 서비스, 디자이너가 제공하는 특별한 서비스를 이용하는 문화도 생겨났다. 1881년 최초의 결혼박람회가 열린 이래, 결혼 비용은 계속 증가하여 결혼식에 들어가는 평균적인 금액은 이제 미국 기준 3만 달러를 훨씬 웃돈다. 빅토리아 여왕이 드레스 비용을 걱정하지는 않았을 것이다. 하지만 그의 드레스는 일상복과 구별되는

현대의 전형적인 신부 패션의 한 가지 예가 되어, 신부에게 하루 동안 주인공이 될 수 있는 일생일대의 기회를 주는 유행을 선도했다. 물론 결혼의 개념 자체가 변화함에 따라 이 전통 역시 확대되고 발전하고 있다. 이제 인터넷에서는 '신부 두 명이 신부 한 명보다 낫다'며 귀여운 레즈비언 결혼식 아이디어를 광고한다.

§

알렉산드라 황후의 티아라

러시아의 마지막 황후 알렉산드라 표도로브나(Alexandra Feodorovna, 1872~1918)가 쓴 에메랄드와 다이아몬드 티아라 왕관은 당시 유럽 최고의 보석 장인이었던 볼린(Bolin)과 파베르제(Fabergé)가 만들었다. 시선을 사로잡는 23캐럿 에메랄드와 남아프리카산 다이아몬드로 장식된 이 티아라는 공식 행사나 파티용 왕관이었다.

알렉산드라의 보석류는 대부분 러시아의 마지막 황제였던 니콜라이 2세가 선물한 것이었지만, 이 티아라만큼은 알렉산드라가 직접 구입했다. 그를 보좌했던 게링거 부인(Madame Gheringer)의 기록에 따르면 알렉산드라는 1903년 크리스마스에 헤센 공작으로부터 가운데에 하트가 있는 흰 에나멜 별 장신구를 받고 마리아 표도로브나(Maria Fyodorovna) 황태후로부터 아홉 개의 사파이어와 작은 다이아몬드들이 박힌 팔찌를 선물받았다. 알렉산드라가 침실의 개인 금고에 수집한 보석류는 1917년 통화로 5천만 달러가 넘는 세계 최대 규모였다.

니콜라이 2세는 러시아의 법을 마음대로 바꿀 수도 있는 절대적인 군주였다. 실제로 1895년에는 정권에서 고문 역할을 하는 다른 집단들의 대표자들의 바람을 '무의미한 꿈'이라고 일축하기도 했다. 그는 외교 회담이나 군사적으로 중요한 여러 회의에 아내를 참여시켰다. 알렉산드라는 세르게이 비테(Sergei Witte) 초대 수상과 함께 러일전쟁의 종결을 논의했다. 그러나 1905년 혁명 당시 알렉산드라 황후는 니콜라이 2세가 궁전에 머물며 자신을 비판하는 자들의 요구를 듣게끔 설득하지 않았다는 비난을 받았다. 제1차 세계대전이 발발할 무렵에는 상트페테르부르크의 신흥 부르주아 계급이 운영하는 자유주의 언론으로 인해 황후의 이미지는 이미 타격을 입은 상태였다. 괴이한 외모의 불가사의한 수도승 라스푸틴(Rasputin)은 황후의 아들 알렉세이의 혈우병을 '치료'한 후 러시아 궁정에서 위험한 영향력을 행사하는 지위에 올랐다. 황제와 황후를 손아귀에 쥐고 흔들었던 라스푸틴은 종종 나리를 몰락시키는 '마법'을 부렸다고 묘사된다. 언론을 비롯하여 제정 러시아의 의회였던 두마(Duma)는 이러한 일을 초래했다며 황후를 인민의 적으로 지목했다.

여성은 자신과 남편의 지위를 드러내기 위해 종종 보석을 착용한다. 보석은 투자나 보험이 되기도 하며 상황이 좋지 않을 때에는 팔거나 전당포에 맡길 수도 있는 자산이다. 러시아의 정세가 악화되고 황제 부부의 특권

적인 생활이 점점 위태로워지자 알렉산드라는 사유재산의 상당 부분을 쉽게 휴대할 수 있는 보석류로 보관했다. 1917년 러시아혁명은 황가의 퇴위를 이끌어냈고 마침내 1918년에 황제와 황후, 그들의 다섯 자녀는 구소련 공산당인 볼셰비키(Bolsheviki)

에 의해 비참하게 처형당했다. 이 에메랄드와 다이아몬드 티아라는 알렉산드라가 체포될 당시 볼셰비키에게 몰수당했다가 뒤따른 소동 속에 분실되고 말았다. 러시아를 탈출하는 데 성공한 다른 귀족들은 치마나 드레스 밑단, 화장품 통, 아기 유모차 담요 밑에 보석을 몰래 숨겨 가지고 나갔다. 보석은 그들의 새로운 망명 생활의 자금줄이었다. 러시아 망명자인 올가 실로프스키(Olga Schilovsky)는 자신의 어머니가 황후로부터 받은 다이아몬드를 곰 인형 속에 숨겼다고 회상했다.

보석을 사들이는 부유층 여성들과 생존을 위해 고군분투하는 평범한 여성들 간의 사회적 격차는 엄청났다. 농민 여성들은 쟁기질을 하고 채소를 재배하며 남성들과 함께 일했고, 가사와 육아와 더불어 우유로 버터와 치즈를 만드는 일까지 도맡았다. 섬유산업에 종사하는 여성들의 상황은 심각했다. 열악한 작업장에서 때로는 하루에 16시간씩 일했고 조잡한 직조기계에 손을 베이거나 잘리기도 했다. 손이 잘리는 날에는 그날로 생계를 잃는 것이었다. 아이들에게 먹일 빵이 없어서 자기 아이를 질식시켜 죽인다는 말도 있었다. 1917년 3월 8일, 섬유 노동자들이 빵과 황제의 퇴위를 외치며 러시아 수도 페트로그라드에서 시작한 시위에는 수만 명의 여성들이 참여하면서 도시 전체에 퍼졌다. 그중 일부는 '조국 수호의 자녀들에게 먹을 것을 달라'고 요구하는 현수막을 들고 있었다. 스물 두 살의 전차 안내원 알렉산드라는 당시 시위에 참가했던 일을 이렇게 회상했다.

"거리는 사람들로 가득 차 있었어요. 전차는 멈춰 있었고 자동차들이 선로를 가로막고 있었습니다. 그때는 무슨 일이 벌어지고 있는 것인지 이해하지 못했어요. 사람들과 함께 소리 질렀습니다. 모든 삶이 무너지고 있다는 것이 느껴졌어요. 그리고 저는 그 한가운데에서 기뻐했죠."

러시아의 마지막 황후는 볼셰비키 군인들에게 체포될 당시
에메랄드와 다이아몬드 티아라 왕관을 가지고 있었다.

§

    평범한 여성 노동자들이 주도한 이런 시위들은 1917년 혁명의 기폭제로 여겨지며 이후 사회주의자들과 공산주의 국가들로부터 기념되기도 했다. 유엔은 1975년에 3월 8일을 세계 여성의 날로 정했다.

§

레이디 커즌의 공작 드레스

1902년 말에서 1903년 초, 성대한 델리 더
바(Delhi Durbar)가 열렸다. 에드워드 7세가 대영제국과 영연방국가의 왕,
인도의 황제로 즉위한 것을 축하하기 위한 행사였다.

더바의 주요 행사 중 하나는 1903년 새해 첫날에 열린 대관식 무도회
였다. 인도의 총독 커즌 경(Lord Curzon)은 영국 국왕을 대신하여 인도를
통치하는 황제의 대리인이었다. 커즌 경의 아내 메리는 영국의 여왕이자
인도의 황후인 알렉산드라(Alexandra)를 대표했다.

커즌 경은 더바 전체를 직접 감독하며 군사적인 정밀도를 갖췄고 전대
미문의 행사를 치르기 위해 비용을 아끼지 않았다. 더바의 화려한 볼거리
는 영국 통치의 영구성과 합법성을 전 세계에 알리기 위한 것이었다. 총독
부부가 인도아대륙에서 가장 큰 코끼리를 타고 도착한 것을 시작으로 더
바는 불꽃놀이와 가든 파티, 폴로경기, 호랑이 사냥, 무용, 군사 퍼레이드,
밴드 콘서트 등 각종 프로그램을 거쳐 대관식 무도회로 정점을 찍었다. 붉
은 요새(Red Fort)에서 열린 이 축하연회에는 4,000여 명이 초대되었다. 붉

은 요새는 무굴제국의 전통적인 본거지였고, 레이디 커즌이 그날 입은 드
레스는 단순한 옷이 아니었다. 영국령 인도제국(British Raj)이 무굴왕좌의
합법적인 계승자라는 것을 인도와 전 세계에 보여주기 위한 것이었다. 이
행사는 영국의 힘과 웅장함을 과시하며 인도의 고대 통치자들의 연회를
재현했지만 결국 식민지에 대한 지배력을 검증하기 위해 오랜 전통을 예
속시켰다.

　레이디 커즌의 드레스는 파리의 고급 양장점 워스하우스에서, 인도의
장인들이 손으로 짠 금빛 옷감과 금속실로 만들었다. 다양한 크기의 공작
새 깃털과 금색, 은색, 동색 실로 장식되었으며 깃털마다 중앙에 무지갯
빛 에메랄드와 푸른 풍뎅이 날개가 디자인되어 있었다. 많은 사람들이 이
장식이 진짜 에메랄드라고 믿었다. 상체 부분은 모조 다이아몬드로 장식

한 레이스로 덮여 있었고 밑단은 반짝이는 장미로 장식되어 있었다. 무게가 5킬로그램 정도 되는 이 드레스는 연회를 위해 새로 설치된 조명 불빛 아래에서 화사하게 반짝였다. 메리는 매우 아름다웠고 거의 180센티미터나 되는 큰 키에 화려한 자태를 지니고 있었다. 그가 연회장에 들어선 순간 사람들은 탄성을 내질렀다고 한다. 한 내빈은 이렇게 말했다. "꿈에서나 나올까 싶은 모습이었다." 레이디 커즌의 드레스가 일으킨 돌풍은 전세계에 보고되었다.

메리의 세계는 언제나 진열대에 오르는 삶이었다. 메리는 권력과 과시, 전시의 상징이었다. 그의 드레스는 영국의 위대함을 상징하기 위해 디자인된 것이었다. 인도는 대영제국에 있어 '왕관의 가장 화려한 보석'이었다. 무도회가 열린 붉은 요새는 본래 17세기에 샤 자한을 위해 만들어진 공작 왕좌(Peacock Throne)를 가지고 있었다. 총독부인의 공작 드레스는 옛 통치자들의 왕좌를 영국령으로 교체하는 것을 상징적으로 보여주면서도 힌두교와 이슬람교 전통에서 중시하는 공작의 의미를 강조했다. 메리는 인도의 장인들이 짜고 프랑스의 장인들이 만든 드레스를 입음으로써 동서양의 전통을 화합하고자 했다.

그러나 이렇게 눈에 띄는 부의 과시는 영국 통치자들의 세계와 인도의 인구 대다수 사이의 거대한 격차를 부각시켰다. 특히 당시 인도는 일부 지역에서 심각한 기근을 겪고 있었기 때문에 더바에 들어가는 엄청난 비용이 부적절하다고 여겨졌다. 몇몇 신문은 연회 비용이 500만 파운드에 이른다고 추산했다. 더바의 막대한 비용에 대한 소문이 불화에 불을 지폈다. 대관식 더바(Coronation Durbar)는 황제의 대관식이라기보다는 커즌 가족의 허영과 거만함을 과시하는 자리라며 커즌식 더바(Curzonization Durbar)라는 오명을 얻었다 커즌은 이후 더바에 들어간 순비용이 18만 파

델리 더바에서 레이디 커즌을 본 누군가는
'꿈에서나 나올까 싶은 모습'이라고 말했다.

§

운드에 불과하다는 것을 보여주는 장부를 공개했다. 하지만 그럼에도 불구하고 그는 자신의 부유한 미국인 장인에게 비용의 일부를 부담해달라고 부탁해야 했다. 커즌은 더바가 '인도가 중요한 부분이었던 제국의 위대함을 세계에 선포할 것'이라고 선언했다.

총독 부부에게 델리 더바는 그들이 인도에서 보낸 시기의 정점이었다. 이후부터는 일이 꼬이기 시작했기 때문이다. 커즌 경은 인도 군사령관인 키치너 경(Lord Kitchener)과 통치위원회의 주도권을 놓고 신경전을 벌였는데, 결과는 커즌 경의 패였다. 이 굴욕 후에 커즌 경은 총독 자리를 사임하고 영국으로 돌아와서도 10년 동안 공식 석상에 거의 나타나지 않았다. 메리 커즌도 출산을 앞두고 영국으로 돌아왔으나 첫째와 둘째에 이어 셋째도 딸이었다. 영지를 상속할 아들을 절실히 기다리고 있던 커즌 부부는 크게 실망했다. 얼마 안 가 메리의 건강이 나빠지기 시작했고, 그녀는 더바 이후 3년 후인 서른여섯 살에 세상을 떠났다. 드레스가 상징하고자 했던 영국의 영원한 인도 통치 역시 환상에 불과했다. 1947년 8월 15일, 영국령 인도는 인도와 파키스탄으로 나뉘어 혼란과 유혈 사태 속에서 마침내 독립을 쟁취하며 근 200년간의 영국 식민 통치를 종식시켰다.

§

제2차 세계대전 노끈 모자

노끈을 코바늘로 짜서 만든 이 모자는 제2차 세계대전 동안 세상을 덮친 극심한 결핍과 절약 정신, 창의력과 직접 만들고 고쳐서 다시 쓰는 시절 아름다움을 계속해서 관리하고 싶어 하는 여성들의 '열망의 합일'을 상징한다.

제2차 세계대전의 발발이 가져온 즉각적인 효과 중 하나는 1940년 1월 1일에 도입된 배급제였다. 처음에는 식량만 배급되었으나 이듬해부터 의복도 배급제로 지급되기 시작했다. 각 의류마다 금액이 매겨졌고 모든 사람이 66개의 쿠폰을 할당받았다. 신중하게만 사용하면 1년치로 충분할 수 있다고 여겨지는 양이었다. 대부분의 남성에게는 큰 문제가 아니었다. 하지만 정부로부터 '아름다움은 곧 의무'라는 정신과 함께 어떠한 대가를 치르더라도 외모를 관리하여 군인들의 사기를 북돋도록 강요당하는 여성들에게 의복 배급제는 사소한 위기를 초래했다. 1942년 캔터베리 대주교가 교회 내에서 모자를 착용하는 것을 더 이상 의무로 여기지 말아야 한다고 했음에도 불구하고, 그 어려운 시기에 모자는 여전히 품위와 규범을 상징했다. 전쟁 기간 동안 복장의 형식이 일부 사라지거나 중단되었지만 모자와 장갑, 핸드백이라는 전통만큼은 대체로 유지되었다. 그러나 배급 쿠폰의 수가 끊임없이 오르락내리락하고, 줄을 서서 배급을 받아야 하며, 때로는 물자가 부족한 마당에 이 전통을 유지하기란 쉬운 일이 아니었다. 여성들은 외모를 유지하기 위한 새로운 방법을 찾기 시작했다.

그들은 지금껏 의복에 사용된 적 없는 새로운 재료로 모자를 꾸미고 만드는 독창적인 방법들을 열정적으로 연구했다. 병뚜껑, 필름 감개, 코르크 따위가 장신구를 대체했고 노끈을 비롯한 독특한 재료들로 모자를 기발하게 꾸미거나 변형시켰다. 노끈은 쉽게 구할 수 있는 재료였고 무엇보다 배급제로 지급되는 것도 아니었다. 잡지마다 옷을 오래 입는 방법이나 헌옷으로 새 옷을 만드는 방법, 쉽게 구할 수 있는 재료들을 소개했다. 《굿 하우스키핑》지는 코바늘 모자를 뜨는 여섯 가지 방법을 실었으며, 백화점에서는 양장 및 수선 서비스를 통해 '낡아가는 모자를 살리는 기적'을 제안했다. 여성들은 모자에 활력을 불어넣기 위해 인조 꽃과 장식을 다는 '치장(primping)'의 전문가가 되었다. 어떻게 시작해야 할지 모르는 사람들은 바느질 교실에 가서 수업을 들었다. 모자는 전쟁에 대한 일기와 기록에서 수없이 많이 언급되었다. 한 교구 목사의 아내 몰리 리치(Molly Rich)는 폭풍우가 내리치는 중에 모자를 잃고부터는 터번을 쓰고 다니기로 결심했다. 터번은 전통적인 모자의 대안으로 인기가 많았다. 1941년에 발행된 잡지 《홈노트》에는 뜨개질로 터번을 만드는 방법이 실려 있었다. 군모를 반영한 밀리터리 스타일이 크게 유행했고, 직접 만든 베레모가 특히 인기였다. 한 여성은 접시를 본으로 삼아 낡은 외투로 베레모를 만들었다고 회상했다.

전쟁에 참여한 모든 나라가 물자부족과 배급제를 경험했다. 이 고달프고 불안정한 시기 동안 독특한 복장이 많이 등장했다. 미국은 의류를 배급하지 않았지만, 민간인들에게는 신발이 1년에 세 켤레로 제한되었다. 제조업자들 역시 장식을 줄일 책임이 있었다. 코트에 어깨장식을 다는 것이나 허리띠 폭을 7.6센티미터보다 넓게 만드는 것도 제한되었다. 많은 여성들이 마찬가지로 모자를 개성 표현의 수단으로 사용했다. 그들은 애국적인 메시지를 담은 핀이나 장식으로 모자를 꾸몄고, 역시 고쳐 쓰는 문화가 유행하기 시작했다. 나치 점령하의 프랑스 역시 배급제를 채택했다. 하지만 프랑스 여성들은 세련되었다는 평판을 포기하기 싫어했기 때문에 대부분의 양장점이 영업을 계속했다. 직물을 사용하는 데에도 제한이 있었고 대부분의 사람들이 수선에 능숙해졌고, 자투리를 기워 만든 '백만 조각의 드레스(La robe a mille morceaux)'가 인기를 끌었다. 조화나 심지어 과일로 된 장식을 단 터번을 곳곳에서 볼 수 있었다.

전쟁이 시작되었을 때 유대인들이 소유하던 독일의 많은 의류회사들은 폐쇄되거나 정부로 소유권이 넘어갔다. 1939년 11월부터 의류가 배급되기 시작했으며 1943년부터 물자 부족이 만성화되어 전쟁 상황에 따라 가격이 요동쳤다. 수선 문화가 필연적으로 자리 잡았고 여성들은 '옛것으로 새것을(aus alt mach neu)' 만들어 써야 했다. 그들은 오래된 옷을 변형하고 독일의 혹독한 겨울에 대비하여 더 따뜻하게 만들었다. 심지어 한 여성은 숨진 남편의 군복에 생긴 총알 구멍을 꽃으로 가려 겨울 외투를 만들기도 했다. 알프스 산간지방 민속의상인 던들(Dirndl)을 입은 모델들이 잡지 표지에 자주 실렸다.

외모를 관리하여 군인들의 사기를 북돋도록 강요당하는 여성들에게
의복 배급제는 사소한 위기를 초래했다.

§

　일본은 1942년이 되어서야 공식적으로 식량과 의복을 배급했다. 쿠폰
은 도시 주민에게는 연간 100개, 지방 주민에게는 80개씩 발행되었지만
거의 모든 직물 생산품이 전쟁물자로 넘어가면서 의복을 찾아보기가 불
가능하다시피 했다. 정부는 일본 여성이 미국의 여성보다 옷을 더 많이 가
지고 있다고 생각했으며 이미 있는 옷을 고쳐 입을 것을 촉구했다. 질 나
쁜 레이온 섬유만이, 민간인이 사용할 수 있는 유일한 재료였다. 일본 잡
지들 역시 기모노를 바지로 만드는 방법 등 옷을 수선해서 입는 방법들을
소개했다. 창작과 수선은 누군가에게 가장 혹독한 시기 힘을 내고 개성을
표현하기 위한 수단이었다면, 어떤 사람들에게는 생존의 문제였다. 노끈
모자는 이러한 결단력과 독창성의 상징이다.

§

메리 퀸트의 망토

망토는 복식에 있어 오랜 역사를 가지고 있으며 여성과 남성 모두가 착용해온 아이템이다. 망토는 중세 유럽에서 특히 널리 사랑받았으며 종종 장식이 더해지거나 화려하게 꾸며졌다. 빅토리아시대의 남성들은 코트 등의 외투 위에 망토를 걸치기도 했고, 여성들 역시 망토를 즐겨 입었다. 여성용 망토는 다양한 디자인과 길이로 만들어졌고 유행에 따라 장식되었다.

메리 퀸트(Mary Quant)가 디자인하고 제작한 '앨리게이터(Alligator)' 망토는 종종 '런던룩(London Look)'이라고 일컬어지는 퀸트식 디자인과 스타일, 그리고 단순히 실용적인 옷 이상의 의복을 만드는 것에 대한 그의 철학으로 특징지어진다.

메리 퀸트의 망토는 매우 단순한 모양을 기반으로 위풍당당하고 맵시 있으면서도 자유로운 움직임을 보장했다. 군더더기를 없앤 이 외투는 메리와 당대 여러 디자이너들이 옹호하고 구축한 새로운 패션의 주요 특징들을 구체화했다. 대담한 색상과 극적인 패턴, 새로운 혼방직물은 기성세

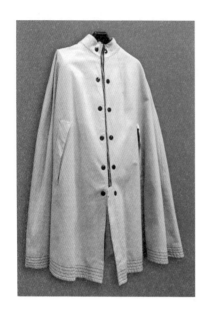

대의 스타일과 형식으로부터 반항적인 결별을 상징했다. 또한 젊은 여성들에게는 새로운 사회적 트렌드를 반영한 의상을 제공함으로써 여성은 그들만의 방식으로 옷을 입고 표현할 수 있었다. 미니스커트는 자유와 동격인 아이콘이자 여성스러움의 새로운 형태가 되었다.

1950년대가 서구사회에서 '10대'라는 개념을 발명 혹은 도입했다면 1960년대는 그들을 고려한 새로운 시장을 형성하여 패션을 포함해 그 시대의 주요한 대중문화적 영향력을 발전시켰다. 중대한 사회적 및 문화적, 정치적 격변을 전형적으로 보여준 10년을 배경으로 새로운 형태의 표현과 자유, 기념이 탄생했다. 젊은 여성들을 위한 이 새로운 자유를 가장 생생하게 포착한 것이 메리 퀀트라는 디자이너이자 아이콘의 패션이었다.

1934년에 런던에서 교사의 딸로 태어난 메리 퀀트는 바느질과 옷 만들기에 열정적이었다. 메리는 후에 이렇게 회상했다. "내가 제일 하고 싶은 게 옷을 만드는 일, 입으면 재미있을 옷을 만드는 일이라는 것을 늘 알고 있었던 것 같습니다." 이러한 초기 정서는 메리가 디자인하고 만든 패션과 의복에도 반영되었다. 메리 퀀트가 디자인한 옷들은 당대의 청년운동에서 영감을 받아 패션의 변화와 성, 정체성, 세계관에 대한 사회적 태도를 반영했다.

런던에 있는 골드스미스 예술대학에서 잠시 공부한 메리는 파트너이자 이후 남편이 되는 알렉산더 플렁켓 그린(Alexander Plunket-Greene)과 친구인 아치 맥네어(Archie McNair)와 함께 런던 킹스로드에 첫 번째 상점인 바자(Bazaar)를 열었다. 그곳에서 메리는 직접 제작한 유행에 민감한 기성복을 팔았다. 바자는 단지 새로운 스타일의 옷이 아니라 새로운 스타일의 쇼핑을 소개했다. 메리가 창조한 그러한 경험은 젊음을 영감의 주요 원천으로 삼았다. 메리는 이후에 이렇게 설명했다. "그저 젊은이들에게 어울리는 옷과 또 그 옷에 어울리는 액세서리를 찾는 데 집중하고 싶었다는 걸 스스로 알고 있었을 뿐입니다." 세련된 인테리어로 장식되고 비틀스와 킹크스 같은 팝음악을 시끄럽게 틀어놓은 부티크는 소녀들이 서로 어울릴 수 있는 장소가 되었다. 곧 메리 퀀트의 숍 주위로 다른 부티크들이 속속 들어서기 시작했다.

패션 스타일은 특정한 시대의 사회적, 문화적 및 다양한 감성을 어느 정도 반영하기 마련이다. 메리의 옷은 1960년대의 사회적 변화를 의미했다. 여성의 권리를 표현하고 요구하는 여성운동의 상승세와 더불어 전후의 궁핍함을 벗어나 '이렇게 좋아본 적 없는' 시기로 나아가고자 하는 광적인 욕구였다. 이런 분위기 속에서 여성은 행동을 제약하는 이전의 사회적 관습에서 벗어나 그 시대의 낙관적인 열정을 받아들일 수 있었다. 직업의 증가와 임금 인상, 피임에 대한 더 나은 접근권 덕분에 여성은 패션 분야에서 이전보다 더 많은 독립과 선택권을 누릴 수 있었다. 소득이 증가하면서 여성이 자신만의 스타일을 가꾸고 과거와 단절하는 것이 더욱 용이해졌다. 메리 퀀트를 포함한 당대의 디자이너들은 극적이고 실험적인 패션을 형성함으로써 이에 대응했다. 그들의 패션은 그렇게 1960년대의 분위기를 대표하게 되었다.

고급 맞춤복인 오트 쿠튀르(haute couture)와 파리 패션은 돈 있는 사람

메리 퀸트는 1960년대 주요 패션 거장이자
아이콘 중의 한 사람이었다.

§

들의 영역으로 남아 있었지만, 새로운 옷감과 디자인, 대량생산기술은 계
급이 없다시피 한 스타일을 촉진하며 젊은이들의 패션과 정체성, 그리고
격동하는 런던을 특징짓게 되었다. 메리 퀸트는 1960년대 주요 패션 거장
들과 아이콘 중의 한 사람이 되었으며, 이 명성을 바탕으로 21세기까지도
업계 최고의 자리를 유지할 수 있었다. 메리를 비롯한 당대 디자이너들의
패션은 서구의 젊은 여성들에게 전환점이 되었다. 1960년부터 지금까지
젊은 여성들과 10대들은 그들만의 스타일을 정의했다. 젊은이들이 전적
으로 실용적이기만 한 옷을 입을 일은 다시없을 것이다.

§

메릴린 먼로의 원피스

메릴린 먼로가 영화 〈7년만의 외출(1954)〉에
서 입은 흰색 원피스는 2011년 460만 달러에 팔렸다. 이 홀터넥 플리츠원
피스는 윌리엄 트라빌라(William Travilla)가 디자인했다. 메릴린이 지하철
환풍구 위에 서 있을 때 치마가 바람에 날리면서 다리가 드러나는 순간은,
이 영화의 가장 유명한 장면이자 20세기의 가장 상징적인 이미지 중 하나
로 묘사되어 왔다.

이 장면은 영화의 홍보 포스터에서도 두드러
지게 등장했다. 검은색 배경과 알록달록한
색깔로 쓰인 제목이 원피스의 흰색을 부
각시킨다. 함께 출연한 배우이자, 치마
가 날리는 모습을 보며 휘파람을 부는
톰 이웰(Tom Ewell)의 이미지는 한 쪽에
작게 그려져 있을 뿐이다. 메릴린은 자신의
섹슈얼리티에 대해 당당하면서도 순진하고 연

약하며 무엇보다 유쾌한 여성을 묘사한다. 그는 남성의 욕망에 위협적이지 않은 대상이면서도 여성에게는 영감을 주는 궁극적인 할리우드 섹스 심벌이자 세기의 여배우였다. 메릴린 먼로의 매력은 그가 세상을 떠난 지 수십 년이 지난 지금까지도 사람들을 계속해서 매혹하고 있다.

1926년 6월에 로스앤젤레스 할리우드에서 노마 진 모텐슨(Norma Jean Mortensen)이라는 이름으로 태어난 메릴린은 모델로 활동하다가 20세기 폭스필름 영화사와 계약하면서 새로운 캐릭터와 이름을 만들었다. 메릴린은 여배우 메릴린 밀러(Marilyn Miller)에서, 먼로는 할아버지의 이름에서 따왔다. 메릴린은 갈색머리를 금발로 염색했고 〈이브의 모든 것(1950)〉과 〈몽키 비즈니스(1952)〉 등 초기작에서 신인 여배우로 묘사되었다. 그의 특기는 크게 어려울 것 없는 코미디 역할이었다가 〈백만장자와 결혼하는 법 (1953)〉, 백금색으로 염색한 후에는 〈신사는 금발을 좋아해(1953)〉 등 뮤지컬 코미디에도 진출했다. 메릴린은 〈나이아가라(1952)〉에서 관능적인 몸매를 부각시키는 독특한 걸음걸이를 선보였고 폭스영화사는 '금발의 폭탄(Blonde Bombshell, 매력적인 금발 미녀라는 뜻)'이라는 단어를 재창조했다. 메릴린은 가벼운 역할에 뛰어났지만, 빌리 와일더(Billy Wilder) 감독의 〈7년만의 외출〉에 캐스팅되면서 여배우로서 한층 더 발전된 모습을 굳혔다.

이 영화는 무더운 여름날 아내와 아들이 여행을 떠난 사이 뉴욕에 혼자 남은 유부남 톰 이웰이, 메릴린이 연기한 위층 세입자를 향해 품는 열병을 중심으로 전개된다. 메릴린의 캐릭터는 오직 '그 여자(The Girl)'로만 불리며 나이와 성별, 성적 매력이 규정된다. 그는 제목의 '외출'에서 볼 수 있듯 결혼한 지 7년이 지나 답답함을 느끼는 톰의 욕정의 대상이다. 극 중 메릴린의 첫 번째 시각화는 문가에서의 실루엣으로, 그다음에는 흰색 물방울

무늬 원피스를 입은 모습으로 나타난다. 보통 순수함과 연관지어져 아이들의 옷에 많이 쓰이는 물방울무늬는 그의 순수함과 순진함을 묘사한다.

메릴린 먼로는 성적 매력을 과시하는 것을 두려워하지 않았다. 두 치수는 작아서 몸매를 그대로 드러내는 드레스를 즐겨 입었고, 옷맵시를 망칠 만한 속옷은 입지 않았다. 〈신사는 금발을 좋아해〉에서 입은, 허리를 졸라맨 붉은 가운과 〈버스 정류장(1957)〉의 초록색 코르셋 등 그는 몸매를 드러내는 수많은 역할을 소화했다. 결과적으로 메릴린은 자신이 연기한 역할만큼이나 자신의 섹슈얼리티를 고조시킨 의상들로 기억된다. 그러나 〈7년만의 외출〉의 그 유명한 흰색 원피스는 메릴린의 사생활에 불행을 초래했다. 메릴린은 열여섯 살에 처음 결혼했다가 이혼했고 영화 촬영 당시에는 열한 살 연상의 야구스타 조 디마지오(Joe di Maggio)와 재혼한지 얼마 되지 않은 터였다. 결혼을 하면 메릴린이 연기 활동을 쉴 것이라고 생각했던 조는 메릴린이 한국의 미군 부대에서 위문 공연을 하는 것을 질투했다. 그는 메릴린이 자신의 몸매를 드러내는 것이 남편인 자신을 모욕하는 것이라고 생각했다. 〈7년만의 외출〉의 촬영장에는 취재진과 사진작가들 그리고 5,000명의 관중이 초대되었다. 환풍구 장면은 열네 번의 테이크로 촬영되었는데, 메릴린의 음모가 촬영되었다는 소식에 디마지오는 격노했다. 그는 그녀가 공공재산이라며 혐오감을 표했고 두 사람은 4주 만에 이혼했다.

흰색 원피스를 입은 메릴린 먼로의 모습은 1950년대 미국의 정신을 압축했다. 곡선미 있는 풍만한 몸매가 성적 이상에 부합하면서도, 흰색 드레스와 금발은 성적 및 인종적 완벽함을 바라보는 미국의 시각을 구현했다. 이 원피스는 크리스티앙 디오르가 구현한 뉴룩의 전형이었다. 스윙스커트(swing-skirt: 허리는 꼭 맞고 밑자락으로 갈수록 폭이 넓게 퍼지는 치마 — 옮긴

조 디마지오는 그녀가 공공재산이라며 혐오감을 표했고
두 사람은 4주 만에 이혼했다.

§

이)의 윤곽과 잘록한 허리는 순수함을 상징하고, 흰색 귀걸이와 구두가 풍
성한 풀스커트(full skirt)에 담긴 섹슈얼리티를 완성한다. 메릴린은 뻣뻣한
자세를 취하며 바람에 흩날리는 치마를 강조한다. 그녀는 치마를 치켜들
면서 알몸을 노출하지 않고도 섹시함을 만들어냈다. 이는 앨프레드 킨제
이(Alfred Kinsey)가 보고서 「여성의 성적 행동(1953)」을 발간한 이후 여성
의 섹슈얼리티에 대한 대중의 인식이 더 너그러워졌음을 보여준다. 이후
1960년대와 1970년대는 더 너른 관용의 시기였다. 메릴린 먼로가 1950년
대에 이룬 스타덤과 볼륨감 있는 섹슈얼리티의의 구현은 제인 맨스필드
(Jayne Mansfield), 캐시 커비(Kathy Kirby), 다이애나 도스(Diana Dors) 등
숱한 여배우가 모방했다. 그중 다이애나 도스는 '영국의 메릴린 먼로'로서
홍보되었다.

메릴린의 성적 이미지로부터 시작된 트렌드는 지난 50년간 급격한 상
승곡선을 탔다. 전 세계적으로 여성들은 눈만 들면 볼 수 있는 미모와 몸
매의 이상적이고 종종 불가능한 이미지에 부합해야 한다는 압박감을 느
끼고 있다. 오늘날에는 영화와 텔레비전에 더해 소셜미디어까지 가세, 한
층 치명적인 영향력을 발휘하고 있다.

§

레즈비언 해방 배지

1978년에 영국 랭커셔의 번리(Burnley) 버스 회사에서 일했던 버스 운전사 메리 윈터(Mary Winter)는 '레즈비언 해방 (Lesbian Liberation)' 배지를 달고 출근했다. 당시에는 배지를 다는 행위가 일종의 정치적 시위로서 인기였다. 게다가 메리는 배지 덕분에 남성들로부터 원치 않는 성적 접근을 막을 수 있었다고 주장했다.

버스 회사는 메리에게 배지를 떼라고 지시했지만 메리는 거절했고, 그 때문에 해고당했다. 메리는 노동조합의 지지는 받지 못했지만 여성 단체의 도움을 받아 캠페인을 시작했다. 노동혁명당(Workers' Revolutionary Party)에 소속되어 있던 유명 여배우 바네사 레드그레이브(Vanessa Redgrave)도 버스 회사 사무실 밖에서 시위를 벌이며 메리의 복직을 요구했다. 당시 영국에서는 레즈비언과 게이, 양성애자, 트랜스젠더 등 성 소수자 (LGBT)의 고용이 법으로 정해져 있지 않았기 때문에 이 캠페인은 성공하지 못했다. 메리는 자신의 성 정체성을 드러냈다가 직업을 잃은 것이다.

1970년대는 정치적 레즈비어니즘(political lesbianism)의 시대였다. 영국과 미국에서 페미니즘 운동을 하는 수많은 여성들은 여성 동성애를 뜻하는 레즈비어니즘이 성차별에 맞서 싸우는 페미니스트들을 위한 중요하고 올바른 선택이라고 주장했다. '이성애자 페미니즘과 정치적 레즈비어니즘 간의 논쟁(The Debate Between Heterosexual Feminism and Political Lesbianism)'이라는 제목의 한 팸플릿은 이렇게 설명했다. "우리는 모든 페미니스트가 레즈비언일 수 있고 또한 그래야 한다고 생각한다. 정치적 레즈비언에 대한 우리의 정의는 '남성과 섹스하지 않는 여성 정체성을 가진 여성(woman-identified woman)'이다. 그렇다고 하여 여성과의 성행위가 필수라는 뜻은 아니다."

일부 페미니스트들과 팸플릿, 배지, 캠페인은 레즈비어니즘을 공공연히 드러냈다. 말레이시아와 보츠와나 등 어떤 나라들은 실제로 여성 동성애를 불법으로 규정하고 있었다. 마찬가지로 영국에서도 여성 동성애는 거부감과 수치심으로 둘러싸인 채 벽장 안에 굳게 숨겨져 있었다.

레즈비언의 역사는 앤 리스터(Anne Lister) 등 과거의 레즈비언 여성들의 이야기들을 회복함으로써 여성 동성애를 벽장 밖으로 끌어내고 편견에 도전하는 데 중요한 역할을 했다. 보수적인 견해와 정치성을 가졌던 앤 리스터는 자신의 가문이 지역 내에서 누렸던 지위를 유지하기를 간절히 바랐으며 평판을 잃을까봐 염려했다. 그러면서 앤은 자신이 외롭고 고립된 남다른 사람이라고 느꼈다. 그녀는 1806년부터 1840년에 사망할 때까지 일기를 썼는데, 자신의 감정을 그 안에 낱낱이 털어놓았다. 심지어는 '자연이 나를 만들 때 이상한 상태에 빠져 있었다'고 썼을 정도였다.

앤은 자신의 성 정체성을 들킬 것을 걱정한 나머지 은밀한 내용은 직접 만든 암호를 써서 자신이 만난 여성들과의 연애담을 자세히 기록했다. 이 일기는 1887년에 앤의 후손인 존 리스터(John Lister)가 발견했다. 존은 골동품 전문가인 친구 아서 버렐(Arthur Burrell)의 도움을 받아 암호를 풀었다. 두 남성은 일기장의 내용에 큰 충격을 받았고 존 리스터는 벽 속에 일기장을 숨기고 1933년에 세상을 떠날 때까지 그 일에 대해 함구했다. 1980년대 초 헬레나 휘트브레드(Helena Whitbread)는 일기장에 빼곡히 적힌 400만 글자를 편집해서 1988년에 마침내 책으로 출판했다.

앤 리스터와 그의 후손들이 걱정한 것은 단지 사회적 비난뿐이었다. 영국에서는 두 성인 여성이 은밀하게 성관계를 하는 것이 불법인 적이 없기 때문이다. 1921년 '여성들 간의 외설적인 행동'을 불법화하자는 법률이 제안되었지만 여성들의 상상력을 자극할 수 있기 때문에 여성 동성애 자체를 언급하지 않는 것이 최선이라는 이유로 거부되었다. 영국 상원의 디자트 백작은 그 법률의 제정에 반대하며 이렇게 말했다.

"정말 이렇게까지 해야 할 정도로 많은 사람들이 이렇게 비도덕적이고 정신적으로 문제가 있으며 타락한 신경증 환자라고 생각하십니까? 다수라고 말할 수도 있겠지만 기껏해야 극소수일 것입니다. 이런 불쾌한 행위를 온 세상에 알리겠다는 것은 그것을 전혀 들어본 적도, 생각해본 적도, 꿈꿔본 적도 없는 여성들에게까지 퍼뜨리겠다는 이야기입니다."

이 편협한 의원의 노력은 수포로 돌아갔다. 1928년에 래드클리프 홀(Radclyffe Hall)이 자전적 소설 『고독의 우물』로 재판을 받게 된 사건은 대중의 엄청난 이목을 끌었다. 그 책은 레즈비언 관계를 '비난받아 마땅하다'는 취지 없이 묘사했기 때문에 음란물출판법(Obscene Publication Act) 위반으로 기소되었다. 재판은 레즈비언들의 시야를 훨씬 더 넓혀주었고 래드클리프 홀은 수많은 응원의 편지를 받았다.

20세기 말에 꽃을 피운 LGBT 운동은 이성애에 대한 관념에 도전하며 그 기반을 약화시키고자 했다. 여러 나라에서 게이프라이드(Gay Pride) 행진을 하고 있으며 《디바(Diva)》 같은 잡지와 케이디 랭(KD Lang) 같은 공개적인 레즈비언 가수들의 음악, 〈원초적 본능(1992)〉 같은 영화들은 여성 동성애가 이제는 주류 대중문화에서 최소한 가끔씩은 묘사되고 있음을 보여준다. 다만 아동소설에 레즈비언 커플이 등장하는 경우는 여전히 드물다.

1992년에 뉴욕에서 결성된 레즈비언 어벤저스(Lesbian Avengers)는 여성 동성애를 숨기고 가리는 것에 진절머리가 난 여성들의 직접적인 행동 단체다. 21세기인 지금도 세계 4분의 1 가량의 국가가 여전히 여성 동성애를 범죄로 규정하고 있다. 수단, 이란, 사우디아라비아, 예멘, 모리타니, 아프가니스탄, 파키스탄, 카타르, 아랍에미리트, 그리고 나이지리아와 소말리아와 시리아와 이라크의 일부 지역에서 동성애를 했다간 사형을 당할 수 있다. 일부 다른 나라들에서는 레즈비언들이 동성애를 '교정'하겠다는 명목으로 자행되는 '교정 강간(rape conversion)'을 당하거나 이성애자와의 결혼을 강요당한다. 나라에서 허용하고 가족이나 지역사회가 가하는 폭력을 경험하기도 한다. 한 설문조사에서 인도의 레즈비언 78퍼센트가 자살충동을 느꼈거나 어떤 형태로든 폭력을 경험한 적이 있다고 응답했다. 어떤 카메룬 여성은 레즈비언임을 드러냈다가 자녀들을 볼 수 없게 되었다며 이같이 설명했다.

21세기인 지금도 전 세계 4분의 1 가량의 국가에서는
여전히 여성 동성애를 범죄로 규정하고 있다.

§

"즉시 가족회의가 열렸고, 제가 아이들을 키워서는 안 된다는 결정이 내려졌습니다. 저는 할 말이 없었습니다. 레즈비언이니까요. 저는 여전히 아이들에게 연락을 하고 찾아가려고 노력하지만, 아이들의 아빠가 그렇게 두지 않고 있습니다."

그럼에도 불구하고 동성 커플의 권리는 이제 좀 더 많은 인정을 받고 있다. 영국에서는 2005년 동성 혼인관계가 법적인 인정을 받을 수 있게 되었고, 2014년 3월부터는 동성 커플이 민간 결혼(civil marriage)을 할 수 있는 선택권을 갖기 시작했다. 그럼에도 불구하고 레즈비언 여성들은 여전히 차별에 직면하고 있다. 다만 이제는 그런 일이 발생할 때 법적인 보상을 받고 있다. 2007년 콘월에서는 환자를 학대했다는 이유로 두 명의 간호사가 해고되었다. 소송을 건 두 사람은 학대 혐의에 대한 근거가 전혀 없고 단지 성적 성향 때문에 해고된 것이라는 판결을 받으면서 35만 파운드의 보상금을 받았다.

§

실리콘 가슴

1962년 봄, 여섯 아이의 엄마인 티미 진 린지(Timmie Jean Lindsey)는 텍사스 휴스턴에서 최초로 유방확대술을 받은 여성이 되었다. 티미는 실리콘겔 삽입물을 주입히여 B컵에서 C컵의 가슴을 갖게 되었다.

티미가 수술을 받은 시기는 《플레이보이》 잡지와 바비 인형이 출시된 지 몇 년 지나지 않았으며 영화배우 메릴린 먼로와 제인 러셀(Jane Russell)이 육감적인 몸매로 인기를 끌 때였다. 오랜 시간이 흐른 뒤 여든 살이 된 티미는 이렇게 회상했다. "수술이 정말 완벽하게 되었다고 생각했어요. 너무나 부드럽고 진짜 가슴 같았죠. 그러다 밖에 나갔을 때 남자들이 저를 향해 휘파람을 부는 것을 겪고 그 효과를 제대로 체감할 수 있었죠."

여성은 1880년대부터 상아, 유리공, 접지고무, 소 연골 및 기타 합성물질 등 여러 가지 재료를 옷 속에 넣어 가슴의 크기를 키우려는 시도를 해왔다. 1940년대부터는 파라핀과 바셀린, 실리콘액과 의료용 실리콘을 섞어 만든 액체를 유방에 주입했다. 이러한 시술은 단기적으로는 만족스럽기도 했지만 호흡곤란과 폐색전증, 심지어 혼수상태와 사망 등의 부작용을 가져왔다. 그럼에도 불구하고 1976년 네바다에서 유방주사가 불법이 될 때까지 수천 명의 여성들이 라스베이거스에서 시술을 받았다. 그 무렵 실리콘 유방삽입물은 점점 흔해지고 있었다. 2014년 한 해 동안 전 세계에서 170만 건의 유방 수술이 실시되었다.

여성의 체형은 민족성과 유전, 운동, 신진대사의 영향을 받는데 문화적 표상은 많은 여성들이 자연스러운 방법으로는 결코 얻을 수 없는 이상적인 체형을 형성한다. 제2차 세계대전이 끝나갈 무렵 일본 매춘부들은 미군이 가슴 큰 여성들을 선호한다고 여겨 공업용 실리콘액을 유방에 주입해 크기를 키웠다. 1959년부터 바비 인형을 만들어온 마텔(Mattel)사는 28센티미터를 넘지 않는 키에 성인의 특색을 가진 인형으로 어린 소녀들에게 비현실적인 이상을 제공했다. 바비는 흰 피부에 풍성한 금발머리, 잘록한 허리와 풍만한 가슴을 가졌다. 비판의 목소리에도 불구하고 수억 개의 바비 인형은 이상화된 미국의 여성성의 상징적인 이미지를 전 세계에 전파했다. 이상화된 여성성은 이것뿐이 아니다. 1960년대와 1970년대의 여성 잡지계에서는 모델 트위기가 인기를 끌면서 좀 더 중성적이고 호리호리하며 앳된 느낌의 여성성을 제안했다. 실제로 미국과 같은 많은 나라들에서는 유방 확대술보다 유방 축소술이 더 흔하다. 《플레이보이》 같은 소프트코어(softcore) 포르노 잡지에서는 바비 스타일의 풍만한 가슴이 여전히 유행이었다. 실리콘겔 삽입물은 여성들에게 앳된 외모와 풍만한 가슴을 동시에 가질 수 있는 가능성을 제공했다. 현재 전 세계적으로 해마다 2000만 건이 넘는 성형수술이 이루어지고 있으며 피시술자의 90퍼센트가 여성이다. 많은 사람들은 이 현상에 문제가 있다고 생각한다. 그들은 이상화된 동안의 여성성에 순응하라는 미디어 등 이미지를 의식하는 산업이 여성에게 가하는 압력에 반대한다. 인체에 치명적일 수 있는 독소를 소량 주입해서 얼굴 근육을 마비시키는 보톡스(Botox)도 인기를 끌고 있다. 배우 줄리 크리스티(Julie Christie)는 할리우드 영화산업에서 계속 일하기 위해 주름 제거 수술을 받았다고 인정했다. 토크쇼 진행자인 조앤 리버스(Joan Rivers)는 이런 농담을 던진 적이 있다. "저는 지금까지 성형수술(plastic surgery)을 너무 많이 받아서, 죽을 때 제 몸을 타파웨어(Tupperware: 미국의 플라스틱 주방용품 브랜드 ─ 옮긴이)에 기증하려 해요."

일부 페미니스트들은 성형수술산업의 공격적인 광고 캠페인과 수술 후에 종종 발생하는 합병증, 시술자들에 대한 규제 미비에 주목한다. 또 어떤 사람들은 페미니즘의 핵심이 자기결정권이라고 주장한다. 사라 파스코(Sara Pascoe)는 2016년에 《가디언》지에 이런 글을 기고했다.

> "나는 확대술을 받은 친구들이나 친척들에게 크게 화를 내곤 했다. 나는 한 여성이 자신의 모습이 부족하거나 옳지 않다는 생각이 들면 자신의 신체를 바꿀 게 아니라 그런 생각을 들게 만든 문화에 격분해야 한다고 믿었다. (중략) 그러나 나는 여성이 다른 여성에게 이래라 저래라 하는 것 또한 페미니즘이 아니라는 사실을 배워야 했다."

많은 여성들이 성형수술과 보톡스 같은 시술이 자신감을 길러준다며 자기 몸을 원하는 대로 형성하고 표현할 권리를 주장한다. 하지만 연구 결과에 의하면 유방 확대 수술을 받은 여성들의 자살률이 그렇지 않은 여성

제2차 세계대전이 끝나갈 무렵 일본의 매춘부들은
공업용 실리콘액을 유방에 주입하여 크기를 키웠다.

§

들보다 3~4배 높다.

성형수술 포화상태가 이미 최고조에 달했다는 징후가 나타났다. 2016
년에 업계가 크게 침체된 것이다. 이 현상은 불경기로 인한 자금 부족과
삽입물에 대한 건강상의 우려에 대한 결과일 수 있다. 또는 모델 출신의
작가 나타샤 데본(Natasha Devon)이 제안하듯 여성이 자신의 몸을 더 편
안하게 받아들이기 시작한 것일 수도 있다. 청소년을 대상으로 정신건강
과 신체상에 대한 수업을 진행하는 단체 셀프에스팀 팀(SelfEsteem Team)
을 설립하기도 한 나타샤는 이렇게 주장한다.

"제가 15년 전 모델로 활동할 때 캐스팅 디렉터는 사람들이 원하는 이미
지를 아주 정확하게 알고 있었어요. 그 이미지는 언제나 굉장히 편협한
아름다움의 이상에 부합했죠. 요즘에는 인스타그램 팔로워 수가 가장 많
은 모델들이 계약을 따내요. 보다 다양한 체형과 치수, 연령, 인종을 대표
하는 사람들이 점점 늘어나고 있죠. 저는 사람들이 자기 피부색을 좀 더
편안하게 받아들이게 되면서 이런 다양성의 표현이 가능해졌다고 생각
해요."

V   소통과 이동, 여행 _ 참여 혹은 탈출의 수단

이 장에서 소개할 물건들은 지난 200년 동안 여성의 세계가 새로운 교통과 여행 및 통신 시스템 덕분에 헤아릴 수 없이 확장되었음을 보여준다. 여성들은 집에만 머물러있는 대신 기차와 자전거, 자동차, 비행기를 타고 길을 떠나 지역, 전국, 세계로 향했다. 어떤 이들은 모험정신을 가지고 있었다. 여기 등장하는 물건들은 1930년대 바다 위를 비행하며 기록을 깨고 세계 일주에 도전했던 조종사 아멜리아 에어하트(Amelia Earhart)와 같은 몇몇 선구적인 여성 탐험가와 여행가, 조종사들에 대한 통찰을 제시한다. 그런가 하면 어떤 이들은 강제로 여행을 해야 했다. 19세기에는 범죄를 저지른 여성들이 법령에 의해 호주로 이송되었다. 어떤 여성들은 자연재해나 분쟁으로 인해 난민이 되었다. 어떤 여성들은 홈스테드법(Homestead Acts: 남북전쟁 때인 1862년 성립한 미국의 자영농지법 — 옮긴이)에 의해 정부공여농지를 받겠다는 배우자의 결정을 따라 서부로 떠나야 했다.

많은 여성들에게 여행과 의사소통은 탈출의 수단이다. 잡지를 보거나 연인이 보낸 편지를 읽고, 누군가와 전화 통화를 하는 것은 상상력을 자극한다. 그 상상력은 아이디어를 심어주고 시야 너머에 있는 사람들과 만날 수 있게 해준다. 전화와 편지, 그리고 이제 인터넷은 고립을 줄이고 관계를 유지한다. 그렇게 할 수 있는 자원을 가진 사람들은 여행과 통신을 수단삼아 시대의 사회적 기대를 벗어나고 본래 태어난 곳에서는 상상도 못할 옷차림이나 행동양식을 선택한다. 여성이 자전거를 타고, 운전을 하고, 심지어는 오토바이를 타는 등 새롭게 찾은 자유를 누리는 것에 대해 어느 정도 불안과 우려가 있었던 것도 바로 이 때문일 것이다.

수전 브로웰 앤서니(Susan Browell Anthony)는 19세기 말 활동한 미국의 사회 개혁가이자 여성인권운동가, 노예제도 반대 운동가다. 수전은 자전거 타기를 여성들에게 직장에 가고, 친구들을 만나고, 정치에 참여할 수 있는 이동성을 제공해준, 매우 해방적인 경험으로 보았다. 1913년 6월 4일에 영국에서는 에밀리 와일딩 데이비슨(Emily Wilding Davison)이 여성 참정권의 대의를 알리기 위해 런던에서 엡섬까지 기차를 타고 갔다. 1960년대에 나온 미니(Mini)는 많은 여성들에게 첫 차 장만의 기회를 안겨줬다.

§

여성 잡지

1937년 영국에서 처음 출간된 《우먼(Woman)》지는 아내와 어머니라는 여성의 전통적인 역할을 현대화하며 빠르게 인기를 얻었다. 주간 발행부수가 1939년 75만 부, 1950년대와 1960년대에 250만 부까지 오른 이 잡지의 주 타깃층은 10대 이상의 여성이었다.

여느 잡지와 마찬가지로 《우먼》지의 패션과 소설, 특집, 사설, 광고는 여성을 가정의 수호자이자 쇼핑객, 가계의 관리자로 대했다. 여성 잡지의 역사는 1693년 영국에서 발행된 《레이디스 머큐리(The Ladies Mercury)》와 1792년 미국에서 발행된 《레이디스 매거진(The Lady's Magazine)》으로 거슬러 올라간다. 그러다 두 세계대전 사이에 여성이 참정권을 얻고 가사의 전문화가 이뤄지면서 새로운 잡지들이 폭발적으로 생겨났다. 이들은 저마다 실용적인 조언과 안도감, 마음껏 즐기는 휴식을 제공하면서도 '여성'의 의미에 질문을 던졌다. 또한 독자들이 페미니즘과 여성성 사이의 고달픈 길을 항해하며 집에서는 아내와 어머니로서, 집 밖에서는 지갑과 투표권으로 영향력을 행사할 수 있게끔 유도했다. 잡지들은 '집밥 만들기'나

'가계부 쓰기' 같은 기사를 실었으나 또한 개인과 정치의 변화에 대한 환상을 내세우기도 했다. 《우먼스 매거진(Woman's Magazine)》은 '여성의 앞에 펼쳐지는 가능성이 보다 완전하게 드러남에 따라, 여성이 시민으로서 가져야 할 책임이 한 주가 다르게 커져가는 듯하다'고 설명했다.

잡지들은 페미니즘을 직접적으로 주창했다. 1858년 3월 처음으로 발간된 《잉글리시 우먼스 저널(English Woman's Journal)》이 있던 랭햄 플레이스 19번지에는 여성고용촉진협회(SPEW, Society for Promoting the Employment of Women)도 있었다. 독립적인 재력을 보유한 중상류층 여성들로 구성된 이 단체는 랭햄플레이스 그룹(Langham Place Group)이라는 이름으로 알려지게 되었다. 그들의 목표는 모든 여성이 교육을 받고 직접 생계를 유지할 수 있도록 사회를 변화시키는 것과 기혼 여성의 지위에 관한 법률을 개혁하고 여성의 투표권을 보장하는 것이었다. 《잉글리시 우먼스 저널》지는 여성의 지위를 향상시키기 위해 고군분투하는 여성들과 영국 내 여성참정권 운동에 대한 기사를 실었고 정기적으로 간행물을 내며 그들의 대의명분을 고취시켰다. 《우먼스 저널》지는 미국에서 1870년부터 1931년까지 열린 두 건의 주요 여성참정권운동의 반공식적인 기관이 되었다.

대량으로 발행되는 여성 잡지는 대체로 여성의 정치적 이슈에 어느 정도 지면을 할당하면서도 주로 여성성과 가정생활에 초점을 맞추었다. 미국의 《레이디스 홈 저널(Ladies' Home Journal)》지는 1903년까지 100만 명의 구독자를 얻었는데, 그해 12월호에 실었던 특집 기사는 '크리스마스에 거실, 방과 식탁 꾸미기'와 '크리스마스에 병약한 사람들을 행복하게 만들기'였다. 제2차 세계대전 동안 영국과 미국의 잡지들은 여성의 역할이 변화하는 시대 속에서도 여성성을 유지하도록 독려했다. 《굿 하우스키핑》지는 1939년에 낸 한 특집 기사에서 '평소와 같은 크리스마스'를 강조했다. 한 화장품 광고는 이렇게 지적했다. "유니폼은 입지만 똑같아질 수는 없다. 이 제품을 쓰는 여성은 자신만의 개성과 매력을 지킬 수 있다." 잡지들은 변화를 인정했고 여성들이 불만이나 답답함을 표출할 수 있게 해주면서도 '미용 정보'와 '여성적인 매력'을 유지하는 것에 주력했다.

전쟁이 끝난 뒤 잡지들은 광고 수입에 의존하고 결과적으로 소비주의를 주장하면서 여러 여성 단체의 비판을 받았다. 1970년 3월 18일, 한 페미니스트 단체는 뉴욕에 있는 《레이디스 홈 저널》 사무실에서 농성을 벌였다. 그들은 남성이 직원의 주를 이루는 잡지가 어떻게 여성의 관심사를 규정할 수 있는지 항의했다. 그들은 《레이디스 홈 저널》지에게 여성 직원들의 근무환경을 개선하고 행복한 주부에만 초점을 맞출 게 아니라 다양한 주제를 다룰 것을 요구했다. 그들은 '이혼하는 법', '오르가슴을 느끼는 방법', '강과 하천을 오염시키는 세제' 등에 대한 특집을 대안으로 제시했다.

시위는 어느 정도 제한적인 성공을 거두고 끝났다. 그 후 몇 년간 페미니스트들은 다시금 그들만의 잡지를 만들었다. 미국에서는 글로리아 스타이넘(Gloria Steinem)이 《미즈(Ms.)》를 창간했고, 같은 해 영국에서는 《스페어립(Spare Rib)》이 발간되었다. 《스페어 립》은 성명서를 통해 잡지의 창간 목적이 '여성 문제에 집단적이고 현실적인 해결책을 제시하며, 잡지가 사회에 어떻게 독창적이고 효과적으로 기여할 수 있는지의 논의에 여성을 참여시킴으로써 엘리트주의와 이간책을 의식적으로 피하는 것'이라고 설명했다.

매달 여성 착취에 도전하고 논쟁하며 추궁하는 그들의 노력은 21년간 지속되었으나 1993년 1월, 독립 페미니즘 잡지사를 운영한다는 것에 따른 재정적인 압박에 손을 들고 말았다. 그 즈음에는 주류 여성 잡지들 역시 강간과 한부모 양육, 낙태, 이혼 개혁과 같은 페미니즘적 이슈를 탐구하고 있었다. 1960년대 헬렌 걸리 브라운(Helen Gurley Brown)이 편집장을 맡던《코스모폴리탄(Cosmopolitan)》은 싱글 커리어우먼을 타깃으로 자신의 섹슈얼리티를 받아들이도록 권유했다. 잡지 판매고는 대폭 올라 이 잡지는 현재 110개국에서 35가지 언어로 배포되고 있다.

1988년 출범한《마리끌레르(Marie Claire)》는 모니카 르윈스키(Monica Lewinsky), 중국의 전족, 도시의 고층 건물에 사는 싱글맘에 대한 특집으로 '지성을 겸비한 유일한 고급잡지'라는 이미지를 만들어갔다. 현재 일본, 인도, 폴란드 등 35개국에서 발행되고 있는 이 잡지는 독자들에게 소비자로서의 여성성의 즐거움과 정치 참여 및 페미니즘의 환상도 만족시켜주며 권력을 가진 여성의 새로운 가시성에 부합하고 있다.

§

여성 전용칸

수많은 소년들이 기차를 운전하는 기관사를 꿈꾸며 성장하는 동안, 여성과 기차는 늘 이중적인 관계성을 유지했다. 기관차가 처음으로 발명되었을 때 비평가들은 이렇게 말하며 우려를 표했다. "여성의 신체는 시속 80킬로미터의 속도를 견디도록 설계되어 있지 않다. 그렇게 빠르게 속도가 올라가면 자궁이 몸 밖으로 튕겨져 나가버릴 것이다."

기차는 여성에게 이동성과 더불어 여행을 하고 친척을 방문할 수 있게 했으며, 더 광범위한 취업의 기회를 제공했다. 하지만 제2차 세계대전까지만 해도 기차를 이용하는 여행자들과 근로자들은 대부분 남성이었다. 기차역과 기차는 남성적인 공간이었다. 19세기 말, 캘리포니아로 향하는 대륙횡단철도 근처의 서쪽 지방에 산재해 있던 식당 겸 여관인 하비하우스(Harvey House)에서는 '하비걸(Harvey Girl)'들이 여행자들에게 저녁식사를 서빙했다. 하비걸로 일하려면 18세부터 30세 사이의 미혼 여성이어야 했다. 그들은 검은색 긴 원피스에 흰색 앞치마를 두르고 1년 단위로 고용계약을 맺으며 일했다. 하비걸은 분명 미국의 황량한 서부에 문화적 영향력을 제공했다.

기차 여행을 하다 보면 객차나 역에서 여성과 남성이 서로 가까이 있게 되는 일들이 생겼는데 이것이 약간의 불안감을 조성했다. 19세기에 맨체스터 외곽에 살았던 한 여성은 이렇게 말했다. "여자들은 가능하면 항상 비즈니스 열차를 피했어요. 예의는 지킨다고 하지만, 여성 사회의 분위기와 확실히 동떨어진 남자들 사이에 둘러싸인 채 플랫폼에 서 있다 보면 굉장히 당혹스럽고 약간 상스럽게 느껴지기도 했거든요."

아일랜드 출신의 가정부들은 영국에 가서 새로운 삶을 시작했기 때문에 어떤 여성들에게 기차역은 전환점의 장소이기도 했으나 매춘부들이 자주 드나드는 유혹과 부도덕의 장소이기도 했다. 또한 에이다 닐드 츄 (Ada Nield Chew)와 같은 여성들은 20세기 초에 영국의 여성참정권운동을 위해 수도 없이 기차를 차고 전국을 누볐다. 츄는 자주 어린 딸과 함께 기차 여행을 했다. 여성 여행자들이 남성 성범죄자를 마주칠 위험에 대한 우려로 여러 기차가 여성 전용칸을 마련한 것도 이 즈음이었다. 이런 여성 전용칸 제도는 오늘날까지도 일부 국가들에서 계속되고 있다.

1840년대 영국에 여성 전용칸이 처음으로 도입되고 10년 후, 사우스이스턴 레일웨이 (South Eastern Railways)의 모든 열차는 '필요할 경우 한 칸을 항상 여성용으로 지정'해두는 규정을 적용했다. 1875년에 밸런타인 베이커 대령(Colonel Valentine Baker)이 일으킨 추문은 여성 전용칸에 대한 요구를 부채질했다. 육군 장교이자 왕세자의 친구였던 그가 기차 일등석에서 스물 두 살의 여성 레베카 디킨슨(Rebecca Dickinson)을 성폭행한 것이다. 1868년부터 열차마다 비상정차 줄을 배치하는 것이 법으로 규정되어 있었음에도 불구하고, 레베카는 도움을 요청할 수 없었다. 겁에 질린 그는 열차 창밖으로 기어 나가려고 시도했다. 레베카는 열차가 약 8킬로미터 떨어진 다음 역에 멈출 때까지 움직이는 기차의 창문에 매달려 있었다. 몸 절반은 창문 안에, 절반은 창문 밖에 걸친 채였다. 밸런타인은 그 후 체포되어 굴욕적인 재판을 받았다.

그러나 여성 전용칸은 나이 든 독신녀들의 전유물이 되기 시작했고, 대부분의 여성은 다른 사람들과 같이 일반적인 시설로 여행하는 것을 선호했다. 1888년에 실시한 조사 기간 동안 그레이트 웨스턴(Great Western)철도가 보유한 여성 전용칸 객석 1,060석 중 248석만이 사용되었고 5,141명의 여성이 흡연칸을 이용했다. 일부 철도회사들은 여성 전용칸을 폐지하고 요청이 들어올 경우에만 여성 전용칸을 마련하기로 했다. 1977년에 영국 국유철도(British Rail)는 여성 전용칸을 없앴는데, 최근 여성 전용칸을 다시 도입해야 한다는 제안은 여성들로부터 논란과 비판을 받고 있다. '일상에서의 성차별 프로젝트(Everyday Sexism Project)'의 창시자인 로라 베이츠(Laura Bates)는 여성 전용칸에 대해 이렇게 지적했다. "괴롭힘과 성적 학대가 불가피하며 뭔가 본질적으로 내재된 것이라는 메시지를 전달하는데, 이는 대다수의 남성들에게 굉장히 모욕적일 뿐만 아니라 가해자들에게도 무임승차권을 줍니다. 이것은 가뜩이나 심각한 문제인 피해자 책임 전가에 매우 큰 영향을 미칩니다."

그러나 대중교통에 대한 의존도가 훨씬 높은 나라들에서 성희롱의 대상이 되는 여성들은 종종 페미니스트들과는 다른 시각을 가지고 있다. 그들로서는 남성이 행동 양식을 바꿀 때까지 기다릴 수가 없다. 그들은 남

기차의 여성 전용공간은 안전하고 편안한 공간일까,
아니면 성희롱의 문제를 피하기 위한 방편일까?

§

성이 지금 당장 어떻게 행동하는지의 문제를 다뤄야 한다. 대중교통이 특히나 붐비게 되면 일면식도 없는 남성과 여성이 친밀한 사이여야 허용할 만한 범위 안에까지 서로에게 근접하게 된다. 안타깝게도 여성의 자립과 공공 영역 참여에 필수적인 기차와 버스 역시 성희롱에 매우 취약하다. 2012년, 정신치료를 공부하는 학생 판디가 델리 일대를 달리는 버스에서 여섯 명의 남성에게 난폭하게 성폭행을 당한 사건은 세계의 이목을 집중시켰다. 판디는 2주 후 싱가폴의 한 병원에서 사망했고 재판 과정에서 그가 당한 끔찍한 고통이 낱낱이 공개되면서 여성이 대중교통에서 얼마나 안전에 취약한지 드러났다. 대중교통에 여성 전용칸이나 분홍색 여성 전용버스가 일본과 이집트, 인도, 대만, 브라질, 인도네시아, 벨라루스, 필리핀, 두바이, 한국, 멕시코에 다시 등장하고 있는 것은 놀랄 일이 아니다. 여성이 개인적인 가정 공간에서 공적 영역으로 나아갈 수 있으려면, 안전하고 신뢰할 수 있는 교통수단은 필수적이다.

§

와르카 마스크

'우루크의 여인(Lady of Uruk)'이라고도 불리는 와르카 마스크(Mask of Warka)는 약 5,000년 전에 만들어진 대리석 조각이다. 인간의 얼굴을 정확하게 표현한 가면 중 가장 오래된 것으로 여겨진다. 가면의 얼굴은 지금의 이라크 지역인 고대 메소포타미아의 여신, 이난나(Inanna)를 묘사한 것으로 추정된다.

이라크 국립박물관에 매우 중요한 유물로 보관되고 있는 이 마스크는 1939년 영국인 여성 거트루드 벨(Gertrude Bell)이 발견했다. 거트루드는 제1차 세계대전 후 이라크의 여러 현장을 발굴하며 찾아낸 유물들을 이라크에 남겨 두어야겠다고 결심했다. 이라크 정부는 1926년 바그다드 유적 박물관을 건립하면서 거트루드가 1922년부터 수집해온 유물들을 통합했다. 거트루드는 이 박물관의 초대 관장이 되었지만, 불행하게도 질병과 우울증에 시달리다가 그해 말 수면제 과다복용으로 세상을 떠났다.

거트루드는 누구나 주목할 만한 여성이었다. 1868년에 더럼에서 태어난 그는 옥스퍼드대학교를 단 2년 만에 1급 명예학위를 받고 졸업한 최초의 여성이었다. 1920년까지만 해도 여성은 옥스퍼드대학교에 정식으로 소속될 수 없었고 전통적인 방법으로는 졸업을 할 수 없었다. 거트루드는 제1차 세계대전이 터지기 전에 세계 일주를 두 번 했고, 1913년부터 1914년까지 다마스쿠스에서 바그다드까지 3개월 동안 고된 낙타 여행을 했다. 그동안 700장의 사진을 찍고 상세한 기록을 남긴 거트루드는 '역사상 가장 진지한 여성 여행자'로 기억된다. 거트루드는 수많은 학술

서적을 출간했고, 숙련된 산악인이었으며, 탁월한 언어학자였다. 제1차 세계대전 이후에는 오스만제국의 세 지방 모술(Mosul)과 바그다드, 바스라(Basra)를 통합해서 이라크 건국에 지대한 역할을 했다. 그는 또한 파이살 왕자(Prince Faisal)가 1921년에 왕좌에 오르는 데에도 영향을 미쳤다.

거트루드는 여성 여행자였다. 자신의 여정을 기록으로 남기기 시작한 것은 순례자들이었지만 17세기와 18세기에 유복한 여성들은 그랜드 투어(Grand Tour: 17~19세기 초까지 특히 영국 상류층 자제들 사이에서 유행한 유럽 여행 ― 옮긴이)를 하며 유럽 인기 지역을 여행했다. 이런 여행은 적절한 샤프롱(chaperon: 사교계에 나가는 젊은 여성의 여성 보호자 ― 옮긴이)을 대동한다면 어렵사리 허용되었지만, 더 머나먼 외딴 지역, 다른 대륙으로 여행을 가는 여성들은 평판을 잃을 수도 있었다.

일부 여성은 그런 것을 신경 쓰지 않고 순전히 일탈을 위해서 여행을 했다. 1776년에 태어난 레이디 헤스터 스탠호프(Lady Hester Stanhope)는 외삼촌인 윌리엄 피트(William Pitt the Younger)가 수상이었을 때 미혼이

었던 그의 안주인 노릇을 했다. 윌리엄이 1806년에 사망하자 레이디 헤스터는 정부로부터 한 해에 1,200파운드라는 후한 연금을 보상으로 받았다. 1810년에 오빠마저 사망하자 가사 책임에서 해방된 헤스터는 곧 영국을 벗어나 아테네로 첫 항해를 떠났다. 카이로로 가던 도중 폭풍우로 배가 난파되자 헤스터는 터키 남성들의 옷을 빌려 입은 채 아랍의 종마를 타고 중동을 여행했다. 그는 시리아 사막을 횡단한 최초의 유럽 여성이었으며 그의 아슈켈론(Ashkelon) 원정은 최초의 고고학적 성지 발굴이었다. 헤스터는 마침내 레바논 시돈(Sidon) 근처의 외딴 수도원에 정착했다. 열병을 앓으면서 뇌손상을 입은 것으로 여겨지는 헤스터는 스스로를 운명의 신비한 여인이라고 믿기 시작했다. 그는 이런 글을 남겼다. "나의 용기와 성공에 시리아 전체가 경악하고 있다." 헤스터는 자신의 집에 찾아오는 거지와 난민들에게 음식을 제공하고 중세시대 통치자처럼 행농했다. 그 결과 빚더미에 들어앉은 그는 1839년에 사망할 때까지 더욱 적막한 생활을 했다. 슬프고 외로운 최후에도 불구하고 헤스터는 '나는 너무 멀리 나갔다는 것 외에는 나 자신을 책망할 게 없다'고 느꼈다.

이자벨 에버하르트(Isabelle Eberhardt)는 1877년에 스위스에서 태어났다. 이자벨은 스무 살에 자살과 질병, 갑작스러운 죽음으로 가족을 전부 잃었다. 어렸을 때부터 종종 남자아이 차림을 했던 이자벨은 남성의 옷을 입고 알제리와 사하라사막을 여행했다. 그가 남긴 기록에는 이런 글이 적혀 있었다. "지독한 희망과 실망, 환멸의 세계를 뒤로 한 채, 기억은 날마다 점점 멀어지고 모든 현실을 잃어버리다시피 하는 혼자만의 시간."

이자벨은 상실의 아픔에서 벗어나기 위해, 필사적으로 잊기 위해 여행을 한 것으로 보인다. 젊은 알제리 군인과 결혼을 했음에도 불구하고 여러 번 외도를 했고 마약을 한 그녀는 결국 스물일곱 살의 나이에 사막에서 갑

어떤 여성들은 평판 따위를 신경 쓰지 않고
순전히 일탈을 위해서 여행을 했다.

§

작스러운 홍수를 맞아 목숨을 잃었다.

이 세 여성 여행자들의 삶은 슬프게 끝났지만, 그들은 집에서 독신녀로 제약을 받는 삶에 안주하는 대신 여행과 모험의 삶을 선택하는 놀라운 용기를 보여주었다. 말이나 낙타를 타고 하는 고된 여행은 오늘날에도 섣불리 도전할 수 없는 것이다. 그들은 현지 언어를 배웠고 그곳에서 만난 사람들과 사랑을 나누었다. 자유를 위해 대가를 치러야 했을지 몰라도, 관습에 개의치 않고 그 모든 것을 뒤로한 채 자신이 선택한 삶을 살았다.

§

포장마차

1840년부터 1870년에 걸쳐 오리건과 캘리포니아를 잇는 육로가 개통되었다. 1837년부터 시작된 농업 불황은 자유의 땅을 향한 약속, 1848년 후부터는 금과 은 채굴에 대한 기대감에 박차를 가했다. 35만 명가량의 남녀와 어린아이들이 미주리 강둑을 따라 위치한 작은 마을들을 떠나 3,800킬로미터가 넘는 위험한 여행길에 올랐다. 서부를 향해 길을 떠나는 사람들 대부분은 이미 먼 여정을 거쳐 미주리에 도달했던 사람들이었다.

프래리 슈너(Prairie Schooner)와 코네스토가 왜건(Conestoga Wagon)은 서쪽으로 여행하며 행로를 개척해가던 이들 사이에서 가장 인기 있는 두 마차였다. 특히 길고 견고한 뼈대와 높다란 흰색 천막이 선박의 모양을 닮아서, 대초원을 가로질러 달릴 때 마치 풀바다를 항해하는 것 같다 하여 이름 붙여진 프래리 슈너는 코네스토가 왜건보다 가벼웠으며, 험한 지형을 가로지르는 여정을 잘 견뎌낼 수 있다고 여겨졌다. 한 무리의 황소나 말이 이끄는 이런 포장마차는 하루에 16~32킬로미터를 여행했다. 어린아이들은 어머니와 함께 마차에 탔고, 좀 더 큰 아이들은 마차를 모는 남성들 옆에서 걷거나 가축 떼를 몰고 앞서 갔다. 밤이 되면 사람들은 마차 안에서 잠을 잤고 어떤 사람들은 땅바닥에 텐트를 치고 야영을 했다. 마차 행렬의 길이는 처음에 출발했을 때에는 8킬로미터까지도 이어졌지만, 여정이 진행되는 동안 점차 작게 쪼개졌다.

마차 여행은 남성과 여성에게 각기 다른 경험을 제공했다. 젊은 남성에게는 종종 모험과 용감함을 증명할 수 있는 기회, 막대한 부와 황무지에서 개척하는 새로운 삶에 대한 기대감을 상징했다. 하지만 여성들은 마지못해 따라나선 경우가 대부분이었다. 남편이 가기로 결정하면 젊은 아내는 함께 가는 수밖에 없었다. 여성들의 일기와 편지에는 종종 의지했던 친구들과 가족들, 다시는 돌아오기 힘들 고향을 뒤로 한 채 미지의 세계로 여행을 떠나는 것에 대한 비탄과 괴로움이 담겨 있었다. 홈스테드 정착민의 평균 나이는 16세에서 35세 사이였는데, 남성으로서는 체력이 정점에 오르는 연령대였지만 여성은 달랐다. 여성은 한창 출산을 할 때였으며 다섯 명 중 한 명은 여행길에서 출산을 했거나 임신을 한 것으로 추정된다. 여행길에서 출산을 할 수도 있다는 가능성은 매우 위압적이었겠지만 그렇다고 해서 여정을 늦출 수는 없었다. 마차 행렬은 보통 4월이나 5월 초에 출발해서 겨울이 본격적으로 시작되기 전에는 반드시 도착해야 했다. 그러나 여행길에서 식량이 바닥나고 가축도 죽는 일이 비일비재했다.

여성은 아기와 어린아이들의 양육을 도맡아야 했다. 아이들의

안전은 끝이 없는 불안요소였다. 또한 요리와 빨래뿐 아니라 매일 밤 텐트를 치고, 남편을 도와 가축을 돌보며, 마차를 수리하고, 강을 건널 때마다 짐을 내렸다 다시 싣기를 반복해야 했다. 또한 '버팔로 칩(buffalo chips)'이라고 하는 소똥을 모으기 위해 마차와 나란히 걸어야 했으며, 소똥이 없으면 잡초를 거둬서 매일 저녁식사를 요리할 불을 피워야 했다. 이주를 떠나는 사람들의 9퍼센트가 도중에 목숨을 잃었다. 미지의 영역에서는 사고가 일어나기 쉬웠다. 아이들은 마차 밖으로 떨어졌고 때때로 원주민들의 공격을 받았다. 남성들은 새로운 경로를 찾다가 죽기도 했으며 기아와 익사, 열병, 이질이 흔했다. 무엇보다 처참했던 것은 수천 명의 생명을 앗아간 콜레라 전염병이었다. 여성은 남편을 잃고 과부가 되고 나서도 남편의 유지를 따라 여정을 계속하는 게 당연하다고 여겨졌다.

1893년 프레더릭 잭슨 티너(Frederick Jackson Turner)가 쓴 논문은 서부 개척지야말로 미국을 구축한 결정적인 개념이라는 주장을 전개했다. 프레더릭은 서부 개척지를 영웅주의와 승리, 무엇보다도 전진의 땅이자 용감한 백인 남성들의 위업이 지배한 곳으로 보았다. 그는 가장 압도적인 고난을 겪는 그들의 고통과 영웅주의, 회복력이 미국인들에게 민주적이고 물질주의적인 개인주의를 안겨주었다고 했다.

20세기 후반 역사학자들은 프레더릭의 주장에 대체로 반박하며 그것이 여성과 아메리카 원주민의 경험을 배제하고 있으며, 정착민들이 '문명'을 가져오기 훨씬 전부터 그곳에 살고 있던 원주민들의 삶의 방식은 한 세대 만에 거의 파괴되어버렸음을 지적했다. 한편 자기 스스로 여정을 시작한 여성들도 있었다. 1862년의 홈스테드법은 5년 동안 그 땅에 머물며 터를 닦은 가구주에게 무료로 농지를 제공했는데, 이 법은 미혼 여성이나 미망인, 이혼 여성에게도 적용되었다. 엘리노어 프루이트(Elinore Pruitt)는 철도 사고로 남편을 잃은 후 1909년에 두 살배기 딸과 함께 와이오밍으로 향했다. 엘리노어도 자기 몫의 토지에 대한 권리를 주장하기 위해 떠났다. 그는 목장주의 가정부가 되었다가 결국 목장주와 결혼했다. 많은 여성들에게는 목적지에 도달한다고 해서 괴로움이 끝나는 것은 아니었다. 그러나 서부 개척지에서 그들의 존재는 필수적이었다. 서부는 대부분의 사람들에게 있어 약속의 땅이 아니었지만 그들은 역경을 딛고 견디며 믿을 수 없을 정도로 어려운 상황 속에서 가족을 양육했다. 홈스테드 정착민들은 선구적인 여행자들이었으며 자연의 풍광과 자유를 사랑했다. 엘리노어는 어느 날 아침 자신의 오두막에서 경치를 감상하며 친구인 코니 부인에게 기쁨의 편지를 썼다. "은빛 시폰으로 안감을 댄 짙은 녹색의 벨벳 보석상자 속에 있다고 상상해 봐. 그 가운데에는 눈 덮인 산봉우리가 커다란 오팔처럼 서 있고 새 하루를 밝히는 황금빛이 그 모든 것 위에 내리쬐고 있어. 지금 이곳이 딱 그런 모습이야."

§

라자 퀼트

여행은 어떤 여성들에게 모험과 자유의 기회를 제공한다. 하지만 정치적, 종교적 혹은 민족적 박해를 피하기 위해 집과 가족, 익숙한 모든 것을 버리고 여행길에 오르도록 강요받는 수많은 여성들 또한 있어 왔다.

내전과 분쟁, 경제적 박탈은 여성에게 여행을 강요했다. 1970년대에 발발한 베트남 전쟁은 베트남과 캄보디아의 여성들 일부를 미국으로 향하게 했다. 좀 더 최근에 벌어진 수단과 시리아 사이의 분쟁으로 인해서도, 수많은 여성이 집을 떠나야 했다.

1841년에 제작된 이 퀼트는 영국에서 태즈메이니아의 옛 이름인 반디멘의 땅(Van Diemen's Land)까지 라자(Rajah)호를 타고 여행한 180명의 여성들이 만들었다. 그들이 직접 선택한 여행은 아니었다. 그들은 유죄판결을 받고 호주로 이송되는 처벌을 받은 범죄자들이었기 때문이다.

1718년에 도입된 제1차 유배법(Transportation Act)을 통해 영국 법원은 중죄인에게 7년간의 미국 유배를 선고할 수 있게 되었다. 미국으로 보내진 여성들은 주로 종살이나 밭일을 했다. 유배법은 1776년 미국의 독립전쟁으로 중단되었다가, 이듬해 호주로 행선지를 바꿔 재개되었다. 1787년부터 1852년 사이에 유죄판결을 받은 여성들 2만 5,000명가량이 이런 식으로 처벌받았다. 어떤 여성들은 최소한 시간제로라도 매춘을 한다고 여겨진 상습범이었고 또 어떤 이들은 잘못된 재판의 희생자들이었다. 대다수는 글을 읽고 쓸 줄 알며 기술을 가진 젊은 초범자이거나 좀도둑을 저지른 경우였다.

엘리자베스 카펜터(Elizabeth Carpenter)는 전당포에서 줄을 서서 기다리는 동안 옷을 훔친 혐의로 유죄판결을 받았고, 제인 험프리스(Jane Humphries)는 주전자를 훔치다 붙잡혔다. 두 사람 다 1830년에 유배 7년형을 선고받았다. 여성들은 각자 다르고 모호한 기준으로 유배를 갔다. 각지역 감옥에서 런던으로 갔다가, 철창에 갇혔다가, 난파의 위험을 안고 배를 타는 등의 여정을 마치기까지 수개월씩 기다리는 일도 많았다. 유배길은 길고 불편했다. 병에 걸려 죽는 일도 드물지 않았다. 호주에 도착한 여성들은 곧바로 계약 노동이나 종살이를 시작했다. 종종 남성의 성적 대상이 되기도 했다.

엘리자베스 거니(Elizabeth Gurney)는 1780년 부유한 퀘이커교도 가정에서 태어났다. 엘리자베스는 1800년에 결혼한 뒤 9년간 여섯 명의 아이를 낳았다. 1813년 한 친구로부터 뉴게이트 교도소의 열악한 환경에 대해 듣게 된 엘리자베스는 교도소 면회와 개혁을 위해 일과 가정생활을 병행했다. 엘리자베스는 여성수감자복지향상협회(Association for the Improvement of the Female Prisoners)를 설립하고 음주의 절제, 근면을 독려하기 위해 동료들과 함께 수감자들의 종교적인 교육을 장려했다. 또한 런던을 떠나기 위해 대기 중인 범죄자 수송선의 여성들을 방문했고 지지자들과

함께 종교 예배를 열고 여성들에게 매일의 식사를 위한 포크와 나이프, 성경책, 뜨개질과 재봉틀을 제공했다. 라자퀼트를 만드는 데 사용된 것도 바로 이런 재봉틀이었다.

자수와 아플리케(appliqué: 천 조각을 덧대거나 꿰맨 장식 — 옮긴이)로 꾸민 이 조각보 이불의 크기는 가로 325센티미터, 세로 337센티미터다. 여성들이 끔찍한 상황에서도 숙련되고 예술적인 협동작업을 해낼 수 있다는 것을 보여주는 사례다. 테두리에는 다음과 같은 글귀가 수놓아져 있다.

"범죄자수송선위원회의 부인들에게, 반디멘의 땅으로 향하는 라자호의 죄수들이 항해 중에 작업한 이 퀼트는 그들이 영국에 있을 때와 이 여정을 하는 동안 그들의 복지를 위해 노력한 것을 기억하고 감사한다는 증언이자, 부인들로부터 들은 근면해지라는 다정한 책망을 가볍게 여기지 않는다는 증거이다. 1841년 6월."

수송선에 탄 여성들 중 다수가 자녀가 있는 어머니였고 예나 지금이나 법정에서 선고하는 형량은 아이들도 고스란히 감당해야 할 몫이었다. 영국에서는 해마다 약 2만 명의 어린이들이 어머니가 수감되는 이별의 고통을 겪는다. 19세기 초 유배법은 다음과 같이 규정했다. "6세 이하의 남아, 10세 이하의 여아는 모친과 동행할 수 있으나 자녀에게 모유 수유를 하는 여성은 선박을 통해서 해외로 이송될 수 없다." 여성들은 자녀를 데리고

1841년에 영국의 여성 죄수 180명은
호주에서의 새로운 삶을 향해 항해하는 동안 퀼트를 만들었다.

§

갈지 아마도 이대로 영원히 헤어져야 할지 괴로운 결정을 내려야 했다. 결과적으로 1834년에 이뤄진 한 여정에서 조지 히벳(George Hibbet)호는 여성 죄수 150명과 41명의 아이들을 태우고 항해했다.

여성은 여전히 아이들을 데리고 위험하고 불확실한 여행을 계속한다. 터키에서 서유럽까지 이어지는 난민 행렬에 동참한 시리아 난민이자, 두 아이를 둔 과부인 리마는 이렇게 회상했다.

"밤길을 걷는 건 정말 무서웠습니다. 저는 등에 가방을 지고 딸을 그 안에 넣었어요. 아이가 아파서 열이 41도까지 올랐습니다. 가장 무서웠던 순간은 오토바이를 탄 남자가 제 어린 아들을 태우고 싶어 했을 때였어요. 그 사람은 여자아이 말고 남자아이만 태우겠다고 말했어요. 저는 그가 제 아들을 낚아채갈지도 모른다고 생각했습니다. 폭탄이 터지는 일은 이제 없지만, 저희는 여전히 몸이 얼어붙는 두려움에 떨고 있습니다."

§

에밀리의 왕복 티켓

엡섬 더비(Epsom Derby)는 영국 플랫레이싱(flat racing: 장애물 없이 평지에서 뛰는 경마 경주 — 옮긴이) 행사 중 가장 중요한 경기다. 1913년 조지 5세가 승리를 예상한 말이 이 엡섬 더비에서 뛰게 되면서, 세간의 관심은 고조되었다.

6월 4일 열린 이 경주는 엄청난 인파를 끌어모았다. 여성참정권 운동의 투지도 극에 달한 상황이었다. 경주가 절정에 이르렀을 때 에밀리 와일딩 데이비슨(Emily Wilding Davison)은 난간 아래로 몸을 숙이고 들어가 말들이 질주하는 경주로로 걸어갔다. 에밀리는 왕의 말인 앤머(Anmer)의 고삐를 향해 손을 뻗었다. 에밀리는 시속 56킬로미터로 질주하던 말과 충돌한 뒤 말발굽에 짓밟혔고 기수도 말에서 떨어졌다. 잠시 비틀거리던 말은 곧 회복했고 기수도 가벼운 뇌진탕을 입었지만 골절은 없었다. 하지만 에밀리는 의식을 되찾지 못했고 나흘 뒤에 사망했다. 에밀리가 왕의 말의 발굽 아래로 일부러 몸을 던졌는지, 그의 자살이 여성참정권 운동의 대의를 위한 순교가 되었는지, 그날의 그 행동이 단순히 무모한 것이었는지, 아니면 알렉산드라 여왕의 말대로 '잔혹한 미치광이 여자의 가공할 행동'인지에 대한 논쟁은 계속되어 왔다.

에밀리는 질주하는 말들의 경주로로 달려 나갔을 때 지갑을 쥐고 있었는데, 그 안에는 런던으로 가는 왕복 티켓이 들어 있었다. 그는 그날 저녁 약속이 있었고, 얼마 안 있어 언니와 함께 휴가를 갈 계획이었다. 정황으로 미루어 에밀리는 그날 경주가 끝나면 집으로 돌아갈 생각이었던 것으로 보인다. 그의 의도를 확실히 알 길은 없다. 하지만 여성사회정치연맹(WSPU, Women's Social and Political Union), 일명 서프러제트에 참여한 에밀리의 활동에 대한 보고서에서 그 해답의 일부를 찾을 수 있다.

에밀리는 로열할러웨이칼리지와 옥스퍼드대학교에서 공부한, 학식 있는 여성이었다. 1906년에 모든 경력을 포기하고 참정권 운동에 전념하기 전까지는 교사로서 일했다. 개성 강한 에밀리는 급진적인 행동을 취하기 전에 누군가의 허락을 구하는 법이 없었다. 참정권 운동의 지도부에 의해서 핵심층으로 여겨진 적도 없었다. 에밀리는 아홉 번이나 감옥에 갔혔다. 허버트 애스퀴스(Herbert Asquith) 정부가 여성참정권을 논하기 위한 법안에 시간을 내겠다던 약속을 계속해서 어기자, 에밀리의 불만은 점점 커져갔고 그의 행동은 더욱 극단적인 양상을 보였다.

에밀리는 돌을 던지거나 우체통에 불을 지르고 심지어는 폭탄을 설치하는 등의 행동으로 여러 번 체포되었다. 단식 농성에 들어가는 바람에 강제 급식도 45번이나 당했다. 한번은 자신의

감방에 방어벽을 쳐서 강제 급식에 저항하기도 했다. 어느 날은 교도관이 에밀리의 감방에 호스를 넣고 얼음처럼 차가운 물을 틀어 감방에 물이 차오르면서 익사할 뻔하기도 했다. 에밀리는 후에 이런 글을 썼다. "그때 들었던 생각은 우리 모두가 예상했던 희생의 순간이 마침내 눈앞에 다가왔다는 것이었다. 나는 두렵지 않았다." 에밀리는 석방되자마자 교도소 관계자들을 고소했고 손해배상을 받아냈다. 한번은 감옥에서 에밀리를 오랫동안 굶겼다가 강제로 음식을 먹이는 바람에, 필사적인 몸부림으로 감옥 발코니 너머로 몸을 던지려고 한 적도 있다. 에밀리의 죽음 후 언론은 그의 죽음이 자살이었다는 것을 보여주기 위해 이 같은 말과 행동에 주목했다. 하지만 사인을 규명한 결과 불운한 사고였다는 결론이 나면서, 에밀리를 위한 기독교식 장례와 추도식이 치러질 수 있었다.

　최신 디지털 기술로 경기 장면을 조사해보면 에밀리의 의도는 왕의 말에 깃발을 꽂아서 그 말이 여성참정권 운동 색깔의 깃발을 단 채 경주를 마치게 하려던 것으로 추정된다. 아마도 다소 순진했거나 지식이 부족해서, 질주하는 말의 속도와 자신의 행동의 위험성을 제대로 인지하지 못했던 것 같다. 서프러제트들은 에밀리의 죽음을 순교로 대했다. 이 사건은 즉각적이고도 장기적인 효과를 일으켰다. 에밀리의 장례식은 5만 명이 지켜보는 장관이었다. 6,000명의 서프러제트 지지자들이 열을 지어 행진했고 대부분 참정권을 상징하는 색인 보라색과 초록색, 흰색 옷을 입고 있었다. 빈 마차와 흰옷을 입고 백합을 든 젊은 운동가들, 검은 옷차림으로 그 뒤를 잇는 좀 더 나이든 운동가들의 모습이 장례 행렬을 촬영하던 카메라들에 포착되었다. 에밀리의 시신은 기차에 실려 그가 어린 시절을 보낸 노섬버랜드 모페스로 옮겨졌다. 에밀리는 40세의 나이로 세상을 떠났으나 사람들은 오늘날까지도 매년 기일마다 그의 무덤에 꽃을 바친다.

1913년에 에밀리가 질주하는 말들의 사이로 뛰어들었을 때
그는 런던으로 가는 왕복 티켓이 들어있는 지갑을 움켜쥐고 있었다.

§

물론 에밀리의 죽음이 그가 그토록 열정적으로 믿었던 대의를 발전시켰다는 증거는 없다. 하지만 더비에서의 사건과 장례식을 촬영한 영상 덕분에 에밀리는 유명인사가 되었고, WSPU가 대의를 위해 매스컴의 관심을 얻고자 기회를 놓치지 않으면서 에밀리의 죽음은 전례 없는 중대한 사건이 되었다. 대중이 그를 애도하는 광경은 의심할 여지없이 세계 언론의 페이지를 장식했으며 영화와 텔레비전 다큐멘터리, 이제는 유튜브(YouTube)를 통해 끝없이 되풀이되며 단언컨대 대중매체시대 정치적 장례식의 청사진으로 남았다.

§

공중전화부스

통신 시스템의 역사는 19세기까지로 거슬러 올라간다. 모스(Morse) 부호는 1836년에 도입되었고 알렉산더 그레이엄 벨(Alexander Graham Bell)은 1876년에 필라델피아에서 열린 전시회에서 실제로 작동하는 전화기를 선보였다.

여성들은 곧 다양한 직업 기회를 제공하고 가정주부들로 하여금 사적인 세계와 공적 영역 사이의 격차를 메울 수 있게 해주는 이 새로운 기술과 매우 밀접해졌다. 그들은 멀리 떨어진 친구나 친척과 대화하고, 사회적 모임을 갖고, 자신들의 삶을 조직하게 되었다.

초기의 전화기로 대화를 하려면 굉장한 집중이 필요했고 집안일을 하면서 통화하기란 쉽지 않았다. 1920년대 미국 한 농부의 아내는 감자를 깎으며 통화를 하는 동안 소리를 증폭하기 위해 전화 수신기를 커다란 알루미늄 프라이팬에 내려놓았다. 1914년에 발행된 《맥클루어스》지에 따르면 당시 농부의 아내들은 여러 집이 공유하고 있던 공동선을 통해 이웃들의 전화 통화를 엿들으며 오후의 지루함을 달랬다. 이것은 전화 통화로 시간을 낭비하는 여성들을 겨냥한 비난의 초기 사례다. 대부분의 여성들은 그러한 기분 전환의 기회를 거의 갖지 못했다. 집 전화는 사치품이었고 1881년에 베를린에서 처음 소개된 공중전화부스까지 가려면 한참을 걸어야 했다. 1929년에는 미국 가정의 42퍼센트가 전화기를 가지고 있었지만 경제불황과 전쟁으로 재정난을 겪은 후인 1940년에는 32퍼센트로 줄어들었다. 마찬가지로 1940년대에 영국에서도 부유한 가정만이 '전화 통화'를 할 수 있었다. 전화는 거실의 고정된 장소에 놓여있는 경우가 많았다. 사생활을 허락하지 않음으로써 여성들이 수다를 떨며 '시간을 허비'하지 못하도록 하기 위해서였다.

초기의 통화 시스템은 전화교환국이 집과 회사, 공공장소의 사용자들을 수동으로 연결해주는 식이었다. 전화교환국에서는 교환원들이 거대한 배선판 앞에 앉아있었다. 처음 교환원의 대부분은 젊은 남성이었지만, 차츰 덜 퉁명스럽고 더 공손하며 훨씬 낮은 임금을 받고 일하는 젊은 여성들로 대체되었다.

엠마 너트(Emma Nutt)는 1878년 9월 1일 세계 최초로 전화교환원이 된 여성이다. 몇 시간 후에는 엠마의 여동생이 두 번째가 되었다. 교환원들은 서로 말을 하지 않고 허리를 꼿꼿이 편 완벽한 자세로 의자에 장시간 앉아 있어야 했다. 따라서 좁은 공간에서 일할 수 있는지 확인하기 위해 여성들의 키와 몸무게, 팔 길이를 검사했다. 교환원들은 고객에게 신속하고 효율적이며 정중하게 대응하도록 요구받았다. 하루에 여덟 시간 일하는데 '번호를 말씀해주세요'라는 말을 한 시간에 120번 정도 말했다고 알려진다. 안정감을 주는 부드러운 톤의 여성 음성이 이 역할에 이상적이라고 여겨졌다. 여성들은 전화기가 발명되었을 때부터 전화를 받고 끝없이 정중하게 행동하며 사무실과 업계의 다른 사람들의 필요에 대응하는 안내원의 역할을 하도록 요구되어 왔다. 1936년에 영국에서 시간을 알려주는 전화기가 발명되었을 때 그 최초의 음성으로 교환원 제인 케인(Jane Cain)이 선택된 것도 놀라운 일이 아니다.

제2차 세계대전 동안 영국 정부는 특수작전부인 SOE(Special Operations Executive)에 여성들을 무선통신사로 고용했다. 이 젊은 여성들은 1940년부터 1944년까지 프랑스를 점령한 독일군의 병력과 주둔지에 대한 메시지를 모스 부호를 통해 영국 정보국에 전달하는 위험한 임무를 수행했다. 비올레트 사보(Violette Szabó)는 로열 메일 딜리버리서비스(Royal Mail delivery service)의 교환원으로 일했던 경험을 십분 살려 임무를 수행하다가, 결국 나치 친위대원에게 붙잡혀 라벤스브뤼크 강제수용소에서 처형되었다. 비올레트는 임무를 수행하다 사망한 55명의 SOE 여성 요원 중 한 사람이었다.

제2차 세계대전이 끝난 후 전화기는 점점 더 일반적인 의사소통 형태로 자리 잡으며 가정주부들의 외로움과 지루함을 달래주었다. 하지만 장난 전화나 협박 전화, 음란한 전화가 걸려오면서 여성들은 집에서조차 불안감에 시달려야 했다. 자신이 혼자 사는 여성이라는 것이 어떻게든 드러날까 봐 전화번호부에 기재되는 것을 꺼리는 여성들도 있었다.

휴대전화의 도입은 여성에게 새로운 단계의 권력과 통제력을 제공했다. 1983년에 처음 판매된 모토로라(Motorola)의 다이나택(DynaTAC)은 충전하는 데 10시간이 걸렸고 30분 동안만 통화할 수 있었기 때문에 부유한 사업가들만 그 특권을 누렸다. 휴대전화는 점점 더 작고 저렴해졌고 이

최초의 공중전화부스는
1881년에 베를린에 처음 설치되었다.

§

제는 여성들도 전화기를 통한 사적인 의사소통을 쉽게 이용할 수 있게 되었다. 여성들은 이제 어디에 있든지 자녀들과 고용주, 응급 서비스와 접촉할 수 있다. 나름의 단점을 가지고 있을지 모르지만 여성들 10명 중 9명은 휴대전화가 있어서 더 안전하다고 느낀다. 하지만 변호사 셰리 블레어(Cherie Blair)가 2015년 지적한 바와 같이 모바일 기술에 대한 접근은 네트워크의 품질과 가처분 소득에 의해 제한된다. '여성과 가족, 지역사회 전체의 사회적 · 경제적 지위를 향상시키는 데' 큰 영향을 미칠 휴대전화의 혜택은 세계적으로 3억 명에 달하는 여성들에게는 아직 요원하기만 하다. 서구사회의 10대 소녀들은 대화를 하고, 문자를 보내고, 사진을 찍고, 소셜 미디어에 접속하는 휴대폰이 없는 삶을 상상할 수 없다. 그들에게 휴대폰은 의사소통 수단이자 패션 액세서리다. 그러나 페이스북을 이용하는 남녀의 성비가 3:1인 인도의 한 여성은 '남성은 최신 터치스크린 전화를 가지고 있는 반면 여성은 구형 휴대폰만 가지고 있다'고 지적했다.

§

제1차 세계대전의 러브레터

앨리스 아멜리아 브라운 콘스타블(Alice Amelia Brown Constable), 일명 멜라(Mela)는 1914년부터 1919년까지 복무한 약혼자 시릴 슬래든(Cyril Sladden)에게 400통 가까운 편지를 쓰는 헌신을 보였다. 두 사람은 1913년 5월에 약혼했고 전쟁이 끝난 후 결혼했다. 전쟁 중에 간호사로 일한 멜라의 의지는 시릴을 향한 감정으로부터 형성되었다.

멜라는 1914년 9월 시릴에게 이런 편지를 썼다.

"간호는 내게 아주 중요한 일이 될 거예요. 나는 환자들을 아주 다정하게 간호할 거예요. 아주 부드럽게요. 왜냐하면 당신이 내게서 떨어져 있는 동안 아프기라도 한다면 다른 간호사들도 당신에게 그렇게 대해주길 기도할 거니까요."

전시의 여느 많은 커플들처럼 두 사람도 불확실성과 물리적 이별을 겪어야 했다. 편지는 그들에게 상상 속 공통의 사적인 공간을 만들어주면서 유일하게 신뢰할 수 있는 의사소통의 형태를 제공했다. 두 사람은 대체로 개인적인 생각과 함께 보낸 시간에 대한 기억을 공유했다. 앞으로 더 행복한 미래에 대한 희망과 소망도 나눴다. 멜라와 시릴의 편지 대다수는 제1차 세계대전 당시 그들의 사적인 관계와 일상생활의 경험에 대한 흥미로운 통찰을 제공한다. 전쟁 중에 편지를 쓰면 24시간 안에 전달되었다. 편지, 엽서 또는 쪽지를 받는다는 것은 여성이 자신의 남편이나 약혼자 혹은 애인이 아직 살아 있다는 희망을 지탱할 수 있는 물적 증거였다. 편지는 사랑의 상징이었고, 전쟁 중 짧은 휴가 기간 동안만 겨우 얻을 수 있었던 물리적이고 친밀한 접촉은 관계를 구축하고 유지하는 데 필수적인 연결고리였다. 밤은 이별을 견디기 가장 어려운 시간이었다. 멜라는 1916년 9월에 편지에서 이렇게 썼다. "난 이제 자러 갈 거예요. 당신의 꿈을 꾸고 싶어요. 내 꿈은 언제 현실이 될까요? 언젠가는 오겠죠? 그날은 정말 영광스러운 날일 거예요. 그렇지 않은가요?"

멜라와 시릴과 같은 전 세계의 커플들은 편지를 씀으로써 관계를 유지하고 형성하고 끊임없이 계속되는 대화를 나눴다. 이것은 이제 그들의 경험과 열정, 특별한 상황에서 교제하는 데 직면했던 도전들에 대한 매혹적인 증언을 제공한다. 전쟁에서 사랑하는 사람을 잃은 여성들에게 그들이 받은 편지는 훨씬 더 큰 감정적 의미를 가졌다. 끈으로 묶어 먼지투성이 다락의 상자나 서랍 속에 숨겨둔 채 잊힌 편지들은 전쟁 동안 가졌던 관계성에

대한 유일한 가시적인 증거로 남아 있다. 프레드 메리엇(Fred Marriott)과 메이 다크(May Darke)는 전쟁으로 인해 만났고 전쟁으로 인해 헤어졌다. 두 사람은 겨우 두 번의 만남으로 1915년 9월 25일 결혼했다. 메이가 편지에 아이가 생기지 않는 것에 대한 실망감을 드러냈을 때 프레드는 이렇게 답장했다.

> "지난번에 잘 되지 않은 게 자전거 때문이라는 생각이 든다면, 한동안 자전거를 타지 않는 것이 좋겠네요. 곧 있으면 시기가 가까워질 테니까 말이에요. 될 일이라면 되겠지요. 물론 우리에게 아들이나 딸이 생긴다면 나는 세상에서 가장 행복한 남자가 되겠지만 이런 일에는 기다림이 필수니 우리에게 행운이 따른다면 아이가 생기겠죠."

두 사람의 짧고 열정적인 관계는 주로 편지를 통해서만 이뤄지다가, 프레드가 첫 결혼기념일을 21일 앞두고 솜 전투에서 전사하면서 가슴 아픈 끝을 맺고 말았다.

1870년대에 도입된 의무교육 덕분에 영국에서 제1차 세계대전은 최초의 문자전쟁으로 알려져 있다. 이 전쟁은 많은 사람들에게 자신이 받은 교육을 활용해서 연인과 의사소통을 할 수 있는 기회가 되었다. 그전까지 편지 쓰기는 편지로 우정과 관계성을 구축하고 유지한 부유한 특권층 여성들의 전유물이었다.

남편이 일 때문에 어디로 가든, 남편의 집에 삶을 꾸려야 했던 여성들은 더 나은 삶을 바라며 남편이 다른 지역으로 배치되길 바라기도 했다. 19세기 중반 제인 칼라일(Jane Carlyle)은 친구에게 쓴 편지에서 작가인 남편을 위해 집을 조용한 환경으로 만드는 것이 얼마나 어려운지 토로했다. "남편이 외출했을 때 바느질을 얼마나 많이 했는지 몰라. 의자 커버, 소파 커버, 커튼 하며…… 그리고 고쳐야 할 것들이 정말 많았는데 그렇게나 적은 돈으로 그렇게나 확실한 결과를 내기까지 내 모든 재능을 발휘하면서도 정말 부지런해야 했어."

여성들은 편지로 가족 간의 유대와 평생의 우정을 유지하고 멀리 떨어진 친구들과의 연결고리를 형성했다. 그들은 편지로 다양한 주제를 다뤘고 소식을 전했으며 빅토리아 여왕이 손녀인 앨리스 공주에게 했던 것과 같이 조언을 하기도 했다.

"주고받는 것을 강조해야겠구나. 결혼을 독립과 즐거움을 주는 것이라고 생각하는 여자아이들이 많지만 결혼은 독립의 반대란다. 두 가지 의지가 함께 움직여야 해. 두 사람이 서로 동의하고 서로 양보해야만 행복한 결혼에 도달할 수 있단다."

전자 통신이 발명되기 전까지 여성 간의 유대는 그들 사이에 물리적 거리가 얼마나 크든 상관없이 편지로 유지되었다. 여성의 편지는 그 편지를 쓰고 있는 가정 공간 너머로 공통의 관심사에 기초한 다정함과 응원을 실어 날랐다.

서신은 개인적인 판단을 받지 않고 안전하게 정치적 논의를 할 수 있는 장이기도 했다. 미국의 페미니스트인 루시 스톤(Lucy Stone)은 1869년 8월 4일 흑인 남성 참정권을 지지하며 이런 편지를 썼다. "저는 우리가 누군가의 인권을 억제하고 부정하는 한 우리 자신의 권리를 부정하고 억제하는 근거를 마련하는 것이라고 믿습니다."

대중매체와 인스턴트 커뮤니케이션, 지속적으로 발전하는 현대기술의

1870년대 도입된 의무교육 덕분에
제1차 세계대전은 최초의 문자전쟁으로 알려져 있다.

§

세계를 사는 오늘날 아침마다 우체부가 오기를 간절하게 기다리는 사람
은 거의 없다. 펜과 종이를 사용하는 사람도 별로 없다. 편지 쓰기는 이메
일과 인스턴트 메시징으로 대체되었다. 지금 우리가 필요로 하는 유일한
주소는 @가 들어가 있는 주소일 때가 많다. 때문에 지면에 쓰인 단어들에
의지해 우정과 관계성을 유지하는 데 들어가는 정성과 시간의 진가를 알
아보기란 더욱 어려워지고 있다.

§

프랜시스의 자전거

프랜시스 엘리자베스 캐럴라인 윌라드(Frances Elizabeth Caroline Willard)는 미국의 교육자이자 서프러제트, 금주운동 가로서 술과 아편, 기타 중독물질의 전면금지를 주창했다. 1879년 그녀는 기독교여자절제회(Women's Christian Temperance Union)의 회장이 되었다.

노스웨스턴여자대학을 졸업한 프랜시스는 1871년에 총장을 지내다가 이후에 노스웨스턴대학교와 합병하고부터는 학장을 지냈다. '모든 것을 하라(Do everything)'는 그의 슬로건은 여성들에게 로비와 청원, 설교, 교육, 사회 개선 활동을 장려하려는 의도였다. 이는 1890년대 53세의 나이에 자전거 타는 법을 배우기로 한 그 자신의 집요한 결심에도 그대로 적용되었다. 프랜시스는 '글래디스(Gladys)'라고 이름 지은 자신의 자전거를 '지금껏 이 행성에서 고안된 것 중 가장 놀랍고 기발하며 고무적인 탈것'이라고 묘사하며 '글래디스와 같은 짐승을 완벽하게 조종하는 것에 성공하는 여성은 똑같은 방법과 특징으로 인생에도 통달할 것'이라고 말했다.

자전거는 1870년대 페니파딩(penny-farthing: 앞바퀴는 아주 크고 뒷바퀴는 아주 작았던 초창기의 자전거 — 옮긴이)을 살 자금이 있었던 남성들의 전유물이었다. 단단한 쇠타이어에 브레이크도 없고 바퀴 하나가 다른 바퀴보다 훨씬 큰 페니파딩은 탈 때마다 멍과 혹이 들기 일쑤였다. 그러다 1880년에 앞뒤 크기가 동일한 바퀴와 공압타이어를 갖춘 '안전 자전거(safety bicycle)'가 발명되면서 판도는 바뀌었다.

이 자전거는 프랑스에서 먼저 인기를 끌었다가 미국에서도 대중화되었다. 사회 개혁가이자 여성인권운동가, 노예제도 반대 운동가인 수전 브로웰 앤서니(Susan Browell Anthony)는 1896년에 자전거가 '여성해방에 있어 이 세상 그 무엇보다도 많은 역할을 했다'며 이렇게 말했다. "저는 자전거를 타고 지나가는 여성을 볼 때마다 그 자리에 멈춰 서서 기뻐해요."

이 새로운 취미로 인해 빅토리아양식의 거추장스러운 여성복 일부가 도태되기 시작했고 합리적 복장에 큰 활력을 불어넣었다. 여성들은 긴 치마가 둥근 페달에 걸리는 것을 피하기 위해 갈라진 치마를 입기 시작했다. 특히 논란을 일으킨 것은 니커보커스(knickerbockers: 무릎 근처에서 졸라매게 되어 있고 품이 넉넉한 활동적인 바지 — 옮긴이)를 입기 시작한 것이었다. 여성들은 친구들과 함께 자전거를 타며 신나고 건전한 야외활동을 즐겼다. 어린 남자아이들은 자전거를 타는 모든 사람에게 '줄 타는 원숭이'라고 외치며 놀렸지만 가장 큰 비난에 직면한 것은 여성들이었다. 1896년에 《우먼스렐름(Woman's Realm)》지는 자전거를 타는 여성에 대해 '자각을 하든, 안 하든 여성의 최고 매력인 유혹적인 자세가 전혀 없다'고 논평했다.

그런 우려를 낳게 한 것은 '두 다리를 벌려 앉는' 자세 때문이었다. 어떤 사람들은 자전거를 타는 여성은 결국 매춘을 하게 될 확률이 높다고 여

겼다. 의사들은 자전거 안장이 골반염이나 나팔관 염증·불임을 초래하거나, 남성적인 근육이 생기거나, 볼품없는 '자전거 얼굴(bicycle face: 자전거를 탈 때 하게 되는 특유의 긴장된 표정 — 옮긴이)'을 갖게 될 것이라며 우려했다.

1890년대까지 자전거 열풍은 전 세계로 퍼져나갔고 호주의 여성들은 장거리 지구력경주에도 참가했다. 매덕 부인(Mrs. Maddock)은 변호사의 사무원인 남편과 함께 열흘 동안 시드니부터 멜버른까지 약 965킬로미터를 달렸다. 그는 12~14시간 안에 160킬로미터를 완주하는 독주 시간 경기(time trial)에도 참가했다. 엘렌 슈베비슈(Ellen Schwaebsch) 부인은 1897년에 알프스를 자전거로 횡단한 최초의 여성이 되었다. 자전거를 타는 여성은 현대성의 상징이 되었고, 그들의 사진은 잡지와 신문에 등장하기 시작했다. 일부 사람들에게 이는 '새로운' 혹은 해방된 여성의 존재를 나타내는 불안한 이미지들이었다.

사치품이었던 자전거는 20세기 들어 필수품으로 바뀌었고, 여성참정권 운동의 지지자들을 위해 여성사회정치연맹의 색깔인 보라색, 흰색, 초록

자전거만큼 여성의 현대성과
자유를 상징하는 것도 없다.

§

색 에나멜 도료를 칠한 여성용 자전거 '엘스윅(Elswick)'이 제작되었다. 이
때쯤에는 자금력이 있는 사람들은 새로운 이동 수단, 즉 오토바이를 이용
했다. 오토바이를 타는 여성들은 보다 집요한 조롱과 회의론적인 태도를
마주했다. 1903년에《모터사이클링》지의 한 독자는 잔뜩 성이 난 채 다음
과 같은 글을 썼다.

"내가 볼 때 여성은 엔진 구동을 하도록 만들어진 존재가 아니며 운전을
하려면 필요한 침착한 기질도 없다. 나는 케임브리지 어딘가에서 오토바
이를 타는 여성을 처음 봤다. 여자들에게 뭐라고 하는 건 아니지만 두 번
다시 보고 싶지 않은 광경이었다. 겁에 질린 모습은 누가 봐도 애처로울
지경이었고 애를 쓰느라 잠시도 긴장을 늦추지 못하는 표정이었다. 나는
여성의 자연스러운 본성이 대담함과 침착하고 준비된 손과 머리를 요구
하는 오토바이 운전 같은 취미로 즐거움이나 신체적 이익을 얻을 수 없다
고 확신한다."

이 남성이 어떻게 생각하든 이제 자전거와 오토바이, 자동차는 전 세계
의 여성들에게 이동 수단과 해방을 동시에 제공하고 있다.

§

리틀 레드버스

아멜리아 에어하트는 1930년 리틀 레드버스 (Little Red Bus)라는 5B 베가 기종의 비행기를 인수했다. 록히드 항공기제 조사(Lockheed Aircraft Company)가 만든 이 비행기는 견고하고 현대적이 기로 유명했다. 속력도 빨랐기 때문에 속도와 거리 기록을 세우고 싶어 하는 사람들에게 인기 있는 기종이었다.

비행기 조종이 여성스럽지 않다고 생각할 사람들도 있었지만, 아멜리아 에어하트는 1922년 조종사 면허를 취득하며 가장 유명하고 또 가장 성공적인 비행사가 되었다. 그는 여성 최초로 대서양을 단독으로 비행한 것을 포함하여 놀라운 기록을 수없이 보유하고 있다. 아멜리아의 궁극적인 목표는 최장거리로 세계 일주를 하는 것이었다. 1937년 목적지에서 단 1만 1,265킬로미터를 남겨두고 그의 비행기가 흔적도 없이 사라진 것도 바로 이 도전을 하던 중이었다. 아멜리아는 남편에게 남긴 마지막 편지에서 이렇게 썼다. "이게 위험하다는 것을 나도 잘 알고 있어요. 그래도 하고 싶어요. 왜냐하면 내가 원하는 거니까요. 여자들도 남자들이 도전한 것들을 똑같이 도전할 수 있어야 해요. 그러다 실패하더라도 그들의 실패는 다른 사람들에게 도전이 되어야 할 뿐이에요."

아멜리아 에어하트는 최초의 여성 비행사도, 유일한 여성 비행사도 아니었다. 1903년에 처음으로 유인 비행이 이뤄지던 때부터 여성은 하늘로 날아오르기 위한 거대한 장애물을 극복하는 항공 역사의 일부였다. 초창기 비행은 극도로 위험했고 용맹한 여성들이 목숨을 건 비행을 했으나 사망 사고는 빈번히 일어났다. 레이몽드 드 라로시(Raymonde de Laroche)는 1908년에 자신의 출생지인 파리에서 윌버 라이트(Wilbur Wright)의 비행 시연을 본 뒤 1910년 조종사 면허를 취득했다. 레이몽드는 조종사 면허를 딴 최초의 여성으로 인정받고 있다. 그 후 몇 년 동안 레이몽드는 비행거리와 고도에 있어서 여성 최고기록을 보유했지만 제1차 세계대전 동안 비행이 허락되지 않았다. 1919년, 레이몽드는 최초의 여성 테스트파일럿(test pilot: 새로 만들었거나 개조한 항공기의 성능을 시험 비행하는 조종사 ― 옮긴이)이 되기 위해 실험용 항공기를 비행하다가 목숨을 잃었다.

어떤 여성들에게 있어 비행기는 여러 가지 익숙한 이동 수단 중 하나일 뿐이었다. 벨기에 태생인 헬렌 뒤트리우(Hélène Dutrieu)는 1897년과

1898년에 여자 사이클링 세계 챔피언이었다. 그 후 헬렌은 오토바이 스턴트라이더(stunt rider)가 되었고 '죽음의 점프' 같은 묘기를 선보였다. 헬렌의 도전은 이내 비행에까지 이어졌다. 헬렌이 비행을 할 때 코르셋을 입지 않았다는 사실이 언론에 공개되면서 그의

비행 경력 초기에 사소한 잡음이 일기도 했다. 그는 파리의 디자이너에게 제작을 맡긴 비행복을 입고 1910년 버턴어폰트렌트(Burton-upon-Trent)에서 열린 비행시연주간에 승객들을 태우고 비행했다. 제1차 세계대전으로 비행 경력이 가로막히자 헬렌은 대신 구급차를 운전하기 시작했고 이후에는 군 병원을 운영했다. 전쟁이 끝난 뒤에는 저널리스트로 활동했다.

초기의 여성 비행사들은 여러 가지 면에서 관습을 거스르는 집단이었다. 아멜리아 에어하트는 결혼식 전날 약혼자에게 결혼하기 망설여진다는 편지를 썼다. "우리가 함께 하는 동안 내가 당신에게 그 어떤 고리타분한 신의의 의무를 요구하지 않는다는 것을 알아줘요. 나 역시 마찬가지로 당신에게 매여 있지 않는 거고요." 아멜리아는 이렇게 편지의 끝을 맺었다. "우리가 함께 행복하지 않다면 1년 안에 날 보내줘야 한다는 괴로운 약속을 해야겠어요."

해리엇 큄비(Harriet Quimby)는 1911년 8월 조종사 면허를 딴 최초의 미국인 여성이다. 해리엇은 초기 무성영화의 각본을 썼고, 자신이 소유한 차를 직접 운전했으며, 혼자 살았고, 담배를 피우는 뛰어난 기자였다. 1912년 4월에는 항공기술자 루이 블레리오(Louis Bleriot)로부터 비행기를 한 대 빌려 단독으로 영국해협을 횡단한 최초의 여성이 되었다. 그는 대부분의 항로를 오로지 나침반에 의지해 비행했다. 해리엇의 성공은 타이타닉호의 침몰 소식에 가려졌고 몇 달 후 그 역시 비행기 사고로 사망했다. 베시 콜먼(Bessie Coleman)은 최초의 아프리카계 미국인 여성 조종사였다. 가난한 목화 소작농 집안에서 열세 명의 아이들 중 한 명으로 태어난 베시는 조종사 면허를 따기 위해 프랑스로 갔다. 미국에서는 그 어떤 학교에서도 아프리카계 흑인이나 여성에게 비행을 가르쳐주지 않았기 때문이다. 베시는 이런 글을 남겼다. "하늘은 편견 없는 유일한 공간이다." 그는 자신의 비행기를 장만하기 위해 5년 동안 미국 전역을 순회하며 다수의 관중이 지켜보는 가운데 공중제비를 돌거나 8자를 그리는 묘기 비행을 했다. 베시는 자신과 같은 여성들이 자신이 겪었던 어려움을 겪지 않고 비행을 배울 수 있도록 직접 비행 학교를 운영하고 싶어 했다. 그는 흑인의 입장을 금지하는 장소에서는 공연하지 않았다. 1926년, 베시는 자신의 새 비행기에 승객으로 탑승했다가 목숨을 잃었다.

두 세계대전 사이에 유명세를 얻은 또 다른 여성 비행사 에이미 존슨(Amy Johnson)은 영국 여성 최초로 비행 정비사 자격증을 취득했다. 에이미의 명성이 절정에 달해 있을 때 제2차 세계대전이 발발했고, 그녀는 새롭게 조직된 항공수송 예비대(Air Transport Auxiliary)에 합류했다. 조종사들이 전투 임무에만 집중할 수 있도록 공장에서 출고되는 새 비행기들을 모두 이착륙장으로 수송하는 역할이었다. 1941년에 에이미가 수송하던 비행기는 악천후를 만나 엔진고장을 일으켰고 그는 영국해협 상공에서 비상 탈출을 했다. 에이미의 시신은 발견되지 않았다.

이 여성들의 삶은 주로 비극적인 결말을 맞이했지만, 덕분에 항공술은 더욱 안전해졌으며 뒤를 따르고자 하는 자들에게는 길잡이가 되어 주었다. 헬렌 리치(Helen Richey)는 센트럴 에어라인(Central Airlines)의 첫 여성 조종사가 되었으나 그의 역할은 부조종사였다. 1973년이 되어서야 비로소 에밀리 하웰 워너(Emily Howell Warner)가 미국 정기 항공선 최초의 여성 기장이 되었다. 하늘을 개척한 여성들은 여성이 장벽을 허물고 남성 조종사와 같은 역할을 수행할 수 있다는 것을 증명했지만 그 과정에서 엄청난 편견을 극복해야 했다. 제2차 세계대전에 활동했던 미국인 조종사 코닐리아 포트(Cornelia Fort)는 이런 글을 남겼다. "한 번이라도 비행을 해본 여성은 여자가 왜 훌륭한 조종사가 될 수 없는지 수많은 이유를 제시하

**초기의 여성 비행사들은 여러 가지 면에서
관습을 '거스르는' 집단이었다.**

§

는 대부분의 남성 조종사들의 편견에 익숙해진다. 이 의심꾼들, 코웃음이
나 쳐대는 격납고 조종사들에게 본때를 보여주는 유일한 방법은 그냥 보
여주는 것이다."

§

미니

1959년 5월 8일, 최초의 미니(MINI)가 옥스
퍼드에 있는 브리티시 모터컴퍼니(BMC)사의 생산라인을 떠났다. 이 작은
차는 알렉 이시고니스(Alec Issigonis)의 디자인으로, 1957년 수에즈 위기
(Suez Crisis)의 여파로 연료 효율을 높여 만들어졌다. 네 명의 성인이 탑승
하기 충분한 크기에 재떨이가 탑재되어 있었지만, 안전벨트나 라디오는
없었다.

서구사회의 가정주부들에게 미니는 혁명을 일으켰다. 종종 신뢰할 수
없는 대중교통에 의지하지 않고도 매주 쇼핑을 하거나 아이들을 등하교
시킬 수 있게 되었다. 미니를 비롯한 자동차들은 여성에게 가정 공간을 벗
어날 수 있는 새로운 자유를 주었다. 1962년 12월까지 50만 대의 미니가
만들어졌고 1965년 2월 3일에 100만 번째 미니가 완성되었다. 미니의 성
공은 다른 제조사들로 하여금 자동차 대중시장의 상당 부분을 차지하고
있는 여성과 젊은이들을 겨냥한 더 작고 더 저렴한 자동차들을 생산하도
록 자극했다. 1990년에 발행된《오토카》지에서 100인의 전문가가 선정한

20세기의 가장 의미 있는 자동차로 미니가 뽑힌 것은 놀라운 일이 아니었다. 젊은이들에게 미니는 미니스커트와 동급으로 60년대를 상징했다.

그러나 여성의 적성과 역량이 과연 운전대를 잡기에 적합한지에 대한 의문은 100년 넘게 이어지고 있다. 여성 운전자는 19세기 말 처음으로 자동차가 등장했을 때부터 존재했다. 실제로 1902년에 앞 유리 와이퍼를 처음으로 발명한 사람은 메리 앤더슨(Mary Anderson)이었다. 《모터 매거진》의 한 칼럼니스트는 이렇게 언급했다. "화창한 오후에 여성이 운전하는 차들이 얼마나 많은지를 보면 워싱턴의 거의 모든 미인들이 차를 소지하고 있다고 상상해볼 수 있다."

초창기 자동차는 엄두를 못 낼 만큼 비쌌고 미덥지 않기까지 했다. 위제 공작부인(Duchess of Uzes)과 같은 운전의 선구자들과 여성 최초로 레이싱카를 운전한 카밀 두 가스트(Camille du Gast)는 매우 부유했다는 뜻이다. 그럼에도 불구하고 《모터》와 《컨트리라이프 인 아메리카》 등 여러 자동차 관련 잡지들은 여성이 자동차를 운전하고 관리하는 사진을 실었다. 제1차 세계대전에서 여성 운전자들은 구급차를 프랑스 전선 후방으로 수송하는 등의 임무를 수행했다. 미국 걸스카우트는 소녀들이 운전과 자동차 정비, 응급처치의 기술을 발휘하도록 훈련을 수행했다.

스코틀랜드에서는 갤러웨이 모터스(Galloway Motors) 공장의 관리자였던 도로테 풀린저(Dorothée Pullinger)가 팽크허스트 부인의 참정권 운동 색깔인 보라색, 흰색, 초록색으로 자동차를 생산하여 여성의 해방을 축하했다. 이 차는 여성들이 자신의 성별을 위해 만든 차로 묘사되었다.

자동차는 특히 시골에 사는 여성들이 점점 갈망하는 물건이 되었다. 1920년대에 미국의 한 여성 농부는 미국 농무부에서 나온 조사관이 실내 배관보다 차 구입을 우선하는 이유를 묻자 이렇게 대답했다. "욕조를 타고 시내에 나갈 순 없잖아요."

서양에서 여성 운전자의 수가 크게 증가한 것은 20세기 후반이었다. 닷지(Dodge)사는 여성을 겨냥한 분홍색 투도어 쿠페(two-door coupé)인 '라펨(La Femme)'을 제작해 빗과 라이터, 립스틱 케이스 등의 액세서리와 함께 판매했다. 그러나 미니가 그렇게 의미 있는 차가 될 수 있었던 이유는 가격이었다. 미니는 영국에서는 378파운드 10실링, 미국에서는 약 800달러에 팔렸기 때문에 여성의 평균수입으로도 감당할 수 있었다. 1972년까지 미국에서 발급된 운전면허의 44퍼센트가 여성 운전자였으며 영국에서는 2013년에 40퍼센트 이상의 자동차가 여성의 소유였다. 더욱 비싸고 고급스러운 자동차들은 계속해서 남성을 대상으로 판매되었다. 남성의 관심을 끌기 위해 반쯤 벌거벗은 듯한 여성들을 활용한 수많은 광고와 잡지 화보는 1970년대 페미니스트들의 비난의 대상이 되었다.

여성의 운전에 대한 비판과 농담은 지금도 끊이지 않고 있다. 대형 수송차나 버스 드라이버 중에서는 남성에 비해 여성 운전자의 수가 훨씬 적다. 게다가 여성은 차를 능숙하게 주차할 수 있는 공간지각력이 부족하다는 관념도 있다. 과학적 연구들이 이를 반박함에도 불구하고 독일과 오스트리아, 스위스, 중국 등 수많은 나라들이 여성을 위해 특별하게 널찍한 주차공간을 제공하고 있다. 여성은 여전히 남성에 비해 작은 차를 몬다. 미니는 여전히 여성들에게 인기 있는 모델이다. 하지만 이것은 여성의 평균수입이 남성보다 적기 때문이다. 저소득층 여성들은 여전히 이 자유도

여성은 여전히 남성에 비해
작은 차를 몬다.

§

누릴 수 없다. 최근까지만 해도 사우디아라비아의 여성들 역시 마찬가지
였다. 그녀들은 소셜미디어를 통해 직접 운전을 하는 사진과 영상을 올리
는 위민투드라이브(Women2Drive) 캠페인을 벌이며 여성의 운전을 금지
하는 법에 도전했다.

VI 노동과 고용 _ 정체성의 발견

여성은 언제나 일해 왔지만, 그들의 노동은 종종 남편이나 아버지, 형제, 소유주의 가정과 사업 내에서 이루어졌기에 매번 충분한 인정이나 보상을 받은 것은 아니었다. 실제로 여성들이 하고 있는 유급 노동의 대부분은 그들이 가정에서 맡고 있는 돌봄과 양육의 역할, 그 연장선상에 있다. 많은 여성들이 가정부나 우유 짜는 여자, 교사, 간호사로 고용되었다. 역할들 중에는 이제 여성들이 별로 매력을 못 느끼는 것들도 있다. 20세기로 접어들며 젊은 여성들이 가정부가 되기를 선택하는 경우는 점점 줄어든 반면, 간호와 같은 다른 직업들은 점차 전문화되었다. 간호사 정부등록제의 성과는 매우 의미 있는 업적이었다.

노예 신분과 집안일, 비서 업무 등 오랜 세월 동안 여성이 감당해 온 업무들 중 다수에서는 성희롱이 거의 당연하게 발생해 왔다. 어떤 업무들에서는 어느 정도 추파를 던지는 것이 그 일의 일부라고 여겨지는 듯하다. 과거에는 여성들이 낮은 임금과 한정적인 고용조건을 직면하곤 했기 때문에 절박한 여성들은 매춘을 선택하거나 선택할 수밖에 없는 경우가 많았다. 이것은 18세기에 만들어진 런던 매춘부 리스트에서 드러난다.

수많은 여성 근로자들은 유급 노동을 마치고 집에 와서도 무급 가사를 해야 하는 이중고에 시달리고 있다. 어떤 물건들은 남장을 하며 의사와 같이 전통적으로 남성의 전유물이었던 직업을 택한 여성들의 이야기를 전한다. 왕립 셰익스피어 극장은 1930년대에 유리천장을 깨고 성공을 거둔 엘리자베스 스캇(Elisabeth Scott)이 디자인했다. 그러나 현대의 직장에서도 여전히 능력과는 별개로 일과 육아를 병행할 수 없다고 느끼는 여성들이 존재한다.

WOMEN OF BRITAIN

모든 시대를 통틀어 세계 각국에서 일관되게 이어지고 있는 문제는 여성의 소득이 남성보다 적다는 것이다. 동일한 노동에 대한 동일한 임금을 받고, 고용 및 연금의 성별임금격차를 해소하기 위한 투쟁은 계속되고 있다. 여러 어려움에도 불구하고 여성들은 직장에서 제공하는 새로운 기회를 즐기며 업무를 통해 성취와 확신, 새로운 정체성을 발견해왔다. 무엇보다 중요한 것은 임금이 제공하는 재정적 자립이 평등을 향한 여성의 투쟁에 핵심적인 역할을 했다는 것이다.

§

바이외 태피스트리

1086년경에 만들어진 것으로 추정되는 바이외 태피스트리(Bayeux tapestry)는 1066년 영국의 노르만 정복의 모습을 그린 중세 초기의 자수 작품이다. 길이는 약 70미터로, 아홉 개의 조각으로 구성되어 있다. 열 가지 색조의 털실로 수놓아졌으며 채소 염료로 선명한 색상을 표현했다.

이것을 누가, 왜 만들었는지는 아직 알려지지 않았다. 정복자 윌리엄(William the Conqueror)이 직접 의뢰했다는 사람도 있고 그의 이복동생인 오도(Odo) 주교, 심지어는 윌리엄의 아내인 마틸다가 의뢰인이었다고 주장하는 사람들도 있다. 실제 작업은 프랑스와 영국의 바느질 장인들이 한 것으로 보인다. 19세기에는 심지어 마틸다 여왕이 모든 작품을 손수 꿰매서 완성했다는 주장도 있었다.

작품의 크기로 볼 때 한 사람이 혼자서 모든 자수를 놓았다고는 상상하기 어렵지만 이 주장은 자수와 왕가, 그리고 여성스러운 이상과의 연관성을 뒷받침하며 바느질과 자수가 여성을 위한 고상한 활동이라는 것을 재

확인시켜 주는 듯하다. 그러나 중세시대에는 남녀 모두가 자수를 놓았다. 자수는 기능인들의 조합인 길드(guild)와 대저택에 딸린 공방, 수도원과 수녀원은 자수를 예술로 여기며 기술을 발달시켜나갔다. 자수를 통해 어린 소녀들에게 여성스러움을 주입한 것은 17세기부터였다. 자수는 아내와 미혼의 딸들을 집에 둔 남편이, 여성의 손을 거칠게 만들 험한 집안일보다는 여성스러운 바느질을 할 수 있도록 하는 '능력'을 보여주었다. 자수가 여성성과 연관되면서 '공예'로 여겨지기 시작한 반면, 남성 화가가 주를 이룬 회화는 '순수 미술'로 간주되었다.

장 자크 루소(Jean Jacques Rousseau)는 자수를 향한 사랑은 여성에게 자연스러운 것이지만 '어떠한 대가를 치르더라도 그들이 인물화는커녕 풍경화라도 배우지 않았으면 좋겠다'고 생각했다. 반면 지그문트 프로이트(Sigmund Freud)는 끊임없는 바느질이 '여성들로 하여금 특히 히스테리를 일으키기 쉽게 만드는' 일이라고 진단했다. 그러나 여성들이 바느질의 주제로 선택한 것들을 주의 깊게 살펴본 결과 일부는 때때로 유순하고 순종적인 여성다움에 대한 개념을 전복시키기 위해 바느질을 했다는 것을 알 수 있다. 미술사학자 로지카 파커(Rozsika Parker)는 '수산나의 목욕'이나 '홀로페르네스의 목을 베는 유디트'와 같은 인기 있는 주제가 자주 사용된 것은 자수를 놓는 여성이 "여성스러움을 주입하려는 바로 그 매체를 통해 여성의 '사내다운' 행동을 기념했다는 것을 보여준다"고 말했다.

미국에서는 초기 네덜란드와 영국 정착민들이 어린 여자아이들에게 글자와 숫자를 가르치고, 가족을 위해 옷과 가구를 만드는 바느질 기술을 위해 자수를 가르쳤다. 퀼트의 본래 목적은 보온을 위한 물건을 만드는 것이었지만, 디자인이 복잡하고 기술이 필요하다 보니 대대로 물려 내려오는 가보처럼 자리 잡기 시작했다. 한 여성은 이렇게 설명했다. "결국 여성은 이 세상에 자기가 살았다는 것을 보여줄 뭔가를 남기고 갈 만한 것이 별로 없었어요. 심지어 자신이 낳고 기른 자녀들마저 아버지의 성을 따르잖아요. 하지만 퀼트만큼은 여성이 물려줄 수 있는 것이었죠."

퀼트와 태피스트리, 자수는 가정적이고 유순한 여성성과 바느질의 연관성에 주목한 수많은 정치적 여성 집단의 유산이기도 하다. 20세기 초 여성참정권 운동가들은 그들의 동기와 목적을 나타내는 파라솔과 대형 현수막 등 온갖 다양한 자수 작품을 만들어냈다. 그들은 서프러제트 지도층 여성들을 잔 다르크, 마리 퀴리, 부디카(Boudicca) 등에 비유했다. 그들의 메시지는 직설적이었다. '여성에게 투표권을(Votes for women),' '동맹과 저항(Alliance and defiance),' '자유에 도전하라(Dare to be free),' '용맹, 인내, 성공(Courage, consistency, success).' 그들은 수감된 운동가들의 이름을 손수건에 수놓았고, 여성과 여성다움에 대한 전통적인 관념을 '변화를 향한 강력한 요인으로서의 여성'으로 대체하고자 했다.

혁명이 벌어지던 1917년, 러시아 여성들은 외국의 사상보다는 전통 문화를 내세우기 위해 자수를 놓았다. 20세기 후반의 여성해방운동이나 평

17세기까지 자수는 어린 소녀들에게
'여성다움'을 주입하기 위해 교육되었다.

§

화운동은 수동적이고 유순한 여성성에 대한 생각을 전복하기 위한 방법으로 자수를 사용했다. 한 히피 공동체에 살고 있는 한 여성은 이렇게 말했다. "우리는 모두 자수를 놓았어요. 자수는 우리가 공동체 일원으로 정착하게끔 하는 기능을 했죠."

퀼트와 태피스트리, 자수와 뜨개질 등 전통적인 바느질은 여성들이 함께 모일 수 있는 빌미를 제공하는 집단적인 일이기도 하다. 공통된 작업은 여성들이 외로움을 극복하고 기술과 우정을 키워나갈 수 있도록 도와주었다. 협업으로 이뤄지는 퀼트 제작은 종종 20~30명의 여성들이 모여 한가로운 잡담과 동지애를 즐기며 일하는 과정이었는데, 1930년 '스티치앤비치(stitch and bitch)' 퀼트 클럽의 회원이었던 여성은 당시를 이렇게 회상했다.

"항상 두 시 정도에 만나 네 시까지 일한 다음, 쉬면서 차를 마시고 싶어 했어요. 스콘과 샌드위치 케이크 같은 것을 만들어서 나눠 먹곤 했어요. 다들 즐거워했죠. 퀼트를 만들면서 이야기를 얼마나 많이 나눴는지 몰라요. 상상이 되나요? 별의별 이야기를 다 했어요. 퀼트를 만드는 것은 정말 즐거운 여흥이었어요."

§

노예 소녀 매도증서

1835년, 미국 아칸소의 한 판사는 두 노예 소유자 사이에 발생한 어린 흑인 소녀의 소유권 이전을 기록했다. 판사는 문서에 '어떤 일이 생긴다 해도' 본인이 해당 매도를 보증한다고 확언했다. 열여섯 살 폴리의 '매도증서'는 600달러에 팔렸다.

폴리를 사고파는 행위는 그를 인간이 아니라 마치 물건이나 소유물처럼 다루는 것이었다. 자신이 천성적으로 다른 인종보다 우월하다는 노예주들의 믿음을 나타내는 행위였다. 이러한 신념 때문에 1853년 버지니아 노퍽에서 흑인 아이들에게 읽고 쓰기를 가르친 마거릿 더글러스 부인(Mrs. Margaret Douglas)은 한 달간의 실형을 선고받았다.

이 매도증서는 노예 경매의 대상화와 굴종을 감춘다. 흑인 여성들은 이에 더해 신체적 학대와 성적 학대까지 받았다. 버뮤다와 터크스제도(Turks Islands), 안티구아(Antigua)에서 노예로 살아온 메리 프린스는 열두 살에 노예로 팔린 굴욕적인 기억을 떠올렸다.

"그 남자가 제 손을 잡고 거리 한복판으로 데리고 나가더니 경매에 참석한 사람들에게 잘 보이도록 저를 천천히 돌렸습니다. 곧 생판 처음 보는 남자들이 저를 에워쌌습니다. 그들은 마치 도살업자가 송아지나 양고기를 사기 전에 하는 것처럼 저를 다루면서 조사했습니다. 마치 제가 멍청한 짐승이라서 그들이 하는 말을 이해하지 못하는 양 제 체형과 치수에 대해 지껄였죠. 그런 뒤에 경매가 시작되었습니다. 몇 파운드에서부터 시작한 입찰은 점점 올라 57파운드가 되었고 저는 최고입찰자에게 낙찰되었습니다."

여성 노예들은 미국의 목화밭과 담배밭에서 일했고, 카리브해 지역의 설탕농장에서 고된 노역의 삶을 살았다. 또한 가사 노예가 되어 기술이 없던 시절 온갖 수고스러운 가사를 도맡음으로써 주인의 생활을 편리하게 해주었다. 노예를 소유한 가계의 부와 크기에 따라 노예 업무의 정확한 성질이 달라졌다. 메리 프린스는 그의 여주인을 이렇게 묘사한다.

"청소를 하고 빵을 굽고 목화솜과 양모를 수확하고 바닥을 닦고 요리를 하는, 온갖 집안일을 가르쳐주었습니다. 밧줄과 수레채찍, 소가죽으로 제 알몸을 하도 잔인하게 때려서, 저는 그것들로 맞았을 때 각각 어떻게 다른지 구별할 수 있을 지경이었습니다."

다른 노예들 중 한 명이 죽자 메리에게는 매일 아침 젖소 열한 마리의 젖을 짜고 소를 돌보는 일까지 더해졌다. 메리와 같은 가사 노예들은 성적 학대에 취약했다. 그렇게 태어나는 아이들과 노예들끼리 낳은 아이들 모두 주인의 소유였다.

일부 여성들은 자녀들마저 노예 생활을 하는 것을 견딜 수 없었다. 1856년 켄터키에서 노예 생활을 하던 메리 가너(Mary Garner)는 네 자녀와 남편, 남편의 부모를 데리고 도망쳤다. 그들은 노예제도가 없던 오하이오로 향했으나 추격자들의 급습을 받았다. 메리는 다시 붙잡히기 전에 어린 딸의 목을 베었다. 후에 그는 다시 노예가 될 바에 다른 아이들의 목도 베었을 것이라고 회상했다. 토니 모리슨(Toni Morrison)은 메리의 이야기를 바탕으로 쓴 소설『빌러비드(1987)』로 상을 받았고 이 책은 1998년에 영화화되었다.

대서양을 횡단하는 노예무역은 영국의 여러 도시와 은행, 대저택에 부를 창출했다. 영국은 1833년에 노예제도를 폐지할 때 노예주들에게 보상금을 지급했다. 여기에는 하트퍼드셔에 사는 과부 로즈 밀스(Rose Milles)와 같이 표면적으로 '명망 높은' 영국 여성들도 많이 포함되었다. 1865년, 미국에서 수정헌법 제 13조가 통과되었다. 이로 인해 '어떠한 노예제도나 강제노역도 해당자가 정식으로 기소되어 판결로서 확정된 형벌이 아닌 이상 미합중국과 그 사법권이 관할하는 영역 내에서 존재할 수 없게' 되었다.

그러나 노예제도를 이어갔던 문화적 및 사회적 태도는 그렇게 쉽게 폐지되지 않았다. 흑인 여성들은 여전히 노예제와 인종차별이라는 쓰라린 유산을 안고 살아가고 있다. 흑인 여성들을 유모, 요부로 묘사하는 고정관념은 계속해서 대중문화에 스며들고 있다. 게다가 노예제도가 법적으로 폐지된 21세기에도 노예제도는 여전히 은밀하게 행해지고 있다.

유엔은 현대노예산업에 연루된 피해자의
3분의 2가 여성이라고 주장한다.

§

현대판 노예제도는 수십억 달러 규모의 산업이며 해마다 350억 달러 넘게 벌어들이고 있는 것으로 추정된다. 유엔은 2700만에서 3000만 명이 노예무역산업의 피해를 보고 있으며 그중 3분의 2가 여성이라고 주장한다. 분쟁으로 인한 가난에 지역적 차이가 발생하면서 다른 나라로 이주하길 원하는 여성들이 많은데, 인신매매범들은 이들을 착취하고 여권을 압수해 가사 노예나 성 노예로 삼는다. 2016년, 변호사 앤 갤러거(Anne Gallagher)는 《가디언》지에서 현대판 노예제도의 피해자들의 다양성이 그늘에 가려 있다고 주장했다.

"IS에 의해 강제로 성 노예가 된 야지디(Yazidi)족 소녀는 태국 어선에 강제로 팔려간 로힝야족 망명 신청자와 공통점이 거의 없다. 두 경우 모두 빚을 갚기 위해 영국의 상업적 성 노동에 강제 동원된 헝가리 여성과 거리가 멀다. 각각의 상황은 사회적 및 경제적 · 정치적 상황의 복잡한 상호작용이 낳은 결과물이다."

인정하다

§

해리스 리스트

《해리스의 코벤트가든 아가씨 명단(Harris's List of Covent Garden Ladies)》은 1757년부터 1795년까지 매년 발행되었다. 각 판에는 런던 코벤트가든 지구에서 일하는 매춘부 120~150명의 이름과 나이, 주소, 특기, 신체적 특징이 적혀 있었다.

해리스 리스트는 런던에서 일하는 약 6~7,000명의 매춘부들 중 극히 일부만을 수록했다. 대부분 가난에 못 이겨 성매매를 하게 된 젊은 여성들이었다. 중산층 독자를 겨냥한 해리스 리스트는 주머니에 들어가는 포켓 사이즈로 제작되었으며, 2실링 6펜스의 가격에 판매되었다. 1791년까지 8,000여 부에 달하는 리스트가 배포된 것으로 추정된다.

해리스 리스트는 당시 영국이 매춘에 상당히 자유주의적인 태도를 가졌다는 것을 보여준다. 노동자계급의 매춘은 질병과 무절제, 무질서와 연관되었다. 재단사나 발레 무용수, 코르셋 제작자처럼 계절적이거나 산발적인 직업을 가진 빈곤한 여성들은 일거리가 없을 때면 종종 매춘에 발을 담갔다. 저널리스트 헨리 메이휴(Henry Mayhew)는 그들이 중산층을 도덕적으로 인정하지 않았다는 것을 발견했다. 1861에 한 여성은 자신이 '가끔 활판인쇄업에 발을 담그며 다양한 인생의 활로를 개척하는 갈보일 뿐'이라며 '좋은 환경에서 제대로 된 교육을 받으며 넉넉하게 자란 사람들'은 자신을 비난할 자격이 없음을 에둘러 표현했다.

팽창하는 대영제국의 '치안유지'에는 점점 더 많은 병력이 필요했다. 프랑스의 침략에 대한 두려움 역시 건강한 육군과 해군 유지가 필수적이라는 생각을 심어주었다. 1864년까지 영국군에서 발생한 모든 질병의 3분의 1이 성병이었으며 열 명당 세 명꼴로 임질이나 매독으로 입원했다. 정부는 여러 대륙국가에서 시도한 제도를 도입해 이 문제를 해결하려고 했다. 전염병법(Contagious Diseases Act)에서 구체화된 바와 같이 수비대가 주둔하는 도시와 항구의 매춘을 국가적으로 규제하는 것이었다. 매춘부라고 의심되는 여성은 '감금 병원'에서 강제로 검사와 구금을 당할 수 있었다. 전염병법은 1864년부터 1886년까지 영국과 아일랜드의 수비대 주둔 도시에서 운영되었는데, 그 수는 열여덟 곳까지 늘어났다. 여성들은 단체로 치안판사 앞에 끌려가 강제로 수감되기도 했다. 그들은 격주로 내진을 받았고 감염된 사실이 드러나면 처음에는 3개월, 나중에는 6개월, 마침내 9개월 동안 투옥되어 치료를 받았다. 테스트를 통과한 매춘부들은 그 사실을 홍보 수단으로 삼았고 스스로를 '여왕의 여인'이라고 묘사했다. 종종 침대 위에 청결증명서를 전시하기도 했다.

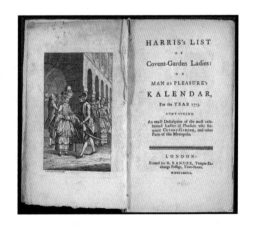

정부는 '천한 매춘부들'을 식별하고 등록함으로써 사병들 사이에 퍼진 성병을 퇴치하고자 했다. 전염병법은 이중 잣대를 적용했고 남성의 성행위를 억제하려는 시도는 하지 않았다. 해가 진후에 외출하거나 특정 지역에서 군인들과 대화하는 노동자계급 여성들은 경찰에 연행되기 쉬웠다. 때로는 열세 살 정도의 어린 소녀들마저 내진의 대상이 되어야 했다. 검사를 거부할 경우 투옥되어 고된 노역을 해야 하게 될 수도 있었다. 유죄판결을 받은 한 여성은 자신이 어떤 대우를 받았는지에 대한 감정을 이와 같이 요약했다.

> "그냥 남자들이에요. 다 남자들. 우리의 의무는 처음부터 끝까지 남자들에 대한 것이었어요. 처음엔 남자를 기쁘게 하기 위해 잘못을 저질렀어요. 그다음엔 이 남자에게서 저 남자에게로 던져졌죠. 남자 경찰들은 우리에게 손을 댔어요. 남자들이 우리를 검사하고, 다루고, 검진했어요. 병원에서도 남자가 우리를 위해 기도를 하고 성경을 읽었고요. 우리는 남자 치안판사 앞에 섰어요. 우린 죽을 때까지 남자들의 손에서 벗어날 수가 없어요!"

1869년 무렵 전염병법에 대한 반대의 목소리가 커져갔고, 페미니스트 조세핀 버틀러(Josephine Butler)의 주도로 전국여성협회(LNA)가 전염병법 폐지 운동을 펼쳤다. 아내와 딸의 평판을 걱정한 노동자계급 남성들과 다양한 종교 단체도 캠페인에 동참했다. 그들은 1886년 마침내 전염병법의 폐지를 확보하는 데 성공했다. 흠잡을 데 없는 명망을 가지고 있던 조세핀 버틀러는 논쟁의 여지가 많은 캠페인을 진행하는 동안 여러 면에서 비난의 대상이 되었다. 하원의원이었던 제임스 엘핀스턴 경(Sir James Elphinstone)은 조세핀이 '매춘부보다 더하다'고 주장했으며 《데일리뉴스》지는 조세핀 같은 여성들은 '무슨 수를 써서라도 주목을 받아야 하며 입에 담기도 어려운 악취미에서 즐거움을 얻는다'고 보도했다.

그럼에도 매춘 규제의 관행은 비공식적으로 지속되었다. 전염병법이 영국 내 전염병 발생 정도에 이렇다 할 효과를 미쳤다는 명확한 증거가 없음에도, 인도에서는 '감염병' 환자로 의심되는 사람들의 강제 입원을 법으로 허용했다. 덕분에 1895년 인도에서는 병원입원률이 최고조에 달했다. 게다가 프랑스에서는 제1차 세계대전 동안 성병에 걸린 매춘부들이 더 높은 가격에 서비스를 제공했다. 서부전선에서 싸우는 것보다 성병에 걸려 병원에 입원하는 게 더 낫다고 여긴 남성들이 많았기 때문이다.

매춘을 화려하게 묘사하는 〈귀여운 여인(1990)〉 같은 할리우드 영화에도 불구하고 성매매 여성들은 계속해서 질타를 받고 있다. 하지만 여성의 고용선택권의 맥락 또한 고려되어야 한다. 영국 성매매여성집단(English Collective of Prostitutes)의 한 회원은 최근 홈페이지에 이와 같이 설명했다.

"청소부, 술집 종업원, 가게 점원 일만 하는 것에 질렸다. 어쩔 때엔 그 모든 일을 하루에 다 해야 하기도 했다. 매춘은 확실히 내가 지금껏 해온 일 중 최악이 아니다. 나는 수산시장에서도 일해 봤고 우리가 추운지, 피곤한지, 사람들이 우리를 어떻게 대하는지 신경도 안 쓰는 사람들을 위해 청소부로도 일해 봤다."

제임스 배리 박사의 초상화

1815년경에 그려진 제임스 배리(James Barry)의 초상화는 한 젊은 남성이 군의관이 되기 위해 승선하는 모습을 보여준다. 이제 막 에든버러대학교 의과대학에서 자격을 얻은 그의 가냘픈 체구와 작은 키는 다른 졸업생들 사이에서 유독 눈에 띄었다.

이것은 이상한 일이 아니다. 제임스 배리는 사실 아일랜드 코르크에서 태어난 마거릿 앤 버클리(Margaret Anne Buckley)이기 때문이다. 마거릿은 학교를 졸업한 후 영국의 여러 전초기지에서 경력을 쌓고 군 병원 감찰장교의 자리에까지 올랐다.

제임스 배리는 19세기에 남장을 한 여성들 중 가장 성공한 여성일 것이다. 그가 외모를 바꾼 것은 가족들이 힘든 시기를 겪고 난 후 군대에서 성공의 야망을 이루기 위한 유일한 방법이었다. 제임스가 의사 자격을 취득한 것은 공식적으로 영국 최초의 여성 의사인 엘리자베스 개릿 앤더슨(Elizabeth Garrett Anderson)을 약 50년 앞지른다. 그는 제임스 배리로서 원주민과 부상병들의 상황을 개선하기 위해 노력했다. 영국에서 산모와 태아가 모두 살아남은 최초의 제왕절개 수술을 포함해서 성공적인 수술도 수없이 수행했다. 그는 성인이 되고부터 평생 남자로 지냈다. 제임스가 죽은 후 여종이 그의 시체를 누이다가 비로소 제임스의 진짜 정체를 알게 되었다고 한다.

제임스 배리가 남장을 하고 트랜스젠더의 삶을 산 유일한 여성은 아니었다. 그와 같은 사례는 역사 전반에 걸쳐 나타나며, 가장 초기의 기록은 고대 그리스까지 거슬러 올라간다. 웅변가이자 철학자인 필로스트라투스(Philostratus)는 아프로디테를 숭배하는 추종자들이 '여자는 남자 역할을 하고 남자는 여자 옷을 입고 여자 역할을 하는 축제'를 열었다고 묘사한다. 어떤 여성들은 특정한 이유 때문에 남성복을 입었다. 미국 남북전쟁 동안 400~750명의 여성들이 남장을 하고 입대한 것으로 추정된다. 각자 다양한 이유를 가지고 있었지만 주된 동기는 각 편에 대한 열렬한 충성심이었다. 어떤 사람들은 군인인 남편이나 형제들과 가까이 있기 위해, 또 어떤 사람들은 여행이나 모험에 대한 기대감으로, 심지어는 고정적인 임금을 받길 바라는 마음에 군인이 되는 사람도 있었다. 프랭클린 탐슨(Franklin Thompson)이라는 이름으로 미시

건 제 2보병대에 입대한 세라 에드먼즈 실리(Sarah Edmunds Seelye)는 이런 글을 남겼다. "집에 가만히 앉아 눈물짓는 대신, 자유롭게 나아가며 일할 수 있다는 것만으로도 정말 감사했다."

세라는 몇 차례의 전투에 참가했고 적진에서 첩보 임무를 수행했다. 그러다 말라리아에 걸린 그는, 병원에 보내지면 자신이 여성임이

발각될 것이 두려워 군대를 떠났다. 그럼에도 불구하고 세라는 전쟁이 끝난 후에 결혼해서 세 아이를 키우면서 군인 연금을 받은 유일한 여성이었다. 영국 여성 도로시 로렌스(Dorothy Lawrence)는 제1차 세계대전 때 전쟁기자가 되겠다는 결심에 남자 옷을 입고 입대하여 최전방에 자원했다.

예술과 연예산업에서는 크로스드레싱(cross-dressing: 여성이 남성의 옷을 입는다든지 반대로 남성이 여성 옷을 바꿔 입는 옷차림이나, 하나의 복장 속에서 남성성과 여성성의 양면적인 스타일이 느껴지는 옷차림 — 옮긴이)의 범위가 더 넓어졌다. 19세기 프랑스의 소설가 아망딘 오로르 뤼실 뒤팽(Armandine-Aurore-lucile Dupin)은 조르주 상드(Geroge Sand)라는 필명을 사용했다. 그는 시가를 피우고 남성복 입기를 선호하며 사회에 큰 반향을 일으켰다. 영국의 음악계에는 남장을 하여 큰 성공을 누린 여성들이 여럿 있었는데 그중 가장 유명했던 것이 베스타 틸리(Vesta Tilley)다. 베스타는 네 살 때부터 무대에 섰다. 그의 아버지가 매니저 역할을 했고, 베스타는 곧 가족 전체를 부양했다. 아버지의 옷을 빌려 입고 말쑥하고 자그마한 남장여자로 무대에 오른 그는 상류층 신사, 고아소년, 성직자, 군인, 선원 등 다양한 캐릭터를 연기했다. 베스타는 수천 명의 남녀 팬들을 거느렸고, 그가 노래하면 열광적인 박수갈채가 터져 나왔다.

"군인을 사랑하는 소녀에게 행운이 따르길……
소녀들아, 군인을 사랑하고 싶다면 다들 날 사랑해도 돼."

베스타가 막대한 부를 쌓고 은퇴했을 때 그의 남편은 보수당 의원이 되었고 노동자계급이었던 베스타는 엄청난 신분 상승을 이뤘다.

1930년대 미국에서 유명세를 떨쳤던 재즈 뮤지션 빌리 팁튼(Billy Tip-

어떤 여성들에게 남장은
고소득 직업을 가질 수 있는 기회였다.

§

ton)은 성인기 내내 남성으로 살았다. 그는 여성들과 일련의 관계를 맺었
고 세 명의 아이를 입양했다. 빌리가 1989년에 사망할 때까지 그가 여성
으로 태어났다는 사실은 그의 혈육 외에 아무도 몰랐다.

제임스 배리 같은 일부 여성들에게 남장은 고소득 직업을 가질 수 있는
기회였고, 또 다른 여성들에게는 모험을 위한 탐색이었으며, 여성이라는
제약으로부터의 탈출이었다. 그들에게는 남성으로서 사는 것이 더 편했
다. 법적 처벌이나 사회적 배척을 받을 위험이 있는 선택이었지만, 이제는
세계 여러 지역에서 이 경계가 허물어지고 있다. 의복과 성 정체성은 과거
보다 더 유동적이며 개인적인 선택의 문제가 되었다.

§

착유용 삼각의자와 멍에

18세기와 19세기 우유 짜는 미녀들은 소박한 아름다움과 성적인 매력을 가지고 있다고 여겨졌다. 유명한 시와 가요에서 그들은 건강하고 왕성한 섹슈얼리티를 가졌다고 묘사되었다.

소설가 토머스 하디(Thomas Hardy)는 삼각의자에 앉아 우유를 짜고 있는 오거스타 리디아 플로렌스 웨이(Augusta Lydia Florence Way)의 아름다운 용모를 보고 영감을 받아 그의 고전문학 여주인공 『더버빌가의 테스(1891)』를 창조한 것으로 보인다. 테스는 강간을 당하고 아이를 낳지만, 아이는 곧 죽고 만다. 그는 우유 짜는 여인으로 살면서 잠시나마 행복과 사랑을 찾지만 결국 과거에 발목을 잡히고 비극적인 죽음을 맞이한다.

착유용 의자는 젖소의 젖통에 맞게 높이를 낮춰 우유 짜는 여성들이 좀 더 편하게 우유를 짤 수 있게 해주었다. 다리가 세 개여서 울퉁불퉁한 지면에서도 안정적이었다. 그렇게 짠 우유는 양동이에 담아 멍에에 매달아 어깨에 지고 날랐다.

우유 짜는 여성들이 매일같이 아침 일찍 일어나 우유를 짠 덕분에, 시골농장에서 짠 우유는 기차에 실려 런던과 맨체스터 같은 대도시로 보내질 수 있었다. 여성은 오랜 역사 동안 농업의 많은 부분을 감당해왔다. 어떤 일은 과일과 채소, 옥수수를 수확하는 것을 돕는 등 계절적이었다. 남성이 다양한 농업에 종사하게 될 때 그의 아내나 딸 역시 별도의 임금을 받지 않고 농사일을 돕는 것이 당연하게 여겨졌다. 19세기 영국에서는 나이가 어린 소녀들부터 이런 일을 도왔다. 한 여성은 1850년대의 어린 시절을 이렇게 회상했다.

"여덟 살이 되던 날 학교를 떠나 하루에 열네 시간씩 밭일을 하기 시작했어요. 다른 아이들도 4~50명 정도 있었는데, 제 나이가 가장 많았습니다. 어떤 할아버지가 하루 종일 우리를 따라다니면서 긴 채찍을 휘둘렀어요."

밭일을 하다가 소변을 봐야 할 때 망을 봐야 하는 등의 걱정으로 야외 활동에 대한 거부감이 커지면서, 여성의 농업활동은 일부 감소했다. 그러나 해리엇 마티노(Harriet Martineau)에 의하면 19세기 중반에 영국에는 약 6만 4,000명의 우유 짜는 여인이 있었다.

낙농업은 기술을 요하는 직군임에도 불구하고 전통적으로 여성의 일이다 보니, 곡물을 재배하는 것보다 천하게 여겨졌다. 그러나 낙농업은 많은 나라의 여성들에게 수입과 자율권을 제공했다. 20세기 초에 한 독일장교가 남긴 기록에 의하면 한 마사이족 여성은 아침저녁으로 양과 염소, 송아지를 돌보고, 우유를 짜서 나누고, 남은 우유를 팔아 수입에 보탰다. 아프리카의 투르카나족은 여성들이 우유 생산을 담당하고 있다. 케냐 북부 삼부루족 사람들은 결혼할 때 신랑이 신부에게 자신이 가지고 있는 소들

중 상당수를 할당한다. 신부는 결혼하고 몇 달 동안 친구들로부터 송아지나 양, 염소를 더 선물받기도 한다.

20세기 초 영국에서는 소규모 농장의 여성들이 암탉을 키우거나 버터와 달걀을 생산해 농장 입구나 지역시장에서 이를 팔았다. 종종 행상인이 찾아와 상품을 사가서 시장에 가져가 팔기도 했다. 버터는 크림을 휘저어서 만들었다. 1899년에 태어난 매기 조 챕맨(Maggie Joe Chapman)은 어머니가 버터를 만들기 위해 손을 차갑게 유지해야 했기 때문에 아버지가 우유통의 핸들을 돌렸다고 했다. 5월부터 10월까지는 매기도 부모님을 도와 치즈를 만들었다. 그 치즈는 더럼에 있는 협동조합에서 광부들에게 팔렸다. 치즈를 만드는 데에는 여러 가지 숙련된 과정이 필요하다. 우유를 데워 유청에서 응유(curd)를 분리하고, 응유에서 액체를 짜낸 뒤 치즈를 압착해 건조시켜야 한다. 매기는 이렇게 회상했다.

"우리 가족은 항상 치즈를 절였어요. 끓는 물에 소금을 넣어 만든 소금물을 이틀 동안 식혀야 했죠. 이 소금물에 치즈를 하루 동안 담가뒀다가 뒤집어서 하루 더 담가두면 완성이었어요."

기계화와 공장 생산이 꾸준히 도입되고 있는 20세기에도 여성들은 계속해서 낙농업에 종사하고 있다. 예를 들어 1925년에는 이런 광고가 올라왔다. "하트퍼드셔의 농장에서 함께 일할 40세 이하 부부 구함. 남성은 혈

통 있는 쇼트혼(Shorthorn)과 저지(Jersey)종 소와 돼지, 가금류 사육하는 일. 마릿수 많지 않고 보조 있음. 여성은 1급 낙농업무. 훌륭한 유제품과 집, 정원 제공.”

전 세계의 여성들은 다양한 도구를 사용해 우유를 휘저어 치즈를 만들어 왔다. 1947년, 영국은 마침내 ‘대영제국’에서 가장 중요한 부분이었던 식민 지배를 서둘러 포기했다. 인도아대륙은 무슬림이 주를 이루는 파키스탄으로 분할되고 인도는 힌두교도가 많은 세속적인 국가로 남으며 재앙과 같은 결과를 낳았다. 뒤이어 일어난 폭력사태로 100만 명의 사람들이 학살당했다. 이 국가 분할로 1200만 명의 사람들이 집을 떠나 인도와 파키스탄 전역으로 이주했다. 안찰 말호트라(Aanchal Malhotra)의 증조할머니는 라호르에서 암리차르를 거쳐 델리까지 국경을 넘어왔다. 그는 소지품이 거의 없었지만 우유를 휘젓는 구리그릇만큼은 잊지 않고 챙겨 왔다. 21세기에도 인도 시골여성들에게 낙농업은 여전히 중요하다. 소 한 두 마리를 키우고 있는 사람들 중 남성은 1500만 명에 불과하지만 여성은 7500만 명에 달한다. 모내기와 잡초 제거, 수확과 같은 계절적이어서 수입이 불규칙한 농업 노동보다는 수입이 일정하고 다른 가사일과도 쉽게 병행할 수 있는 낙농업이 많은 그들에게는 더 적합했다. 그들은 자기 소유의 땅이 없어도 소를 키우며 실질적인 소득을 얻고 먹을 것을 얻으며 가난을 달랜다.

§

하인 호출벨

제임스 매튜 배리(J. M. Barrie)가 1902년에 쓴 연극 〈훌륭한 크라이턴〉에는 이런 대사가 나온다 "커튼을 젖히는 하인이 없다면 아침이라는 것을 어떻게 알 수 있겠어?" 그의 농담에 일리는 있다. 빅토리아시대와 에드워드시대 중산층과 상류층은 하인들을 통해 모든 욕구를 충족하는 데 익숙해져 있었다.

남성과 여성으로 구성된 한 무리의 하인들은 고용주들의 일상 작은 부분까지 돌보았다. 하인들은 잡다한 집안일을 도맡았으며 사회고위층과 중산층, 심지어 일부 숙련된 장인들의 필요까지 채워주었다. 18세기 말부터 20세기 초까지 영국과 미국에서는 집에 기계적으로 작동하는 하인 호출벨(servant call bell)을 설치했다. 고용주가 벽에 장착된 손잡이나 줄을 잡아당기면, 집 뒤편에 있는 하인들의 숙소나 부엌에 있는 종과 연결되어 울리는 방식이었다. 이 종은 고용주가 필요를 채우기 위해 하인을 소환하기 위한 것만이 아니었다. 고용주가 하인들의 삶을 통제하고 지배한다는 상징이었다.

하인이 있다는 것은 사회적으로 지위가 있다는 사실을 드러냈다. 18세기 후반의 산업혁명으로 도시의 중산층은 신분에 민감해졌다. 밭일을 하거나 방적 같은 전통적인 직업을 가지고 있던 노동자계급 여성들은 일자리를 구하기 어려워졌다. 결과적으로 1800년대 중반까지 미국과 영국, 유럽의 여러 지역에서 여성 하인들을 흔히 볼 수 있었다. 1870년 무렵에는 모든 여성 노동자들의 절반 이상이 하녀였다. 하인들은 싼 값에 쉽게 구할 수 있었다. 1905년 부엌일을 하는 하녀 한 명이 1년에 버는 돈은 고작 11파운드였다. 평균적으로 여성 하인은 남성 하인의 절반 정도의 급여를 받았다. 유럽에서는 하녀들 대부분이 현지인이었지만 미국에서는 이민자인 경우가 많았다. 특히 아일랜드에서 이주해온 여성들의 60퍼센트 이상이 하인으로 일했다. 남북전쟁 이후 흑인 여성들이 궁핍한 남부를 떠나 도시화된 북부로 대거 이주하면서, 백인 중산층 가정에 값싼 노동력이 풍부하게 제공될 수 있었다.

영국에서는 하인들의 계층이 뚜렷했다. 컨트리 하우스(great country house: 영국 농촌 귀족 및 젠트리의 대저택 — 옮긴이) 귀부인의 하녀나 가정부가 계층 꼭대기에 가장 가까웠다. 잡다한 일을 도맡는 젊은 미혼 하녀들은 서열 밑바닥이었다. 일반적인 경우는 아니지만 체스터 근처의 이튼 홀에 살았던 웨스트민스터 공작(Duke of Westminster)은 집 안팎의 일을 처리하는 하인들을 300명이나 부렸다. 정원을 돌보는 남성만 40명이 넘었다. 숫자가 많다고 해서 하는 일이 적은 것은 아니었다. 부유한 사람들의 까다로운 요구조건을 충족하려면 수많은 인력이 필요했다. 포틀랜드 공작(Duke of Portland)은 구운 닭고기를 너무나 좋아해서, 그가 먹고 싶으면 언제든지 바로 먹을 수 있도록 38명의 주방 하인들 중 한 명이 고기 굽는 쇠꼬챙이를 전담하여 항상 준비를 갖춰놓았다. 제6대 바스 후작(Marquis of Bath)

은 어린 시절을 회상하며 자신이 네 살이었을 때부터 옷을 입혀주는 종자가 있었다고 말했다. "호화로운 삶 속에 잠겨 보살핌을 받았습니다. 하인이 많을수록 좋았던 것 같습니다."

이와는 대조적으로 잡일을 하는 하녀가 되면 요리와 식사 시중, 설거지, 온갖 청소, 불 피우기, 침대 정리, 빨래, 다림질, 수선, 때로는 육아까지 모든 일을 책임져야 할 수도 있었다. 한 어린 하인은 부모님에게 이런 편지를 보냈다.

"일을 시작한 뒤로 너무 바빠서 저 자신을 위해 뭔가를 할 수 있는 시간이 전혀 없었어요. 5시 반에 일어나서 밤 12시가 다 되어서야 잘 수 있고, 어쩔 때에는 너무 피곤해서 엉엉 울고 싶어요."

상주하는 하인들은 일주일 내내 평균 11~12시간 동안 일했다. 가정부는 24시간 대기해야 했다. 쉬는 날은 대체로 한 달에 한 번의 일요일, 일주일에 하루 오후 시간이었으나 그것도 일과를 먼저 처리한 후라야 했다. 고용주는 하인들이 입는 옷이나 하는 말, 가족과 친구들과의 만남까지도 통제했다.

미국의 이민자들 중에서도 여성은 대부분 교육을 제대로 받지 못했고 취업 기회가 적었으며 다른 일자리를 얻지 못해 가정부가 되는 경우가 많았다. 그러나 1890년부터 1920년까지 가정부에 대한 수요가 증가하면서 여성에게도 더 많은 일자리 기회가 주어졌다. 사무실이나 상점, 백화점, 심지어 공장에서의 일은 더 많은 자유를 제공했다. 미국에서 여성의 비율은

평균적으로 여성 하인은
남성 하인 절반 정도의 급여를 받았다.

§

1870년에는 절반 이상, 1920년에는 5분의 1 이하로 떨어졌다. 그러나 가정부로 일하는 흑인 여성 하인의 비율은 1890년에 24퍼센트에서 1920년에 40퍼센트로 높아졌다 .

동시에 영국의 상주 하인 비율도 줄어들기 시작했다. 1911년에는 여성 노동자의 4분의 1이 하인이었지만 하녀가 되고자 하는 여성들을 찾아보기란 점점 어려워졌다. 노동력 부족 현상이 이어지면서 상류층조차 하인들에게 더 높은 임금을 지불했고, 그러면서 이전처럼 많은 하인들을 더 이상 감당할 수 없다는 사실을 깨달았다. 제2차 세계대전 이후 노동자계급 여성들은 하인의 삶을 거부하고 더 나은 임금과 더 많은 자유를 추구했다.

현대 서구사회에서 하인들의 수는 다시 한번 증가하고 있다. 현대판 하인들의 세계에도 계급이 존재한다. 으리으리한 부잣집에서 유모나 요리사, 집사로 일하는 숙련된 상주 하인들은 높은 임금을 받지만 수많은 이주 노동자들, 시간제 청소부들, 오페어(au pair: 외국 가정에 입주하여 집안일을 하고 약간의 보수를 받으며 언어를 배우는 입주 가정부 — 옮긴이)들은 여전히 최저임금을 받는다.

§

타자기

1867년, 미국인 크리스토퍼 래섬 숄스(Christopher Latham Sholes)는 손으로 쓰는 것보다 빠르게 필기를 할 수 있는 최초의 타자기를 만들었다. 개량을 거쳐 시중에서 판매되기 시작한 최초의 타자기는 1874년 레밍턴(Remington)이 만들었다. 레밍턴 타자기는 대문자만 쓸 수 있었지만, 오늘날까지도 수많은 키보드에 적용되고 있는 '쿼티(qwerty)' 자판을 도입했다.

그 후 20년 동안 타자기는 발전을 거듭하면서 수많은 사무실에서 널리 사용되었다. 표준 가격이 60달러에서 100달러였는데, 남성 직원의 주급이 5달러에 불과했기 때문에 초기에는 가정과 소규모 사무실에서 보유하기에 어려웠다. 그러나 여성에게 새로운 근무환경과 직업을 예고하며, 타자기는 미국과 유럽 전역에 빠르게 확산되었다.

1860년대부터 영국에서는 '잉여 여성(surplus women)' 문제가 대두되었다. 잉여 여성은 나이와 외모, 가난, 성향, 적격한 남성의 부족 등을 이유로 결혼이나 출산을 하지 못한 여성들을 일컫는 말이었다. 여성의 교육 기회가 늘어남에 따라 그들은 제한적인 직업 선택권을 완강히 거부했고 점원과 교사, 간호사, 심지어 언론인으로 직군의 범위를 서서히 넓혀갔다. 타자기의 탄생으로 사무실은 여성 고용의 새로운 영역으로서 빠르게 확장되었다. 1870년에는 사무실에서 근무하는 여성이 1,000명에 불과했지만 1901년에는 여성들의 사무실에서 타이핑과 같은 단순하고 반복적인 일을 도맡기 시작했다. 1901년에 도입된 미스 레밍턴(Miss Remington)의 명상(Reverie) 음악은 규칙적인 타이핑에 도움을 주었고 이러한 리드미컬한 접근법은 오랫동안 활용되었다.

여성 타자원들은 처음에는 타자기라고 불려, 기계와 헷갈리는 일이 많았다. 그들은 타자 실력이 늘면서 복사원으로 고용된 소년들과 젊은 남성들을 대체했다. 여성은 손이 더 작고 손놀림이 빠르며 훨씬 싼 임금으로 고용할 수 있다고 여겨졌다. 재무부는 '여성 타자원들이 효율적이고 경제적인 노동 형태를 직접 증명했다'고 하면서도, 다소 못마땅하다는 듯이 이런 말을 덧붙였다. "기계의 도움을 받아 타자를 치는 것은 어렵지 않기 때문에 타자원의 급여는 적당해야 한다." 1894년에 정부부처에서 일하는 타자원의 초봉은 일주일에 고작 16실링이었다.

이 임금은 1911년까지도 크게 오르지 않았다. 케임브리지 고급 명예수료과정을 통과하고 프랑스어와 독일어를 구사하는 한 여성은 속기와 타자를 배우고 규모 있는 사무실에서 15개월 동안 일하면서도 여전히 40파운드의 연봉을 받고 있다고 불평했다. 그럼에도 불구하고 1911년경 12만 5,000명의 여성들이 타자원으로 일하고 있었고 50년 뒤 이 숫자는 100만 8,000명으로 늘어났다. 1911년에 《리버풀

에코》지가 지적한 바와 같이, 남성들은 크게 분개했다.

"이 타자기를 두드려대는 사람들은 '두드리지' 않는 시간엔 연애소설을 보며 흡족해하거나 뜨개질을 할 게 아니라 사무실을 청소하고 먼지를 털어야 한다. 실제로 그들의 성별을 생각해볼 때 그런 일이 더 적합할 것이며 그들이 하는 일에도 약간의 연습과 통찰을 더해줄 것이다. 그들은 불쌍한 남성 직원들 중 한 사람과 결혼하겠다고 최선을 다해 그의 생계를 갈취하며 스스로의 위신을 떨어뜨리고 있을 뿐이다."

정부부처와 기업들은 여성과 남성이 만나는 일을 막기 위해 여성 전용 출입구를 따로 만들고 식사시간도 다르게 정했다. 또한 여성들은 남성의 눈에 띄지 않게 장막 뒤나 다락방에서 일했다. 결혼하면 즉시 직장을 떠나야 했지만, 취업 활동이 적어도 여성의 의복에 유익한 영향을 끼쳤음은 확실했다. 1898년에《아메리칸저널》지는 이렇게 논평했다. "고래뼈와 철로 된 갑갑한 우리에 갇힌 채로는 그 어떤 전문가가 와도 타자기와 자전거를 다룰 수 없다."

사무직은 고급 직업으로 여겨졌고 여성들이 필요로 하는 기술을 제공하기 위한 경영대학들이 생겨났다. 경험 많은 속기 타자원은 2~3파운드 정도의 주급을 벌 수 있었고 1911년에는 특등 비서가 1년에 250파운드까지 벌 수 있었다. 그러나 근무시간이 길었고, 다른 여성 사무원이나 타자원의 감독관이 되는 것 외에 승진 기회도 없었다.

20세기 후반 들어 타자기는 컴퓨터로 대체되었다. 수많은 여성들의 타자업과 사무직은 천천히 자취를 감춘 반면 어떤 사람들은 재택근무의 자유를 얻었다. 컴퓨터를 처음 사용하기 시작했을 때엔 여성이 상당히 두드

여성 타자원은 훨씬 저렴한 급여를 받고 훨씬 빠르게 일을 함으로써
복사원으로 고용된 소년들과 젊은 남성들을 대체했다.

§

러진 활약을 했으나, 현재 관련 업종에서 여성이 차지하는 비중은 5분의
1에 불구하며 그마저도 상당히 낮은 수준의 데이터 처리 역할이다.

1980년대 정보기술(IT) 제품은 주로 남성을 염두에 두고 판매되었다.
여성이 기술을 이용하는 것을 어려워하는 모습을 보여주는 반면 남성 IT
광이나 해커, 게임 매니아들이 활약하는 이미지를 보여주었다. 기업들은
그러한 남성 '천재'들을 통해 회사를 홍보하며 고정관념을 강화했다. 초기
의 레밍턴 타자기와는 달리 비용도 크게 부담되지 않아, 이제 PC 한 대 없
는 집이 없을 정도다. 이 신기술 역시 여성에게 집에서도 일을 할 수 있는
다양하고 유연하며 새로운 방법들을 제시했다.

§

여성 경찰 완장

1915년, 서른다섯 살 산파 출신의 과부 에디스 스미스(Edith Smith)는 영국에서 공식적으로 임명된 최초의 여성 경찰이 되었다. 링컨셔의 그랜섬에 발령받은 에디스의 임무는 마을에 있는 두 개의 큰 군부대에 군인들을 배정함으로써, 젊은 여성과 매춘부들의 유입에 대한 우려를 해소하는 것이었다.

에디스는 수갑이나 경찰복도 받지 못했고, 긴 남색 치마와 짙은 남색의 재킷, 펠트 모자로 이루어진 유니폼을 입었다. 남성 경찰들이 쓰는 것과 비슷하게 팔뚝에 끼는 완장만이 에디스가 경찰이라는 것을 알아볼 수 있게 해주는 유일한 휘장이었다. 이 유니폼은 여성 순찰관이라는 새로운 존재를 드러냈다. 법과 질서를 유지하고 평화를 지키는 임무가 여성에게 맡겨진 것은 처음이었다.

제1차 세계대전 이전에 여성이 참여할 수 있었던 치안 유지 활동은 간수 정도였다. 수도 적었고 종종 남성 간부들과 친척 사이였던 여성 간수들은 1883년에 처음으로 고용되어 감옥과 법정에서 여성 죄수들을 관리했다. 여성 간수의 존재는 치안 유지에 여성이 할 일이 있다는 것을 처음으로 인정한 것이었다. 사회의 폭력과 불화를 다루는 치안 유지는 본질적으로 남성적이며 여성들에게는 적합하지 않다고 여겨졌다. 그러나 제1차 세계대전을 치르면서 특히 노동자 계층 소녀들을 비롯한 여성의 도덕적 복지에 대한 우려를 여성이 해소할 수 있다는 관점이 생겼다. 전국여성노동조합(National Union of Women Workers)은 원치 않는 성행위를 예방하기 위해 자진 순찰을 하는 것에 대해 내무성의 승인을 받았다. 여성참정권 운동가인 니나 보일(Nina Boyle)과 마거릿 데이머 도슨(Margaret Damer-Dawson)이 주도하는 여성경찰자원봉사단(Women's Police Volunteers)은 1916년에 여성경찰(Women's Police Service)이 되었다. 이 두 단체는 군부대와 공원, 영화관, 군수공장 근처에서 법적으로나 도덕적으로나 여성을 대상으로 한 치안 유지 활동을 했다. 초기의 '여성 경찰'들 중 에디스 스미스를 제외하고 범법자를 체포할 수 있는 사람은 하나도 없었다. 그들은 공식적인 경찰 훈련도 받지 않았고 내무성은 그들을 공식적으로 인가하길 꺼리며 이렇게 말했다. "여성 순찰은 예방적 차원에서 하는 것이며 매춘부들을 대상으로 경찰 임무가 수행되는 것처럼 간주되길 원하지 않는다."

이러한 선구적인 여성들은 여성과 아이들을 다루는 데 있어서 여성만이 할 수 있는 역할을 창출하는 것에 성공했으며 치안 유지에 여성이 참여할 수 있는 발판을 마련했다. 1916년 영국의 경찰법(Police Act)은 여성을 순경으로 임명하는 것을 허용했다. 당시는 여성이 배심원 역할을 감당하기에도 '적합'하지 않다고 여겨지던 시절이었다. 미국에서는 1891년에 마리 오웬스(Marie Owens)가 시카고 경찰국(Chicago Police Department)에 합류했다. 캐나다의 밴쿠버와 에드먼턴은 1912년에 첫 여성 경찰을 보유했다. 호주 남부에서는 1915년에 케이트 칵스(Kate Cocks)가 채용되었으며 독특하게도 남성 동료들과 같은 급여와 경찰권을 부여받았다. 그해 프랑스에서는 첫 여성 장교가 생겼다.

제1차 세계대전이 끝날 무렵 여성의 치안 유지 활동도 자리를 잡았다. 버밍엄은 1917년에 두 명의 여성을 채용했고 런던경찰청은 1918년에 자체 여성 경찰관을 직접 모집했다. 비록 각 서마다 보유한 여성 경찰이 소수이긴 했지만 1948년까지 잉글랜드와 웨일스의 133곳 중 여성 경찰을 한 명도 채용하지 않은 곳은 두 곳에 불과했다. 여성들은 여전히 난관을 마주했다. 비록 기혼 여성의 고용을 제한하는 관행인 결혼 제재(marriage bar)는 1946년에 폐지되었지만 문화적 및 사회적으로는 여성들이 여전히 결혼과 함께 직장을 떠났다. 여성 경찰들은 그들만의 승진 구조와 교대 일정대로 근무했다. 그들은 1975년에 성차별법(Sex Discrimination Act)이 제정될 때까지 남성 경찰 임금의 90퍼센트만 받았다. 최근 몇 년 동안에는

2011년에 미국에서는 70만 명의 경찰관 중
단 12퍼센트만이 여성이었다.

§

여성을 대상으로 한 범죄에 대한 민감성이 증가하면서 여성이 맡아야 할 역할에 대한 우려가 다시금 제기되기 시작했다. 1980년대에 브라질을 비롯한 일부 국가들은 여성 경찰서를 도입했다. 여성 경찰서는 성범죄를 신고하는 안전한 피난처로 여겨진다.

이제 대중들은 여성 경찰들이 순찰하는 모습이나 텔레비전 드라마에서 여성 경찰이 활약하는 등의 모습에 익숙해졌다. 그럼에도 불구하고 여전히 경찰을 남성의 직업이라고 보는 사람들이 있다. 2011년에 미국에서는 70만 명의 경찰관 중 단 12퍼센트만이 여성이었다. 게다가 경찰서에서 일하는 수많은 여성들은 차별과 소외, 승진을 가로막는 유리천장을 경험하고 있다. 미 여성법률집행위원회(NAWLEE, The National Association of Women Law Enforcement Executives)는 경영자의 자리에 오르고자 하는 여성들을 지원하기 위해 1995년에 설립되었다. 경감 출신인 재키 말튼(Jackie Malton)은 이렇게 말했다. "확실히 80년대 말부터 90년대 초까지 제가 특별기동수사대에서 일했을 때보다 성차별이 훨씬 덜합니다." 당시 재키의 남성 동료들은 일상적으로 재키에게 섹스토이를 선물했다고 한다. 최초의 여성 경찰이 임명된 지 약 100년 만인 2017년, 런던경찰청은 크레시다 딕(Cressida Dick)을 최초의 여성 지서장으로 임명했다.

§

간호자격증

1940년 1월 메리 헤이우드(Mary Haywood)
가 받은 자격증에는 영국 펜들버리의 아동병원에서 3년 동안의 간호 훈련
을 성공적으로 마쳤다는 내용이 적혀 있었다. 메리는 영국공군(RAF)에 입
대하기 전 공인간호사가 되어, 대공습 기간 동안 런던의 유니버시티칼리
지병원에서 추가적인 훈련을 받았다.

메리는 제2차 세계대전 말미에 공군으로 복무하다 정신질환을 얻은 환
자들을 돌보았고, 1945년 자신의 환자였던 남성과 결혼했다. 이 시기에 그
의 경력은 단절되고 마는데, 다른 여러 직업과 마찬가지로 간호에도 결혼
제재가 적용되었기 때문이다.

병자를 간호하는 것은 수백 년 동안 수많은 사회에서 전통적인 여성적
역할로 인식되어 왔다. 어머니나 할머니로부터 물려받은 지식을 가진 현
명한 여성들은 식물과 천연 재료로 만든 약초나 민간요법을 써서 병을 치
료하거나 통증을 완화시켰다. 그러나 18세기와 19세기 서양에서 의사라
는 직업의 출현은 남성 의사가 환자의 병을 고치는 동안 여성은 그저 보조

를 하는 위치로 격하시켰다. 19세
기 간호사들이 입었던 긴 흰색
앞치마와 모자를 보면 그들의 역
할이 가정부와 비슷하게 여겨졌
다는 것을 알 수 있다.

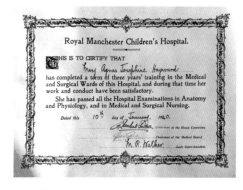

간호사들의 평판은 계속해서
악화되었다. 그들이 도박을 하고
욕설을 하며 말다툼을 벌이고 음주를 한다는 우려의 목소리가 들려왔지
만, 사실 이 문제는 환자의 이동이나 잡역을 맡은 남성들도 똑같이 가지고
있었다. 19세기에 훈련되지 않은 간호사의 상징적인 이미지는 찰스 디킨
스가 『마틴 처즐위트(Martin Chuzzlewit, 1843)』에서 만들어낸 캐릭터인 세
라 갬프(Sarah Gamp)로 의인화되었다. 이것은 정당하지도, 정확하지도 않
았다. 세라 갬프는 집안일도 담당하며 집에서 아픈 식솔들을 보살피는 가
내 간병인이었다. 반면 런던의 교육병원들은 간호를 좀 더 전문화하고 있
었다. 플로렌스 나이팅게일(Florence Nightingale)은 여성 수간호사가 간호
직원들을 관리할 수 있도록 로비 활동을 했다. 1842년 런던에서 '간호사
들에게 정규교육을 제공하여 그들의 인격을 함양하고 전문적 소양에 적
합하게' 하기 위한 성공회 평수녀 공동체가 세워졌다. 몇 년 후 그들은 유
니버시티칼리지병원에 간호사들을 공급했다. 8년 뒤에 메리 헤이우드가
훈련을 받게 되는 바로 그 병원이었다.

19세기 후반, 수많은 나라들이 여성 직업을 계발하기 위해 간호사양성
학교를 설립했다. 브라질의 초대 대통령은 1889년 공화국을 선포하고 1년
뒤에 국립정신병원(National Insane Asylum)에 간호사들을 위한 최초의 전
문학교를 세웠다. 호주는 1899년 훈련된 간호사들로 구성된 협회를 세우

고 1906년부터는 회원 자격을 위한 시험을 전격 의무화했다.

『가족의 간호와 일반적인 목적을 위한 간호 안내서(Textbooks such as A Hand-Book of Nursing for Family and General Use, 1878)』나 『병원 및 개인적인 목적을 위한 간호의 원리와 실천(Nursing: Its Principles and Practice for Hospital and Private Use, 1893)』과 같은 교과서들은 미국에서 새롭게 생겨나는 간호학교들의 교과과정을 형성했다. 미국은 1911년 미국간호사협회(American Nurses Association)를 설립했다. 그러나 영국에서는 제1차 세계대전의 여파로 1919년 왕립간호대학(Royal College of Nursing)이 세워진 지 3년이 지나서야 간호사 국가 공인이 시작되었다.

펜들버리에 세워진 첫 아동전문병원은 이후 플로렌스 나이팅게일이 지지하는 방식인 아치형 천장과 밝게 칠한 벽을 갖춘 병동을 지어 확장했다. 1921년경에 새롭게 구성된 종합간호협의회(General Nursing Council)가 이 병원의 간호훈련제도를 승인했다. 메리 헤이우드가 훈련을 시작한 1937년 간호사들의 근무시간은 주 63시간에서 54시간으로 단축되었다. 훈련생들은 모든 간호사가 생활해야 했던 요양원에서 대부분의 자유시간을 보냈다. 규정이 엄격했기 때문에 메리처럼 겨우 열일곱 살의 나이에 집에서 멀리 떠나야 했던 훈련생들의 부모들은 안심할 수 있었다. 메리는 여가의 대부분을 공부로 보내야 했다. 1938년 그는 "급성 류머티즘 환자의 이부자리를 어떻게 깔지 기술하고 그 이유를 쓰시오"나 "두개골과 그 구성요소를 간단히 기술하시오"와 같은 질문에 답하며 예비 국가시험을 성공적으로 치렀다. 전쟁이 끝나고 나서는 영국의 수많은 간호사들이 메리가 그랬던 것처럼 직장을 포기하고 가정을 꾸렸다. 1948년에 설립된 국립보건원에는 간호사가 부족했기 때문에 카리브해와 인도에서 수천 명의 간호사를 모집했다. 1960년대 중반까지 대략 3,000명에서 5,000명의 자

영국은 1919년부터
간호사 국가 공인을 도입했다.

§

메이카인 간호사들이 영국의 병원에서 일했다. 그곳에서 그들은 인종차별
과 불리한 교대근무, 사람들이 가장 기피하는 업무를 감내해야 했다.

　간호의 전문성을 입증하는 자격증은 직업적 자부심의 원천이자 여성에
게 새로운 세계로의 문을 열어주는 수단이 되었다. 21세기의 간호학은 계
속해서 변화하고 있으며, 메리 헤이우드는 이제 남성이거나 외국인일 수
도 있는 간호사들의 보살핌을 받는다.

§

왕립 셰익스피어극장

엘리자베스 스캇(Elisabeth Scott)이 설계한 왕립 셰익스피어극장(Royal Shakespeare Theatre)은 1932년에 개관했다. 이 극장은 여성이 설계한 건물들 중 최초로 진정한 상징성을 가진 건물이었다. 아치형 앞무대와 1,400석의 좌석을 갖춘 이 극장이 여성의 작품이라는 것에 많은 사람들이 놀라움을 표했다.

강당 양쪽으로 계단과 복도가 나 있는 등 아르데코(Art Deco: 1920~30년대에 유행한 장식 미술의 한 양식으로 기하학적 무늬와 강렬한 색채가 특징이다 — 옮긴이) 특색을 갖춘 이 극장은 현재 2급 등록문화재로 지정되어 있다. 1932년에 극장이 완공되었을 때에는 일부 도발적이고 극단적인 반응을 얻기도 했다. 음악가인 에드워드 엘가 경(Sir Edward Elgar)은 왕립 셰익스피어극장을 이렇게 평가했다. "말할 수 없을 정도로 추하고 잘못되어 있다. 인간 지성에 대한 모욕이다."

엘리자베스는 1926년에 화재로 파괴된 셰익스피어기념극장을 대체할 건물을 짓기 위해 1927년에 열린 공모에 참여하여 의뢰를 따냈다. 런던 헴스테드에서 모리스 체스터튼(Maurice Chesterton)의 사무실에서 일하던 엘리자베스는 이 경쟁에서 다른 참가자들 71명을 제쳤다. 모리스는 엘리자베스의 시안을 감독하는 것에 동의했다. 함께 영국건축협회(AA, Architectural Association)에 소속되어 있던 학생들인 앨리슨 슬레이(Alison Sleigh)와 존 치언 셰퍼드(John Chiene Shepherd)가 프로젝트를 도왔다. 엘리자베스는 다양한 건축회사에서 일한 경험이 있었지만 경쟁에서 우승하기 위해 모리스와 앨리슨, 존과 파트너십을 맺어 세부 계획을 준비하고 공사를 감독했다.

엘리자베스는 AA에 들어가기 위해 공부한 최초의 여성들 중 한 사람이었다. AA는 1917년 전까지만 해도 여학생을 받지 않았다. 엘리자베스가 설계한 왕립 셰익스피어극장은 세계 각종 언론의 주목을 받으며 대서특필되었다. 엘리자베스의 업적은 이 직업이 여성에게 개방되는 데에도 큰 역할을 했다. 그는 여성과 여성의 직업적 지위에 대한 전통적인 관념에 도전했다. 엘리자베스의 명성은 상당히 고무적이었다. 예를 들어 주디스 리

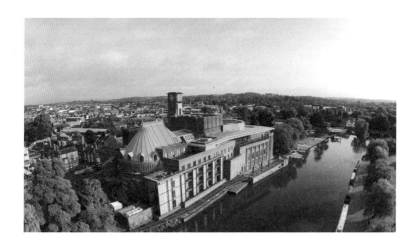

드보어(Judith Ledeboer)는 엘리자베스의 우승 소식을 듣자마자 진로를 바꾸어 전후 건축가의 선두에 우뚝 섰다.

1932년에 왕립 셰익스피어극장이 개관한 이후로도 여성들은 계속해서 상징적이고 논란 많은 건물들을 설계해왔다. 노마 메릭 스클레억(Norma Merrick Sklarek)은 선구적인 아프리카계 미국인 건축가였으며 흑인 여성으로는 미국 최초로 1954년에 뉴욕에서 건축가 면허를 땄다. 그는 1962년 캘리포니아에서도 면허를 땄는데, 1980년까지만 해도 캘리포니아에서 면허를 보유한 흑인 여성은 그가 유일했다. 노마는 그루엔설계사무소(Gruen Associates)의 소장으로 일하는 동안 세계적인 건축가 시저 펠리(Cesar Pelli)와 다양한 프로젝트를 진행했지만, 인종과 성별 때문에 마땅한 인정을 받지 못할 때가 많았다.

최근에는 이라크 태생의 영국인 건축가 자하 하디드(Zaha Hadid)가 2004년 여성 최초로 프리츠커상(Pritzker Architectural Prize)을 받았다. 그는 또한 2010년과 2011년 영국에서 가장 권위 있는 건축가 상인 스털링상(Stirling Prize)을 받았고, 2015년에는 여성 최초로 로열 골드 메달(Royal Gold Medal: 영국 왕립 건축가협회에서 뛰어난 건축가에 주는 상 — 옮긴이)을 받았다. 《가디언》지는 그를 '기하학을 해방시켜 건축에 완전히 새로운 표현적 정체성을 부여하는 곡선의 여왕'이라고 묘사했다. 자하의 주요작품으로는 런던올림픽 수영센터와 중국의 광저우 오페라하우스 등이 있다. 자하는 2016년에 세상을 떠났지만 2017년에 브릿어워즈(Brit Awards)를 받은 조각 등 일부 작품으로 사후 수상하기도 했다.

그러나 오늘날에도 건축은 여전히 여성들이 진출하기 어려운 산업이다. 2016년 전 세계 1,152명의 여성을 대상으로 진행된 '여성건축인 설문조사'에 의하면 다섯 명 중 한 명이 건축가로서의 진로를 추천하지 않는 것

영국건축협회는 1917년까지만 해도
여성의 가입을 받지 않았다.

§

으로 나타났다. 그들 중 업계에서 자신이 받아들여졌다고 생각하는 여성은 15퍼센트에 불과했다. 이 조사는 또한 여성 건축가의 75퍼센트가 아이를 가지고 있지 않다는 사실을 밝힘으로써 여성들이 아이를 낳으면 직업상 불리할 것이라고 생각한다는 것을 암시했다. 이 조사는 건축업에서도 수많은 여성들이 평등함을 느끼기 위해 애쓰고 있다는 사실을 시사한다. 자하 하디드는 이런 말을 남겼다. "믿기 어렵지만 여성들이 산업의 장벽을 깨뜨리기란 여전히 어려운 일입니다. 저는 인내와 고된 노동을 통해 그렇게 할 수 있었지만, 그 또한 힘겹고 오랜 투쟁이었습니다."

§

'여성들이여, 공장으로 오라' 포스터

두 차례의 세계대전에서 남성들이 전장에 나가 싸울 때, 여성들은 전통적으로 남성의 직업이라고 여겨졌던 일들을 감당했다. 이것은 사회에서 여성의 역할이 잠재적으로 변화하고 재차 주장되며 또는 재정립될 수 있다는 뜻이었다. 필립 젝(Philip Zec)이 1941년에 그린 '영국의 여성들이여, 공장으로 오라(Women of Britain - Come into the Factories)' 포스터는 여성들을 산업 현장으로 끌어들이는 동시에 그들의 전시적 역할의 중요성을 재확인하기 위한 것이었다.

이 포스터의 중앙에 위치한 군수업 노동자는 두 팔을 벌리고 전투기 조종사들을 자랑스럽게 올려다보고 있다. 그는 조종사들이 전투를 벌이는 데 필요로 하는 비행기와 군수품, 장비를 갖춘 장본인이다.

전통적으로 제2차 세계대전은 여성에게 해방적 경험을 안겨주었다고 평가된다. 여성이 수행한 역할의 상당수가 전시에만 한정되었지만, 이로 인해 전통적인 성 역할에 대한 의문이 제기되었다. 소련이 여성 전투기 조종사들을 양성하는 동안 미국의 WAVES와 영국의 ATA는 항공기 수송

WOMEN OF BRITAIN
COME INTO
THE FACTORIES
ASK AT ANY EMPLOYMENT EXCHANGE FOR ADVICE AND FULL DETAILS

임무를 맡았다. 독일에서도 여성에게 밖으로 나와 국가를 돕도록 요구했기 때문에, 그들은 자녀와 주방, 종교생활(Kinder, Küche, Kirche)을 뒤로하고 집을 나섰다. 그러나 제2차 세계대전의 여성 노동자들은 대부분 산업현장에서 근무했다. 심지어 영토 대부분이 시골 지역이었던 일본에서도 400만 명의 여성들이 공장 일에 동원되었다. 전 세계에서 수백만 명의 여성들이 난생 처음 겪는 노동을 하거나 군대에서 새로운 영역을 개척한 것이다.

영국에서는 1941년의 병역의무법으로 여성들도 징집되어 처음으로 700만 명이 넘는 여성들이 전시 근무에 종사했다. 19세에서 43세 사이의 미혼 여성이거나 자녀가 없는 과부들은 곧장 군역을 시작했고 특히 산업현장으로 보내졌다. 약 200만 명의 여성들이 전투부대의 기반을 세우는 데 필요한 화학물질과 장비, 탄약을 제조했다. 1943년까지 동원된 여성들의 57퍼센트가 군수업에 종사했다. 일은 고단했고 근무시간도 길었으며 끊임없이 공장 폭발사고와 적군의 공격의 위협에 시달렸다. 모든 군수업 중 가장 위험한 일은 근무자의 70퍼센트가 여성이었던 로열오드넌스 공장(ROF, Royal Ordnance Factories)들에서 이루어졌다. 고도로 민감한 폭발물과 기폭장치를 다루는 과정에서 사고가 끊이지 않았다. 수천 명의 여성들이 부상을 입거나 영구적인 장애를 얻었고 그중 일부는 사망했다. 한 ROF 여성 노동자는 그 일의 위험성에 대해 이렇게 회상했다.

> "우리는 노란 가루로 뒤덮여 있었어요. 피부와 머리카락까지 샛노랗게 물들었어요. 어느 날 밤에는 정말로 폭발사고가 일어났어요. 한 명은 눈이 멀었고 한 명은 죽었지요. 하지만 공장 측은 우리가 일하는 동안 그 사고에 대한 소식을 최대한 듣지 못하게 막았어요."

그런가 하면 좀 더 유쾌하게 이야기를 하는 사람들도 있다.

> "제가 사고를 당했을 때 저는 페인트칠 장비들을 관리하는 설비기술자였어요. 저장고에 들어갔는데 그곳에는 분사장치를 통해 페인트가 나오는 튜브가 있었어요. 위쪽 마개를 열고 기계를 켰는데, 페인트가 제 얼굴에 분사되었고 눈앞이 캄캄해졌어요. 그 페인트는 표면에 닿으면 곧바로 굳는 페인트였고 제 눈은 붉게 충혈되었어요. 저는 다른 여공들에게 가서 '어떡해!'라고 외쳤어요. 제가 평소에 좀 웃기는 사람이었기 때문에 다들 제가 장난을 치는 거라고 생각했어요. 하지만 곧 저를 실어가기 위해 구급차가 왔죠. 제 얼굴은 검은색으로 굳어버렸고 치아만 하얗게 동동 떴어요."

1942년에 ROF 근로자들은 그들의 노고를 인정하는 '전선의무(front line duty)'라고 적힌 핀 배지를 발급받았다. 그러나 전쟁이 끝난 후 수많은 군수업 노동자들은 전시 동안의 가혹한 노동조건에 대한 인식 부족에 좌절감을 느꼈다. 공장에서 일했던 한 여성은 심각한 사고로 일시적으로 눈이 멀고 걷지 못하게 된 후 당시의 좌절감을 이렇게 표현했다.

"우리는 그 이야기를 별로 하지 않아요. 하지만 그 느낌은 언제나 생생하죠. 저는 그 몇 달 동안 많은 사람들이 평생 겪지 못할 것들을 보았어요. 그때 그곳을 가득 채웠던 공포는 누구에게도 말로 설명할 수 없는 것이었어요. 그렇지만 이 기분은 특히 휴전기념일에는 더욱 강하게 남아있어요. 어째서 우리를 기억해주는 날은 없는 걸까요? 우리가 받았던 배지에는 총탄과 포탄이 교차되어 있었어요. 그 위에는 '전선의무'라고 적혀 있었죠. 우린 정말 전선의무를 다하고 있었어요. 우리가 없었다면 전쟁 자체도 불가능했을 거예요."

제2차 세계대전의 전시 근무로 약 1만 7,000명의 여성들이 장애를 입었고 그들 중 상당수가 산업노동자들이었다. 전쟁의 모순으로 여성들은 위험하고 전통적으로 남성적인 역할을 해야 했지만, 그렇다고 동등한 임금이나 보상을 받지는 않았다. 동일임금 문제는 결코 해결되지 않았지만 여성들은 다른 분야에서 우위를 점했다. 1939년의 개인상해(비상규정)법(Personal injuries Act)은 장애인에게 지급되는 보상금의 비율을 여성의 3분의 1로 정했다. 1943년 4월에 진행된 캠페인은 여성이 동등한 보상금을 받는 결과로 이어졌다. 1945년 장애인고용법은 여성에게 남성과 동등한 조건의 취업 기회를 주었다. 그들은 부상당한 군인들의 아내로서뿐만

제2차 세계대전은
여성에게 해방적 경험을 안겨주었다고 평가된다.

§

아니라 그들 자신의 권리를 가지고 있음이 인정되었다.

전시 근무가 일부 여성들에게 자신감을 키워주고 사회경제적 자유를 안겨주었다는 것은 확실하다. 수많은 여성들이 공장에서 일하기 위해 집을 떠났고 자립의 이점을 십분 활용했다. 누군가는 이렇게 회상했다. "정말 좋았어요. 우리는 거의 매일 밤마다 외출했죠. 처음에는 육군을 만났고 그다음엔 공군을 사귀었어요(웃음). 미국인도 만났다가 해군도 만났죠. 군인이란 군인은 다 만나봐야겠다고 생각했어요."

하지만 대부분의 발전은 일시적이었다. 그보다 더 중요했던 것은 여성의 전시 근무가 전후에 커질 변화의 파동에 큰 역할을 했다는 것이다.

§

몬테소리의 지폐

1990년에 이탈리아에서 발행된 1,000리라 지폐에는 저명한 교육자 마리아 몬테소리(Maria Montessori)의 초상이 그려져 있다. 1870년에 이탈리아에서 태어난 그는 1896년 이탈리아 여성 최초로 의대에 진학하여 의사가 되었다. 마리아는 학습 장애를 가진 어린이들에게 관심을 갖게 되었고 그들을 위한 학교를 열었다. 그는 창의적인 놀이를 통해 아이들의 학습을 돕는 교구와 자기 주도 활동을 개발했다.

마리아의 성공은 자연스러운 발달을 뒷받침하는 활동이 주어진다면, 아동은 스스로 학습하는 힘을 가지고 있다는 그의 주장을 주류에 편입시켰다. 전 세계적으로 마리아의 방식을 도입하는 학교들이 생겨났고, 그의 책은 20개 이상의 언어로 번역되었다. 파시즘과 제2차 세계대전이 마리아의 활동에 제약을 걸었지만 그는 전쟁 후에도 여정을 계속했다. 1952년에 세상을 떠난 뒤에도, 그의 교육법은 여전히 아동교육에 영향을 미치고 있다.

1970년부터 영국의 지폐에는 '영국의 사상과 혁신, 리더십, 가치관, 사회를 형성한 위인들'이 등장했다. 하지만 최근까지만 해도 여왕 외에 여성으로서 지폐에 실린 인물은 플로렌스 나이팅게일과 엘리자베스 프라이(Elizabeth Fry) 두 사람 뿐이고 그마저도 일시적으로만 등장했을 뿐이다. 제인 오스틴(Jane Austen)은 2017년 9월 14일부터 10파운드 지폐 인물로 선정되었다. 캐롤라인 크리아도 페레즈(Caroline Criado-Perez)가 2013년부터 이어온 청원의 결과다. 호주의 지폐 인물은 남성 다섯 명과 여성 다섯 명이지만, 미국의 지폐에는 지금껏 등장해온 53명 중 마사 워싱턴(Martha Washington)만이 여성이다. 마리아 몬테소리가 1,000리라 지폐에 실린 것은 학생과 교육자 모두에게 그가 얼마나 의미 있고 중요한 인물인지 입증한다.

여자아이의 교육에는 많은 논란이 따랐다. 19세기에 영국 중산층과 귀족 계층의 소녀들은 처음에는 어머니나 가정교사의 가르침을 받았다. 교육 내용은 결혼을 하고 가정을 꾸려가기에 적합한 인물이 되기 위한 것이었다. 그들은 남편의 집을 위한 '장식품'이 될 수 있도록 피아노와 노래, 바느질, 그림과 약간의 외국어를 배웠다. 소녀들은 '남자보다 체력이 약한 만큼 정신력도 약하니, 남자보다 열등하다는 사실에 만족하고 사는 것이 가장 중요하다'는 말을 듣고 자랐다.

부모들은 딸의 교육에 돈을 지출하는 것이 낭비라고 생각했다. 어차피 결혼해서 아이를 낳을 것이었고 똑똑한 여성과 결혼하고 싶어 할 사람은 아무도 없을 것이라고 여겼기 때문이다. 여성참정권에 반대했던 작가 사라 시웰(Sarah Sewell)은 1868년에 이런 글을 썼다. "라틴어와 그리스어로 머릿속을 채운 여자들은 파이나 푸딩에 대해서는 아는 게 거의 없다." 어떤 의사들은 두뇌 활동이 여성의 생식기를 손상시킬 것이라고 주장했다. 헨리 모즐리 박사(Dr Henry Maudsley)는 여성이 월경을 하는 것은 신체적으로 막대한 유출을 경험하는 것
이며 교육은 '정신적으로까지 과
도한 유출'을 초래할 것이라고
썼다. 그는 여성을 교육하는 결과
는 '하찮고 소모적이며 지겨운 싸
움'이 될 것이라고 했다. 영국 최
초의 여성 의사인 엘리자베스 개럿 앤더슨은 이에 대해 '하녀들은 생리를
하건 안 하건 똑같이 고된 임무를 당연하게 수행해야 한다'고 냉정하게 지
적했다. 19세기 후반 여성 교육을 위한 운동은 이처럼 반대를 무릅쓰고 경
제적으로 자립하고 법과 의학과 같은 전문직에 진출하려는 여성들의 열
망에 의해 촉발되어 성장했다.

1869년에 에밀리 데이비스(Emily Davies), 바버라 보디콘(Barbara Bodi-
chon), 앨덜리의 레이디 스탠리(Lady Stanley of Alderley)가 케임브리지에
거튼칼리지를 설립하면서 여학생들을 위한 대학 교육의 욕구가 부분적으
로 해소되었다. 1878년에 런던대학교는 영국에서 최초로 여성에게 학위
를 수여한 학교가 되었다. 옥스퍼드대학교는 비록 여학생을 받기는 했으
나 정식 학생으로 인정하지 않았고 학과를 성공적으로 이수해도 학위를
수여하지 않다가 1920년이 되어서야 런던대학교의 선례를 따랐다. 실제
로 1897년에 케임브리지대학교에서 여성에게 학위를 수여하고 정식 학생
으로 인정하는 것에 대한 투표를 실시했을 때 폭동에 준하는 소요가 발생
할 정도였다. 남성 학부생들은 한 대학 건물 옥상에서 자전거에 '여성 신
입생'의 흉측한 모형을 올리고 여성학자들을 본 따 만든 인형들을 불태웠
으며 여자대학 창문에 폭죽을 던졌다. 여성들은 1948년이 되어서야 마침
내 케임브리지에서 학위를 받았다.

학위를 딴 수많은 여성들은 중등학교 교직에 진입했다. 교육 분야의 저명한 작가이자 맨체스터 여자고등학교의 두 번째 교장이었던 세라 버스틸(Sara Burstall)은 1882년 첫 직장에서 있었던 일에 대해 이렇게 회상했다.

> "우리 교사들은 수입이 얼마든 간에 그 자체로 행복한 추가 업무를 가지고 있어요. 제가 수표를 처음으로 현금으로 바꿀 때, 지폐 위에서 빛나는 국왕들의 얼굴이 카운터를 넘어 제게 다가오는데 정말 마법 같았어요. 그 전까지는 무보수로 일하는 것만으로도 기뻐해야 했거든요."

초등학교 교사가 전문적인 직업으로 떠오르면서, 교사는 중산층 여성들에게 '괜찮은 직업' 내지는 '천직'으로까지 여겨지기 시작했다. 그들은 19세기 후반에 세워진 새로운 교사 양성 대학들의 이점을 적극 활용했다. 몇 년 동안 수익활동을 포기한 노동자 계층의 여성이라도 능력만 있으면 교사 훈련을 받을 수 있었다. 1870년대부터 여성 초등학교 교사의 수가 남성 교사의 수를 능가하기 시작했다. 가르침은 보살핌과 양육이라는, '여성적'이라고 여겨지는 역할과 직장생활의 연장인 것과 동시에 모성애와도 결합될 수 있었다. 현재 영국의 모든 초등학교 교사의 85퍼센트, 중학교 교사의 62퍼센트가 여성이다. 그러나 교장의 경우에는 단 36퍼센트만이 여성이다. 어느 학교 교장직의 최종 후보자 아홉 명 중 유일한 여성이었던 한 교사는 이렇게 말했다. "직접 교장직에 지원해보니, 운영위원들은 남성이 더 엄격하고 학생들에게 더 존경받을 것이라며 남성 교장이 더 낫겠다는 생각을 노골적으로 내비치더군요."

교육계에서 마리아 몬테소리와 같은 지위와 영향력을 성취한 여성은

제인 오스틴은 2017년 9월 14일부터
10파운드 지폐 인물로 선정되었다.

§

거의 없지만 수많은 여성 교사들이 여학생들의 성취를 돕고 있다. 이제 영국과 미국 모두에서 여성들이 남성들보다 더 좋은 성적으로 대학교 학과를 마치는 경우가 많다. 버밍엄의 에지바스턴 여자고등학교에 입학한 한 학생은 교육이 전 세계 모든 소녀들과 여성들에게 주어진 권리가 아니라는 것을 상기시킨다. 바로 파키스탄에서 여학생 교육운동을 벌였다가 탈레반의 총격을 맞은 뒤 영국에 온 말랄라 유사프자이(Malala Yousafzai)다. 이후 그는 2014년에 열일곱 살의 나이에 여성 인권과 여학생 교육에 대한 노력으로 노벨 평화상을 받았다. 말랄라는 케냐를 방문한 뒤 이렇게 말했다. "저는 자신이 속한 지역사회에 보탬이 되고 싶어 하는 멋진 소녀들을 만났습니다. 학교를 방문해 그들의 꿈을 들었어요. 그들은 여전히 희망을 가지고 있으며 의사, 교사, 엔지니어가 되고 싶어 합니다."

§

동일 임금 접시

현재 맨체스터 인류역사박물관(People's History Museum)에 전시되어 있는 이 기념 명판은 1968년 동일 노동에 대한 동일 임금을 요구하며 파업에 돌입한 대거넘 포드 공장의 여성 미싱사 187명을 기념한다.

그들의 행동은 공장 가동의 중단으로까지 이어졌다고, 아일린 풀렌(Eileen Pullen)은 회상했다.

"어떤 남자들은 이렇게 말했어요. '잘한다, 아가씨들.' 하지만 이렇게 말하는 사람들도 있었어요. '가서 일이나 해. 그거 해서 얼마나 받는다고.' 우리를 조롱하는 여자들도 많았어요. 그들은 일을 하지 않았고 그들의 남편이 포드 직원이었는데, 우리 때문에 일자리를 잃었으니까요."

대거넘의 여성들이 동등한 임금을 받기까지는 17년이 더 걸렸지만 그들의 행동은 정부로 하여금 1970년에 동일임금법(Equal Pay Act)을 통과시키도록 촉발시켜 여성이 남성과 동일한 업무를 하는 것에 대해 동일한 임금을 받을 권리를 주었다. 그러나 그들의 싸움은 동일 임금을 둘러싼 긴 전쟁 중 단 한 번의 전투였으며 이 투쟁은 여전히 계속되고 있다.

19세기에는 수많은 여성들이 가정부로 일하거나 조건이 더 나쁜 열악한 산업 환경에서 형편없는 월급을 받고 일했다. 여성들이 남성들과 함께 공장에서 일했던 곳에서 여성의 수입은 부차적이었던 것으로 여겨졌다. 또한 항상 그런 것은 아님에도 남성이 가족을 부양한다는 관념 때문에 여성은 더 적은 임금을 받았다.

초기 노동조합들은 임금과 노동조건 개선을 위한 캠페인을 할 때 여성을 배제했다. 1880년대에 여성 전용 조합이 결성되기 시작했고 1888년에는 클레멘티나 블랙(Clementina Black)이 영국노동조합회의(Trades Union Congress) 사상 최초로 동일임금결의안을 제안했다. 그해 브라이언트앤메이 성냥공장에서 일하며 '성냥녀(matchgirls)'라고 불렸던 여성들은 박봉과 열악한 노동환경에 항의하며 파업에 돌입했다. 1910년에는 크래들리히스(Cradley Heath) 여성 노동자들의 파업이 성공을 거두면서 고용주들이 영국의 임금위원회가 정한 최저임금을 준수하도록 보장했다. 79세의 나이에 장애인 남편을 돌보며 직장 일을 병행하고 있는 페이션스 라운드 부인은 들뜬 목소리로 외쳤다. "여성의 권리를 주장하기 위해 살아야 한다고 생각해본 적이 한 번도 없었어요."

두 세계대전 동안 여성들은 동일한 임금을 주장하며 수차례 파업했다. 런던 대중교통에서 일하는 여성 근로자들은 남성 근로자들과 동일한 보너스를 요구하며 1918년 파업을 일으켜 성공했다. 1943년 글래스고의 롤스로이스 공장에서는 동일 임금을 요구하는 여성 직원들의 파업에 남성 직원 대부분이 동참했다. 하지만 그들이 그렇게 한 이유는 전쟁 말미에 전장에서 싸우는 남성들의 임금을 보호하기 위해서였다는 주장이 제기되었다. 그들은 자신들이 하던 일이 더 저렴한 임금의 여성들로 대체되었다는 것을 인정하고 싶어하지 않았다. 전쟁이 끝나고 나서도 다양한 일터의 여성들은 계속해서 동일 임금을 받을 권리뿐만 아니라 결혼을 하거나 자녀를 낳고 나서도 직장을 유지할 수 있는 권리를 주장했다. 남성이 가족을 부양하는 반면 여성은 용돈벌이나 '푼돈'을 버는 입장이라는 믿음은 끈질기게 이어졌다. 그럼에도 불구하고 프랑스는 1946년에, 신생 독립국이었던 인도는 1947년에, 독일은 1949년에 동일임금법을 통과시켰다. 영국의 여성 교사들이 1961년에 가장 먼저 동일한 임금을 받았고 이듬해에 공무원들이 그 뒤를 이었다. 그러나 비서직과 같이 여성에 국한된 직업에 고용된 이들의 임금은 늘지 않았다. 1968년 대거넘 기계공들의 파업과 고용부 장관 바버라 캐슬(Barbara Castle)의 노력 덕분에 마침내 1970년에 동일임금법이 통과되었다. 남성과 동일한 일을 하는 여성에게 더 적은 임금을 주는 행위가 드디어 불법화된 것이다.

대부분의 나라에서 남성과 같은 일을 하는 여성에게 돈을 덜 주는 것은 불법이지만, 여성화된 직업을 평가절하하는 것은 불법이 아니다. 따라서 많은 여성들이 여전히 남성들보다 훨씬 적게 벌고 있다. 청소와 간병, 요리 등 이른바 '핑크 직업(pink job)'은 보수가 형편없다. 여성화되었다고 간주되는 저임금 일자리는 변화하고 있다. 전산 작업이 처음 생겼을 때 숫자를 입력하는 '단순' 작업은 여성에게 이상적인 작업으로 여겨졌다. 컴퓨터가 복잡해짐에 따라 컴퓨터로 일하는 것을 둘러싼 위신과 봉급이 증가했

2015년 세계경제포럼의 보고서에 따르면
성별임금격차는 아이슬란드에서 가장 적었고 예멘에서 가장 컸다.

§

고 이 분야에서 일하는 여성의 수는 줄어들었다. 오늘날 러시아에서 대부분의 의사들은 여성이다. 다만 다른 많은 나라의 의사들에 비해 급여율은 결과적으로 낮다.

동일임금법에도 불구하고 남성만큼 돈을 많이 버는 여성은 많지 않다. 2015년 세계경제포럼(World Economic Forum)의 성임금격차보고서(Gender Pay Gap Report)에 따르면 성별임금격차는 아이슬란드에서 가장 적었고 예멘에서 가장 컸다. 영국은 18위였고 미국은 25위였다. 2017년 여름, 최근 들어 가장 큰 임금 격차 스캔들 중 하나가 BBC에서 벌어졌다. 남성 진행자들이 같은 프로그램의 여성 진행자들보다 더 많은 보수를 받았고 급여를 가장 많이 받는 남성이 급여를 가장 많이 받는 여성보다 세 배나 더 많은 돈을 벌었다는 사실이 밝혀진 것이다. 이에 대해 BBC는 영국에서 최초의 동일임금법이 통과된 지 반세기가 지난 지금, 2020년까지 성별 임금 격차를 줄이겠다는 약속을 되풀이했다.

게다가 여성들은 자녀 양육에 집중할 경우 파트타임으로 일하거나 승진 기회를 놓칠 가능성이 더 높다. 그러나 저임금에 영향을 미치는 유일한 요소는 성별만이 아니다. 2015년 집계에 따르면 미국의 백인 여성들은 남성들이 버는 1달러당 78센트를 벌었지만, 흑인들과 라틴계 여성들은 각각 64센트와 56센트를 벌어들였다.

VII 창작과 문화 _ 관념에 도전하는 법

남성과 여성에 대한 고정관념 중 하나는, 여성들은 더 창의적이고 상상력이 풍부한 반면 남성은 더 합리적이고 과학적인 것으로 여겨진다는 것이다. 어쩌면 그러한 고정관념 때문에 여성들이 문화적이고 창조적인 예술의 영역에서 자신의 정체성과 경험, 감정을 표현하고, 그들의 대의를 알릴 수 있는 공간을 찾았는지도 모른다.

시민사회의 여러 자리에서 제외된 여성들은 종교와 음악, 저술 및 다양한 문화 영역에 독창적인 방식으로 열렬히 참여했다. 1598년에 흑인 여성 재즈가수들은 가난과 차별을 뛰어넘어 새로운 장르의 음악을 창조하는 데 그들의 숭고한 재능을 사용했다. 아르테미시아 젠틸레스키(Artemisia Gentileschi)는 자신이 겪었던 고통과 무력함을 표현하기 위해 성서 속 이야기를 채택했다.

다른 여성들은 자신을 억압하는 한계에 저항하기 위해 펜을 들었다. 브론테(Brontë) 자매들은 소설을 통해 여성을 남성과 똑같이 정열적으로 묘사했다. 좀 더 최근에 마야 안젤루(Maya Angelou)와 장융(Jung Chang)이 쓴 자전적 작품은 여성을 대상화하는 불의를 조명했다. 그들의 힘과 끈기는 강압적인 환경에서도 살아남았다. 마찬가지로 안네 프랑크(Anne Frank)의 일기는 홀로코스트(Holocaust: 제2차 세계대전 중 독일 나치가 자행한 유대인 대학살 — 옮긴이)의 공포와 아스러져간 청춘을 대표하게 되었다.

여성에 대한 사상과 태도, 편견은 문화 속에서 강화되고, 도전되거나 재창조된다. 이는 반드시 여성이 만든 것이 아니라 해도, 중요한 정치적 역할을 해왔다. 랭골렌의 귀부인들(Ladies of Llangollen) 그림과 노예반대연맹의 메달, 18세기에서 19세기로 넘어가던 때 사회에서의 여성의 역할을 비판한 메리 울스톤크래프트(Mary Wollstonecraft)의 우표 모두 나름의 명성을 얻었다. 좀 더 최근에는 마크 퀸(Marc Quinn)이 제작한 앨리슨 래퍼(Alison Lapper) 조각

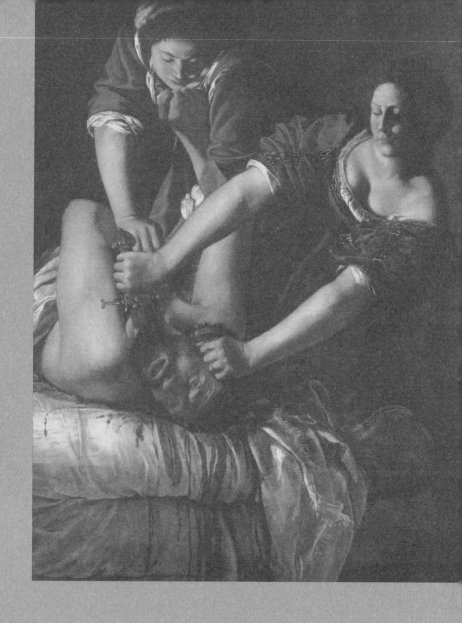

상이 장애에 대한 사람들의 통념에 도전한 바 있다.

여성들이 사회의 지배적인 생각을 뒤집고 여성성에 대한 관념에 도전하기 위해 가장 중요한 공헌을 할 수 있는 곳은 예술의 진보적인 공간일지도 모른다. 화가 트레이시 에민(Tracey Emin)은 여성의 사적이고 친밀한 경험을 박물관과 공공 담론의 현장으로 가져갔다. 그의 스케치 작품은 개인적인 관점에서 낙태의 트라우마를 표현함으로써 세상에 충격을 주었다. 한편 그리스 비극 〈메데이아(Medea)〉는 복수와 유아 살해에 대해 끊임없는 질문을 던지고 있다.

§

고대 그리스 연극 〈메데이아〉

기원전 431년 처음으로 제작된 에우리피데스의 연극 〈메데이아〉는 고대 그리스 신화에 등장하는 관습을 거스른 여성 마법사의 이야기를 그리고 있다. 외지인이었던 메데이아는 자신을 버린 전 남편 이아손(Jason)에게 복수했다. 그는 아테네에서 새로운 삶을 시작하기 위한 탈출을 앞두고 자신의 아이들과 이아손의 새 신부를 죽였다.

메데이아의 이미지는 다양한 문화적 인공물에서 복수심에 가득 찬 여성의 상징으로 묘사되어 왔다. 고대 그리스에서 여성의 법적 권리는 제한적이었던 것으로 보인다. 투표도 할 수 없었고, 토지를 소유하거나 재산을 상속받을 수 없었으며, 장사를 하거나 심지어 시장에 갈 수도 없었다. 다른 많은 사회에서와 마찬가지로 아내와 딸로서 여성이 있을 곳은 집이었다. 실제로 어떤 이들은 공공 사창가와 강간 신화, 남성의 성기를 특징으로 한 기념물이 있는 그리스 문화를 남근이 군림한 시대로 묘사한다. 그 시대에 대한 좀 더 복잡한 해석은 도시국가들마다 차이가 있었고 공공 영역과 사적 영역이 현대 문화처럼 해석되거나 구분되지 않았기에, 종교와

의식의 공공세계가 가정에까지 뻗어나갔다. 레스보스 섬의 사포(Sappho)와 같이 일부 여성들이 유명한 시인이 되었지만, 연극은 남성만이 연기를 했을 뿐 아니라 남성이 남성을 위해 썼다. 극장에서 남성들은 감정과 관계, 결혼 생활의 파국, 의붓가족이 주요 소재인 〈메데이아〉 같은 비극적인 여성의 삶을 이야기로 썼다.

이러한 연극에 등장하는 여성 등장인물들은 남성의 환상으로 보여 왔지만 어쩌면 악몽이라고 묘사하는 편이 더 정확할지도 모른다. 그리스 비극이 종종 여성의 희생양을 탐구하면서도 놀랍게도 그들 중 상당수가 우발적으로, 또는 메데이아처럼 다분히 의도적으로 남성을 살해하기 때문이다. 게다가 여성들은 확립된 질서에 도전하고 남성들을 당당하게 비판한다. 메데이아는 이렇게 요구했다.

"그대의 근원, 신성한 강으로 다시 흘러가 세상의 큰 질서가 뒤바뀌게 하라. 그것은 기만적인 남자들의 생각과 허술한 그들의 약속이다."

20세기 후반의 페미니즘이 개인적인 관계와 상호작용이 정치적으로 중요하다고 주장했을 때 여성들은 〈메데이아〉를 비롯한 그리스 비극들을 무대에 올리고 관람하며 연구하는 데 관심을 가졌다. 〈메데이아〉는 로맨틱한 사랑보다는 자녀와 형제자매 및 부모에 여성이 어떻게 매여있는지 탐구한다. 더 나아가 메데이아의 감정과 분노, 복수심은 끔찍한 일을 저지르는 그에게 공감하게 한다.

이 연극이 현대 여성들에게도 와 닿는 이유는 감정의 진실성 때문이다. 에우리피데스는 메데이아의 분노를 정당한 것으로 묘사했다. 메데이아는 남편 이아손을 위해 많은 것을 포기했다. 그는 학대받고, 이용당하고, 버려지는 것에 대해 공격적으로 반응했다. 울음을 터뜨리는 메데이아의 감정은 이성을 압도한다. "나는 내가 무슨 악을 행하려고 하는지 알고 있지만 내 모든 생각보다 강한 것은 나의 분노, 필멸자들에게 가장 큰 해를 끼치는 분노다."

현대 관객들의 마음을 울린 메데이아의 복수욕은 1970~1980년대의 복수물 영화들부터 잘못을 저지른 파트너를 혁신적인 방법으로 응징하는 여성들에 대한 타블로이드 기사와 소셜미디어 게시글에 이르기까지 대중문화 곳곳에서 찾아볼 수 있다.

속옷 브랜드 울티모(Ultimo)의 사장 미셸 모네(Michelle Mone)는 부하직원인 디자이너와 바람이 난 남편이 자신을 떠나자 그의 차에 페인트칠을 했다. 중국의 장위펀(Zhang Yufen)은 2003년에 불사조 대행사(Fire Phoenix Agency)를 설립해서 여성들이 이혼소송을 위한 증거를 수집하거나 바람피운 남편의 정부에게 폭력적인 복수를 하도록 도왔다. 어떤 이들에게 장위펀은 스타와 같은 여걸이다. 만약 메데이아가 이아손이나 그의 새 아내만 죽였더라면 그는 공감을 얻었을지도 모른다. 하지만 자신의 아이들마저 죽인 그는 모성애에 대한 관념을 거스르며 가장 강력한 금기 중 한 가지를 깨버렸다.

영아 살해를 둘러싼 도덕적 공황은 영국 빅토리아시대의 가장 큰 사회악으로 여겨졌지만, 많은 나라의 법원 기록에 의하면 그것은 젊고 미혼이며 재정적으로 궁핍한 사람들의 필사적인 행동이었다. 이제는 영아 살해 가해자가 나쁘다는 문제라기보다는, 정신적이며 심리적인 이상으로 정의된다. 〈메데이아〉이야기가 정말로 무시무시하면서도 중요한 이유는 그것이 여성의 가장 위대한 감정이라고 하는 모성애는 사실 여성의 유일한 감정이 아니며, 항상 강하기만 한 것도 아니라는 현실과 맞서도록 관객들에

미국에서는 해마다 200명의 여성들이
아이를 살해하는 것으로 추정되고 있다.

§

게 요구하기 때문이다. 아무런 지원과 보살핌, 물질적 필수품 없이도 여성
이 모성애를 발휘하기 바라는 것은 당연한 일이 아니다.

§

유디트와 홀로페르네스

남성 고전주의 화가들은 여성을 욕망의 대상이나 어머니, 하인, 매춘부, 피해자, 혹은 처녀로 묘사하는 경향이 있었다. 여성들은 주된 시선을 받기보다는 한쪽으로 치우쳐져 있거나 배경에 그려졌다. 그러나 몇몇 그림들을 자세히 살펴보면 좀 더 복잡하고 모호한 여성의 역할을 발견할 수 있다.

현재 피렌체의 우피치(Uffizi) 미술관에 걸려 있는 그림 〈유디트와 홀로페르네스(Judith and Holofernes)〉 역시 그러한 관점에서 여성의 역사를 이해하는 데 예술이 얼마나 중요한지 시사하고 있다. 이 작품은 1614년에서 1620년 사이에 그려진 것으로, 당시 생생한 세부 묘사가 무척이나 충격적으로 받아들여졌다. 그림을 소유한 코시모 2세 메디치 대공은 자신의 궁전 어두운 구석에 이를 걸어 놓았고 생전에 화가에게 돈을 지불하지 않았다고 한다.

이 그림은 성서에 등장하며 정조와 덕망을 상징하는 유디트(Judith)가 아시리아군의 위협으로부터 베툴리아 사람들을 구하기 위해 아시리아 장군 홀로페르네스를 참수하는 장면이다. 로마가톨릭교 구약성서의 일부를 형성한 이 이야기에 따르면 유디트는 큰 위험을 무릅쓰고 홀로페르네스 진영으로 향했다. 홀로페르네스는 유디트의 아름다움에 넋을 잃고는 그녀를 자신의 막사에 들였다. 유디트는 그를 안심시키고는 술을 잔뜩 마시도록 유도했다. 곧 홀로페르네스는 정신을 잃었고 유디트는 순결을 잃지 않은 채 그의 목을 자를 수 있었다.

그림에서 유디트와 그의 하녀 아브라(Abra)는 적을 무찌르겠다는 의도로 소매를 걷어 올리고 힘을 합치는 결연한 젊은 여성들로 묘사된다. 아브라가 버둥거리는 남자를 붙들고 있는 동안 유디트는 홀로페르네스의 머리를 짓누르며 몸을 가누고 그의 목에 검을 찔러 넣는다. 같은 이야기를 묘사한 다른 그림에서는 유디트가 자신이 하려는 일에 경악하며 뒤로 물

러나지만, 아르테미시아 젠틸레스키의 그림에서는 두 여성 모두 그들의 간악한 일에 완전히 몰두하고 있다. 유디트는 책임자로서 그림 가장 앞부분에 공격적으로 표현되며 남자의 잘린 목에서 뿜어져 나오는 피에 당황하지 않는다.

폭력적인 여성들에 대한 이 묘사의 논란에 부채질을 한 것은 그림을 그린 화가가 아르테미시아 젠틸레스키라는 점이었다. 그는 예술로 생계를 꾸린 극소수의 여성들 중 한 사람이었으며 단연코

그 시대의 가장 성공적이고 영향력 있는 여성 화가였다. 그는 또한 피렌체에서 여성 최초로 미술디자인아카데미(Accademia di Arte del Disegno) 회원이 되었다. 아르테미시아가 이 주제에 끌리고 그토록 생생한 그림으로 묘사한 것은 자신의 삶에서 영향을 받았음이 분명해 보인다. 아르테미시아는 열두 살에 어머니를 잃고부터 아버지의 화랑에서 자라며 공예를 배웠다. 그는 열일곱 살에 아버지의 가까운 친구이자 자신의 스승이었던 화가 아고스티노 타시(Agostino Tassi)에게 강간당했다. 로마법에 따라 아르테미시아를 강간한 타시는 그녀와 결혼할 의무가 있었다. 하지만 타시가 결혼을 거부하자 아르테미시아의 아버지는 딸의 명예를 되찾기 위해 법정 소송을 시작했다. 열 달이나 지지부진하게 이어진 재판 과정에서 아르테미시아는 판사 앞에서 부인과 검사를 받았고, 진실을 말하고 있다는 것을 증명하기 위해 고문까지 당했다.

결국 타시는 유죄 판결을 받고 징역 1년형을 선고받았지만 실형이 집행되지는 않았다. 치욕을 경험한 아르테미시아는 로마를 떠날 수밖에 없었다. 재판 기간 동안 아르테미시아는 칼을 들고 타시와 맞서 싸우려고 했던 경위와 자신의 친구인 투치아(Tuzia)가 강간이 있던 날 도움을 청하는 자신의 외침을 무시했다는 배신감을 설명했다. 아르테미시아가 그림 속에 아브라가 유디트와 단결하는 모습을 묘사한 것은 투치아가 자신에게 한 것과 정반대의 모습이다. 그래서인지, 아르테미시아의 후기 그림들 중에는 여성들이 함께 일하고 서로 연대감을 보여주는 것의 중요성을 전달하는 작품들이 많다.

남성 화가들도 수세기 동안 잔혹한 행위를 그림으로 묘사해 왔지만, 여성 화가가 두 여성이 주인공이고 한 남성이 피해자가 되는 장면을 이토록 폭력적으로 묘사하는 것은 들어본 적이 없는 일이었다. 아르테미시아

아르테미시아 젠틸레스키는
예술로 생계를 꾸린 극소수의 여성 중 하나였다.

§

의 삶과 작품은 수 세대 동안 여성 화가들에게 영감을 주었다. 여성 화가
들은 역사화와 종교화를 그릴 수 없다고 여겨졌던 시기, 전례 없는 방식의
작품들을 선보였던 그는 여성들이 역경에서 승리하는 방식을 상징적으로
보여주는 인생 이야기에 이끌린 페미니스트들에 의해 재발견되며 예술계
바깥으로 알려지게 되었다.

§

랭골렌의 귀부인들

〈랭골렌의 귀부인들〉은 1828년 메리 파커(Mary Parker)가 그렸다가, 이후 레이디 레이튼(Lady Leighton)이 이어서 그린 수채화다. 중앙 위쪽에는 레이디들의 머리카락이 그들의 이니셜 'B'와 'P'에 휘감긴 추모반지가 있다. 두 사람은 아일랜드 귀족 가문 출신에서 보기 드문 반란자들이었다.

엘리노어 버틀러(Eleanor Butler)는 1739년 킬케니(Kilkenny)성 오르몬드 백작의 막내딸로 태어났다. 그의 친구 사라 폰슨비(Sarah Ponsonby)는 열여섯 살 아래였고 아버지의 사촌인 베티 파운즈(Betty Fownes)와 그녀의 남편 윌리엄이 돌보는 고아였다. 서로 가까이 살았던 두 사람은 첫 만남부터 친밀하고 낭만적인 우정을 쌓았다. 엘리노어가 서른아홉 살이 되자 그의 어머니는 엘리노어에게 수녀가 되라고 강요했다. 가족과 가톨릭 교와의 관계도 강화하고 엘리노어를 부양하는 재정적 부담을 덜기 위해서였다. 사라의 인생도 고달팠다. 후견인인 윌리엄 경은 처음에는 사라를 정부로 삼으려다가, 아내가 세상을 떠나자 그녀와 결혼을 하려고 하며 사라에게 달갑지 않은 관심을 쏟았다. 엘리노어와 사라는 가족의 압력으로부터 벗어나 그들 자신의 삶을 살기로 결심했다. 두 사람은 영국으로 가서 함께 살 계획을 세웠다.

첫 시도는 남장을 하고 도망치는 것이었지만 이는 성공하지 못했고 그들은 붙잡혀 다시 아일랜드로 끌려왔다. 하지만 결국 가족들은 두 사람의 결정에 동의했다. 엘리노어와 사라는 1788년 떠나는 도중 관광을 하러 북 웨일스에 멈췄다. 랭골렌 근처의 시골과 사랑에 빠진 그들은 그곳에 정착하여 별장을 임대했다가, 나중에는 아예 구입해서 새집(New Hall)이라는 뜻의 플라스 뉴이드(Plas Newydd)라는 이름을 붙였다. 그곳에서 그들은 헌신적인 아일랜드인 하인 메리 캐럴(Mary Carryl) 그리고 정원사와 함께 50년 동안 꽤나 화려하게 살았다. 두 별난 귀부인들은 집을 꾸미고 확장하여 빼어난 정원을 만들었다. 그들은 집 밖에서 하룻밤을 보내는 일이 드문, 극도로 외딴 생활을 했다. 두 사람이 성적인 관계를 가졌는지는 알려지지 않았지만 그들은 결코 떨어지지 않았고 같은 침대에서 잠을 잤다. 서로를 '나의 사랑' 또는 단지 '나의 B'라고 불렀고, 때로는 '나의 더 나은 반쪽'이라고 불렀다. 머리도 짧게 자르고 승마를 즐겼으며 항상 남성용 모자를 썼다. 그러나 당시에는 친구에게 애정 어린 표현을 쓰고 침대를 공유하는 일이 매우 흔했다.

'낭만적인 우정'이라는 관념은 18세기 후반 지식계에서 인기가 있었으며 종종 유복한 생활의 이상으로 여겨졌다. 지적인 독서를 즐기고, 언어를 배우며, 사색을 하고, 정신을 개발하는 데 시간을 보낸 두 사람은 훌륭한 본보기였다. 사회도 그들의 관계를 받아들인 것으로 여겨진다. 레이디 캐롤라인 램(Lady Caroline Lamb), 시인 윌리엄 워즈워스(William Wordsworth), 로버트 서티(Robert Southey), 소설가 월터 스콧 경(Sir Walter

Scott), 웰링턴 공작(Duke of Wellington)을 포함한 정치가 등 유명한 인물들이 모두 그들을 방문했다.

작가인 헤스터 스레일(Hester Thrale)은 엘리노어와 사라를 찾아가기도 했고 편지도 썼지만, 자신의 일기에는 그들을 가리켜 '천벌 받을 동성애자들'이라고 썼다. 두 사람의 친구였던 앤 리스터(Anne Lister)는 확실히 여러 여성들과 본격적인 성관계를 맺고 있었다. 200년이 지난 지금에 와서 엘리노어와 사라가 정말 어떤 관계였는지 아는 것은 불가능하지만, 그들의 삶은 확실히 동성인 사람과 함께 사는 것을 선택한 여성들에게는 본보기가 된다. 한 세기 후에 미국에서는 두 여성 사이의 장기적인 관계를 뜻하는 '보스턴 결혼(Boston marriage)'이라는 용어가 만들어졌다. 랭골렌 사람들은 두 레이디의 존재가 전례 없는 수의 방문객을 끌어 들였기 때문에 그들을 받아들였다. 심지어 엘리노어와 사라가 살아있는 동안에도 상업적인 기념품들이 제작되고 팔렸다. 한 방문자였던 레먼 토머스 레데(Leman Thomas Rede)는 1799년 그들을 이렇게 묘사했다.

"미스 버틀러는 키가 크고 남성적이며 승마가 취미다. 운동선수 같은 분위기로, 페티코트를 입었다는 점만 빼면 젊은 남성처럼 보인다. 미스 폰슨비는 정중하고 여성적이며 아름답다. 그들은 깔끔하고 우아하고 고상하게 산다. 하인이라곤 여성 두 명뿐이다. 미스 폰슨비가 집의 명예를 지키고 미스 버틀러는 정원과 대지를 관리한다."

1809년 하녀인 메리 캐럴이 사망하자, 두 레이디는 이 셋이 한 자리에 묻혀야겠다고 결심했다. 그들은 랭골렌 교회 묘지에 세 면으로 된 고딕양식의 기념물을 설계했다. 메리의 방향은 사암, 레이디들 방향은 대리석이었다. 결혼이든 수녀원이든 정해진 역할을 받아들이지 않겠다는 두 여성의 결정은 믿을 수 없을 정도로 용감했다. 그들은 자신의 운명을 쥐고, 다른 무엇보다 여성과의 우정을 우선시하며 스스로 선택한 삶을 살았다. 두 사람의 관계가 레즈비언인지 아닌지보다, 중요한 것은 포용과 해방이었다. 1970년대 여성들에게 이성애자로 살라는 압박을 비판한 미국의 페미니스트 에이드리안 리치(Adrianne Rich)는 이런 글을 남겼다.

"여성이 여성을 인생의 동반자로서 선택하는 현실에 눈과 귀를 막고 강력한 압박으로 은폐하며 분열을 강요함에, 우리 자신과 서로를 해방시킬 수 있는 모든 여성의 힘은 헤아릴 수 없을 정도로 상실된다."

하지만 이는 200년 전 웨일스의 작은 마을에 살았던 두 특별한 여성에게 해당되는 운명은 아니었다.

§

메리 울스턴크래프트의 우표

1792년에 출판된 「여성의 권리옹호(Vindica-
tion of the Rights of Woman)」는 가장 오래된 페미니스트 논문으로 여겨
진다. 덕분에 메리 울스턴크래프트는 '페미니즘의 대표'로 불리게 되었다.
메리의 삶과 작품을 기념하는 우표가 발행된 것은 2009년, 그가 태어난
지 250년이나 지난 후였다.

메리는 여성은 남성과 동등하지만 잠재력을 성취할 수 있는 교육적 기
회가 부족하다고 주장했다. 그는 여성이 경박함을 피하고 규율을 지켜야
하며 공공과 사적 영역에서 이성적이고 평등하게 대우받아야 하고 또 그
렇게 행동해야 한다고 제안했다. 그렇게 함으로써 여성이 '직접적인 몫을
얻지 못한 채 임의로 지배되는 대신' 정치에 참여할 기회를 가져야 한다는
것이다. 메리는 결혼에 대해서 이렇게 제안했다. "여성을 이성적인 존재로
만들고 시민에게 자유를 주자. 그러면 그들은 금방 좋은 아내들이 될 것
이다. 즉, 남성들이 남편과 아버지의 의무를 게을리하지만 않는다면 말이
다."

메리는 1797년에 무정부주의 철학자 윌리엄 고드윈(William Godwin)과 결혼했으나 몇 달 후 딸을 낳다가 패혈증을 얻어 비극적으로 사망했다. 딸 메리는 후에 『프랑켄슈타인』의 작가이자 시인 퍼시 셸리(Percy Shelley)의 아내로 명성을 얻었다. 윌리엄은 아내의 죽음 이후, 메리의 연애와 자살 시도, 사생아에 대해 다소 과하게 솔직하고 자세하게 기술한 『여성의 권리옹호 작가의 추억(Memoirs of the Author of A Vindication of the Rights of Woman)』을 출판했다. 이 책은 사회에 충격을 주었고 메리의 평판을 더 럽혔다. 그럼에도 불구하고 페미니스트 사상에서 메리가 갖는 의의는 엘리자베스 바렛 브라우닝(Elizabeth Barrett Browning)의 유명한 시 '오로라 리(Aurora leigh, 1856)'에서 확인할 수 있다. 미국의 여성인권운동가 엘리자베스 케이디 스탠튼(Elizabeth Cady Stanton)과 루크레티아 모트(Lucretia Mott)는 1848년 미국에서 일반적으로 여성권리운동의 탄생으로 여겨지는 '세네카폭포협약(Seneca Falls Convention)' 제정 당시 메리에게서 영향을 받았음을 인정했다. 조지 엘리엇(George Eliot)이라는 이름으로 활동했던 작가 메리 앤 에반스(Mary Ann Evans)도 1855년에 「여성의 권리옹호」를 읽고는 여성의 역할과 권리에 대한 에세이를 썼다. 1920년대에 버지니아 울프(Virginia Woolf)도 메리를 찬양하는 에세이를 썼고 자신도 직접 두 개의 페미니스트 논문을 썼다. 버지니아의 책 『자기만의 방(1929)』은 여성에게 주어진 한계와 기대치가 그들의 창조성을 어떻게 제약하는지 탐구했다. 그는 '여자가 소설을 쓰려면 돈과 자기만의 방이 있어야 한다'고 지적하며 여성에게 재정적인 독립이 얼마나 중요한지 강조했다. 『3기니(1938)』에서는 가부장제와 전쟁, 파시즘을 비판했다. 버지니아는 이 책에서 남성들이 폭력과 경쟁, 지배를 당연하게 보도록 양육된 결과물이 전쟁이라고 주장했다.

제2차 세계대전의 여파로 사회에서 남녀의 역할과 행동에 대한 논쟁은 격화되었다. 1949년 시몬 드 보부아르(Simone de Beauvoir)는 『제2의 성』에서 '여성은 무엇인가?'라고 질문하며 '여성은 남성을 기준으로 정의되고 차별화되지만 남성은 여성을 기준으로 하지 않는다'고 주장했다. 페미니스트적 논문은 전통과

사회적 기대, 권력행사 등이 자연이나 생물보다는 여성의 예속에 책임이 있다는 인식을 공유한다. 베티 프리단(Betty Friedan)의 인기 저서『여성의 신비(1963)』는 1960년대와 1970년대 미국 페미니즘의 중요한 교과서로 손꼽힌다. 이 책에서 베티는 '이름 없는 문제'를 다루는데, 이는 '여성의 신비'에 의해 고되고 지루한 가정생활에 갇힌 수많은 여성들의 불행을 의미한다. 여성의 신비는 결국 가사 의무와 모성애가 여성의 유일한 역할이라는 생각이다. 베티는 여성적이라는 것이 무엇을 의미하는지 과감하게 재고해볼 것을 요구하며, 교육은 여성의 자기 결정과 자율의 열쇠라는 메리 울스턴크래프트와 버지니아 울프의 견해를 공유했다.

1970년 영국에서 『여성, 거세당하다』를 출판한 저메인 그리어(Germaine Greer)도 여성들에게 가정에서의 전통적인 역할을 거부하고 사회가 씌운 틀에서 벗어날 방법을 모색할 것을 요구했다. 그는 또한 여성들에게 전통적인 권위의 힘에 의문을 제기하도록 격려하고, 자신의 성생활을 탐구하라고 촉구했다. 저메인의 책은 11개 국어로 빠르게 번역되었다.

「여성의 권리옹호」는
최초의 페미니즘 논문으로 간주된다.

§

　하지만 페미니즘 논문이 다수 출판되는 가운데, 노동자계급과 흑인 여성들의 필요와 관심사는 거의 다뤄지지 않았다. 여성의 삶은 성별뿐만 아니라 계급이나 인종, 또는 둘 다에 기반한 권력 행사에 의해 형성되어 왔다. 앤 오클리(Anne Oakley)의 『가정주부(Housewife, 1984)』는 페미니즘에 깊은 의구심을 품고 있는 노동자계급 여성들이 많다고 지적했다. 그는 가정주부들이 고되고 지루한 가정생활을 하며 살았다는 베티 프리던의 생각에 동의하지 않았다. 한편 벨 훅스(bell hooks)의 『나는 여성이 아닌가, 흑인 여성과 페미니즘(Ain't I a Woman: Black Women and Feminism, 1981)』은 노예제도부터 20세기 말까지 미국에서 인종적 및 성적, 계층적 억압을 받은 흑인 여성들의 경험적 특수성을 탐구했다. 벨 훅스는 흑인 여성들이 '독특한 시야'뿐만 아니라 '일종의 능력'인 '생존 기술'도 가지고 있기 때문에 페미니스트 논쟁의 선두에 서야 한다고 주장한다.

　이처럼 메리 울스턴크래프트와 마찬가지로, 「여성의 권리옹호」 이래 수많은 페미니스트 작가들이 모든 사회적 및 정치적, 경제적 제도에 남성의 특권이 부여되는 방식을 확인시켜주었다. 그들은 여성들에게 자신의 삶과 사회가 조직된 방식을 재고하도록 독려했으며 최소한 대부분의 여성에게 주어진 기회에 근본적인 변화를 일으키도록 도왔다.

§

조애나의 상자

1927년 7월 11일, 영국 웨스트민스터 교회당에서 A. M. 로우 교수가 주재하는 공개 회의가 열렸다. 이 자리에 모인 사람들은 1814년에 세상을 떠난 '예언자(Prophetess)' 조애나 사우스콧(Joanna Southcott)의 삶과 글에 대한 강의를 듣고, 주교가 '조애나의 상자'를 여는 순간을 목격했다.

상자는 사전에 엑스레이로 찍혀 속에 무엇이 들어있는지 이미 알려져 있었다. 1795년도 복권과 퍼즐, 어린이용 수면모자, 금속으로 된 걸쇠가 달린 책, 주사위 상자, 녹슨 권총, 크롬웰(Cromwell) 동전, 그리고 원고기록이 있는 일기장 등 약간 이상한 물건들이었다. 뒤쪽에 있는 누군가가 '별 것도 아닌 일로 야단법석'이라고 중얼거렸다. 일간지들은 이것이 조애나의 유일한 상자인지, 아니면 또 다른 상자가 있는 것인지에 대한 의문을 제기했다.

조애나는 1750년 한 농부 부부의 딸로 태어났다. 그는 농장에서 일하다가 가정부가 되었고, 그다음에는 가구 덮개를 씌우는 일을 했다. 조애나는

마흔 두 살에 '지구 전체에 강림하는 무엇인가가 밤낮으로 자신을 방문한다'고 주장했다. 그 존재가 성령이라고 확신한 조애나는 예언을 시작했다. 흉작이나 영국에 대한 프랑스의 선전포고에 대한 그의 예언은 실제로 들어맞았다.

조애나는 다수의 글과 출판물 65권, 원고와 서신에 세계의 종말에 관한 묵시적 예언을 기록했다. 그의 글에는 나폴레옹 전쟁시대의 불안정한 분위기가 고스란히 담겨 있었다. 그는 부자들과 교회의 부패를 비판했고, 여성 예언자로서의 자신의 지위를 옹호하며 이렇게 주장했다. "여성이 자신의 사람들을 인도하는 것이 새로운 일인가? 에스더가 하지 않았던가? 유디트도 하지 않았던가?" 조애나는 랭커셔 서부와 남부, 요크셔 등지에서 지지자들을 모았다. 대부분 노동자계급 여성이 영적 계시를 받는다는 사실을 매력적으로 여긴 가난한 사람들이었다. 하지만 조애나의 추종자들 중에는 T. P. 폴리 목사를 포함한 성직자들도 있었다. 조애나는 1814년에 사망했지만 그전까지 그의 추종자들은 조애나가 신의 아들인 '실로(Shilo)'를 낳겠다는 약속을 이행하기를 기다리고 있었다. 당시 조애나가 60대였다는 점에서 이것은 어쩌면 너무 과한 예언이었을 것이다. 조애나가 남긴 상자는 국가적인 비상사태 시 스물네 명의 주교들이 지켜보는 가운데 열리게 되어 있었다.

조애나가 구약성서의 여성 예언자들과 동양 및 고대 이집트 종교에 등장하는 수많은 여신들을 언급했음에도 불구하고 19세기와 20세기의 대부분의 시간 동안 여성들은 서양 기독교 교회의 신자들 대다수를 구성했다. 그러나 권력이 있는 높은 지위와 성직자들은 거의 전적으로 남성이었다. 오히려 중세까지는 부유한 여성들이 수도원과 수녀원에서 힘과 영향력을 행사할 수 있었다. 수도원과 수녀원이 반드시 분리되는 것도 아니었다. 스웨덴의 브리짓(Bridget)은 14세기 중반 수녀원장과 함께 수도사와 수녀 모두를 위한 집에 브리지틴(Brigittines) 수도회를 설립했다. 물론 위험성이 없는 전략은 아니었다. 12세기에 질베르틴(Gilbertines) 수도회는 요크셔 수도원에서 한 수녀가 임신하면서 질서가 무너졌다는 추문에 휩싸였다. 그 수녀는 애인을 직접 거세하고 '입속에 그 부위를 쑤셔 넣는' 대가를 치러야 했다.

개혁 이후 성 바울(St. Paul)이 디모데(Timothy)에게 보낸 편지는 여성이 기독교 교회에 기여하는 것을 제한하는 명분으로 사용되었다. 바울은 이렇게 충고했다. "여자의 가르치는 것과 남자를 주관하는 것을 허락지 아니하노니 오직 종용할지니라. 이는 아담이 먼저 지음을 받고 이와가 그 후며." 따라서 여성의 역할은 복지를 관리하고, 교회 기금을 모으고 지원하며, 찬송가를 쓰고, 가난한 사람들을 섬기고, 주일학교에서만 아이들을 가르치는 역할로 제한되었다. 목사의 아내만 종종 교구의 여러 부차적인 역할을 담당했다.

그럼에도 불구하고 여성들은 일부 개신교 교회와 조애나를 추종한 집단 같은 종파에서 영향력을 행사하고 설교를 하며 목소리를 내는 방법들을 찾았다. 로지나 데이비스(Rosina Davies)는 구세군에서 전도사 경력을 쌓기 위해 1879년에 웰시 광산촌을 떠났다. 제1차 세계대전 때 설교단에 선 모드 로이든(Maude Royden)과 같은 참정권 운동가들은 여성이 성직자가 되는 것을 참정권 다음 단계로 여겼다.

조애나 사우스캇과 그의 상자는 문화적 아이콘이 되었다. 그는 찰스 디킨스의 『두 도시 이야기(1859)』의 첫머리에서도 언급된다. 18세기 말을 당시 최고이자 최악의 시기로 설정하는 장면이다. 조애나의 추종자들은 1927년까지도 성직자들에게 편지와 탄원서를 보내고 신문 광고란과 지하철 포스터에 광고를 실어 조애나의 상자를 열어달라고 요구했다. 마침내 1969년이 되어서야 BBC의 몬티 파이톤(Monty Python) 텔레비전 코미디 스케치가 이 상자의 존재를 언급했다. 이것은 어쩌면 20세기와 21세기에 조차 테레사 수녀(Mother Teresa)의 상징적 지위와 미국의 조앤 치티스터(Joan Chittister) 같은 수녀들의 정치적 참여에도 불구하고, 기성종교 내 여성의 지위가 불안과 긴장에 둘러싸여 있음을 나타내는 것일 테다.

§

브론테 자매의 동상

조슬린 호너(Jocelyn Horner)가 디자인한 브론테 자매의 청동조각상은 왼쪽부터 차례로 샬롯(Charlotte, 1816~1855), 에밀리(Emily, 1818~1848), 앤(Anne, 1820~1849)이다. 이 동상은 세 자매가 목사였던 아버지와 함께 살았던, 영국 하워스의 브론테 사제관 박물관(Brontë Parsonage Museum) 정원에 있다.

세 자매는 짧은 생애 동안 문학적으로 중대한 작품이라고 여겨지는 소설과 시를 쓰며 다른 여성들에게 글을 쓰도록 영감을 주었다. 결과적으로 하워스는 독자들과 학자들의 순례지가 되었다.

브론테 자매는 여성 행동에 대한 19세기의 관념에 도전했기에 비평가와 독자들 모두를 당황케 한 존재였다. 조각에서 표현된 샬롯의 소극적인 모습은 그의 수줍은 성품을 나타내지만 그는 그 시대에 예외적으로 한계를 뛰어넘는 능력을 지니고 있었다. 절제된 귀족들의 삶을 풍자적인 사회적 논평으로 묘사해 유명해진 제인 오스틴(1775~1817)의 뒤를 이어 브론테 자매는 감정적 깊이와 극적인 풍경, 도전적인 사회 관습에 초점을 맞

추었다. 샬롯은 소설 『제인 에어 (1847)』, 『셜리(Shirley, 1849)』, 『빌레트(1853)』로 가장 잘 알려져 있다. 『제인 에어』는 출판되자마자 베스트셀러가 되었으며 여전히 가장 널리 읽히는 영문학 소설로 손꼽힌다. 주체적인 인물에 초점을 맞추고 여성의 삶이 만족스러우려면 남성과 동등한 지위를 가져야 한다는 주장을 펼쳤다는 점이 독특하다. 가정교사인 제인과 고용주 로체스터의 로맨스는 빅토리아시대에서 파문을 일으켰을 것이지만, 제인은 겁먹지 않고 스스로 로체스터와 평등하다고 여기며 열정적으로 요구한다.

"내가 가난하고, 이름도 없고, 평범하고, 하찮겠없다고 영혼도 없고 무정하다고 생각하나요? 그렇지 않아요! 난 당신과 똑같이 영혼이 있고 마음이 충만해요! 신이 내게 약간의 아름다움과 많은 재산만 주었어도 나는 당신이 나를 떠나지 못하게 만들었을 거예요. 지금 내가 당신을 떠나지 못하는 것처럼 말이에요!"

앤 브론테는 『아그네스 그레이(1847)』와 『와일드펠 홀의 소유주(The Tenant of Wildfell Hall, 1848)』를 집필했다. 에밀리는 단 한 권이지만 빅토리아시대의 도덕과 계층에 대한 도전적인 생각을 열정적이고 격렬하게 쓴 걸작 『폭풍의 언덕(1847)』을 썼다. 요크셔 무어(Yorkshire Moors)의 황량한 자연과 고딕풍의 분위기를 중심으로 눈보라와 함께 찾아오는 어린 아이의 귀신은 늘 주변을 맴도는 과거의 망령을 상징한다. 다른 사람과 결혼한 캐시에게 분개하며 강박적인 감정을 규율과 결합시켜 철저하고 무자비한 음모를 꾸미는 히스클리프의 복수심도 오싹함을 자아낸다.

> "어째서 그녀는 끝까지 거짓말쟁인가! 그녀는 어디에 있을까? 그곳도 아니고, 천국도 아니야. 죽지도 않았어. 대체 어디인가? 오! 당신은 내 고통을 신경도 안 쓴다고 했지! 나는 단 한 가지만 기도할 뿐이야. 내 혀가 굳어질 때까지 되뇌고 또 되뇐다. 그녀가 고통 속에서 깨어나기를!"

에밀리와 떨어지는 것을 싫어했던 앤의 정서는 조각상에서도 에밀리에게 주의를 기울이는 자세로 뚜렷하게 표현되었다. 브론테 자매는 처음에는 남성의 이름을 필명으로 사용했다. 19세기에는 작가가 여성에게 적합한 직업으로 인식되지 않았기 때문에, 남성의 이름으로 출판의 기회를 늘렸던 것이다. 남성의 필명이라는 가면을 쓴다는 것이 어쩌면 독자와 출판사에 잘못된 기대와 관념을 심어주는 것으로 인식될 수 있지만, 그것은 자매들을 고립으로부터 해방시키며 생활에 활력을 주고, 소설의 주제와 등장인물을 통해 비인간적인 사회제도를 폭로할 수 있게 해주는 수단이었다. 샬롯 브론테의 전기작가 엘리자베스 개스켈(Elizabeth Gaskell, 1810~1865)의 소설 『메리 바턴(Mary Barton, 1848)』과 『남과 북(1855)』은 산업사회 맨체스터의 빈부격차를 부각시켜 사회 개혁의 필요성을 시사했다.

유년기부터 성인기까지 여성 캐릭터의 성장을 추적하는 것은 혁신이

2010년에 『폭풍의 언덕』은
테스코(Tesco)에서 가장 많이 팔린 소설 중 하나다.

§

었지만 『제인 에어』의 방대한 줄거리에는 꼭 필요한 것이었다. 맨체스터의 작가 조지 엘리엇(George Eliot)도 『플로스 강변의 물방앗간(The Mill on the Floss, 1860)』에 그 방식을 썼다. 하지만 성별을 제외한 모든 것에 의해 분리되고, 양식과 서술적 목소리, 시대, 사회적 및 경제적 배경이 다 다른 사람들을 거짓으로 연결하지 않는 것이 중요하다. 브론테의 작품과 현대 여성작가들의 작품에서 공통적으로 발견되는 요인은 여성의 내면에 대한 노골적인 묘사와 그것이 비평가들에게 지속적으로 놀라움을 준다는 점이다. 샬롯은 조지 엘리엇의 파트너인 G. H. 루이스(G. H. Lewes)로부터 너무 극적으로 글을 썼다는 비판을 받으며, 몇 세기가 지나고 도리스 레싱(Doris Lessing)이 『황금노트북(1962)』에서 보여준 여성 주인공의 공격성은 '여성스럽지 않다'고 공격받았다. 여성의 생각과 느낌, 경험을 대담하게 표현하면서도 서술구조와 형태를 구사하는 데 있어 통제력과 독창성을 발휘하는 탁월함에도 불구하고 말이다.

브론테 자매의 동상은 황량하고 아름다운 황무지에 인접한 요크셔의 자그마한 제분소 마을 하워스와 더없이 어울린다. 마을이 산업혁명의 요구에 적응하기 위해 노력했던 것처럼, 세 자매는 여성과 글쓰기의 통념에 도전하고 변화를 일으키기 위해 독자적인 직업에 대한 권리를 추구했다. 여성을 기념하는 조각상이나 동상이 있는 것은 드문 일이다. 있더라도 업적을 기리기보다는 반은 헐벗거나 비스듬히 눕는 등 성적으로 표현되고 모성이나 처녀의 이미지로 묘사된다. 브론테 자매의 동상처럼 여성이 자신의 삶의 작가라는 것을 드러내는 공공 기념물은 여성이 자신의 작품으로 사회적 인정을 충분히 받지 못하던 '유령 작가'라는 발상에 부분적으로나마 일침을 가할 수 있다. 이런 맥락에서 하워스에 있는 이 동상은 브론테 자매가 진심으로 인정할 만한 상징성을 가지고 있다.

§

노예제도 반대 메달

　　노예제도를 반대하는 최초의 메달은 1787년 웨지우드(Josiah Wedgwood)의 도자기로 만들어졌으며 흰 바탕에 웨지우드의 유명한 검은 벽옥 도기로 제작되었다. 웨지우드는 위원회를 위해 자비로 메달을 만들었다. 이 위원회는 나중에 노예무역 폐지를 위한 협회가 되고, 영국 노예제도 반대 운동의 상징이 되었다.

　　1788년, 조사이어 웨지우드는 펜실베이니아노예제도폐지협회(Pennsylvania Society for the Abolition of Slavery) 회장인 벤저민 프랭클린(Benjamin Franklin)에게 메달을 보냈다. 이 메달은 스너프박스와 펜던트, 팔찌, 코트 단추, 머리장식품, 봉인용 인장 등 모든 종류의 도자기 용품에 복제되었다. 1828년, 버밍엄여성협회 회원 소피아 스터지(Sophia Sturge)는 메달의 여성 버전인 '나는 여성도 자매도 아닌가(Am I Not a Woman and a Sister)'를 디자인했고, 몇 년 후에 이 역시 미국의 여성 노예 반대 단체들에 의해 채택되었다. 이 메달은 여성 노예들의 본질적인 인간성과 그들의 고통에 대해 여성들이 느끼는 연민을 강조했다.

노예제도 폐지 운동을 이끈 정치가 윌리엄 윌버포스(William Wilber-force)가 여성들이 운동에 참여하는 것을 극구 반대했기 때문에, 노예제도에 반대하는 여성 단체들이 노예무역 폐지협회에 받아들여지는 데에는 오랜 시간이 걸렸다. 1788년에 폐지협회의 여성회원은 고작 206명이었다. 퀘이커교도, 유니테리언(Unitarian)교도, 복음주의 사업가, 제조업자, 가게 주인의 아내와 딸이 대부분이었다. 1790년대에 이르러서는 여성들이 지도적 역할을 맡지 못함에도 불구하고 자신들만의 방식으로 캠페인을 벌이고 시와 팸플릿을 썼다. 필리스 휘틀리(Phyllis Wheatley)같이 노예였다가 해방된 여성들은 자신의 삶에 대한 이야기를 썼다. 여성운동가들은 노예의 노동력으로 재배된 설탕의 불매운동에 중요한 역할을 했다. 1807년에 도입된 폐지법이 대서양을 횡단하는 노예무역을 폐지했지만 노예에게서 태어난 아이는 여전히 노예였고, '대영제국'의 식민지에서는 노예무역이 계속 허용되었다.

1820년대에 여성들은 노예무역의 완전한 폐지를 촉구하기 위해 그들만의 단체를 형성하기 시작했다. 점진적인 폐지를 선호했던 주류 운동권의 정책과는 매우 다른 노선이었다. 1824년, 엘리자베스 헤이릭(Elizabeth Heyrick)은 식민지 내의 모든 노예를 즉각 해방하라고 열렬히 주장하며 노예농장에서 생산되는 설탕의 불매운동을 촉구하는 팸플릿을 출판했다. 그는 이렇게 기술했다. "서인도제도의 농장주와 이 나라의 사람들은 도덕적으로 도둑과 도난품 받는 사람들과 다를 바 없다." 엘리자베스는 점진적인 폐지 정책을 '악마적인 정책'이라고 공격했다. 윌리엄 윌버포스는 이렇게 썼다. "여성들이 출판을 하겠다고 만나고, 집집마다 돌아다니며 탄원을 부추기는데, 이는 성경에 기록된 대로 여성의 직분과는 부적합해 보인다."

버밍엄 여성협회는 최초의 여성 노예제도 반대 단체였다. 그들은 가게와 손님들을 대상으로 설탕 불매운동을 홍보했고, 버밍엄에 있는 주택의 80퍼센트에 찾아가 여성들에게 단체를 지지해달라고 요청했다. 1830년에는 국가적인 노예제도 반대 운동이 점진적인 폐지라는 명시적인 목표에서 '점진적인'이라는 단어를 삭제한다면 연간 50파운드씩 기부하기로 결정했다. 그들의 계획은 성공적이었다. 연례회의는 즉각적인 폐지를 이루고자 하는 여성협회의 새로운 캠페인을 지지하기로 동의했다. 1831년까지 73개의 여성 단체들이 노예제도에 반대하는 캠페인을 벌였고 1833년 런던여성협회는 노예제도에 반대하는 전국적인 청원을 조직했다. 29만 8,785명의 여성이 서명한 이 청원은 노예제도 반대 운동 역사상 가장 대규모로 이뤄진 단일 청원이었다. 영국 정부가 노예소유주들에게 2000만 파운드의 보상금을 지급하면서 1833년 8월에 노예제도 폐지법이 통과되었다. 한 주교는 자신이 소유했던 노예 665명에 대해 1만 2,700파운드의 보상을 받았다.

1830년대까지 미국 여성 수천 명이 노예제도 반대 운동에 동참했다. 1833년에 루크레티아 모트(Lucretia Mott)와 아프리카계 미국인 몇몇을 포함한 열일곱 명의 사람들과 함께 필라델피아 여성노예제도반대협회를 설립했다. 그들은 폐지를 촉구하는 글을 쓰고 의회에 탄원서를 제출했으며, 집집마다 청원서를 돌렸다. 상당한 반대에도 불구하고, 1837년에서 1839년 사이에 미국 여성들도 세 번의 전국적인 노예제도 반대협정(Anti-Slavery Convention)을 열었는데, 폐지론자들에 반대하는 시위자들이 두

1831년 73개의 여성 단체들이
노예제 반대 운동을 벌였다.

§

번째 협정이 열린 펜실베이니아 홀을 불태웠다. 뉴욕의 한 일간지는 '자신의 성 영역을 망각하고 거리를 배회하는 여성들을 정신병원에 보내야 한다'는 글을 실었다.

1840년에 런던에서 세계노예방지협정(World Anti-Slavery Convention)이 열렸으나, 그곳에 참석한 여성들은 발언권을 얻지 못했다. 그러나 미국 대표인 엘리자베스 케이디 스탠튼(Elizabeth Cady Stanton)은 이후 여성의 권리를 옹호하는 사회를 만들기 위한 협정을 개최하기로 결단했으며, 영국에서도 여성들이 노예제도 반대 운동에서 사용했던 다양한 전술들이 참정권 운동의 청사진을 형성했다고 기록되었다.

§

소녀단 배지

'브라우니(the Brownies)' 회원들에게 수여되는 '민첩배지(Agility Badge)'에는 한 소녀가 한 발로 균형을 잡는 모습이 그려져 있다. '걸가이드(Girl Guides: 소녀들의 수양과 교육을 위해 조직된 국제적인 사회교육단체. 걸스카우트라고도 함 ― 옮긴이)' 활동을 통해 소녀들로 하여금 자신의 신체 및 운동능력을 인식하도록 수여한 많은 배지들 중 가장 최근의 사례다.

영국에서 가장 큰 소녀단인 걸가이드는 1910년 설립되었다. 1914년에는 좀 더 어린 소녀들을 위한 브라우니가 그 뒤를 이었다. 걸가이드는 영국군 장교였던 로버트 베이든 파월 경(Sir Robert Baden-Powell)이 소녀들의 인격을 함양하고 자립심과 책임감을 장려하기 위해 설립한 보이스카우트(Boy Scouts)와 별개이면서도 상호보완적인 단체였다.

걸가이드 십계명은 비슷한 어조를 유지하며 검소할 것, 동물의 친구가 될 것을 포함하여 '어려운 상황에서도 웃음 짓고 노래해야 한다'고 제안한다. 걸가이드의 편안한 환경은 소녀들이 남성의 시선이나 비난으로부터 벗어나 자신감을 얻고 새로운 활동을 시도할 수 있는 기회를 제공했다. 걸가이드 출신인 배우 엠마 톰슨(Emma Thompson)은 이를 통해 '소녀들은 자신의 삶에 있어 책임감 있는 선택을 할 자신감을 얻었다'고 말했다.

가이드 단원이 가장 먼저 얻을 수 있는 배지 중 하나는 자전거 타기였다. 체조 배지가 그 뒤였다. 로버트는 소녀들이 '인형보다는 파트너이자 동지'로 성장하길 바랐다. 수영은 여성이 반드시 배워야 하는 운동으로 여겨졌다. 이것은 여성이 수영을 못해서 익사하는 일을 피하기 위해서이기도 했다. 1878년 프린세스앨리스(Princess Alice)호가 아일랜드해에 침몰했을 때 배에 타고 있던 여성 339명 중 수영을 할 줄 아는 여성이 단 한 명이었다는 사실은 언론의 지대한 관심을 끌었다.

1925년까지 전 세계 30개국에는 50만 명의 걸가이드와 브라우니 단원들이 있었다. 보이스카우트의 두 배에 가까운 숫자였다. 캠프는 수많은 소녀들에게 며칠 동안 독립과 여행, 동지애, 모험, 야외활동을 즐길 수 있는 유일한 휴가를 제공했다. 소녀들은 야외활동을 통해 강과 호수, 때로는 수영장에서 수영을 즐겼다. 1966년에는 여섯 명의 걸가이드가 영국해협을 횡단한 여자계주 기록을 깼다. 2007년에 이뤄진 설문조사 결과, 영국에서 가장 유명한 여성들 중 3분의 2가 가이드 활동을 했던 것으로 나타났다. 그중에는 작가인 J.K. 롤링(J.K. Rowling)과 노동당 정치인 클레어 쇼트(Clare Short)도 있었는데, 두 사람 모두 소녀단 운동에서의 경험이 유익했다고 말했다.

가이드 소녀들은 다양한 활동과 스포츠에 참여하며 자신의 신체에 편안함을 느끼게 된다. 클레어 쇼트는 가이드에서 보낸 시간을 회상하며 이렇게 말했다. "젊은 여성들이 자신의 몸과 옷에 대해 불안감을 겪고 있는 지금, 돌아보면 그때가 순수한 기쁨이 있는 사랑스러운 시간이었습니다."

가이드 운동은 또한 소녀들의 결단과 규율, 자기확신의 계발을 추구한다. 모로코 최초의 올림픽 금메달리스트인 나왈 엘 무타와켈(Nawal El Moutawakel)은 이런 것들이 자신의 성공에 중요한 요소였다고 말했다. 2004년에 800미터와 1,500미터 트랙 종목에서 올림픽 금메달을 딴 켈리 홈스(Kelly Holmes) 역시 걸가이드를 통해 '자기가 할 수 있는 최고가 되는 것'을 배웠다고 말했다. 그 자신이 수많은 가이드의 롤모델이 되었음은 물론이다.

어린 소녀와 여성이 스포츠에 참여하려면 실제적 및 사회적, 문화적, 개인적 장벽을 극복해야 할지도 모른다. 스포츠는 심신에 이로우며 젠더에 대한 통념에 도전할 수 있는 기회를 주는데도 과거와 현재의 여러 문화권에서 이 장벽은 넘어설 수 없는 것처럼 보이기도 한다. 여성에 대한 문화적 관념은 여성이 올림픽 종목에 참여하지 못하게 하는 장벽을 세웠다. 1900년에 여자 테니스가 올림픽에 도입됐지만 레슬링과 복싱은 각각 2004년과 2012년까지 기다려야 했다.

스포츠에서 남성이 장악하고 있는 경쟁적이고 '전문적인' 영역은 바로 스포츠의 조직과 관리, 언론 보도, 재정적 보상이다. 1981년에야 후안 안토니오 사마란치(Juan Antonio Samaranch) 회장 휘하의 국제올림픽위원회(IOC)가 피리오 헤그만(Pirjo Häggmann)을 최초의 여성위원으로 임명했다. 2007년까지만 해도 현역 IOC 위원 113명 중 여성은 15명에 불과했다. 영국 미디어는 스포츠 방송의 4퍼센트만을 여자 스포츠에 할애하는데, 그나마도 주류 텔레비전 채널이 아닌 경우가 많다. 남성 축구선수 웨인 루니(Wayne

스포츠는 심신에 이로우며
젠더에 대한 통념에 도전할 수 있는 기회를 준다.

§

Rooney)는 2016년에 주급 30만 파운드를 받았지만, 여성 선수들 중 연봉이 가장 높은 스테프 호튼(Steph Houghton)의 연봉은 고작 6만 5,000파운드였다.

다른 여러 분야와 마찬가지로 스포츠에서 성별임금격차를 없애는 것은 꽤나 시간이 걸릴 것으로 예상된다. 하지만 더 많은 소녀들이 스포츠에 참여하도록 격려하는 캠페인은 계속되고 있다.

§

스트레인지 프루트 앨범

1939년 미국의 블루스 가수 빌리 홀리데이 (Billie Holiday)가 녹음한 '스트레인지 프루트'의 가사는 이렇게 시작된다.

"남쪽의 나무들은 이상한 열매를 맺는다네.

잎사귀와 뿌리에는 피가 묻어있네.

남풍에 흔들리는 검은 몸뚱이들,

포플러나무에 매달린 이상한 과일이네."

믿을 수 없을 정도로 강렬한 이 노래의 가사는 쿠클럭스클랜(Ku Klux Klan), 일명 KKK단이 자행한 흑인 남성 린치를 묘사하고 있다. 린치는 백인우월주의를 내세우는 극우비밀결사 KKK단이 선동한 사법 외적 살인이다. 무고한 사람들이 증오로 가득 찬 폭도들에 의해 목숨을 잃었다. 미국 최초의 인종 통합 나이트클럽이었던 뉴욕의 카페 소사이어티(Cafe Society)에서, 빌리 홀리데이가 처음으로 노래한 '스트레인지 프루트'는 미국인 작가이자 교사, 작곡가인 에이블 미어로폴(Abel Meeropol)이 2년 전에 쓴 시였다. 1999년에 《타임》지가 '스트레인지 프루트'를 '금세기 최고의 노래'로 선정하면서, 흑인 여성 가수들이 이노래를 여러 차례 녹음하기도 했다. 감정적으로 진을 빼놓는 곡이었지만, 빌리 홀리데이는 밤마다 공연 마지막 곡으로 이 노래를 불렀다. 불을 전부 끄고 얼굴에만 스포트라이트를 비췄다. 이 노래를 할 때면 자리를 뜨는 고객들이 많았다. 빌리가 본래 활동하던 음반사 컬럼비아는 이 노래가 너무 논쟁적이라며 걱정했기 때문에, 그는 소규모 독립레이블을 통해 이 곡을 발표했다. 빌리 자신도 '스트레인지 프루트'를 부를 때마다 해코지를 당할까 봐 두려워했다. 결과적으로 앨범은 100만 장이 팔렸고 '스트레인지 프루트'는 최초의 위대한 시위곡이라는 찬사를 받았다.

마 레이니(Ma Rainey)는 1882년에 조지아주 콜럼버스시의 가난한 가정에서 태어났다. 그는 자신의 노래를 대부분 직접 작곡했다. 1928년에 녹음한 '프루브 잇 온 미 블루스(Prove it on me Blues)' 등 몇몇 노래들의 가사는 그가 레즈비언이라는 사실을 암시하기도  했다. 마 레이니는 여덟 살에 부모님을 모두 잃고 가난에 찌든 비참한 어린 시절을 견딘 베시 스미스(Bessie Smith)의 멘토가 되었다. 그는 베시가 창법을 개발하도록 돕고, 미국 남부 곳곳의 술집과 소극장, 텐트공연에 데리고 다니며 공연을 할 수 있게 해주었다.

베시 스미스는 1923년에 컬럼비아 레코드와 계약을 맺었다. 그의 음반들은 흑인용으로 지정된 레이블로

홍보되고 출시되었다. 베시는 200만장의 판매고를 올린 '다운 하티드 블루스(Down Hearted Blues)'를 포함해 160곡을 녹음했다. 그는 한 기자에게 이렇게 말했다. "가난해 보기도 했고 부자가 되어 보기도 했는데 부자가 더 낫네요." 베시는 가수로서 성공했지만 아마도 그 성공으로 인해 지독한 인종차별주의에 직면했을 테다. 베시는 '백인 전용'인 일등석 객차에 탈 수 없었기 때문에, 컬럼비아는 공연 광고도 할 겸 독특한 색상과 문자가 그려진 전용 객차를 사주었다. 1927년에 베시가 텐트 공연을 하던 중 KKK단이 공연을 멈추려고 시도했다. 하지만 베시 스미스는 그들에게 맞서 주먹을 내두르고 욕을 했다. 다행히 아무도 맞지는 않았지만, 미시시피에서는 누군가 베시의 객차에 총을 쏘기도 했다.

베시 스미스는 미국에서 노예제도가 폐지된 지 30년도 채 되지 않은 1894년에 태어났다. 1920년 흑인 여성들이 투표권을 얻었지만, 그들의 공동체는 여전히 크게 불리했다. 흑인 가수 조세핀 베이커(Josephine Baker)는 지독한 인종차별에 넌더리가 나 1920년대에 파리로 도망쳤다. 빌리 홀리데이 또한 인종차별 사례를 수없이 접하면서 여행을 거부하게 되었고, 자신이 가장 안전하다고 느끼는 뉴욕에서만 공연하기로 결정했다. 모든 흑인이 인종차별을 겪었지만, 유명한 흑인 여성 가수들은 더더욱 눈에 띄어서 극심한 편견의 표적이 되었다. 클럽에서 공연을 하고 나면 주방을 통해 나가라는 요청을 받기 일쑤였고, 호텔과 식당은 그들의 입장을 거부했다.

1940년대에 활동을 시작한 엘라 피츠제럴드(Ella Fitzgerald)와 레나 혼(Lena Horne)같은 흑인가수들도 여전히 차별을 당했다. 끔찍한 유년기를 극복해낸 엘라는 '어디서 태어났는지가 아니라 어디로 가는지가 중요하다'고 말했다. 하지만 그는 미국에서 가장 유명한 가수들 중 한 사람이 되

1999년 《타임》지는 '스트레인지 프루트'를
'금세기 최고의 노래'로 선정했다.

§

었음에도 여전히 피부색 때문에 수십 곳의 호텔에서 쫓겨났다. 엘라는 팬
아메리칸항공(Pan American Airlines)을 고소한 적도 있다. 일등석 항공권
을 예약했는데도 수행원들과 함께 비행기에서 쫓겨나 호놀룰루에서 사흘
이나 기다린 후 비행기를 탈 수 있었던 것이다. 또 한번은 단지 자신의 밴
드와 주사위놀이를 했다는 이유만으로 체포되었는데, 그의 프로듀서인 노
먼 그란츠(Norman Granz)가 인종차별을 철폐한 남부에서 콘서트를 열려
했던 것에 대한 보복이었다.

엘라가 무대 밖에서 최대한 이목을 피했다면, 레나 혼은 대립을 일삼았
다. 비벌리힐즈의 한 음식점에서 어떤 남자가 불쾌한 인종차별적 단어를
외치자 레나는 그를 향해 테이블 조명과 안경, 재떨이를 던졌다. 한번은
영화제작사가 레나에게 남미인인 척해달라고 요청한 적이 있었다. 레나의
피부색이 밝았기 때문에 그렇게 하는 편이 미국 남부에서 그의 영화들을
팔기가 더 쉬울 거라는 계산이었다. 하지만 레나는 거절했고, 자신이 마주
친 모순적인 태도들에 대해 이렇게 말했다. "버스에는 못 타게 하면서 사
인은 해 달래요."

이 여성들은 음악적 재능을 통해 수백만 명의 사람들에게 즐거움을 안
겨주었고, 여성이 피부색에 상관없이 스스로 음악적 경력을 쌓을 수 있다
는 것을 증명했다. 이들은 백인 사회로부터 받은 차별과 편견에 복종하기
를 거부했다. 그들이 가난에서 벗어나는 길을 개척한 것은 그들 자신을 위

한 것이기도 했지만, 마음에서 우러나오는 가사와 특유의 감정을 실은 노래는 도처에 있는 흑인 여성들의 목소리가 되어주었다.

83 | 대량 학살

§

안네 프랑크의 일기

"세상에 다른 사람들이 아무도 없다면 좋을 텐데." 제2차 세계대전 당시 가족과 함께 숨어 살던, 10대 소녀 안네 프랑크(Anne Frank)가 일기에 쓴 말이다.

안네와 그의 가족을 비롯한 600만 명의 유대인들은 대략 22만 명의 집시들과 수천 명의 동성애자들, 25만 명의 신체적 및 정신적 장애인들, 수백만 명의 소련군 전쟁 포로들, 수많은 여호와의 증인들과 함께 희생된 나치 홀로코스트의 희생자들이었다. 1933년 히틀러의 나치 정권이 독일에 대한 통제를 강화하자, 안네의 가족을 포함한 수많은 유대인들이 주변국으로 피신했다. 1940년에 독일군이 네덜란드를 침공하면서 암스테르담에서의 새로운 삶도 파국을 맞이했다. 1942년 7월에 암스테르담의 프린센 그라흐트 263번지에 있는 비밀 별관에 숨어든 여덟 명에 안네의 가족도 있었다. 그곳에 머무른 2년 동안 안네는 그를 가장 유명한 홀로코스트 희생자로 만든 일기를 썼다. 안네의 아버지이자 별관에서 유일하게 살아남은 오토 프랑크(Otto Frank)가 1947년 6월 그 일기를 편집하여 출판했다.

안네의 일기가 전부 암울하고 우울한 것만은 아니다. 일기 속 안네는 곧 성년을 맞이하는 여느 소녀들과 마찬가지로 어머니와 티격태격하는 활발하고 재미있는 10대의 모습이다. 별관을 함께 썼던 부모님 친구의 아들, 페터 반 펠스(Peter van Pels)도 안네의 삶에서 중요한 한 부분을 차지했다. 안네는 10대라면 누구나 공감할 친숙한 감정을 경험한다. "예전에 아빠랑 성에 대해 얘기하는데 아빠는 내가 그런 종류의 욕망을 이해하기에는 너무 어리다고 했어. 하지만 난 내가 그걸 이해했다고 생각했어. 지금은 이해한다고 확신하고. 지금 내게 사랑하는 페터만큼 소중한 것은 없어!"

안네는 발각과 체포, 죽음의 수용소로 보내지는 것에 대한 걱정도 적었다. 안네는 자신의 일기장을 '키티(Kitty)'라고 부르며 마치 친구에게 편지를 쓰는 것처럼 자신의 걱정거리와 좋은 날, 나쁜 날, 유대인으로 숨어 사는 삶을 공유했다. "소중한 사람들이 고통을 겪는다고 생각하면 눈물이나. 하루 종일도 울 수 있을 것 같아."

안네의 마지막 일기는 1944년 8월 1일 화요일이었고 그의 인생 여정은 1945년 강제수용소에서 발진티푸스로 끝을 맺었다. 그러나 안네는 숨어 살던 은신처에 세워진 안네프랑크 박물관을 통해 여전히 기억되고 있다.

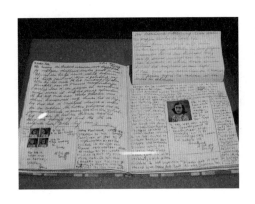

안네는 정치와 편견으로 삶이 파괴된 수많은 소녀들 중 한 명일 뿐이었다. 키티 하트 목슨(Kitty Hart-Moxon)도 안네 프랑크와 마찬가지로 나치 정권의 공

포를 경험한 어린 유대인 소녀였다. 키티와 그의 어머니는 가짜 폴란드인 신분증을 입수했지만, 밀고를 당해 사형을 선고받고 투옥되었으나 공포의 수용소에서 살아남았다. 제2차 세계대전이 끝나갈 무렵 키티는 수많은 죄수들과 함께 다른 수용소로 이송되었다. 많은 사람들이 이 여정에서 죽었지만 키티는 어머니와 함께 살아남았고 홀로코스트 생존자로서 텔레비전 방송과 대학과 학교 강의를 통해 자신의 경험을 전달해왔다.

"직접 최악의 상황을 겪고 있으면서도 스스로도 도무지 믿기 어려웠기에, 젊은 세대가 그런 일이 일어났다는 것을 아예 믿지 못한다 해도 놀라지 말아야겠죠. 하지만 저는 견뎌냈어요. 저는 그런 일이 정말로 일어났다는 걸 확실히 기억합니다."

홀로코스트는 20세기의 가장 잔악무도한 행위 중 하나였지만 집단 학살은 그 이후에도 있었다. 크메르루즈(Khmer Rouge: 캄보디아의 급진적인 공산주의 무장단체 — 옮긴이)가 1975년 캄보디아를 점령했을 때 1979년까지 200만 명이 넘는 민간인이 목숨을 잃었다. 1994년에는 100일 동안 80만 명이 르완다 대학살로 희생되었다. 어린 소녀들은 여전히 대량 학살의 희생자가 되고 있다. 1975년 4월, 크메르루즈가 프놈펜(Phnom Penh)을 휩쓸고 수백만 명의 캄보디아인들에게 고향을 떠나도록 강요했을 때, 소팔 렝 스테이그(Sophal Leng Stagg)는 아홉 살이었다. 거기서 살아남은 그는 이후 이렇게 설명했다. "움직이지 않고 가만히 누워 있는데, 죽음을 받아들이지 말라고 다그치는 어머니의 음성이 떠올랐어요. 바로 그게 제 생명을 구했죠."

앙헬레(Angèle)는 스물네 살에 르완다 대학살 현장에서 수차례 강간당

안네의 일기는
3천만 권이 넘게 판매되었다.

§

했지만, 그에게는 가족을 잃은 상실의 고통이 더 크다. "1994년 4월 후투족 무장단체가 제 남편과 아들을 납치해서 살해했어요. 그들은 할머니 댁에 있던 다른 아들도 죽였어요." 이러한 집단학살은 유럽 밖에서 일어났기 때문에 마땅한 관심을 받지 못했다. 소팔 렝 스테이그의 남편은 이렇게 설명한다. "캄보디아 대학살은 영화 〈킬링필드〉와 하잉 S. 응고르(Haing S. Ngor) 박사의 자서전에 또렷이 기록되어 있지만, 동남아시아 밖에서는 거의 철저히 무시되고 있어요."

이제 안네 프랑크는 모든 집단 학살 희생자들의 대표자로서 기억되고 있다. 그의 아버지 오토는 안네 프랑크 박물관을 찾는 사람들에 대해 이렇게 말했다. "오늘날에도 인종과 종교, 정치적 신념 때문에 박해를 받는 사람들이 있다는 사실을 깨닫는 것이 중요하다고 생각합니다."

그러나 안네의 삶은 일기를 쓰는 10대 소녀의 시간 속에 얼어붙어 있다. 정상적인 삶도, 연애도 할 수 없고 직업을 갖거나 결혼을 하거나 자녀를 낳을 수도 없었다. 비록 안네는 "나는 내가 죽은 후에도 계속 살아가고 싶어!"라고 썼던 소원대로 사람들의 기억 속에서는 살아 있지만, 다른 많은 희생자들과 마찬가지로 이 모든 경험들은 그에게 주어지지 않았다.

§

앨리슨 래퍼의 동상

3.5미터 높이의 앨리슨 래퍼 임산부(Alison Lapper Pregnant) 동상은 마크 퀸(Marc Quinn)이 트라팔가광장의 네 번째 주춧돌을 위해 만든 것으로 2005년부터 2007년까지 전시되었다. 과거의 남자 영웅들이 그것을 둘러싸고 있었다. 마크는 자신의 작품이 장애와 험난한 유년기를 극복하고 순수 미술에서 1급 학위를 받은, 발로 그림 그리는 화가 앨리슨을 '색다른 영웅주의'로 묘사했다고 설명했다.

미술평론가 월드마 자누스작(Waldemar Januszczak)은 《선데이타임스》에 기고한 글을 통해 앨리슨의 동상이 장애 문제에 '큰 타격'을 가했으며 '전후 영국미술사에서 가장 중요한 조각상 중 하나로 선정되어야 한다'고 주장했다. 앨리슨 래퍼 역시 동상이 변화를 가져다 줄 것이라는 희망을 내비치며 이렇게 말했다. "이 동상은 장애와 여성성과 모성을 주목받게 해주었어요. 이런 것들에 대한 사람들의 인식에 도전할 때입니다. 저는 이것이 변화를 만들어낼 수 있기를 희망합니다."

앨리슨 래퍼의 동상은 전 세계 장애 여성들의 자기주장이 얼마나 더 강해지고 있는지를 보여주는 한 가지 사례다.

그들은 성별에 장애까지 겹쳐 이중고를 짊어진다. 장애가 있는 여성은 그렇지 않은 여성보다 언어 및 신체적 학대를 당할 확률이 두 배 높고, 가난하게 살 가능성도 높으며 종종 사회의 부담으로 인식된다. 신체 건강한 여성보다 성적 권리와 생식권을 침해당할 가능성도 더 높다. 앨리슨이 임신했을 때 그를 지지하고 긍정적인 반응을 보인 사람도 많았지만, 아기를 낳기로 한 결정을 비난하는 사람들도 있었다. 슈퍼마켓에서 앨리슨을 본 한 여성은 친구에게 이렇게 물었다. "저런 사람들이 아기를 가져도 된다고 생각해?" 아들이 자라면 보호시설에서 데려가버릴 수도 있다는 위험도 있었다. 앨리슨은 그가 '적절한 어머니'인지 '평가'하는 사회복지부 조사를 세 번이나 받았다.

2012년에 이 조각품을 재현한 거대한 풍선은 런던 장애인올림픽대회의 꽃이었다. 전반적으로는 호평을 받았지만 쓴소리가 아예 없었던 것은 아니었다. 동상은 베네치아 비엔날레(Venice Bianniale) 미술전의 일환으로 베네치아 석호에 있는 산 조르조 마조레(San Giorgio Maggiore) 섬에 다시 세워졌다. 이 형상은 현대판 마돈나로 비유되었지만, 가톨릭교회 문화유산 대표는 그것이 '터무니없으며' 동상을 교회 근처에 두기로 한 결정이 '당황스럽다'고 했다.

장애는 언제나 도전적이다. 장본인들에게도, 일부 대중에게도, 정부에게도 어려운 문제다. 중세 영국에서는 병으로 불구가 된 사람들은 죄에 대한 벌을 받는 것이기 때문에 동정을 받을 자격이 거의 없다고 여겨졌다.

할 수 있는 일이 한정적이다 보니 장애 여성들 중에는 생계를 이어가기 어려워 구걸을 하거나 지역사회나 교회의 자선단체에 의지하는 경우가 많았다.

19세기 후반에 많은 나라에서 우생학 운동이 장애를 대하는 태도에 영향을 주기 시작했다. 우생학 지지자들은 장애가 있거나 '부족한' 사람은 국가의 건강을 위협한다는 것을 암시하기 위해 '적자생존'이나 '자연선택'을 대충 왜곡한 개념을 취했다. 영국에서는 불임법이 합법화된 적이 없지만 미국에서는 1896년에 '뇌졸중과 간질, 정신질환' 환자로 여겨지는 이들의 결혼이 금지되었다. 1907년에서 1939년 사이에 3만 명의 미국인들이 강제로 불임수술을 당했고 그중 절반은 캘리포니아에서 이루어졌다. 1930년에 영국우생학회 회장 줄리안 헉슬리(Julian Huxley)는 이렇게 기술했다. "우리는 무엇을 할 것인가? 결함이 있는 남성과 여성, 아동은 모두 짐이 된다. 모든 결함은 국가가 먹이고 입혀야 하지만 그 대가로 생산을 거의, 또는 전혀 못하는 잉여물이다."

1933년, 독일 정권을 장악한 아돌프 히틀러는 체계적인 박멸 프로그램으로 정신 및 신체적 장애인 40만 명을 불임화하고 약 27만 5,000명의 목숨을 앗아갔다. 장애 여성과 소녀들은 여전히 멕시코와 우크라이나를 포함한 여러 나라에서 불임수술을 받고 있다.

1980년대부터 임산부 초음파검사가 일상화되면서 태아의 심각한 이상을 미리 발견할 수 있게 되었다. 최근에는 혈액검사와 보다 정교한 기술로 다운증후군과 같은 염색체 이상도 감지할 수 있게 되어 장애아를 낙태시킬 수 있게 되었다. 아이슬란드와 덴마크 등 일부 국가들은 현재 다운증후군을 완전히 제거하는 것을 구상하고 있다. 아이슬란드에서는 지난 5년 동안 다운증후군을 가진 아이가 단 한 명도 태어나지 않았다. 모두 낙태되

전 세계적으로 3억 명이 넘는
여성 장애인이 존재한다.

§

었기 때문이다. 2014년에 덴마크에서는 다운증후군을 가진 태아의 98퍼
센트가 낙태되었다. 영국에서는 검사 결과 다운증후군의 가능성이 있다고
나타난 태아의 90퍼센트가 낙태되었다. 2011년《미국현대유전학저널(The
American Journal of Modern Genetics)》이 실시한 조사 결과, 다운증후군을
앓는 아이의 부모들 중 아이를 가진 것을 후회한다는 응답은 4퍼센트에
불과했다. 다운증후군을 가진 사람이 '자신의 삶을 슬퍼하는' 비율도 4퍼
센트뿐이었다. 하지만 더 저렴한 비용으로 임신중절을 하는 것이 가능해
진다면 사회가 굳이 다운증후군 환자나 다른 장애인들이 다양한 사회활
동에 참여할 수 있도록 하는 데 필요한 비용을 들이고 싶어 하지 않을 것
이라는 우려의 목소리가 있다.

　여성들 다섯 명 중 한 명은 일생 동안 어떤 형태로든 장애를 경험할 것
이며 더 많은 여성들이 장애를 경험하는 사람들의 보호자가 될 것으로 추
정된다. 그러므로 장애인 권리는 모든 여성의 문제가 되어야 한다. 그러나
휠체어를 쓰는 장애인 여배우 리즈 카(liz Carr)는 장애인의 미래에 대해 이
렇게 이야기했다. "그들의 삶은 아무런 가치도, 의미도 없다고 낙인을 찍
어버리는데 발언권도 없고, 도움도 못 받고, 가진 것도 없는 사람들이 무
슨 기회를 얻겠어요?"

§

새장에 갇힌 새가 왜 노래하는지 나는 아네

마야 안젤루(Maya Angelou)의 자전적 소설 『새장에 갇힌 새가 왜 노래하는지 나는 아네』는 출판의 역사를 바꾸어 놓았다. 이 책은 즉각 베스트셀러로 떠오르며 흑인 여성의 삶이 중요할 뿐만 아니라 그들의 이야기도 상업적으로 실현될 수 있다는 것을 증명했다.

이 책은 부모에게 버림받고, 어머니의 남자친구에게 강간당하고, 그에 따른 살인에 대한 트라우마로 5년 동안 함구증에 걸린 마야 자신의 경험을 묘사하고 있다. 열여섯 살 마야가 아들 가이(Guy)를 낳으면서 책은 끝을 맺는다.

한 소녀의 삶에 대한 이 이야기는 인종차별이 어떻게 미국 남부 시골 사회의 모든 영역에 스며들었는지 논한다. 책에서 주인공은 영감을 주는 선생님으로부터 책과 시를 소개받았을 때 목소리를 되찾는다. 『새장에 갇힌 새가 왜 노래하는지 나는 아네』는 이전까지 소외되었던 여성들에게 발언권을 주었고, 그 후 몇 년 동안 앨리스 워커(Alice Walker), 토니 모리슨(Toni Morrison), 은토자케 샹게(Ntozake Shange) 등 다른 흑인 여성 작가들에게 길을 열어주었다. 2011년에 《타임》지는 이 책을 1923년 이래 영어로 쓰인 가장 영향력 있는 책 100권에 포함시켰다.

마야의 자서전적 텍스트에서 흑인 공동체, 그중에서도 특히 여성은 차별과 맹목적인 증오의 대상이 된다. 마야는 시민권운동 이전의 흑인 여성들의 비참한 삶을 생생하게 묘사했다. "흑인 여성은 어린 시절부터 자연의 모든 공통적인 힘에 의해 폭행당함과 동시에 남성적 편견과 백인의 비논리적 증오, 흑인의 무력함이라는 삼중포화에 휘말린다."

마야 안젤루의 삶은 압도적인 적수에도 굴하지 않고 살아남은 여성의 힘을 보여준다. 마야 안젤루는 작가이자 시인, 작곡가, 극작가, 무용가, 무대 및 스크린 프로듀서, 감독, 연주자, 가수, 시민권 운동가로 1959년에 마틴 루서 킹 박사(Dr. Martin Luther King)의 요청을 받고 남부기독교지도회의(Southern Christian leadership Conference)에 진행자로 참석하기도 했다. 마야의 집념은 1978년에 지은 시 「그래도 나는 일어서리라(Still I Rise)」에서도 드러난다.

『새장에 갇힌 새가 왜 노래하는지 나는 아네』가 출판된 이후, 다양한 여성 경험이 문학과 자서전을 통해 전 세계에 공유되었다. 로라 에스키벨(Laura Esquivel)이 어머니를 사랑하고 요리에 대한 열정을 간직하고 있는 막내딸을 다룬 소설 『달콤 쌉싸름한 초콜릿(Like Water for Chocolate, 1989)』은 멕시코 페미니즘의 목소리를 높였다. 1991년에 무자비한 마오쩌둥 정권이 한 가족에게 가한 박탈과 부당함, 잔혹함을 그린 장융(Jung Chang)의 책 『대륙의 딸들』은 출판 역사상 가장 끔찍한 논픽션 서적이 되었다. 중국 역사상 가장 격동의 시기 중 하나였던 3세대 중국 여성들의 실화는 30개 이상의 언어로 번역되어 1300만부가 팔렸다.

마야 안젤루와 달리 장융의 가정생활은 화목했다. 장융의 할머니는 가난한 남자와 결혼하면 행복하겠느냐는 질문을 받자 이렇게 대답한다. "사랑이 있다면 담백한 냉수라도 달달하지." 이 책은 세 부분으로 나뉘어 각각 존경스럽고 강한 여성의 전기를 소개한다. 마오쩌둥과 중국 공산당에 의해 삶의 모든 영역을 지배당하며 갈가리 찢어진 삶을 사는 장융의 할머니와 어머니, 그리고 장융. 장융은 '아버지는 가깝다, 어머니도 가깝다, 하지만 둘 중 누구도 마오 주석만큼 가깝지는 않다'는 슬로건으로 정부의 숨막히는 통제를 묘사한다.

장융의 가족사에서 그 가족의 발목을 붙잡는 정권은 그의 아버지를 포함한 수백만 명의 정신과 이상주의를 무너뜨리지만 여성은 계속해서 압제에 맞서 싸운다. 그의 부모는 '여성에 대한 제한이야말로 공산주의혁명이 종식시켜야 할 것으로 여겼으나 이제 여성 억압은 정치적 탄압과 손을 잡고 분개와 옹졸한 질투심을 일으켰다.'

대학에서 영어를 배운 장융은 세계를 향한 시선을 키울 수 있었다. "가까스로 영어 교과서를 빌렸어요. 여기에는 제인 오스틴, 찰스 디킨스, 오스카 와일드 같은 작가들의 발췌문과 유럽과 미국 역사의 이야기들이 담겨 있었죠. 책들을 읽는 것이 정말 즐거웠어요."

서양에서는 중국소설을 거의 읽지 않으며 『대륙의 딸들』에 묘사된 역사는 대체로 여성의 관점에서 기록되지 않았다. 그러나 이 책은 안후아 가오(Anhua Gao)가 1926년부터 1990년대 가족과 함께 서양으로 도망치기까지의 삶을 묘사한 전기 『하늘 끝까지(To the Edge of the Sky, 2000)』를 비롯한 다른 책들에 영감을 주었다. 『대륙의 딸들』과 장융의 마오 주석 전

§

기는 중국 본토에서 여전히 금서로 분류되고 있다. 하지만 장융은 이렇게
이야기한다. "우리 세대는 마오쩌둥의 중국이 어땠는지 알고 있었어요. 신
세대들은 전혀 모르죠. 정치는 여전히 위험해요. 역사는 위험합니다."

최근 몇 년간 다양한 분야를 아우르는 여성의 집필 활동은 어려운 환경
에서 살아남은 평범한 여성들의 관점과 전 세계의 독자들이 공감할 이야
기를 전달하면서 크나큰 영향을 끼쳤다. 이 책들은 자기 자신과 가족의 경
험을 토대로 여성이 겪은 부당함을 조명함으로써 개인적인 것을 정치적
인 것으로 만들어 왔다. 또한 교육과 책의 힘이 여성의 삶을 변화시킬 수
있으며 심지어 가장 절박한 상황에서도 일종의 자유를 가져다 줄 수 있다
는 믿음을 전달한다. 마야 안젤루는 책을 발견한다는 것에 대해 이렇게 설
명했다. "지식을 위해 약간의 젊음을 포기했지만, 잃은 것보다 얻은 게 컸
죠."

§

지옥의 일주일에서

〈지옥의 일주일에서〉는 영국의 화가 트레이시 에민(Tracey Emin)이 그린 일련의 그림들로, 1995년 사우스런던갤러리에 전시되었다. 남자친구와의 결별과 심각한 치과 치료, 낙태수술로 보낸 고통스러운 일주일 등 그의 생애에 일어난 사건들이 언급되어 있다.

낙태는 수치와 금기로 뒤덮여 있다. 트레이시는 이 그림들과 영상 〈어떻게 느껴지는지(How it Feels, 1996)〉 그리고 수많은 인터뷰를 통해 이 문제에 도전했다. 그는 낙태는 단순한 수술이 아니라며 2009년 5월 이렇게 설명했다. "개인마다 다르다는 것은 알지만, 저는 지금껏 경험해본 적 없는 끔찍한 죄책감을 느꼈어요. 저는 올바른 결정을 한 것뿐이었는데도 말이에요."

1990년에 쌍둥이를 낙태했던 사건은 트레이시의 삶을 송두리째 변화시켰다. 그는 마취에서 깼을 때 '내가 지금껏 해온 예술은 죄다 쓰레기였고 이를 뒤집어야겠다'고 결심했다고 한다. 트레이시는 그 후 2년 동안 그림을 그리지는 않았지만 조각과 편지, 아플리케 담요, 수채화 등 다양한 매체에 자신의 삶과 감정을 드러내는 자전적이고 고백적인 예술 활동을 펼쳤다. 그의 대표작은 〈나와 함께 잤던 모든 사람들 1963~1995(Every I Have Slept with 1963~1995, 1995)〉와 빈 보드카 병, 정액으로 얼룩진 시트, 다 쓴 콘돔과 피로 얼룩진 속옷으로 어질러진 침대를 그린 〈나의 침대(My Bed, 1998)〉다. 낙태에 관한 작품들과 마찬가지로 이 작품들 역시 사적인 영역에 수치심으로 포장되어 있는 여성의 내밀함이나 성적 경험을 기성 상류사회, 즉 미술관 한복판에 밀어 넣었다. 트레이시는 주장한다. "예술가가 된다는 게 단지 좋은 걸 만들어 사람들에게 칭찬을 받는 건 아니죠. 일종의 의사소통, 메시지를 전달하는 거예요."

포르투갈의 화가 폴라 레고(Paula Rego)도 1998년 7월부터 1999년 2월까지 포르투갈의 제한적인 낙태법의 자유화를 거부한 국민투표에 부응하여 낙태하는 여성들의 사진 열 장을 연재했다. 이러한 예술가들의 작품과 다큐멘터리 제작자들의 영상, 그리고 여성 단체들의 캠페인에도 불구하고 칠레, 니카라과, 바티칸 등 일부 국가들에서 낙태는 여전히 불법이다. 낙태가 허용되는 상황은 어떤 국가에서는 매우 다양하고 또 어떤 국가에서는 매우 제한적이다. 2015년에 파라과이에서 새아버지에게 성폭행을 당한 열 살 소녀는 낙태를 거부당했는데, 그 이유가 임신으로 생명이 위험하다고 여겨지지 않았기 때문이다.

임신중절을 위해 취하는 다양한 행위의 불법성과 비신뢰성, 그리고 자발적인 낙태의 수치는 과거에 일반적인 낙태가 어땠는지 판단하기 어렵게 만든다. 1915년에 감당할 수 없는 임신을 재차 하게 된 한 어머니는 도와주겠다는 제안을 받은 순간을 이렇게 설명했다. "작은 생명을 없애기 위해 독한 약물을 만들었어요. 하지만 그런 약이 흔히 그렇듯 효과가 없었고 셋째 아기가 태어났죠."

낙태 시도만으로 생명의 위협을 받은 여성
들도 많았다. 그들은 종종 살균이 제대로
되지 않은 환경에서 정규 훈련을 받지
않은 사람들의 시술에 의존했다. 켄 로
치(Ken Loach)가 연출한 BBC 연극 〈업
더 정션(Up the Junction, 1965)〉에서는 주
인공 루브가 낙태 의사를 방문하는 장면에
서 뒷골목 낙태시술을 받다가 사망한 사람이 영
국에서만 한 해 최소 서른다섯 명이라는 사실을 시청자들에게 환기했다.
그해 TV 다큐멘터리 〈부자들을 위한 법(A Law for the Rich)〉은 열 명의 자
녀를 둔 노동자계급의 유부녀들을 묘사했다. 그들은 아이를 한 명만 더 낳
으면 미쳐버릴 것이라고 말했다. 불법 낙태를 하는 데 필요한 20파운드도
없었다. 2년 후에 법이 바뀌면서 국가의료제도를 통해 안전한 낙태가 가
능해졌다.

1960년대와 1970년대에 전 세계적으로 안전하고 합법적인 낙태를 할
수 있도록 하기 위한 캠페인이 대거 벌어졌다. 1973년 미국이 합법적인
낙태의 길을 연 것을 시작으로 2년 후, 프랑스는 임신 12주 안에 낙태하는
것을 합법화했다. 운동가들의 동기는 다양했다. 그들의 주된 관심사는 뒷
골목 낙태로부터 여성의 삶과 건강에 초래하는 위험을 종식시키는 것이
었다. 반면 로마가톨릭교회는 모든 인간의 삶은 어떠한 착상단계에서도
신성하다고 주장했다. 일부 페미니스트들에게 낙태와 산아제한은 여성의
기본적인 권리였고, 모성애를 강요받지 않기 위해 필요했다. 그들은 '여성
의 선택할 권리(A Woman's Right to Choose)'라는 슬로건을 채택했다. 그
렇게 함으로써 가난과 가학적인 관계, 건강, 나이, 그 외 불쾌한 상황 등 임

낙태는 수치와 금기로
뒤덮여 있다.

§

신을 계속할지 결정해야 하는 상황들에 대한 논쟁을 피할 수 있었다.

낙태를 허용하는 것은 여전히 논란의 여지가 있고 반대의 목소리도 높다. 법으로 허용된 미국과 호주 등에서도 지역적 변수의 영향을 받을 수 있다. 카메룬에서는 합법적인 낙태는 제한적이지만, 강간을 당한 경우 두 명의 의사가 승인하면 낙태를 할 수 있다. 의사 두 명을 찾기가 극히 어려운 시골에서는 종종 불법 낙태에 의존한다. 카메룬을 비롯한 많은 나라의 여성들에게 있어서는 경제적 지원이 낙태의 안전도를 좌우한다. 다른 나라에 낙태 기회를 제공하는 자선단체와 NGO에 정부자금 지원을 거부하기로 한 미국 대통령의 최근 결정은 상황을 더욱 악화시키고 있다.

VIII　여성의 정치 _ 그리고 살아남다

여성의 영향력은 때때로 미묘하거나 드러나지 않는 정도로만 나타난다. 아마 여성의 동상과 파란 명판(blue plaque: 영국의 공공장소에 설치된 영구표지판으로 그 장소와 관련된 유명인, 사건 등을 기린 역사적 표시 — 옮긴이)이 적은 이유도 그래서일 것이다. 여성을 기리기 위해 거대한 건물이 세워지는 경우는 더욱 드물다. 덕분에 하트셉수트(Hatshepsut) 신전과 같이 여성의 강력한 역할을 나타내는 상징들은 더욱 중요한 의미를 가진다. 많은 여성들은 공적 세계에서의 역할을 가로막는 엄청난 법적·문화적·사회적 장애물에 직면해 왔다. 그럼에도 불구하고 일부 물건들 뒤에 숨겨진 이야기들은 시민, 지도자, 전사가 되기로 결정한 여성들이 행한 투쟁을 보여준다. 예를 들어 뉴질랜드 여성들이 주도한 참정권 청원은 그들을 1893년에 투표권을 얻은 최초의 여성 집단이 되도록 이끌었다.

61세 때 로마의 영국 점령에 반대했던 부디카(Boudicca)부터 1980년대 그린햄 커먼(Greenham Common)의 핵무기 반대 여성 시위자들까지, 자신들의 신념을 받아들인 여성들은 불리한 상황에서도 고군분투했다. 여성들은 그들의 명분을 추구하기 위해 다양한 방법을 선택했다. 잔 다르크와 부디카가 그들만의 방법으로 남성을 이기기 위해 전투에 돌입했다면 로사 파크(Rosa Park) 같은 사람들은 소극적인 저항과 시민 불복종을 선택했다. 많은 여성들이 공적 영역에 진입하기 위해 비싼 대가를 치렀고 지역사회나 정치와 전쟁의 세계에서 권력을 행사하려는 시도는 죽음으로 이어졌다. 마녀들, 부디카, 잔 다르크, 그리고 자신의 사촌 엘리자베스와 대치한 스코틀랜드의 여왕 메리 모두 목숨을 잃었다. 한 여왕은 다른 한 여왕을 희생시키면서 자신의 권력을 고수했는데, 아마도 자신이 튜더 왕가의 여느 남성 통치자만큼 단호하고 무자비하며 가차 없이 보여야 자신이 살아남을 수 있다는 사실을 인지했을 것이다.

이 장에 등장하는 물건들은 예상치 못한 상황에서 불의와 억압을 마주한 여성들의 반응을 탐구한다. 제2차 세계대전은 이레나 센들러(Irena Sendler)에게 선택권과 기회를 주었다. 침묵을 지키며 주변의 비참함을 무시하거나, 폴란드를 점령하고 있는 나치 정권에 대항하거나 말이다. 1970년대와 1980년대 마거릿 대처(Margaret Thatcher)와 바버라 캐슬은 소수에 불과했던 여성 정치인들이 되며 족적을 남겼다. 그것이 여성의 대의를 이룸에 반드시 많은 기여를 하는 것이 아니라 해도, 그들은 여성도 권력의 자리를 차지할 수 있음을 증명해 보였다.

§

하트셉수트 여왕 신전

아몬(Amon) 신에게 바쳐진 이 아름다운 신전은 파라오로서 고대 이집트를 통치한 극소수의 여성들 중 한 명을 위한 장제전이다. 하트셉수트는 기원전 1508년경 파라오 투트모세 1세의 딸로 태어났다. 투트모세 1세는 하트셉수트가 열두 살쯤 되었을 때 사망했고 하트셉수트의 이복동생인 투트모세 2세가 파라오가 되었다.

투트모세 2세는 입지를 다지기 위해 하트셉수트와 결혼했다. 그들은 딸을 낳았지만 아들이 없었기 때문에 투트모세 2세는 다른 아내들 중 한 명으로부터 아들을 얻었다. 투트모세 2세는 약 3년 동안 군림하다 사망했고 하트셉수트는 젊은 과부가 되었다. 그는 죽기 전에 어린 아들 투트모세 3세가 파라오가 될 수 있을 만한 나이가 될 때까지 하트셉수트가 섭정자 역할을 할 것을 명했다.

하트셉수트는 처음 몇 년은 투트모세 3세가 성인이 되면 통치권을 넘겨받을 것이라는 생각을 가지고 섭정으로서 통치했다. 그러나 그는 점차 왕으로서 의식과 종교적 의무를 더 많이 떠맡게 되었고 통치 7년차, 그는 신

들이 그가 파라오가 되어야 한다고 명령했다고 선언했다. 이례적으로 하트셉수트는 자신의 의붓아들을 암살하지 않았고 투트모세 3세는 정식으로 퇴위하지 않은 채 왕실에 남았다. 그러나 하트셉수트가 권력을 장악하고 있는 것은 분명했다.

여성 파라오는 전례가 없는 일이었다. 때문에 하트셉수트는 이전에도 이상화된 여성적인 젊은 여성으로 동상이 세워지긴 했지만, 이제 자신의 권위와 통치 권한을 주장하기 위한 방법으로 가짜 수염과 남성적인 육체와 함께 전통적인 왕의 의복과 왕관을 쓴 모습으로 묘사되기 시작했다. 그의 신전과 두 개의 거대한 오벨리스크도 그의 힘과 패권을 보여주는 동시에 그가 사후 '왕가의 계곡(Valley of Kings)'에서 한 자리를 차지할 만한 가치가 있다는 것을 보여주기 위해 설계되었다.

하트셉수트에게는 상당히 영향력 있는 지지자들이 있었던 것으로 보이는데, 그중 가장 중요한 인물은 센무트(Senenmut)였다. 그는 낮은 신분에서 시작해 왕실의 관리인으로 우뚝 섰고 하트셉수트에게 큰 영향력을 행사한 것으로 여겨진다. 센무트는 하트셉수트의 신전 건축을 감독했고 당시 그들의 관계에 대한 소문도 돌았던 것으로 보인다. 신전을 건설하던 일꾼들은 사원 위쪽 절벽에 난 자연 동굴에서 뜨거운 태양을 피해 쉬면서 동굴 벽에 그림을 그렸다. 그중 하나는 파라오의 머리장식을 한 여성이 남성과 성관계를 하는 그림이었다. 일부 역사학자들은 이것이 센무트가 하트셉수트의 애인이었다는 증거라고 추측했다. 두 사람은 확실히 매우 가까웠고 사원 안쪽 하트셉수트의 개인 예배당의 안쪽 성소 벽에도 센무트가 묘사되어 있다. 당시로서는 드물게도, 그는 결혼을 하지 않은 것으로 보이며 하트셉수트의 딸을 무릎 위에 앉힌 센무트의 동상도 존재한다. 하지만 두 사람이 연인 사이였다는 증거는 없다. 하트셉수트가 성관계를 갖는 조잡한 낙서는 센무트라는 남성이 배후의 실권자라는 것을 암시하기 위함일 수도 있다. 3,500년 전 여성 혐오의 사례일 수도 있는 것이다. 하트셉수트는 약 15년에서 20년 동안 나라를 매우 효과적으로 통치하면서 다른 나라로 군사작전도 펼치고, 왕국 전체에 번영과 평화를 가져다주는 무역 동맹을 만들었다. 하지만 한 여성이 그 정도의 권력을 가질 수 있게 되기까지는 의사결정을 도와주는 남성이 있었기 때문이라고 믿고 싶었던 것일지 모른다.

하트셉수트가 사망하고 나서야 마침내 파라오가 된 투트모세 3세는 계모의 통치 흔적을 체계적으로 지우기 시작했다. 그는 하트셉수트의 기록을 모두 지우고 그녀의 업적을 전부 자신의 것으로 흡수해서 자신이 가장 위대한 파라오이며, 투트모세 왕가가 한 번도 끊긴 적 없는 남성 파라오들의 역사인 양 남도록 했다. 하트셉수트의 동상들은 파괴되거나 더럽혀졌고 그가 파라오였다는 사실은 현대의 고고학자들이 하트셉수트의 신전과

하트셉수트가 파라오였다는 사실은
그의 사후 3,000년 동안이나 숨겨져 있었다.

§

동상을 재건하고 그의 무덤을 찾아 상형문자를 해독할 때까지 3,000년 넘게 숨겨져 있었다.

고대 이집트의 여성들은 법정에 갈 수 있었고, 재산을 소유하고, 계약을 맺고, 남성과 같은 수입을 얻을 수 있는 권리가 있었다. 고대 이집트가 고대 세계에서 가장 평등주의적인 왕국이었음을 암시한다. 그럼에도 새로운 위대한 여성 파라오가 나타나기까지는 1,500년이 더 걸렸다. 클레오파트라는 이집트가 로마제국의 속주가 되기 전 마지막 통치자였다. 온갖 역경에도 불구하고 강력한 권력을 성취하고 유지한 이 여성들의 예외성은 그들이 비판과 불신, 심지어 증오의 대상이 된다는 것을 의미했지만 이 때문에 그들의 업적은 더욱 돋보인다.

§

부디카 동상

토머스 소니크로프트(Thomas Thorneycroft)
가 조각한 이 동상은 1850년대에 의뢰되어 마침내 1902년 런던 웨스트민
스터 다리와 국회의사당 근처에 세워졌다.

부디카 여왕은 두 마리의 말이 끄는 마차 위에 서 있고 그의 두 딸은 맨
가슴을 드러낸 채 부디카의 뒤에 무릎을 꿇고 있다. 부디카는 창을 높이
들고 보이지 않는 군대에 전진을 명령하고 있으며 세 사람 모두 강인한 근
육질의 여성으로 묘사되어 있다. 마차의 바퀴에는 긴 칼이 뻗어 나와 적군
과 그들의 말을 베어버릴 태세다. 전차 위의 칼날은 신화적이기까지 하다.
로마의 영국 침략은 기원후 43년에 시작되었고, 부디카는 60년 남편 프
라수타구스(Prasutagus) 왕이 죽은 후 이세니(Iceni) 부족의 여왕이 되었다.
프라수타구스가 생전에 축적한 막대한 재산은 반은 로마 황제에게로 바
쳐졌다. 불행히도 로마는 이세니 보물의 절반에 만족하지 못했고, 기록에
따르면 '왕국과 가문은 모두 전리품처럼 약탈'당했다. 부디카는 매질을 당
했고 그의 어린 두 딸은 강간당했다.

그 일로 부디카가 일으킨 반란
에는 다른 여러 부족이 가담했다.
일부는 반란군의 숫자를 12만 명
으로 추산하는데, 이것은 로마 통
치에 대한 불만이 영국에 광범위
하게 퍼져있었음을 나타낸다. 반
란군은 현재의 콜체스터 지역인
카물로두눔(Camulodunum)을 약

탈했다. 도시는 완전히 황폐화되었고 로마인들은 학살당했다. 현재의 런
던인 론디니움(Londinium)의 로마인들도 주민들을 무방비 상태로 남겨둔
채 도시를 떠났다. 부디카의 반란군은 자비를 보이지 않았고 심지어 여성
과 아이들까지도 가차 없이 학살하고 고문했다.

이세니족은 로마 침략자들에게 동조한 영국인들이 살았던 현재의 세인
트올번스, 베룰라미움(Verulamium)마저 휩쓸며 마을을 불태우고 약탈했
다. 최후의 전투에서 반란군을 격파한 로마인들은 무시무시한 보복을 가
했다. 이세니족은 기습 공격의 이점 없이는 경험 많은 로마군의 상대가 되
지 않았다. 갑옷도 입지 않은 그들에 비해 로마군은 모두 투구와 두 개의
투창, 검과 단검을 가지고 있었으며 훈련받은 투사였다. 영국 반란군은 속
절없이 죽어나갔고, 로마군은 이전에 반란군이 보여주었던 것처럼 잔인
한 고문과 학살을 자행했다. 전투에서 패한 부디카는 포로로 잡히지 않기
위해 음독을 하고 두 딸에게도 독을 먹인 것으로 여겨진다. 그러나 엄청난
우위에 있던 로마군을 전복하려던 그 시도는 그에게 불멸의 위엄과 신화
적인 지위를 안겨주었다. 부디카의 동상을 국회의사당 근처에 세운 것은
폭정으로부터 왕국을 방어한 전사로서의 화신 부디카의 상징적인 입지를

나라 자체를 여성으로 의인화하는 방식은
이미 몇몇 나라에서 쓰이고 있다.

§

더욱 공고히 한다.

　부디카에게는 특유의 선동적인(propaganda) 매력이 부여되었다. 나라 자체를 여성으로 의인화하는 방식은 이미 몇몇 나라에서 쓰이고 있다. 영국을 의인화한 여성 브리타니아(Britannia)는 여신의 모습으로 묘사되며 1세기부터 동전에 새겨졌다. 브리타니아는 영국의 제국주의 권력과 통합을 상징하며 1797년부터 페니 동전에, 그리고 2008년까지 50펜스 동전에 새겨져 있었다. 프랑스를 상징하는 마리안느(Marianne)는 전국의 마을 회관에 세워진 동상들을 비롯 동전·우표·지폐에 등장하며 프랑스 공화국의 자유와 평등, 박애의 이상을 전파한다. 미국의 자유의 여신상은 로마 자유의 여신 리베르타스(Libertas)로, 영국 통치로부터의 자유와 미국의 독립선언을 상징한다. 부디카는 브리타니아나 리베르타스, 마리안느와는 달리 실제 인물이었지만 어쨌거나 그들은 모두 각자만의 방식으로 또 여성성의 신화적 상징으로 그들이 대표하는 국가의 이상을 나타낸다.

§

잔 다르크의 반지

오를레앙의 성처녀(Maid of Orléans) 잔 다르크(Jeanne d'Arc, 1412~1431)는 첫 영성체를 맞아 부모로부터 받은 금도금 은반지를 착용한 것으로 추정된다.

프랑스에서 가장 유명한 순교자이자 수호성인은 1337년부터 1453년까지 이어진 백년전쟁(Hundred Years War) 당시 영국군에 맞서 1년간 프랑스군을 이끈 농민 소녀였다. 포로로 붙잡힌 잔 다르크는 이단과 마술, 우상숭배, 남장, 여성성 묵살, 프랑스 교회의 가르침에 반하는 사회적 지위 등 70가지가 넘는 죄목으로 기소되었다. 그는 유죄판결을 받고 화형에 처해졌다. 그가 저지른 가장 큰 죄라면 남성이 전장에 나가 집에 남은 여성을 보호한다는 보편적인 문화적 관념을 위반한 것일 것이다. 잔 다르크의 재판 녹취록은 그의 반지를 언급한다. 반

포로가 된 잔 다르크는 남장과 마술 등
70여 건의 범죄 혐의로 기소되었다.

§

지의 소유권을 넘겨받은 헨리 보퍼트 추기경(Cardinal Henry Beaufort)은
반지를 가지고 영국으로 돌아갔다. 반지는 2016년까지 영국에 남아 있다
가 2016년 경매를 통해 약 5억 500만 원에 팔리면서 마침내 프랑스로 돌
아왔다.

잔 다르크는 1412년에 프랑스 동레미(Domrémy)에서 가난한 소작농의
딸로 태어났다. 그는 열세 살의 나이, 영국과 부르고뉴인들로부터 프랑스
를 구할 운명의 처녀로서 예언을 이행하라는 신의 계시를 들었다고 주장
했다. 15세기 프랑스의 시골 소녀들은 독실하고, 순결하며, 집안일을 돕고,
뜨개질과 바느질을 배우며, 부모에게 순종하다가 결혼하고 나서는 남편에
게 순종하는 것이 마땅했다. 잔 다르크와 같은 신분과 나이의 소녀가 프랑
스군을 이끌어 영국군과 전투를 벌여 승리한다는 것은 있을 수 없는 일이
었다. 그럼에도 불구하고 그는 샤를 왕세자에게 찾아가 그를 왕좌에 앉히
겠다고 약속했다. 실제로 잔 다르크는 프랑스군을 이끌고 오를레앙을 포
위하고 있던 영국군을 무찔러 이 약속을 지켰다.

하지만 그의 성공은 오래 가지 못했다. 부르고뉴는 잔을 사로잡아 재판
에 회부했고 잔은 1431년 5월에 루앙에서 화형에 처해졌다. 사람들은 잔
다르크를 순교자로 만드는 것을 막기 위해 잔과 관련된 물건들 역시 함께
파괴했다. 그의 반지는 이 과정에서 재판기록과 함께 살아남은 유일한 유
물일 것이다. 잔 다르크는 1909년 공식적으로 시복(諡福, 순교한 이에게 복

자 칭호를 허가하는 교황의 공식 선언)되었다가 1920년에 마침내 성인으로 공표되었다. 그러나 그는 이미 수백 년 동안 순교자로서 존경받아 왔다. 오늘날까지 그는 프랑스의 수호성인이며 군인들의 수호자다. 보도에 따르면 제1차 세계대전에 연합군들 다수가 잔 다르크의 초상을 품고 전투에 임했다고 한다.

§

메리 1세의 사형 집행 영장

신교도 영국 여왕 엘리자베스 1세가 서명한, 가톨릭교도 스코틀랜드 여왕 메리 1세의 사형 집행 영장은 튜더 왕가 시대의 가장 중요한 문서로 손꼽힌다. 이 영장은 메리가 영국에서 20년 동안이나 가택구금되어 있을 때조차 얼굴 한 번 보지 못한, 사촌 지간인 두 여왕의 종교적 적대감의 절정을 상징했다.

메리 1세가 처형당한 후 영장 원본은 소실되었고, 서기였던 로버트 베일(Robert Beale)이 추밀원(Privy Council: 국왕을 위한 정치 문제 자문단 — 옮긴이)에 제출하기 위한 사본을 만들었다. 1559년에 스물다섯 살의 나이로 여왕이 된 엘리자베스의 입지는 취약했다. 특히 유럽에서는 가톨릭교도와 신교도간의 전쟁이 일어나고 있었다. 메리는 엘리자베스의 아버지인 헨리 8세가 새롭게 세운 영국 신교도 교회(Protestant Church of England)에 반대하는 가톨릭교도들의 주목을 받았다. 극적인 음모와 편집증으로 얼룩졌던 시기, 이 사형 집행 영장은 엘리자베스의 목숨이 위험했고 가톨릭교의 음모의 두려움을 안고 있다는 것을 암시했다.

메리 1세는 아버지인 제임스 5
세가 사망한 지 6일만에 스코틀랜
드의 여왕이 되었다. 메리는 어린
시절의 대부분을 프랑스에서 보냈
으며 프랑스 왕 앙리 2세의 장남
프랑수아 2세와 결혼했으나 그가
1560년에 사망하면서 스코틀랜드
로 돌아왔다. 5년 후 메리는 사촌

인 헨리 스튜어트(Henry Stuart)와 결혼했다. 단리 경(Lord Darnley)으로도
알려진 헨리 스튜어트 역시 마거릿 튜더의 손자였다.

엘리자베스는 자신의 권력에 해가 될까 봐 결혼하는 것을 꺼려했다. 그
는 후계자가 필요했지만, 영국을 가톨릭교에 돌려줄 것이 뻔했던 메리
를 후계자로 삼을 수는 없었다. 그러나 메리는 다른 생각을 가지고 있었
다. 그의 남편 단리 경은 메리의 비서 데이비드 리치오(David Rizzio)를, 임
신 중이었던 메리의 눈앞에서 죽일 정도로 질투심이 많고 난폭한 주정뱅
이였다. 두 사람의 아들 제임스는 1566년 6월 19일에 태어나 스코틀랜드
와 영국의 왕위 모두를 이을 수 있는 후계자가 되었다. 그 후 메리는 마찬
가지로 폭력적이고 질투심 많은 제임스 헵번(James Hepburn)과 사랑에
빠졌다. 보스웰 백작(Earl of Bothwell)인 제임스는 에든버러에서 단리 경
을 살해했는데, 메리는 1567년 4월 24일에 제임스와 결혼함으로써 단리
의 죽음에 연루되었다는 의혹을 받으며 명망을 잃었다. 메리를 매춘과 간
통의 상징인 인어로 묘사한 초상화들이 그려졌으며, 그는 킨로스성(Castle
Kinross)에 감금되어 그곳에서 보스웰의 아이를 유산했다. 메리는 마지못
해 스코틀랜드의 왕좌에서 물러났으며 사촌인 엘리자베스가 피난처를 제

공할 것이라는 착각을 품고 영국으로 도망쳤다.

엘리자베스로서는 메리가 영국에 오는 것이 불편했다. 인기 없는 가톨릭교 군주를 신교 스코틀랜드에 되돌려보낼 수도 없었지만, 메리는 영국의 합법적인 왕위계승자인 왕족이었다. 교황 비오 5세가 가톨릭교도들에게 반란을 일으켜 메리를 영국의 왕좌에 앉히도록 부추기는 칙서를 발표하면서 엘리자베스의 근심은 더욱 커졌다. 메리는 이제 영국과 유럽의 가톨릭교도들에게 영감을 주는 인물이었다. 메리는 감금되어 있는 동안 가톨릭교 지지자들로부터 밀서를 받았다. 이 편지들은 엘리자베스를 살해하고 메리를 여왕으로 만들기 위한 계획을 논한 것으로 보인다. 암호로 쓰인 이 편지들은 1586년 여름 동안 맥주통에 담겨 운반되었다.

그러나 이것은 엘리자베스의 스파이였던 프랜시스 월싱검 경(Sir Francis Walsingham)이 꾸민 음모였다. 메리는 자신의 지지자들과 함께 반역죄로 재판을 받았고 1586년 12월 4일에 사형을 선고받았다. 엘리자베스는 메리의 사형 집행 영장에 어물쩍 서명하며, 한때 엄연한 군주였던 그의 사형을 언도했다. 엘리자베스가 영장에 서명한 날짜는 1587년 2월 1일이었지만 그는 비서인 윌리엄 데이비슨(William Davison)에게 별도의 명령이 있거나 혹시나 스페인이 공격받을 때까지 영장을 밀봉하지 말라고 지시했다. 그러나 엘리자베스의 바람은 허사가 되었고 메리는 1587년 2월 8일 새벽에 처형되었다. 메리는 검은 겉옷을 입고 집행장에 갔다가 그것을 벗음으로써 순교를 상징하는 붉은색 시프트 드레스(shift dress: 허리선이 들어가지 않고 박스형으로 내려오는 단순한 드레스 — 옮긴이)를 드러냈다. 불행히도 사형집행인은 메리의 머리를 한 번에 베어내지 못하고 세 번이나 시도했는데, 그 과정에서 메리의 적갈색 머리카락이 가발이었다는 사실이 밝혀졌다. 현장에 있던 구경꾼들은 그 순간 메리의 입술이 기도하듯 움직이

두 여왕 엘리자베스와 메리의 삶은
그 시대 여성의 권력이 얼마나 불안했는지를 암시한다.

§

는 것을 볼 수 있었다. 관습에 따라 데스마스크(death mask: 죽은 사람의 모습을 후세에 전하기 위해서 죽은 직후에 얼굴에 직접 본을 떠서 만드는 안면상 — 옮긴이)가 만들어졌고 메리의 속치마에 싸여 있던 스카이테리어가 나와 주인을 찾았다. 메리의 처형 소식을 들은 엘리자베스는 복잡한 감정을 느꼈다. 엘리자베스가 메리의 죽음에 정확히 어떤 동기를 가지고 있었고 어떻게 관여했는지에 대해서는 많은 사람들이 추측만 할 뿐이다.

메리의 아들인 스코틀랜드 왕 제임스 6세는 엘리자베스가 죽은 후 영국왕 제임스 1세가 되었고 그로부터 스튜어트 왕가의 시대가 열렸다. 유력해 보였던 두 여왕 엘리자베스와 메리의 얽히고설킨 삶은 그 시대에 여성들이 쥐었던 권력이 얼마나 미약하고 불안했는지 암시한다. 왕족인 여성에게조차 결혼과 종교, 남성 공모자들은 수많은 어려움을 안겨주었으며, 한 여성이 권력을 유지하기 위해 다른 여성의 사형 집행 영장에 서명해야 하는 결과를 초래했으니 말이다.

§

마녀 잡는 망치

『마녀 잡는 망치(Malleus Maleficarum, 1487)』
는 16세기와 17세기 유럽에서 여성들을 마녀로 규정하고 추적하며 고발
하기 위한 심문 매뉴얼이었다. 이 책은 도미니크 수도회의 신학자이자 종
교재판관인 하인리히 크레이머(Heinrich Kramer)가 처음 출판했다.

이 책은 총 세 개의 장으로 구성되어 있었다. 첫 번째 장은 마법은 없다
는 개념에 반박하며 마법이 순전히 미신이라는 주장을 잠재웠다. 두 번째
장에서는 마법에서 악마의 역할과 악마가 여성에게 어떤 영향을 미치는
지 설명했다. 마지막 장에서는 여성이 마녀가 되는 핵심적인 이유가 불안
정함과 나약함, 성적인 태도 때문이라고 기술했다.

『마녀 잡는 망치』의 논점은 마녀사냥이 여성 혐오로 보일 수 있는 것을
정당화하는 데 도움이 되었지만, 여성과 사회 내 여성의 지위에 대해 뿌리
깊은 불안이 존재한다는 것을 나타내기도 했다. 이 책이 확립한 여성의 이
미지는 매우 강한 영향력을 가졌다. 최근의 역사학자들은 초기의 현대 마
녀재판에 기소된 사람들 중 75퍼센트가 여성이었다고 말한다. 재판관들

은 마법이 정욕과 여성의 성적 나약함, 남성보다 악마에 더 민감하게 반응하는 성질에 바탕을 두고 있다고 생각했다.

스페인과 이탈리아, 러시아, 네덜란드에서는 마녀재판이 거의 없었지만 그 후로도 몇 년 동안 유럽과 미국 곳곳에서 다양한 마녀재판이 열렸다. 『마녀 잡는 망치』는 특히 정부나 교회의 권위가 그다지 강하지 않았던 나라들에서 재판 횟수를 크게 늘리고 마법에 대한 공포와 불안을 확산시키며 세계적인 공황 사태를 자극했다. 지방정부의 통제를 받는 외딴 지역의 마을과 소도시에서는 여성들이 마녀로 기소당하기가 더 쉬웠다. 게다가 작은 사회일수록 소문이 더 빠르게 퍼지며 마녀사냥을 부채질했다.

영국에서는 1066년의 노르만 정복과 16세기의 종교개혁 사이에 극소수의 마녀재판이 있었을 뿐이었지만 16세기 중반부터 사태가 악화되었다. 에섹스(Essex)의 마녀들은 233명의 죽음과 108명의 질병을 일으킨 혐의로 고발되었다. 처음에는 지역사회에서 종종 소외된 개인들이 흔히 마녀로 기소되었다. 어떤 사람들은 여성이 마녀라는 명성을 이용해서 이웃들에게 권력을 행사했다고 말했다. 소위 희생자들은 대부분 가난했고 죽음이나 질병, 자연재해에 대해 뚜렷한 근거 없이 마녀를 탓했다. 그러나 1612년에 랭커셔의 펜들 힐 인근에서 열일곱 명으로 구성된 집단이 마법을 시도하면서 마녀사냥이 절정에 이르렀다. 피고인 중 한 사람인 엘리자베스 서던스(Elizabeth Southerns)는 그 지역에서 마녀로 유명했다. 토머스 포츠(Thomas Potts)가 쓴 재판 기록은 엘리자베스가 회합을 이렇게 묘사했다고 주장한다.

"소년의 형상을 한 영혼 혹은 악마가 반은 검은색, 반은 갈색인 외투를 입고 나타나 그녀에게 영혼을 내어준다면 원하는 것을 무엇이든 들어주겠다고 제안했다. 그녀가 자백하기를 한 사람의 목숨을 빼앗는 가장 빠른 방법은 죽이고자 하는 사람의 형상을 진흙으로 그린 뒤 말리는 것이다. 특정 부분을 병들게 하고 싶다면 그림에서 원하는 부분을 가시나 핀으로 찌른다. 또한 어떤 신체부위를 없애고 싶다면 그림에서 그 부분을 떼어낸 뒤 태운다."

미신과 공포의 사회에서 악마와 만난 이야기나 유령의 흔적은 피고인에 대한 개인적인 생각이나 꿈에 근거한 증언으로 구성되었음에도 기소에 중대한 역할을 했다. 마녀 활동을 했다는 자백을 받아내기 위해 종종 고문이 필수적으로 사용되었다.

1692년 미국 매사추세츠의 세일럼(Salem) 식민도시에서는 200명이 넘는 사람들이 '악마의 마법'을 행한 혐의로 기소되었다. 스무 명을 처형하는 것으로 막을 내린 이 재판은 편집증과 불의의 상징이 되었다. 17세기 말에는 마법의 신뢰성이 이미 떨어지기 시작했고 재판 횟수도 줄어들었다. 그러나 일부 사회와 문화권에서는 여전히 마녀에 대한 믿음이 계속되었다. 1895년에 아일랜드에서는 브리짓 클리어리(Bridget Cleary)라는 여성이 매질 후 화형을 당했다. 그의 남편이 '요정이 와서 아내를 잡아가고 대신 마녀가 아내 행세를 하고 있다'고 의심했기 때문이었다. 영국에서 마지막으로 마녀재판을 받은 여성은 제2차 세계대전 당시 포츠머스에서 활동했던 스코틀랜드인 영매 헬렌 듀칸(Helen Ducan)이었다. 헬렌은 1941년 11월에 열었던 강령회에서 자신이 불러낸 영혼이 HMS 버럼(Barhamm)호가 침몰했다는 사실을 알려주었다고 주장했다. 신문에 보도되지는 않았지

16세기와 17세기 유럽에서 마녀재판으로 목숨을 잃은 사람은
5만에서 20만 명 사이인 것으로 추정된다.

§

만 선원들의 가족들 사이에 공공연하게 알려져 있던 사실이었다. 당국은
헬렌이 기밀정보를 유출하고 유족을 부당하게 착취할 것을 우려해 그를
체포했다.

21세기에도 세계 일부 지역에서 여전히 마법과 마녀재판이 일어나고
있다. 잠비아에서는 HIV와 에이즈가 확산되자 여성들을 마녀로 고발했
다. 좀 더 최근에는 나이지리아의 아이들이 마녀로 몰려 독살되고 학대당
했다. 짐바브웨는 2006년에야 사람들을 마녀로 기소하는 것을 금지했다.
사악한 힘을 가진 무시무시한 노파의 이미지는 영화나 문학 등에서 계속
해서 등장하고 있다. 드라마 〈미녀 마법사 사브리나(1996~2003)〉나 〈참드
(1998~2006)〉에서와 같이 젊은 여성들이 사이비 페미니스트 마녀로 묘사
되기도 했는데, 유명 작가 헤이즐 실즈(Hazel Cills)는 이렇게 말했다.

"저는 저를 비롯해서 수많은 페미니스트들이 마법을 부리고 있다고 생각
해요. 그 이유는 몇 가지가 있는데, 첫째로 우리는 애초에 자기 마음에 들
지 않는 세상을 바꾸기 위해 힘을 사용하는 여성이기 때문이죠. 마녀 이
야기는 페미니즘적인 환상이에요. 자칫 힘을 빼앗아갈 수도 있는 세계에
실제적이고 위험한 변화를 일으킬 수 있는, 물리적이고 신비한 힘을 갖는
이야기이기 때문이에요."

§

1893년 뉴질랜드 청원

1893년 8월 11일 뉴질랜드 의회에 상정된 여성참정권 청원은 여성 역사에서 기념비적인 사건으로 기억되고 있다. 여성참정권 운동의 핵심에 있던 뉴질랜드는 그해 말에 자치국가로서 세계 최초로 모든 여성에게 국회의원선거 투표권을 부여했다.

19세기 후반에 여성참정권은 전 세계적으로 중요한 정치적 이슈가 되었고 뉴질랜드에서는 케이트 셰퍼드(Kate Sheppard)가 이끄는 참정선거운동 이후 여론이 바뀌기 시작했다. 1878년과 1879년, 1887년에 여성에게 투표권을 확대하는 법안이나 수정안이 상정되었으나 간발의 표 차이로 국회에서 통과되지 못했다. 1892년에 회람된 청원은 큰 성공을 거두지 못했지만 케이트 셰퍼드가 '괴물 청원'이라고 묘사한 1893년의 청원은 의미가 컸다. 케이트는 뉴질랜드 전역에 배포되었다가 크라이스트처치(Christchurch)로 반환된 청원서를 이어 붙여 빗자루 손잡이부분에 말았다. 이 최종본에는 2만 3,853명의 서명이 담겨 있었으며 여기에 7,000명의 서명이 더해져서 의회에 제출되었다. 청원서 원본은 500페이지가 넘었으며 전국

각지에서 서명되었다. 이 종이들을 이어 붙여 하나의 긴 두루마리로 만들었을 때 그 길이는 270미터가 넘었다. 최종본은 546페이지였다. 다른 여성들도 지역적으로 규모가 좀 더 적은 청원을 진행했으나 의회에 제출할 정도의 형태를 갖추지 못하고 무산된 것으로 여겨진다. 총 서명 수는 뉴질랜드에서 투표를 할 수 있는 연령대의 여성 인구의 4분의 1을 차지했다.

여성뿐만 아니라 남성들도 여성참정권을 지지했다. 남성 정치인 로버트 스타우트(Robert Stout), 윌리엄 폭스(William Fox), 존 밸런스(John Balance), 참정권 지지자였던 하원의원 존 홀 경(Sir John Hall)은 이 청원서를 의회에 가져가 토론회의실 중앙 통로로 펼쳤다. 글래스고 주지사는 1893년 9월 19일에 선거법안에 왕실의 동의를 얻어 21세 이상의 모든 여성들에게 투표권을 부여했다. 이윽고 1893년 11월 28일에 실시된 선거에서 여성들도 처음으로 투표에 참여했다. 여성의 65퍼센트가 새로운 권리를 행사하는 등 높은 투표율을 보였다.

이 청원은 1997년에 유네스코 세계기록유산에 등재되었다. 뉴질랜드 웰링턴(Wellington)의 국가기록원(Archives New Zealand)의 헌법실에 이 업적을 기리는 명패와 함께 전시되어 있다. 그 옆에는 케이트 셰퍼드의 서명이 담긴 첫 번째 페이지의 사본이 있다. 최근 케이트는 뉴질랜드의 10달러 지폐 인물로 선정되며 뉴질랜드 역사에 지대한 공헌을 한 것이 인정되었다.

뉴질랜드는 1893년에 세계 최초로
여성들에게 투표권을 부여했다.

§

여성의 정치적 시민권을 향한 진행 과정에는 각 나라마다 상당한 차이가 있다. 호주는 1902년에, 핀란드는 1906년에 여성들에게 투표권을 주었다. 핀란드, 노르웨이, 덴마크, 아이슬란드, 러시아 공화국과 캐나다 모두 영국에 앞서 여성에게 투표권을 부여했다. 영국은 1918년에 일부 여성들에게만 투표권을 주었으며 미국은 1920년에 헌법 수정 제19조에 따라 여성들에게 선거 권한을 부여했다. 프랑스의 여성들은 1944년까지 선거에 참여할 수 없었고 스위스의 여성들은 1971년이 되어서야 연방선거에서 투표권을 얻어냈다. 중동에서는 쿠웨이트가 2005년, 아랍에미리트가 2006년, 사우디아라비아가 2011년 등 아주 최근에야 일부 국가가 여성에게 투표권을 부여했다. 호주의 한 참정권 운동가는 뉴질랜드의 성과가 '해방을 위해 투쟁하는 모든 여성들에게 새로운 희망과 생명을 부여했다'고 설명했다. 그러나 많은 여성들에게 투표권과 정치권을 얻는 것은 길고 힘든 싸움이었다.

뉴질랜드가 1893년에 이뤄낸 것은 세계 최초의 여성참정권뿐만이 아니었다. 그해에 엘리자베스 예이츠(Elizabeth Yates)는 오네항아(Onehunga)의 시장으로 취임했다. 그러나 뉴질랜드에서도 여성들은 의회에 입후보할 권리를 찾는 데 1919년까지 기다려야 했다. 여성이 중대한 입법 직무를 맡는 것은 여전히 험난하다. 1907년에 핀란드가 세계 최초로 여성 하원의원을 선출했다. 2014년만 해도 뉴질랜드의 하원의원 100명 중 여성은 31명뿐이었다. 이듬해에 영국에서는 2015년 총선을 통해 191명의 여성이 하원의원으로 선출되었다. 미국에서는 2016년에 105명의 여성이 의회 의석을 차지했는데 이는 총 535명 중 19.6퍼센트에 불과했다.

§

강제 급식 도구

영국의 여성사회정치연합(WSPU, Women's Social and Political Union), 일명 서프러제트들은 1904년에 처음으로 투옥되었다. 그들은 보통 정치범 수용소인 제 1국에 수감되었으나 정부는 그들에게 정치범 신분을 부여하는 것을 거부했다.

정치범의 신분은 다른 죄수들로부터 격리되고 일반 여성 수감자들에게 허용되지 않는 몇 가지 특권을 가지고 있다는 뜻이기 때문에 서프러제트들에게 중요한 문제였다. 그들은 자신들의 시위가 정치적이기 때문에 정치범으로 인정받아야 한다고 생각했다.

1909년, 마리온 딘롭(Marion Dunlop)은 의회 건물 안의 벽에 지워지지 않는 잉크로 '여성에게 투표권을' 도장을 찍었다가 체포되었다. 마리온은 이 일로 1개월의 징역형을 선고받았는데 제1국에 수감되는 것을 거절당하자 부당하다고 여긴 마리온은 단식투쟁에 들어갔다. 91시간 동안 음식을 먹지 않은 마리온이 석방되자 그녀의 행동은 서프러제트의 승리로 칭송받았다. 이로 인해 서프러제트 지도부는 단식투쟁이 정부를 이길 수 있는 비폭력적인 방법이라고 믿게 되었다. 당국은 단식투쟁을 하는 서프러제트들을 석방할 수밖에 없었다.

불행히도 정부는 서프러제트들의 요구를 들어줄 생각이 없었고 그들이 형을 피하도록 놔둘 생각도 없었기 때문에 이들에게 강제로 음식을 먹이기 시작했다. 그들은 45센티미터 길이의 고무튜브를 목구멍이나 한쪽 콧구멍에 집어넣어 음식을 위로 직접 주입했다. 튜브가 자리를 잡으면 묽은 죽이나 쇠고기 육수를 깔때기에 따라 튜브 안으로 흘려보냈다. 이 과정에서 수감자들에게 재갈을 물렸고 강제 급식을 마친 뒤 튜브를 빼면 수감자는 종종 구토를 했다. 이 과정은 하루에 세 번씩 반복되었다. 강제 급식의 후유증으로 여성들은 안면부와 코, 목의 멍, 치아 손상, 메스꺼움, 구토, 위경련, 설사를 겪어야 했다. 정신병원의 의사들도 고분고분한 환자들에게 튜브를 이용한 급식을 했다. 몸부림치는 여성의 목구멍으로 튜브를 삽입하는 것은 훨씬 위험했다. 튜브가 위가 아니라 폐로 들어가 기도를 막을 수 있었기 때문이다. 스물한 살의 참정권 운동가 릴리언 렌튼(Lilian Lenton)도 강제 급식을 당했는데 튜브가 그의 폐로 들어가 버렸다. 의사들은 그 사실을 알지 못한 채 릴리언의 폐로 죽을 쏟아 부었고 릴리언은 늑막염과 폐렴에 걸렸다. 다행히 릴리언은 목숨을 부지했지만 그것은 그가 젊고 건강했기 때문이었다. 수감 중에 릴리언이 죽는 일은 어떻게 해서든 피하고 싶었던 교도소는 재빨리 그를 석방했다. 스코틀랜드에서 최초로 강제 급식을 당한 에설 무어헤드(Ethel Moorehead)도 강제로 주입된 음식물이 위가 아니라 폐로 들어가는 바람에 폐렴에 걸렸다.

콘스탄스 리튼(Constance Lytton)은 영국에서 손꼽히는 귀족 가정의 딸이었다. 그의 아버지는 인도의 총독을 지냈으며 형제는 한 명은 상원의원, 다른 한 명은 하원의원이었다. 콘스탄스는 심각한 심장병을 가지고 태어

낳기 때문에 1908년에 WSPU에 가입하기 전까지만 해도 그의 가족은 그를 애지중지하며 귀하게 키웠다. 그러나 콘스탄스는 네 차례나 수감되었고 1909년에 단식 농성에 들어갔을 때에는 강제 급식을 당하지 않고 사흘 만에 풀려났다. 교도소 의사가 콘스탄스의 심장은 강제 급식을 견딜 수 없을 정도로 약하다고 진단했기 때문이다. 콘스탄스는 일반 수감자로 대우해달라고 요청했으나 주지사는 거절했다. 1910년에 콘스탄스는 '보통' 죄수들과 달리 자신이 어떤 특혜를 받았는지 폭로하기로 결심했다. 그는 노동자 계층이 입는 옷을 입고 머리카락을 자른 뒤 제인 와튼(Jane Warton)이라는 이름으로 연고 없는 리버풀에서 체포되었다. 감옥에서 식음료를 거부한 콘스탄스는 곧 의료 검진을 받지 않은 채 강제 급식을 당했다. 콘스탄스의 어머니가 그를 찾아내 감옥에서 풀려나게 하기까지 콘스탄스는 총 여덟 번의 강제 급식을 견뎌냈다. 감옥에서 받은 대우 때문에 곧 뇌졸중으로 쓰러지고 1923년에 사망했지만 콘스탄스는 자신의 행동을 한 번도 후회한 적 없으며 지금껏 살아오면서 그 어느 때보다도 가장 살아있음을 느꼈다고 말했다.

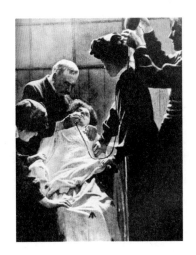

예술가이자 서프러제트였던 키티 마리온(Kitty Marion)은 1909년부터 1913년까지 돌을 던지고 불을 지르는 활동에 참여했다. 마지막으로 수감되있던 기간 동안 키티는 5주 하고도 5일 동안 하루에 세 번씩 강제 급식을 당했다. 그 결과 키티는 체중이 16킬로그램이나 줄었다. 키티는 총 232번이 넘는 강제 급식을 견뎌냈다.

1912년에 의학 잡지《랜싯》은 강제 급식

을 당한 후 심혈관과 위장, 신경계에 손상을 입은 서프러제트 90명의 이야기를 자세히 실었다. 운동가들이 점점 쇠약해지자 정부는 감옥에서 죽는 여성이 생길 것을 걱정했다. 정부는 질병시 임시석방법을 도입했다. 이 법은 죄수는 쥐, 정부는 쥐를 덮칠 태세인 고양이에 비유하여 '고양이와 쥐법(Cat and Mouse Act)'이라고도 불렸다. 그들은 단식농성을 하는 죄수들이 건강에 심각한 문제가 생길 때까지 그대로 내버려두었다. 약해질 대로 약해진 죄수는 석방되었다가 기운을 회복하면 다시 체포되었다. 에멀린 팽크허스트는 이 시기에 수도 없이 단식투쟁을 벌였고 석방되었다가 체포되기를 거듭하면서 건강을 심각하게 잃었다. 덜 알려진 서프러제트들은 다시 체포되는 것을 피하기 위해 숨어 지냈다.

1909년부터 1914년까지 165명의 여성과 세 명의 남성 지지자들이 영국의 교도소에서 강제 급식을 당했다. 그들 중 다수가 영구적인 질환을 얻었지만 강제 급식은 전 세계에 여성 참정권 운동의 대의를 널리 알렸다. 비록 대다수의 대중과 애스퀴스 수상이 여성들의 호전적인 행동에 동조하지 않고 '그냥 굶겨라(Let Them Starve)'는 제목의 신문기사까지 올라올 지경이었지만 말이다. 하지만 강제 급식을 당하는 여성들의 고통과 희생을 동정하여 이런 식으로 여성을 대하는 것은 비인간적이라고 주장하며 강제 급식을 비난하는 교회 지도자들과 정치인들도 많이 있었다. 강제 급식은 1975년부터 세계의학협회 도쿄선언(Declaration of Tokyo of the World Medical Association)에 의하여 중단되었으며 환자의 동의나 확실한 의학적 근거 없이 강제 급식을 하는 것은 고문으로 간주된다. 그럼에도 불구하고 강제 급식은 여전히 여러 나라에서 자행되고 있다.

§

콘스탄스의 햇살 깃발

피어너 에런 갈 그레인(Fianna Éireann Gal Gréine) 깃발은 콘스탄스 마르키에비츠 백작부인(Countess Constance Markievicz)이 아일랜드 공화국 형제단(Irish Republican Brotherhood)을 위해 고안했다. 아일랜드인 연맹(United Irishmen)의 전통 무기인 창과 함께 초록색 바탕에 노란색 태양이 그려져 있다. 노란 금속 실로 '마음의 순결, 사지의 힘, 맹세에 대한 헌신'이라는 뜻의 고대 금언인 'Glaine ár gcroí, Neart ár ngéag, Agus beart de réir ár mbriathar'가 새겨져 있다.

콘스탄스 마르키에비츠는 페미니스트이자 사회주의자, 예술가로서 아일랜드 독립운동의 열렬한 지지자였다. 그는 대영제국의 통치에 대항하여 1916년 더블린에서 일어난 부활절 봉기에 참가한 200명의 여성들 중 가장 유명한 인물이었다. 공화국 혁명군은 도시 내의 전략적인 건물들을 점령할 계획이었고 콘스탄스는 세인트 스테판 그린(St. Stephen's Green)을 며칠간 점령하고 보유했던 무리의 저격수이자 2인자였다. 그 도시에서 약 1,000명의 사망자를 낸 영국인들의 강력한 보복 후에 공화국군은 항복했다. 많은 주모자들은 군법회의를 거쳐 총살당했지만, 콘스탄스는 여성이었기 때문에 사형을 면했다. 더블린 신문은 이렇게 보도했다.

"종신형을 선고받은 콘스탄스 마르키에비츠 백작부인은 더블린에서 가장 활동적인 반군 지도자 중 한 사람이었다. 초록색 튜닉과 초록색 깃털이 달린 초록색 모자, 초록색 바지 각반과 부츠 등 머리부터 발끝까지 초록색 남성복을 갖춰 입은 그는 마침내 아일랜드 의대 소속이었던 120명의 반군들의 시체에 둘러싸였다. 그는 자신의 리볼버 권총에 입을 맞춘 뒤 영국 장교에게 건네며 항복했다."

콘스탄스의 투옥 기간은 짧았다. 그는 1917년에 석방되었다. 하지만 영국군이 그의 집을 약탈했고 전리품으로 피어너 에린 갈 그레인을 압수해 갔다. 이 깃발은 계속 영국에 남아 있다가 1916년에 부활절 봉기 100주년을 기념하여 아일랜드에 대여식으로 돌아왔다.

콘스탄스는 1868년에 아일랜드의 부유한 개신교 지주 가문에서 다섯 자녀 중 한 명으로 태어났다. 어린 시절부터 전문가 수준으로 용맹하게 말을 탄다는 명성을 얻은 그는 슬레이드예술학교에서 공부한 뒤 파리에 가서 예술가로 활동했다. 그곳에서 폴란드인 카시미르 마르키에비츠 백작(Count Casimir Markievicz)을 만나 결혼한 두 사람은 아일랜드에 돌아가 살다가 1901년에 딸 메브(Maeve)를 낳았다. 그 후 몇 년 동안 콘스탄스는 여성참정권 운동과 노동조합 정책, 아일랜드 민족주의 등 점점 정치적인 문제에 개입하게 되었다. 그동안 콘스탄스의 딸은 대부분의 시간을 할머니와 보냈다. 콘스탄스는 '신페인당(Sinn Fein: 북아일랜드와 아일랜드공화국의 통합을 원하는 아일랜드 정당 — 옮긴이)과 여성과 국가의 자유와 정의'를

믿는다고 말하며 이렇게 설명했다. "내가 바라는 것은 모든 라운드에서 모두에게 공정한 경기가 펼쳐지는 것이다."

여성들은 연설을 하고, 지지층을 끌어모으고, 글을 쓰고, 계획과 명령을 전달하고 환자들을 간호하며 공화국 운동에 힘을 보탰다. 콘스탄스는 태양이 떠오르는 모양의 파란색 깃발을 디자인했는데 이 디자인은 여전히 아일랜드 공화주의 운동 도해의 일부분으로 쓰이고 있다.

콘스탄스가 공화주의의 대의명분에 기여한 가장 중요한 공헌 중 하나는 북부 퀘이커교도인 불머 홉슨(Bulmer Hobson)과 함께 공화주의 보이스카우트인 피어너 에런을 창설한 것이었다. 이 조직은 그 전해에 베이든파월(Baden-Powell)이 창설한 보이스카우트 운동에 대한 반응이었다. 콘스탄스는 이 보이스카우트 운동이 제국주의적이며 지나치게 친영국적이라고 여겼다. 공화주의 청년운동의 목표는 '아일랜드의 젊은이들에게 스카우트와 군사훈련, 아일랜드의 역사와 언어를 가르침으로써 심신을 단련시키는 것'이었다.

콘스탄스는 각종 캠핑 기술과 스카우트 활동뿐 아니라 조국의 독립을 위해 싸울 수 있도록 소년들을 준비시켰다. 그들은 1914년에 총기 밀반입에 관여했다. 1909년에 있었던 제1회 피어너 모임에 참여한 100명의 소년 중 한 명이었던 콘 콜버트(Con Colbert) 역시 1916 부활절 봉기에 참가했다가 처형되었다. 피어너의 소년들에게 콘스탄스는 관습을 거스르는 옷차림에 입에는 담배를 물고, 발치에는 늘 작은 개 한 마리가 따라다니는 이국적인 키 큰 여성이었을 것이다. 그는 총을 다루는 솜씨가 뛰어났으며 독립을 쟁취하기 위한 군사력의 사용을 지지했다. 또한 여성들로 하여금 노동조합에 가입하도록 격려하는 데 전념했다. 콘스탄스는 1913년에 전차 노동자들의 파업에서 시작해 사무실 폐쇄와 폭동으로까지 이어진, 격렬한 산업분쟁에 연루된 노동자들을 지지하는 고무적인 연설을 했다. 전통적인 여성복지 정치 분야에서도 일했다. 후에 한 더블린 신문은 콘스탄스를 이렇게 기억했다. "그는 이 폭동 기간 동안에 위태로울 정도로 굶주린 수천 명의 가난한 어린이들에게 무료 급식소를 제공하며 자신의 복잡한 본성 이면의 인간적인 모습을 드러냈다."

콘스탄스는 이 같은 행동으로 더블린의 노동자 계층 여성들의 사랑을 받았다. 또한 1916년 봉기의 영웅이라는 명성으로 콘스탄스는 1918년 12월에 더블린에서 세인트패트릭지구의 하원의원으로 선출되는 결정적인 승리를 거뒀다. 당시 그는 할러웨이 교도소에 수감되어 있었음에도 여성 최초로 영국 의원으로 선출되는 쾌거를 이뤘다. 이듬해 3월에 석방된 콘스탄스는 영국 하원에 잠시 들려 탈의실 옷고리에 붙은 자신의 이름을 확인한 뒤 아일랜드로 금의환향했다. 콘스탄스는 1927년에 세상을 떠날 때까지 1922년 아일랜드자유국(Irish Free State) 수립에 이은 아일랜드 정치와 격렬한 내전의 현장을 떠나지 않았다. 열성적인 아일랜드 공화당원이었던 그는 결코 영국 하원의 의석에 앉지 않았다. 민족주의적 대의에 대한 콘스탄스의 헌신은 그의 페미니즘에 우선했다. 민족주의 운동에서 투쟁하는 다른 여성들 모두에게도 역시 너무나 자주 강요당했던 선택이었다.

§

이레나 센들로바의 병

이레나 센들로바(Irena Sendlerowa)는 1940
년에서 1943년까지 독일 나치 정권이 폴란드를 점령하는 동안 유대인들
을 감금했던 바르샤바 게토(Warsaw Ghetto)에서 자신이 몰래 빼돌린 유대
인 아이들의 이름을 병에 담아 보관했다. 이레나는 휴지 조각에 아이들의
유대식 이름과 새 이름을 자세히 쓴 뒤 항아리에 넣어 동료의 정원에 있
는 사과나무 밑에 묻었다. 그는 매달 병을 파내고 새로운 이름을 적어 넣
었다.

이레나가 위험을 무릅쓰고 기록을 남긴 이유는 아이들이 자신이 실제
로 누구인지 아는 것이 중요하다고 생각했으며 언젠가 가족과 다시 만
날 수 있길 바랐기 때문이다. 이레나는 자신을 도와주는 사람들과 함께
2,500명의 유대인 아이들을 구했다. 그들은 가짜 서류를 만들고 지원금을
마련했다. 나중에는 홀로코스트에서 유대인을 구출하는데 헌신한 폴란드
지하운동이 제공한 화폐를 사용했다. 이레나를 비롯한 수많은 여성들은
분쟁이 가져온 인도주의적 위기에 용기와 공감으로 대응했다. 에글렌타인

젭은 1919년에 연합군의 봉쇄로 독일의 어린이들이 굶주리고 있다는 사실을 알게 된 후 세이브더칠드런을 설립했다.

이레나는 유대인이 아니었다. 그는 폴란드인 가톨릭 사회복지사였고, 덕분에 게토에 들어갈 수 있는 서류를 얻을 수 있었다. 이레나는 유대인들을 박해하는 나치 정권에 환멸을 느꼈다. 특히 그들은 유대인들을 모아 바르샤바의 자그마한 지구에 몰아넣고 3미터 높이의 벽을 둘렀다. 벽 위에는 담을 넘을 수 없도록 깨진 유리를 박아 넣었다. 이 지구는 바르샤바 게토로 불리게 되었다. 나치는 최후의 악행으로 유대교의 가장 성스러운 명절인 속죄일(Yom Kippur)을 골라 40만 명의 유대인 남성과 여성, 아이들을 게토로 옮겼다. 독일군은 유대인들이 몸에 지닐 수 있는 짐만 가져가게 했고 남은 것들은 모두 압수했다. 게토는 매우 혼잡해져서 일고여덟 명이 한 방을 썼다. 인구과잉으로 인해 발진티푸스와 같은 전염병을 피할 수 없었다. 사람들은 굶어 죽었다. 독일점령군에게는 하루에 2,613 칼로리의 음식이 배급되었지만 비유대인 폴란드인은 699칼로리, 유대인은 고작 184칼로리의 분량을 받았다. 게토에 있는 사람들을 돕거나 탈출하는 것을 도우면 사형이라는 법령이 바르샤바 전역에 발표되었다.

그러나 이레나는 더욱 열심히 아이들을 도우며 게토에서 아이들을 몰래 빼내올 수 있는 여러 가지 기발한 방법들을 고안했다. 처음에는 경비원에게 뇌물을 주고 재판소의 숨겨진 뒷문으로 아이들을 데리고 나갔지만 이 문이 발각되어 폐쇄되자 하수구와 지하통로를 이용했다. 전염병이 창궐했을 때에는 죽어가는 환자와 시신을 옮기는 들것과 피투성이 붕대더미에 아이들을 숨겨 구급차에 실어 옮겼다. 나치는 감염될 것이 두려워 철저하게 검사를 하지는 않았기 때문에, 아기들은 차 바닥 밑에 환기가 되는 상자에 숨겼다. 이레나는 자루나 여행가방에도 아이들을 넣어 게토 밖으로 빼돌렸다. 한 빼빼 마른 아이는 성인 남성이 신고 있는 부츠에 발을 집어넣고 그의 허리춤을 꽉 붙들고 있는 동안, 이 용감한 유태인 남성이 그 위로 긴 코트를 걸치고 단추를 채워 강제 노동을 하러 가는 길에 탈출시키기도 했다. 1943년, 게토 내부의 유대인 전사들의 완강한 저항에도 불구하고 나치는 게토를 비우기 시작했다. 하루에 5,000~8,000명의 유대인들이 집단처형장으로 옮겨져 학살당했다.

이레나는 게토가 비워진 지 다섯 달 뒤에 체포되었다. 그는 세 달 동안 게슈타포(Gestapo: 나치 독일의 비밀국가경찰 — 옮긴이)에게 고문을 당하면서도 공모자들을 누설하지 않았다. 폴란드 지하운동이 사형집행인에게 뇌물을 주어 이레나는 자신의 처형일 아침에 탈출할 수 있었다. 전쟁이 끝나고 이레나는 병을 파내어 아이들을 가족에게 돌려보내려고 했지만 대부분의 부모들은 이미 트레블링카에서 죽은 뒤였다. 이레나는 1948년에 다시 체포되었는데 이번에는 스탈린 정권에 반대한 것 때문에 폴란드 공산주의 정부에 의해 수감되었다. 전쟁 중에 그녀가 이룬 업적이 잘 알려지지 않은 이유도 이 때문이다.

최근 캔자스의 여학생 네 명이 온라인에서 이레나에 대한 짤막한 이야기를 발견하고 〈병 속의 생명(Life in a Jar)〉이라는 연극을 만들어 공연하면서, 이레나의 이야기가 세상에 알려졌다. 그 후로 그의 미국식 이름을 딴 이레나 센들러 재단(Irena Sendler Foundation)이 세워졌고 그가 전쟁 중에 보여준 용기를 알리는 데 여러 학교

이레나 센들로바는 제2차 세계대전 동안
2,500명의 폴란드계 유대인 아이들을 살렸다.

§

와 교도소 프로젝트들이 동참하고 있다. 1965년에 예루살렘의 야드 바셈
(Yad Vashem) 단체가 이레나 센들로바를 '열방의 의인(Righteous Among
the Nations)'으로 선정하고 그에게 이스라엘 명예시민 자격을 주면서 이
레나의 인도주의적인 업적은 마침내 인정받았다. 이레나는 마침내 2003
년에 자신의 모국 폴란드에서도 가장 최고 등급인 '흰 독수리 훈장(Order
of the White Eagle)'을 받는 영예를 안았다. 이레나는 세상을 떠나기 1년
전인 2007년 노벨 평화상 후보에 올랐다. 그는 극도로 겸손한 태도로 자
신의 업적이 대수롭지 않다는 듯 이렇게 말했다. "더 많이 할 수도 있었을
겁니다. 죽을 때까지 이 후회를 떨쳐내지 못할 겁니다."

§

로자 파크스의 머그샷

1955년 12월 1일, 앨라배마 몽고메리에 사는 흑인 미국 여성 로자 파크스(Rosa Parks)는 긴 하루의 일을 마치고 집에 돌아오는 버스에 몸을 실었다. 버스는 사람들로 붐볐고 버스 앞좌석들은 평소대로 백인들을 위한 고정석이었지만 로자 같은 흑인들은 뒷좌석들에만 앉을 수 있었다. 이것은 당시 미국 남부의 엄격한 인종분리법에 의한 방침이었다.

이날 백인들의 좌석은 모두 차 있었다. 로자는 '유색인(colored)' 구역 맨 앞줄에 앉아있었는데 한 백인 남성이 버스에 올랐다. 버스기사는 백인 남성이 자리에 앉을 수 있도록 로자가 앉아있는 열에 있는 모든 흑인 승객들에게 뒤로 자리를 옮기라고 했다. 세 명의 흑인 승객이 버스기사의 지시에 따랐지만 로자는 거절했다. 그는 나중에 자서전에 이렇게 썼다. "사람들은 항상 내가 피곤해서 자리를 양보하지 않았다고 말하지만 그것은 사실이 아니다. 나는 신체적으로 지쳐있는 게 아니었다. 나는 단지 굴복하는 것에 지쳐있을 뿐이었다."

이미 이전부터 로자를 무례하게 대해 왔던 백인 버스기사는 경찰에 신고했다. 두 명의 경찰관이 와서 머그샷(mugshot: 범인을 식별하기 위해 구금 과정에서 촬영하는 얼굴 사진 — 옮긴이) 뒷면의 내용대로 로자를 체포했다. 로자는 그날 저녁 늦게 보석금을 내고 풀려났는데 그때쯤 그가 체포되었다는 소식이 퍼져 있었다. 미유색인지위향상협회(NAACP, National Association for the Advancement of Coloured People) 회장인 에드거 대니얼 닉슨(Edgar Daniel Nixon)이 제안서를 들고 그를 기다리고 있었다. 로자는 남편과 함께 NAACP 회원이었고 몇 년 동안 비서로 활동했기 때문에 닉슨을 이미 알고 있었다. 로자는 1940년부터 이미 활동가였다. 닉슨은 앨라배마 인종분리법의 타당성을 시험대에 올릴 용기가 있는 흑인을 오랫동안 찾고 있었다. 닉슨은 로자를 설득했고 로자는 어머니와 남편의 도움을 받아 자신이 그 역할을 맡기로 했다. NAACP는 흑인들에게 로자의 재판일 하루 동안 버스 불매운동을 벌이자고 요청하는 전단 3만 5,000장을 돌렸다.

12월 5일에 열린 재판에서 로자는 인종분리법 위반으로 유죄판결을 받았다. 법정은 로자에게 집행유예를 선고했고 벌금 10달러와 소송비용 4달러를 부과했다. 불매운동은 매우 성공적이었고 이를 계기로 몽고메리개선협회(MIA, Montgomery Improvement Association)라는 새로운 단체가 결성되었다. 스물여섯 살이었던 마틴 루서 킹 목사(Reverend Martin Luther King)가 회장으로 선출되었다. 마틴 루서 킹은 이후에 그날 거리를 달리는 버스가 비어있는 모습을 보며 '한때 소리 없이 잠자고 있던 흑인 공동체가 이제 완전히 깨어났음'을 깨달았다고 회고했다.

그날 밤 불매운동을 계속할지에 대한 투표가 실시되었다. 불매운동은 흑인 공동체가 주요 수입원이었던 버스 회사들과 몽고메리의 상점들에 큰 타격을 입혔다. 사람들은 택시와 개인 승용차를 이용해 서로를 일터에 데려다주었다. 불매운동 기간 동안 교회들은 불에 탔고 마틴 루서 킹의 집에는 폭발물이 설치되었다. 로자는 위협을 받고 일자리를 잃었으며 협박 편지를 받았다. 흑인 공동체는 불매운동을 1년 이상 이어갈 태세였고 마침내 연방대법원은 흑백 분리 버스탑승제도가 위헌이라는 판결을 2대 1로 가결했다.

　로자 파크스는 확실히 자신의 행동에 대한 대가를 치러야 했다. 로자 부부는 둘 다 몽고메리에서 일자리를 찾지 못했고 2년 동안이나 협박 편지와 가족 살해 협박에 시달린 뒤 디트로이트로 이사했다. 로자를 비난한 것은 백인 남부인들만이 아니었다. 로자의 사기를 꺾는 흑인들도 있었다. 그들은 로자가 인종 혐오를 일깨우고 현 상태에 도전하는 것을 지지하지 않았다. 로자는 한 글에서 그들로부터 받는 느낌을 이렇게 묘사했다. "마치 칠흑 같은 구덩이 속에 밑도 끝도 없이 떨어지는 것 같이 철저하게 외롭고 적막하다."

　로자는 특히 자신의 형제와 사촌들이 이미 살고 있었던 디트로이트에서 형편이 나아지길 바랐지만 계속해서 표적이 되었다. 그럼에도 불구하고 로자는 그로부터 수십 년 동안 포기하지 않고 인종과 사회, 범죄, 세계 정의를 위해 힘썼다. 로자 파크스의 행동과 그에 따른 몽고메리 버스 불매운동은 미국 내 시민권을 대표하는 최초의 대규모 항의 시위로 널리 여겨지고 있다. 이 운동은 흑인들에 대한 공정한 대우를 하기 위해 법원 제도 밖에서 추가적으로 대규모 행동을 할 수 있는 발판을 마련했다. 또한 마틴 루서 킹은 민권 운동의 국가적 지도자로 부상할 수 있었다.

　로자 파크스의 행동은 미국에서 일어나고 있는 시민권 투쟁에 국내외의 관심을 불러 일으켰다. 불매운동 기간 동안 100명이 넘는 기자들이 몽

로자 파크스 체포가 촉발시킨 버스 불매운동은
1950년대 미국 시민권운동을 활성화시켰다.

§

고메리에 와서 불매운동과 그 지도자들을 취재해갔다. 로자는 정작 평생 주목받기를 피했지만 그럼에도 미국 시민권운동 역사의 위인으로 남아 있다. 1999년에 미국 의회는 로자에게 가장 높은 영예인 의회황금메달(Congressional Gold Medal)을 수여했다. 로자는 1852년에 이 상이 만들어진 이래 여성으로서는 최초, 아프리카계 미국인으로서는 두 번째로 이 상을 받았다. 로자는 자신의 행동에 대해 겸손한 태도를 유지했다. "상황이 무르익어 변할 수 있었던 바로 그 순간에 하나님이 내게 힘을 주셔서 다행이었다. 내가 움직이지 않을 수 있는 힘을 주셨던 것에 매일 감사한다."

불의와 공포로 무시받길 거부한 로자 파크스의 용기는 마하트마 간디(Mahatma Gandhi)의 명예로운 전통을 따르는 수동적 저항의 상징으로 그 힘이 증명되었다.

§

바버라 캐슬의 일기

1964년에 새롭게 선출된 영국 노동당의 해럴드 윌슨(Harold Wilson) 수상은 바버라 캐슬을 다우닝가 10번지에 있는 공식 관저로 불러 해외개발부서(Minister of Overseas Development) 장관으로 임명했다. 해외개발부서는 내각에 의석을 둔 신설 정부부서였다. 바버라는 영국 내각에서 유일한 여성이었으며 네 번째로 장관이 된 여성이었다.

그 후 12년 동안 바버라는 해외개발부 장관, 교통부 장관, 고용·생산성 장관, 보건복지부 장관 등 네 가지 내각 직책을 역임했다. 1979년에 보수당이 정권을 잡고 마거릿 대처가 여성 최초로 수상이 되자, 바버라는 내각 장관 시절 내내 기록해 온 일기를 『캐슬 다이어리(The Castle Diaries)』라는 책으로 출판했다. 바버라는 학교생활이 자신의 '인격형성에 지대한 영향을 미쳤다'고 주장하며 브래드퍼드대학교에 자신의 일기장을 원본 그대로 보관하기로 했다. 일기는 보통 개인적인 반성을 비롯 가장 내면적인 생각과 감정, 희망과 꿈, 걱정과 우려를 담은 사적인 기록이다. 특히나 낭만적인 전통에서 일기는 누군가에게 보이기 위한 것으로 여겨지지 않는다. 캐슬 다이어리에는 칠레의 프레이 대통령을 위한 국빈 만찬에 처음으로 참석한 일 등 공적인 행사에 대한 개인적인 견해도 담겨 있다.

"연회장은 낭만과 모험의 왕국 그 자체였다. 황금 접시에, 반바지를 입은 신사들이 일사분란하게 음식을 서빙했다. 내가 지금까지 먹어본 중 가장 맛있는 완두콩수프였다. 나는 여왕 옆에 앉게 되었는데, 나는 무릎을 굽히는 인사는 하지 않기 때문에 평소대로 목례했다. 여왕은 내가 아프리카를 방문했던 일에 대해 매우 분별 있게 이야기했다. (중략) 그러자 한 아첨꾼이 여왕에게 귓속말을 했고 여왕은 '불쌍한 찰스(Charles)'가 내일 O 레벨 시험(O-levels: 과거 잉글랜드와 웨일스에서 16세 된 학생들이 치던 과목별 평가 시험 — 옮긴이)을 치는데 조금 봐줘야 할 것 같다며 웃으며 말하고는 자리를 비웠다."

정치적인 일기는 특별하다. 이런 일기의 저자는 공적인 행사에 대한 직접적인 증언을 제공하며 대개 출판을 염두에 두고 일기를 쓴다. 정치 일기는 정부정책을 논할 때는 직설적인 성향을 띠는 경향이 있지만 자칫 무겁고 공식적인 언어로 뒤덮일 사건들을 신선하고 비공식적인 양식과 표현법으로 묘사한다. 영국의 빅토리아 여왕과 스웨덴의 샬롯 여왕 모두 일기를 썼는데 그들의 일기는 한 여성의 관점으로 국내외의 사건들을 조명했다. 바버라 캐슬이 빠르게 기록한 메모를 타자로 옮긴 그의 일기는 당시에 대한 독자들의 이해를 넓혀줄 뿐만 아니라 엄청나게 유능한 좌파 정치인이자 여성이라는, 완전히 독특한 관점에서 국무회의를 다룬다는 점에서 특별하다.

바버라 캐슬은 영국과 더 넓은 세계에서 가난을 종결짓고 싶어 했다. 그의 일기는 그가 가난한 개발도상국에 대한 영국의 모든 대출은 무이자라고 선언함으로써 세계의 빈부국들 사이의 불균형을 메우기 위해 어떻게 노력했는지를 보여준다. 교통부 장관으로서는 저렴한 대중 교통 시스템과 시속 110킬로미터의 속도 제한을 시행함으로써 도로 안전을 향상시켰다. 또한 모든 신차에 안전벨트를 매는 것을 의무화했으며 과음이 의심되는 운전자들을 위한 음주측정기를 도입했다.

고용부 장관을 지내던 1968년부터 1974년까지는 노동조합의 힘을 억제하려고 했다. 이 때문에 바버라는 좌파로부터 소외되었고 결국 노동당 내각의 분열로까지 이어져 정부에게 재앙이 되었다. 1970년에는 동일임금법을 도입하면서 좌파 정치인으로서의 명성을 어느 정도 회복하였다. 보건복지부 장관 시절에는 어머니들에게 아동수당을 지급하는 정책을 도입했다. 바버라 캐슬은 강력한 여성이자 영국에서 가장 중요한 여성 정치인이었지만 그가 일기에서 언급했듯이 보건장관과 외무장관, 심지어 수상에게까지 성희롱을 당했다.

바버라는 자신의 감정과 희망, 두려움, 기쁨, 실망에 대한 일기를 썼고 변화와 개선을 위해 어떤 계획과 의도, 정치적 동기를 가지고 있는지 나눴다. 그는 자신을 표현하는 방법을 선택했다. 『캐슬 다이어리』는 각 페이지에 바버라 자신이 독자들에게 어떻게 다가가고 싶었는지에 대한 편집상의 결정이 있다. 바버라의 가장 강력한 장점인 열심히 일하고 헌신하는 태도를 보여주는 대목이다. 바버라는 어느 일기에서

바버라 캐슬은 강력한 여성이자 정치인이었지만
장관들과 수상에게 성희롱을 당했다.

§

이렇게 묘사한다. "(도로안전법안에 대한) 연설을 마무리하기 위해 새벽 두 시에 알람을 맞췄는데 늦잠을 자서 새벽 4시 45분에 일어났다. 미친 듯이 준비를 해서 원고를 마치고 겨우 회의를 하러 갔다." 또 다른 일기에서는 이렇게 말한다. "일할 게 너무 많아서 하루 스물네 시간으로도 감당이 안 되는 악몽 같은 날이다."

바버라의 일기는 영국의 산업적 관계들의 개선을 위한 투쟁에 따르는 모든 드라마와, 반대에 직면해 있는 결의와 헌신, 성공의 기쁨과 절망의 순간, 그리고 왜 변화를 위한 요인들이 반대와 난관에 직면하는지 담고 있다. 아마도 가장 중요한 것은 『캐슬 다이어리』가 여성의 의지와 동기와 헌신을 고려할 때 정치적 힘이 단순히 여성에게 허락되는 수준이 아니라 여성들이 적극적으로 쟁취해야 하는 것이라는 사실에 가장 설득력 있는 확신을 제공한다는 것이다.

98 | 평화의 시위

§

그린햄 커먼 철조망

영국 버크셔의 그린햄 커먼(Greenham Common)에 위치한 미군부대의 철조망은 1980년대 여성 평화 운동의 중심이었다. 1981년 9월, 모든 연령대를 아우르는 여성들이 '지구의 생명을 위한 여성들(The Women for Life on Earth)'의 행진을 위해 그린햄에 모였다. 아이를 유모차에 태우고 온 사람들도 있었다. 영국 영토에 크루즈 미사일을 배치하는 것에 항의하기 위해 나온 사람들이었다.

네 명의 여성이 부대 주위에 있는 철조망에 자기 몸을 묶었다. 그 후로도 수개월 동안 시위가 계속되자 철조망의 보안이 강화되었다. 하지만 여성들은 자신을 상징하는 물건으로 철조망 위를 꾸미거나 두르고, 또 자르거나 뚫기도 하면서 앞으로 나아갔다. 그들은 시위를 지속하기로 결단하고 부대 근처에 텐트를 쳐서 그 안에서 지냈다. 가끔씩 대규모 시위에 참여하러 오는 외부인들이 구호물품을 가져왔다. 린 리시워스(Lynn Rishworth)는 1983년에 14.4킬로미터에 달하는 경계 철조망을 몇 천 명의 여성들이 둘러싸고 있던 그 순간을 회상했다.

"건너편에 있는 우리 자매들이 우리를 향해 환호했어요. 우리들도 우리가 해냈다는 것을 알고 있었죠. 부대 전체를 충분히 에워쌀 만한 숫자였어요. 거기에 자매들이 더 오고 있었죠. 줄 뒤로 새로운 줄이 생겨났고 우리는 모두 기쁨에 차 있었어요. 우리 자신의 힘으로 단결한 거죠."

시위대는 비폭력적이었고 창의적이었으며 때로는 재미있었다. 철조망을 끊고 기지 안에 들어간 여성들은 곰 인형을 가져가 소풍 분위기를 풍겼다. 춤을 추며 핵미사일 주변을 돌기도 했다. 하지만 그 대가는 가혹해서, 여성들은 투옥되거나 캠프에서 쫓겨났다. 그린햄 캠프가 전쟁 무기 사용을 요구하는 공격적인 남성우월주의에 대항하는 단호하면서도 강력한 여성 시위의 상징이 된 것은 당연해보였다. 그린햄 커먼 캠프는 평화를 위해 집을 나선 여성들로만 구성되었다. 폭력과 전쟁에 대한 여성의 태도가 남성과 근본적으로 다르다는 전제로 구성된 시위였다. 20세기 초반 올리브 슈라이너(Olive Schreiner)는 여성의 모성애적 역할이 보어 전쟁(the Boer War, 아프리카에서 종단 정책을 추진하던 영국 제국과 당시 남아프리카지역에 정착해 살던 네덜란드계 보어족 사이에 일어난 전쟁 — 옮긴이)에 대한 반응을 만들어 냈다고 말했다.

"아이를 출산했거나 출산할 예정인 여성이라면 시체들이 가득한 전쟁터를 내려다보며 '너무나 많은 어머니의 아이들! 수없이 많은 사람들이 세상에 나와 놓고선 결국 저렇게 누워있구나! 뼈와 근육이 자라기까지 정말 오래 걸렸을 텐데'라고 생각하지 않을 수 없을 것입니다."

슈라이너는 여느 페미니스트들과 마찬가지로 전쟁과 남성성을 연결 지었다. 만약 여성이 정치적 힘을 가지고 있다면 인간의 차이를 극복하기 위해 생명을 중시하는, 보다 가치 있는 방법들을 개발했을 것이라고 생각했다. 독일과 영국, 미국, 프랑스를 포함한 열두 개 국가에서 비슷한 생각을 가진 여성들 1,200명이 모여 1915년 4월에 네덜란드 헤이그에서 국제회의를 열었다. 개회사를 맡은 알레타 제이콥스(Alletta Jacobs)는 제1차 세계대전의 배경에 반대하며 이렇게 말했다.

"우리는 여기에 애도하는 마음을 가지고 하나 되었습니다. 온전한 성인이 되기도 전에 전쟁터에서 목숨을 잃은 수많은 용감한 젊은이들에게 애도를 표합니다. 우리는 또한 아들을 잃어 상실감에 빠진 안타까운 어머니들과 수천 명의 젊은 과부들, 그리고 사생아들에게도 애도를 표합니다. 우리는 20세기 문명에서 정부가 국제분쟁의 유일한 해결책으로 제시하는 난폭한 무력을 더 이상 인내할 수 없습니다."

알레타가 말하고자 했던 것은 식량이 전쟁 무기가 되고 여성과 아이들이 자기 집에서 폭격을 맞는 전쟁통에서 여성들이 갖는 공통된 슬픔, 국가 정책의 결말에 대한 개인적이고 정서적인 반응이었다. 아이들을 보호하려는 여성들의 의지는 북부 아일랜드에서 평화 선언(the First Declaration of the Peace)이 제정되는 동기가 되었다. 1970년대에 북부 아일랜드에서는 '폭탄과 총알 및 모든 폭력의 기술 사용'을 거부했다. 1976년 8월 영국 당국의 요원이 쏜 총에 맞은 IRA 탈주범이 몰던 차에 어린아이 네 명이 치여 숨지는 사건이 있었다. 머레이드 매과이어(Mairead Maguire)와 베티 윌리엄스(Betty Williams)는 평화를 위한 행진과 청원을 전개하는 운동을 펼쳤다. 그들의 노력이 노벨 평화상으로 이어졌을 때 윌리엄스는 당시 느낀 감정에 대해 이렇게 말했다. "지속적인 폭력의 무지한 어리석음에 깊은 좌절감을 느꼈습니다. 우리에게 있어 지난 8년간의 모든 죽음은 불필요하게 낭비된 삶이며 어머니의 노동이 내팽개쳐졌음을 의미합니다."

과테말라 출신의 마야계 인도인 리고베르타 멘추 툼(Rigoberta Menchú Tum) 역시 '토착민의 권리에 대한 존중을 바탕으로 한 사회정의와 민족문화적 화합을 위한 업적이 인정되어' 노벨 평화상을 받았다.

2000년 10월 31일, 유엔 안전보장이사회는 여성이 전쟁의 희생자가 되는 심각성을 인식하여 여성평화안보결의 1325호를 통과시켰다. 본 결의문에서는 갈등 해결과 분쟁 이후 이행에 관한 모든 노력에 있어 여성의 완전한 통합을 요구한다. 결의문이 통과된 지 불과 12년 후에는 영국과 독일 유엔 대사의 아내들이 시리아 대통령의 부인인 아스마 알 아사드(Asma al-Assad)를 만나 시리아 반군에 폭력으로 대응하는 남편을 저지시키라고 촉구했다. 그들은 온라인을 통해 이렇게 호소했다. "우리는 여자로서, 아내로서, 어머니로서의 아스마의 책임을 강하게 믿는다. 한때 여성평등의 옹호자였던 그는 아랍 여성 리더의 대변인으로서 남편 뒤에 숨어서는 안 된다."

§

갱 폐쇄 반대 피켓

영국 광부 18만 7,000명이 참여한 길고 험난한 산업분쟁 후, 1984년 3월 석탄 이사회 의장은 경제성 없는 광산 스무 군데를 폐쇄하겠다고 발표했다. 이로 인해 2만 명이 정리해고되었고 채굴 산업과 공동체는 함께 쇠망하기 시작했다.

1842년에 통과된 법안은 영국에서 여성이 광산에서 일하는 것을 금지하고 있었다. 하지만 그럼에도 불구하고 그들은 1984년 광부들의 파업에 결정적인 역할을 했다. 광부들의 아내는 1926년의 파업 때처럼 하나 되어 서로를 구하고 도왔다. 북부 스태퍼드셔의 브렌다 프록터(Brenda Proctor)는 지역 광산클럽으로 회의를 소집했던 때를 떠올렸다. "도와주겠다는 여성들이 떼를 지어 나타났어요. 우리는 우리가 왜 파업을 했는지 사람들에게 알리고 싶었죠."

아내들과 자매들, 딸들은 '갱 폐쇄에 반대하는 여성들(WAPC, Women Against Pit Closure Group)'을 결성했다. 5월에 반즐리(Barnsley)에서 열린 집회에는 5,000명의 여성들이 참석했다. 그 후 몇 달 동안 그들은 수프식

당을 운영하고 전단지와 배지를 만들었으며 현수막을 설치해 자신들의
대의명분을 홍보했다. 또한 기금을 모금했으며 탄광에서는 농성을 벌이
고, 영국과 유럽 전역으로는 집회를 열었다. 전국의 광부들에게는 램프를
보내어 지지해줄 것을 요청하였고 그들의 동참을 가져왔다. 여성들은 감
시선에서 체포되기도 했고 쇠사슬로 스스로를 탄광 문에 매기도 하였다.

　브렌다는 WAPC의 의장이 되었고 1984년 12월에 전국 광산 노동조합
의 회원 멤버십을 얻게 되었다. 전 세계적으로 노동조합운동과 여성들의
관계가 항상 긍정적인 것은 아니었다. 조합들은 종종 숙련된 노동자들의
삶을 돌보기 위해 설립되었는데 그들은 종종 여성 노동자를 자신의 지위
나 일에 대한 경쟁력을 약화시키는 존재로 보았던 백인 남성들이었다. 결
과적으로 많은 여성들은 특정 성만을 위한 노동조합에 동참했다. 호주에
서는 일찍이 1870년대에 형성된 반면 미국의 국가여성노동조합 리그가
보스턴에서 1903년에 설립되었고 여성 노동자를 위한 국가연합이 영국에
서 1906년에 메리 맥아더(Mary Macarthur)에 의해 시작되었다.

여성의 첫 파업 중 하나는 미국 로드아일랜드의 파투켓(Pawtucket)에서 일어났다. 1824년 5월 102명의 여성 노동자들이 임금인하를 대응하여 그들의 베틀을 버려두고 나왔던 곳이다. 1909년 11월에 뉴욕에서 NWTUL이 주도했던 셔츠웨이스트 파업은 처음에는 남성 노동 지도자들에게 내키지 않는 반응만을 받았다. '파업에 있어서 여성은 믿을 수 없다'는 그들의 우려는 2만 명의 여성 노동자들이 근로조건의 개선을 얻기 위한 분쟁을 해결하는 것을 통해 틀렸음이 증명되었다.

1914년 영국에서 모든 노동조합인의 90퍼센트는 남성이었고 많은 분야에 있어 여성의 근로는 가내식, 고립된, 시간제 또는 삯일로서, 대부분의 여성이 가족에 대한 책임과 노동조합 활동을 병행하기 어려웠다. 노동조합은 사회활동과 야외활동을 추가해서 더 많은 여성들이 참여하도록 시도하였다. 1923년에 전국 일반 노동자 연합은 저녁 댄스 활동이 이스트엔드 지역의 학교 청소부들 및 다른 고립된 노동자들에게 매력적이라는 것을 발견했다. 강의에 있어서 노래 교실과 다과는 여성이 정치에 더 참여할 수 있도록 촉진시키는 역할을 했다.

그러나 1984년 광부들의 파업은 그다지 성공적이지 못했고 갱 폐쇄와 영국의 석탄산업의 해체가 방해 없이 진행되도록 허용하면서 1985년 3월 3일에 끝나고 말았다. 2015년 후반이 되어서는 영국에 깊은 갱도의 탄광이 없었다. WAPC는 와핑 프린터, 체스터필드 병원의 여성 청소부와 리버풀의 부두 노동자들을 포함한 다른 산업 분쟁들을 지원했다. 브렌다 프록터를 포함한 몇몇 여성들은 선거운동과 정치활동을 이어나갔다. 그녀는 지방의원이 되었고 킬 대학에서 산업관계학 학위를 취득했다.

2012년에 프랜시스 오그라디가 노동 연합의회의 첫 여성 총무비서가 되었을 때, 노동 연합에는 남성보다 여성이 더 많았다. 프랜시스는 일찍이

1980년대에 시간제 근로자들과 저임금 근로자들을 옹호했고 최저임금을 주장했다. 그러나 모든 노동 연합이 여성으로서 발전을 허용하는 문화나 태도를 가지고 있지는 않았다. 멕시코의 노동조합주의자 마르타 헤레디아(Martha Heredia)는 라틴 아메리카의 노동 연합운동 내 지도자 지위에 있는 여성의 수가 노동인력의 구성을 전혀 반영하지 못하는 것을 지적했다. 그녀는 여성 혐오가 깊이 박혀 있는 환경이자 같은 헌신, 의지와 능력을 가졌지에 대한 의문이 있으며 그 의문이 아니더라도 같은 기술을 가지고 있는 환경에서 여성이면서 노동조합주의자가 되는 것은 매우 복잡하다고 주장한다.

어머니와 아내, 그리고 많은 상황 속에서 생계를 꾸리는 사람, 근로자, 노동자 또는 정치 운동가로서 여성들의 복잡한 저글링은 지금도 계속되고 있다.

§

훼손된 마거릿 대처 조각상

영국 하원의사당 로비에 있는 마거릿 대처 (Margaret Thatcher)의 동상은 앤터니 듀포트(Antony Dufort)가 제작해서 2007년 2월에 그 모습을 드러냈다. 영국 최초의 여성 수상이 오른손을 들며 자기주장을 펼치는 모습을 묘사하고 있다.

마거릿 대처는 선거에서 세 차례나 승리했고 11년 6개월 동안 정권을 잡았다. 21세기의 영국 정치인 사상 가장 긴 연속 집권이었다. 하지만 대부분의 미디어는 마거릿의 트레이드마크인 핸드백이 동상에는 없다는 것에 초점을 맞추는 듯하다. 대처의 핸드백으로 인해서 국회 광장에 새로운 동상을 세우는 계획이 논란에 휩싸였다. 마거릿이 서류 가방보다 선호한 핸드백은 그의 여성성의 상징이자 은유적인 '무기'이다. 언론은 마거릿의 임기 동안 '핸드백 외교'를 언급했고 마거릿이 자신의 반대 세력을 공격하는 것과 여성이 정치적 권력을 휘두르는 것에 대한 불편함을 나타냈다. 지금까지 여성 대통령이나 수상이 선출된 나라는 70개국이 넘는다. 인도에서는 인디라 간디(Indira Gandhi)가 1996부터 1977까지, 1980년부터 살해

당하기 전까지 4년 동안 수상이었다. 이스라엘에서는 대부분의 여성 리더들의 임기가 1년 이하지만 골다 메이어(Golda Meir)는 1969년부터 1974년까지 이스라엘의 수상을 역임했다. 1997년에 로살리아 아르테아가 세라노(Rosalía Arteaga Serrano)는 에콰도르의 대통령으로서 이틀을 근무했다. 세계에서 가장 처음 민주적으로 뽑인 여성 대통령인 아이슬란드의 비그디스 핀보가도티르(Vigdís Finnbogadóttir)는 1980년부터 1996년까지 대통령직을 역임했다.

여성이 대통령 선거에서 이기는 것은 여전히 쉽지 않다. 2006년 힐러리 클린턴은 라이벌이었던 도널드 트럼프보다 250만표를 더 많이 받았음에도 미국의 첫 여성 대통령이 되는 것에 실패했다. 일반대중투표로 정당을 뽑고 리더를 선출하는 방식이라면 여성이 고위 직급을 차지하는데 더 성공적이었을 것이며 이는 마거릿 대처가 권력을 갖게 된 방식이었다. 서구 민주주의의 첫 여성 정부 수장인 마거릿 로버츠(Margaret Roberts)는 1925년 10월 13일 그랜섬의 작은 시장 마을에서 태어났다. 그의 아버지는 식료품점을 운영하는 감리교 목사이자 지역 정치인이었다. 마거릿은 당대 여성들과는 달리 옥스퍼드대학교 서머빌 캠퍼스에서 화학을 공부했고(1943~1947) 학생보수협회의 대표였다. 마거릿은 정치로 노선을 바꾼 뒤 커리어를 계발하고자 법정변호사 훈련을 받았고 석유산업 경영진이었던 데니스 대처(Denis Thatcher)와 결혼했다. 1951년에 쌍둥이 캐롤과 마크를 낳았고 2년 뒤인 1959년에 핀슐리(Finchley) 의회에 보수의원이 되었다. 하원의원 중 남성 의원은 605명이었고 여성 의원은 스물다섯 명이 전부였다. 1974년 선거의 실패에 따른 깨달음과 함께 보수당은 새로운 리더를 선출하며 당의 쇄신을 꾀했다. 정당에서 아홉 명뿐이었던 여성의원 중 한 사람이었던 마거릿 대처는 정당의 리더이자 야당의 지도자가 되며 세상을 놀라게 했다.

마거릿의 캠페인은 정당과 국가의 지지를 쌓기 위해 여성성과 '평범함'을 강조했다. 그는 이렇게 주장했다. "저는 저 자신을 정확하고 본능적인 감각을 가진 매우 평범한 사람으로 여깁니다." 마거릿은 보수정당 여성회의에서 쓰레받기와 빗자루를 휘두르며 집권 노동당을 영국에서 몰아내겠다고 말했다. 그러나 강력한 우익 신념들과 그의 여성성은 불협화음을 냈다. 워털루전투(Battle of Waterloo)에서 승리를 쟁취한 '아이언 듀크(Iron Duke)'와 같은 과거의 전쟁 지도자들은 이 점을 이용했다. 마거릿은 1976년에 핀칠리(Finchley)에서 열린 지역 보수연합회에서 이렇게 설명했다.

마거릿 대처가 세상을 떠났을 때, SNS에서는
'딩동! 마녀가 죽었다'라는 노래를 차트에 올리는 캠페인이 벌어졌다.

§

"저는 오늘 저녁 시폰 드레스를 입고 여러분 앞에 섰습니다(웃음과 박수).
연한 화장과 부드러운 머리스타일로 단장했지요(웃음). 철의 여인, 냉전
의 전사, 아마존의 속물, 심지어 북경의 음모자 중 제가 해당되는 것이 있
나요? 맞습니다. 철의 여인입니다. (중략) 우리의 생활양식에 근본이 되는
가치와 자유를 수호하고자 하는 제 의도를 그렇게 해석하고 싶은 거라면
말이죠."

야당의 지도자로 4년을 지낸 후, 1979년 5월 4일 선거에서 마거릿 대
처는 승리를 거뒀다. 수상이 된 그는 복지 혜택을 줄이고 여성에게 딱히
혜택을 주지는 않는 정책을 추진했다. 그는 재산 소유 민주주의를 추구하
며 의회 주택을 매각하고 가스와 물, 전기 등 공공재를 사유화했다. 하지
만 실업률이 증가하면서 공공지출이 증가했다. 마거릿은 1982년 포클랜
드 전쟁을 벌이고 유럽연합의 정치적 파트너들과의 갈등도 마주했다. 특
히 석탄과 철강 산업에서 무역 노조운동과의 분열을 조장하는 전투를 감
독했다. 마거릿 대처를 가장 잘 표현한 것은 아마도 가교 페미니스트일 것
이다. 그의 정권에서 승진한 여성은 거의 없었으나 마거릿은 여성 정치력
을 발휘하는 데 있어 사고를 전환하고 확장했다.
　마거릿 대처의 삶과 죽음은 매우 큰 논쟁거리였다. 2002년 7월 3일, 폴
켈러허(Paul Kelleher)라는 남성이 2미터짜리 크리켓 방망이로 마거릿의

대리석 조각상을 훼손했다. 경찰에 붙잡힌 그는 '저 모습이 더 좋아 보여서' 그랬다고 말했다. 목이 잘린 조각상 자리에는 대신 더 단단한 청동상이 세워졌다. 2013년 4월 8일에 마거릿 대처가 세상을 떠났을 때 소셜미디어에서는 '딩동! 마녀가 죽었다(Ding Dong! The Witch is Dead)' 라는 노래를 차트에 올리는 캠페인이 벌어졌다. 논란 많았던 여성 정치인에 대한, 매우 성 편향적인 반응이었다.

참고문헌

Books

Addams, Jane, et al., Women at The Hague: The International Congress of Women and its Results (University of Illinois Press, 2003).

Andrews, Maggie, Lest We Forget? Cultures of Remembrance (The History Press, 2011).

——, Women and the Media: Feminism and Femininity in Britain, 1900 to the Present (Routledge, 2014).

——, The Acceptable Face of Feminism (Lawrence and Wishart, 2015).

Arrington, Lauren, Revolutionary Lives: Constance and Casimir Markievicz (Princeton University Press, 2015).

Beddoe, Deirdre, Welsh Convict Women: A Study of Women Transported from Wales to Australia, 1787–1852 (Virago, 1979).

Bourke, Joanna, Rape: A History from 1860 to the Present Day (Virago, 2007).

Carlyle, Jane, Welsh Letters and Memorials of Jane Welsh Carlyle (Cambridge University Press, 2011).

Castle, Barbara, The Castle Diaries 1964–1976 (Macmillan, 1993).

Craigmayle, A., A Vicarage in the Blitz: The Wartime Letters of Molly Rich 1940–1944 (Balloon View Publishing Ltd, 2013).

Dallas, Sandra, Prayers for Sale (St Martin's Griffin, 2011).

du Preez, Michael & Dronfield, Jeremy, Dr James Barry: A Woman Ahead of her Time (Oneworld Publications, 2017).

Duncan, J. & Derrett, M., Prophecy in the Cotswolds 1803–1947: Joanna Southcott and Spiritual Reform (P.J. Drinkwater, 1994).

Epstein, Randi Hunter, Get Me Out: A History of Childbirth from the Garden of Eden to the Sperm Bank (W.W. Norton & Co., 2011).

Greer, Germaine, Sex and Destiny: Politics of Human Fertility (Macmillan, 1985).

Hall, Lesley, Outspoken Women: An Anthology of Women's Writing on Sex, 1870–1969 (Routledge, 2005).

Hall, Stuart (ed.), Representation: Cultural Representations and Signifying Practices, Vol. 2 (Sage, 1997).

Haverty, Anne M., Constance Markievicz: Irish Revolutionary (The Lilliput Press Ltd, 2016).

Hibbert, Christopher, Queen Victoria in her Letters and Journals (Sutton Publishing, 2000).

Horn, Pamela, Behind the Counter: Shop Lives from Market Stall to Supermarket (Sutton Publishing, 2004).

Howell, Georgina, Queen of the Desert: The Extraordinary Life of Gertrude Bell (Pan, 2015).

Isba, Anne, The Excellent Mrs Fry (Continuum, 2010).

Jackson, Louise A., Women Police: Gender, Welfare and Surveillance in the Twentieth Century (Manchester University Press, 2012).

Kramarae, Cheris, Technology and Women's Voices: Keeping in Touch (Routledge, 1988).

Last, Nella & Malcolmson, Patricia E., Nella Last's Peace: The Post-war Diaries of Housewife, 49 (Profile Books, 2008).

le Faye, Deirdre (ed.), Jane Austen's Letters (Oxford University Press, 2014).

Lister, Anne, Whitbread, Helena (ed.), The Secret Diaries of Miss Anne Lister (Virago Modern Classics, 2010).

Llewelyn Davies, Margaret, Life as we Have Known It (W.W. Norton & Co., 1975).

Maines, Rachel P., The Technology of Orgasm: 'Hysteria', the Vibrator, and Women's Sexual Satisfaction (JHU Press, 2001).

Mayhew, Henry, London Labour and the London Poor (Classics of World Literature, 2008).

Parker, Rozsika, The Subversive Stitch: Embroidery and the Making of the Feminine (IB Tauris & Co. Ltd, 2012).

Prince, Mary, Salih, Sara (ed.), The History of Mary Prince: A West Indian Slave (Penguin Classics, 2000).

Pruitt, Elinore, Letters of a Woman Homesteader (Echo Library, 2006).

Quant, Mary, My Autobiography (Headline, 2012).

Sambrook, Pamela A., The Country House Servant (Sutton Publishing, 2002).

Sand, George, Story of my Life: The Autobiography of George Sand, trans. Thelma Jurgrau (University of

New York Press, 1991).

Stanley, Liz, The Life and Death of Emily Wilding Davison (Virago, 1998).

Steinbach, Susie, Women in England 1760 – 1914: A Social History (W&N, 2004).

Stuart Mackenzie, Amanda, Consuelo and Alva Vanderbilt: The Story of a Mother and a Daughter in the 'Gilded Age' (Harper Perennial, reprint edition, 2007).

Tillyard, Stella, Aristocrats: Caroline, Emily, Louisa, and Sarah Lennox, 1740 – 1832 (Farrar Straus Giroux, reprint edition, 1995).

Walkowitz, Judith, Prostitution and Victorian Society: Women, Class, and the State (Cambridge University Press, 1980).

Willard, Francis, E., A Wheel Within a Wheel (Jungle, 2007).

Williams, A. Susan, Women and Childbirth in the Twentieth Century: History of the National Birthday Trust Fund, 1928 – 93 (Sutton Publishing, 1997).

Journal Articles

Amussen, Susan Dwyer, 'Punishment, Discipline, and Power: The Social Meanings of Violence in Early Modern England', Journal of British Studies (1995): 34,1 1 – 34.

Boose, Lynda E., 'Scolding Brides and Bridling Scolds: Taming the Woman's Unruly Member', Shakespeare Quarterly (1991): 42,2 179 – 213.

Briggs, L., Fonseca, C., Cardarello, A., Marre, D., Collard, C. & Yngvesson, B.,'Feminism and Transnational Adoption: Poverty, Precarity, and the Politics of Raising (Other People's?) Children', Feminist Theory (2012): 13,1 81 – 100.

Cavender Wilson, Angela, American Indian Quarterly (1996).

Clark, Gillian & Bright, Janette, 'The Foundling Hospital and its Token System', Family & Community History (2015): 18:1 53 – 68.

Clarsen, Georgine, 'A Fine University for Women Engineers: A Scottish Munitions Factory in World War One', Women's History Review (2003): 12,3 333 – 56.

Cook, Hera, 'The English Sexual Revolution: Technology and Social Change', History Workshop Journal (Oxford University Press, 2005): 59,1.

Davin, Anna, 'Imperialism and Motherhood', History Workshop Journal (Editorial Collective, Ruskin College, 1978).

Dredge, Sarah, 'Opportunism and Accommodation: The English Woman's Journal and the British Mid-Nineteenth-Century Women's Movement', Women's Studies (2005): 34 133 – 57.

Evans Clements, Barbara, 'Working-Class and Peasant Women in the Russian Revolution, 1917 – 1923', Signs (winter 1982): 8,2 215 – 35.

Kelch-Oliver, Karia, 'The Experiences of African-American Grandmothers in Grandparent-headed Families', The Family Journal (2011): 19,1 73 – 82.

Kurosu, Satomi, 'Divorce in Early Modern Rural Japan: Household and Individual Life Course in Northeastern Villages, 1716 – 1870', Journal of Family History (2011): 36,2 118 – 41.

Leeson, Peter, et al. 'Wife Sales', Review of Behavioural Economics (2014): 1 349 – 79.

Sheehan, Elizabeth, 'Victorian Clitoridectomy: Isaac Baker Brown and his Harmless Operative Procedure', Medical Anthropology Newsletter (1981): 12,4 9 – 15.

Thompson, E.P. & Samuel, Raphael, 'Theory and Evidence', History Workshop Journal (Oxford University Press, 1993): 35 274 – 76.

Woodeson, Alison, 'The First Women Police: A Force for Equality or Infringement?', Women's History Review (1993): 2,2 217 – 32.

Unpublished PhD Thesis

Throsby, Karen. '"Calling it a Day"': The Decision to End IVF Treatment' (Gender Institute, London School of Economics, submitted for PhD April 2002).

이미지 출처

Antique Vibrator Museum : p. 41

Archive Holdings Inc. : p. 247

Archives New Zealand : p. 415

Author's collection : pp. 91, 106, 111, 116, 216, 315, 347

Badsey Society : p. 263

CBW/Alamy Stock Photo : p. 386

City of Westminster Archive Centre, London, UK/Bridgeman Images : p. 35

Collection of the Smithsonian National Museum of African American History and Culture. Gift of Candace Greene. : p. 288

Coram in the care of the Foundling Museum, London/Bridgeman Images : p. 25

DeAgostini : p. 71

Dunster Castle, Somerset/National Trust Photographic Library/Nadia Mackenzie/Bridgeman Images : p. 304

Egyptian or Near Eastern, Feeding Cup, clay, H. 9.525cm, Smith College Museum of Art, Northampton, Massachusetts : p. 30

FALKENSTEINFOTO/Alamy Stock Photo : p. 407

Flickr Commons/Heather Cowper : p. 378

Fotolibra/David Grimwade: p. 239

Frances Willard learning to ride a bicycle, circa 1894. Courtesy of the Frances E. Willard Memorial Library and Archives : p. 269

From the Week of Hell '94, 1995 © Tracey Emin. All rights reserved, DACS 2017. Image © Tate, London 2017 : p. 391

Gibbs, Gardner and Company; American Anti-Slavery Society(American) 'Am I Not A Woman And A Sister' Anti Slavery Hard Times Token, 1838. Copper Purchase with the Abbie Bosworth Williams (Class of 1927) Fund Mount Holyoke College Art Museum, South Hadley, Massachusetts. Photograph by Laura Shea 2015. 9 : p. 365

Gill Thorn : p. 53

Girl guiding : p. 370

Hemis/Alamy Stock Photo : p. 283

History collection 2016/Alamy Stock Photo : p. 98

Image Courtesy of The Advertising Archives : pp. 125, 277

INTERFOTO/Alamy Stock Photo : p. 411

Istockphoto/Branislavp : p. 229

Istockphoto/ConstantinosZ : p. 146

Istockphoto/mladn61 : p. 259

Istockphoto/shawshot : p. 174

IWM (ArtIWM PST 5184) : p. 323

IWM (Q 108500) : p. 312

JEAN-SEBASTIEN EVRARD : p. 403

John Frost Newspapers/Mary Evans Picture Library : p. 235

Jonathan Walford/Fashion History Museum, Cambridge, Canada : p. 212

Kedleston Hall, Derbyshire, UK/National Trust Photographic Library/Andreas von Einsiedel/Bridgeman Images : p. 208

LBBD, Valence House Museum : p. 333

Library of Congress : p. 373

Lisa Ryder/Alamy Stock Photo : p. 448

Loop Images Ltd/Alamy Stock Photo : p. 360

LSE Library : p. 255

옮긴이 홍승원

미국에서 고등학교를 졸업하고 프랑스로 건너가 프랑스 바텔 비즈니스 스쿨(Vatel Business School)과 페르피냥 대학(University of Perpignan)을 졸업했다. 다년간 통역 및 번역 프리랜서로 일했으며, 현재 출판번역 전문 에이 전시 베네트랜스에서 전문 번역가로 활동 중이다. 옮긴 책으로는 『왜 함께 일하는가』, 『오늘도 휘게』, 『거울 속의 이방인』, 『시크릿 스킨』, 『디자인 아이콘』, 『내 인생을 바꾸는 적극적 선택』, 『다음은 뭘까』, 『어반 스케치』, 『내가 믿는 이것』 외 다수가 있다.

100가지 물건으로
다시 쓰는 여성 세계사

초판 1쇄 발행 2020년 3월 2일
초판 7쇄 발행 2022년 8월 25일

지은이 매기 앤드루스 · 재니스 로마스
옮긴이 홍승원

발행인 이재진 **단행본사업본부장** 신동해
책임편집 이태화 **디자인** 김은정 **마케팅** 최혜진
홍보 최새롬 **국제업무** 김은정 **제작** 정석훈

브랜드 웅진지식하우스
주소 경기도 파주시 회동길 20
문의전화 031-956-7356(편집) 031-956-7567(마케팅)
홈페이지 www.wjbooks.co.kr
페이스북 www.facebook.com/wjbook
포스트 post.naver.com/wj_booking

발행처 ㈜웅진씽크빅 **출판신고** 1980년 3월 29일 제406-2007-000046호

한국어판출판권ⓒ ㈜웅진씽크빅, 2020
ISBN 978-89-01-24011-4 (03900)

웅진지식하우스는 ㈜웅진씽크빅 단행본사업본부의 브랜드입니다.